Gursky · Linardatos | 20 Probleme aus dem Bereicherungsrecht

# 20 Probleme aus dem Bereicherungsrecht

begründet von
Dr. Karl-Heinz Gursky †
weiland Professor an der Universität Osnabrück

seit der 7. Auflage fortgeführt von
Dr. Dimitrios Linardatos
Privatdozent, Inhaber der Vertretungsprofessur für Bank- und Finanzmarktrecht
an der Universität Liechtenstein

7., überarbeitete Auflage 2023

Verlag Franz Vahlen

Zitiervorschlag: Gursky/Linardatos 20 Probleme BereicherungsR S.

**www.vahlen.de**

ISBN 978 3 8006 4699 9



Druck: Beltz Grafische Betriebe GmbH
Am Fliegerhorst 8, 99947 Bad Langensalza

Satz: R. John + W. John GbR, Köln
Umschlaggestaltung: Martina Busch, Grafikdesign, Homburg Saar

Gedruckt auf säurefreiem, alterungsbeständigem Papier
(hergestellt aus chlorfrei gebleichtem Zellstoff)

# Vorwort

Ein Werk fortsetzen zu dürfen, das man selbst im Studium bei der Erstellung von Hausarbeiten und in der Examensvorbereitung verwendet hat, ist eine besondere Ehre – dies insbesondere, wenn das Buch zudem aus der Feder eines so verdienten und renommierten Wissenschaftlers stammt, wie es Prof. Dr. Karl-Heinz Gursky war.

Die Neuauflage setzt die bestehende Tradition fort und versteht sich, wie alle Bände der Reihe „Klausurprobleme", als ausdifferenzierte Lernhilfe. Das Buch informiert intensiv über die wohl wichtigsten und deshalb in Hausarbeiten und Klausuren immer wieder vorkommenden Streitfragen aus dem Bereicherungsrecht. Die zu diesen Problemen vertretenen Auffassungen werden mit ihren wesentlichen Argumenten vorgestellt; verschiedentlich werden darüber hinaus weitere Argumente ergänzt, die bisweilen in der bisherigen Diskussion nicht auftauchen, aber zur Unterstützung der jeweiligen dogmatischen Position geeignet erscheinen. Der Band bildet so eine wichtige Orientierungshilfe in der oft recht undurchdringlichen Materie des Bereicherungsrechts. Dabei gilt weiterhin: Die Aufgabe, die Fülle der Gesichtspunkte gegeneinander abzuwägen und eine eigene Stellungnahme zu entwickeln, wird den studentischen Leserinnen und Lesern bewusst nicht abgenommen.

Für die Neuauflage wurde aktuelle Literatur und Rechtsprechung eingearbeitet. Die „Altnachweise" aus zahlreichen, auch neu aufgelegten Werken wurden beibehalten, weil sie hilfreich sind, Argumentationslinien nachvollziehbar zu machen und soweit sie als meinungsprägende Standardwerke zu gelten haben. Leserinnen und Leser haben auf diese Weise ein Nachschlagewerk in der Hand, mit dem sie sich hinsichtlich der rechtshistorischen Entwicklung des Bereicherungsrechts schnell orientieren können. Aktuelle Veränderungen des Rechtsrahmens, die sich auf den Bereicherungsausgleich auswirken können – etwa in Form des Zahlungsdiensterechts gem. §§ 675c ff. BGB –, wurden aufgenommen und der existierende Meinungsstreit in den sachlichen sowie zeitlichen Kontext eingeordnet (vgl. etwa die ergänzten Abschnitte zum *2.* und *3. Problem*).

Mannheim/Vaduz, im September 2022 — Dimitrios Linardatos

# Inhaltsverzeichnis

# Abkürzungsverzeichnis

| | |
|---|---|
| Abs. | Absatz |
| AcP | Archiv für die civilistische Praxis (Zeitschrift) |
| aE | am Ende |
| AEUV | Vertrag über die Arbeitsweise der Europäischen Union |
| aF | alte Fassung |
| ALR | Allgemeines Landrecht für die Preußischen Staaten |
| Alt. | Alternative |
| Anm. | Anmerkung |
| AP | Nachschlagewerk des Bundesarbeitsgerichts; bis 1954: „Arbeitsrechtliche Praxis“ |
| ArchBürgR | Archiv für Bürgerliches Recht |
| Arg. | Argument |
| AT | Allgemeiner Teil |
| Aufl. | Auflage |
| BAG | Bundesarbeitsgericht |
| BayObLG | Bayerisches Oberlandesgericht |
| BayObLGZ | Entscheidungen des Bayerischen Oberlandesgerichtes in Zivilsachen |
| BB | Der Betriebsberater (Zeitschrift) |
| Bd. | Band |
| Bearb. | Bearbeiter/Bearbeiterin |
| BeckRS | Beck-Rechtsprechung (Rechtsprechungsdatenbank in beck-online) |
| BGB | Bürgerliches Gesetzbuch |
| BGH | Bundesgerichtshof |
| BGHZ | Entscheidungen des BGH in Zivilsachen |
| BKR | Zeitschrift für Bank- und Kapitalmarktrecht |
| Bl. | Blatt |
| BT | Besonderer Teil |
| DB | Der Betrieb (Zeitschrift) |
| ders. | derselbe |
| dies. | dieselbe(n) |
| DJZ | Deutsche Juristen-Zeitung |
| DNotZ | Deutsche Notarzeitschrift |
| ErwGr | Erwägungsgründe |
| EuGH | Europäischer Gerichtshof |
| EWiR | Entscheidungen zum Wirtschaftsrecht und Kurzkommentare (Zeitschrift) |
| f., ff. | folgend(e) |
| FamRZ | Zeitschrift für das gesamte Familienrecht |
| FG | Festgabe |
| Fn. | Fußnote |
| FS | Festschrift |
| GoA | Geschäftsführung ohne Auftrag |
| GS | Großer Senat/Gedächtnisschrift |
| GWR | Gesellschafts- und Wirtschaftsrecht (Zeitschrift) |
| HGB | Handelsgesetzbuch |
| HK | Handkommentar |
| hL | herrschende Lehre |

| | |
|---|---|
| hM | herrschende Meinung |
| HRR | Höchstrichterliche Rechtsprechung |
| Hs. | Halbsatz |
| iErg | im Ergebnis |
| InsO | Insolvenzordnung |
| iSd | im Sinne des (der) |
| iSv | im Sinne von |
| iVm | in Verbindung mit |
| JA | Juristische Arbeitsblätter (Zeitschrift) |
| JherJb | Jherings Jahrbücher für die Dogmatik des bürgerlichen Rechts |
| jM | juris Monatszeitschrift |
| JMinBl | Justizministerialblatt |
| JR | Juristische Rundschau (Zeitschrift) |
| JRPV | Juristische Rundschau für die Privatversicherung (Zeitschrift) |
| JurA | Juristische Analysen (Zeitschrift) |
| JURA | Juristische Ausbildung (Zeitschrift) |
| jurisPK | juris-Praxiskommentar |
| jurisPR-BKR | juris PraxisReport Bank- und Kapitalmarktrecht |
| JuS | Juristische Schulung (Zeitschrift) |
| JW | Juristische Wochenschrift (Zeitschrift) |
| JZ | Juristenzeitung |
| KG | Kammergericht |
| KGR | OLG-Report Berlin (Kammergericht) |
| KK | Klausurenkurs |
| KO | Konkursordnung |
| LAG | Landesarbeitsgericht |
| LG | Landgericht |
| LM | Lindenmaier-Möhring, Nachschlagewerk des BGH |
| LMK | Lindenmaier-Möhring, Kommentierte BGH-Rechtsprechung |
| LZ | Leipziger Zeitschrift für Deutsches Recht |
| m. | mit |
| MDR | Monatsschrift für Deutsches Recht (Zeitschrift) |
| Mot. | Motive |
| mwN | mit weiteren Nachweisen |
| NJW | Neue Juristische Wochenschrift (Zeitschrift) |
| NJW-RR | NJW Rechtsprechungsreport (Zeitschrift) |
| Nr. | Nummer |
| NRW | Nordrhein-Westfalen |
| OLG | Oberlandesgericht |
| OLGE | Entscheidungen der Oberlandesgerichte |
| OLGR | OLG-Report |
| OVG | Oberverwaltungsgericht |
| OVGE | Entscheidungen des (angegebenen) OVG |
| Prot. | Protokolle |
| RdA | Recht der Arbeit (Zeitschrift) |
| RG | Reichsgericht |
| RGRK | Reichsgerichtsräte-Kommentar |
| RGZ | Entscheidungen des Reichgerichts in Zivilsachen |
| RIW | Recht in der internationalen Wirtschaft (Zeitschrift) |

Rn. . . . . . . . . . . . . Randnummer
Rspr. . . . . . . . . . . . Rechtsprechung

s. . . . . . . . . . . . . . . siehe
S. . . . . . . . . . . . . . . Seite, Satz
sog. . . . . . . . . . . . . sogenannt(e)
StGB . . . . . . . . . . . Strafgesetzbuch
StudZR . . . . . . . . . Studentische Zeitschrift für Rechtswissenschaft

Tb. . . . . . . . . . . . . Teilband

VersR . . . . . . . . . . . Versicherungsrecht (Zeitschrift)
vgl. . . . . . . . . . . . . vergleiche
Vorbem. . . . . . . . . . Vorbemerkung(en)

WarnR . . . . . . . . . . Die Rechtsprechung des Reichsgerichts auf dem Gebiete des Zivilrechts, hrsg.v. Warneyer
WiStG . . . . . . . . . . Wirtschaftsstrafgesetz
WM . . . . . . . . . . . . Wertpapier-Mitteilungen (Zeitschrift)
WuB . . . . . . . . . . . Entscheidungssammlung zum Wirtschafts- und Bankrecht
WürttJb . . . . . . . . . Württembergische Jahrbücher
WuM . . . . . . . . . . . Wohnungswirtschaft und Mietrecht (Zeitschrift)

Zahlungsdienste-RL. . Richtlinie 2007/64/EG des Europäischen Parlaments und des Rates vom 13. November 2007 über Zahlungsdienste im Binnenmarkt, zur Änderung der Richtlinien 97/7/EG, 2002/65/EG, 2005/60/EG und 2006/48/EG sowie zur Aufhebung der Richtlinie 97/5/EG
ZDR . . . . . . . . . . . Zahlungsdiensterecht
ZfPW . . . . . . . . . . . Zeitschrift für die gesamte Privatrechtswissenschaft
ZfZ . . . . . . . . . . . . Zeitschrift für Zölle und Verbrauchsteuern
ZHR . . . . . . . . . . . Zentralblatt für Handelsrecht; Zeitschrift für das gesamte Handels- und Wirtschaftsrecht
ZIP . . . . . . . . . . . . Zeitschrift für Wirtschaftsrecht und Insolvenzpraxis
zit. . . . . . . . . . . . . . zitiert
ZJS . . . . . . . . . . . . Zeitschrift für das Juristische Studium
ZMR . . . . . . . . . . . Zeitschrift für Miet- und Raumrecht
ZPO . . . . . . . . . . . Zivilprozessordnung
Zweite Zahlungsdienste-RL . . . . . . . Richtlinie (EU) 2015/2366 des Europäischen Parlaments und des Rates vom 25. November 2015 über Zahlungsdienste im Binnenmarkt, zur Änderung der Richtlinien 2002/65/EG, 2009/110/EG und 2013/36/EU und der Verordnung (EU) Nr. 1093/2010 sowie zur Aufhebung der Richtlinie 2007/64/EG

# Literaturverzeichnis


Althammer, C., Schuldrecht III – Besonderer Teil 2: Gesetzliche Schuldverhältnisse, 2015 (zit.: Althammer SchuldR III BT 2)

Baumbach, A./Hopt, K. J., Handelsgesetzbuch, 33. Aufl. 2008 (zit.: Baumbach/Hopt/Bearbeiter)

Baur, F./Stürner, R., Lehrbuch des Sachenrechts, 18. Aufl. 2009 (zit.: Baur/Stürner SachenR)

Beuthien, V., Studienkommentar zum BGB, 1975 (zit.: StudK/Bearbeiter)

Beuthien, V./Weber, H., Ungerechtfertigte Bereicherung und Geschäftsführung ohne Auftrag, 2. Aufl. 1987 (zit.: Beuthien/Weber Ungerechtfertigte Bereicherung)

Brehm, W./Berger, C., Sachenrecht, 3. Aufl. 2014 (zit.: Brehm/Berger SachenR)

Brox, H./Walker, W.-D., Besonderes Schuldrecht, 46. Aufl. 2022 (zit.: Brox/Walker SchuldR BT)

Buck-Heeb, P., Examens-Repetitorium, Besonderes Schuldrecht 2, 8. Aufl. 2021 (zit.: Buck-Heeb Examens-Rep SchuldR BT II)

Cosack, K./Mitteis, H., Lehrbuch des bürgerlichen Rechts: Die allgemeinen Lehren und das Schuldrecht, Bd. I, 1927 (zit.: Cosack/Mitteis BürgerlR)

Dauner-Lieb, B., AnwaltKommentar zum BGB, Bd. 2/2 §§ 611–853, 2005; Bd. 3 §§ 854–1296, 2004 (zit.: AK-BGB/Bearbeiter)

Dauner-Lieb, B./Langen, W., Nomos Kommentar Bürgerliches Gesetzbuch, Band 2/3: §§ 662–853, 4. Aufl. 2021 (zit.: NK-BGB/Bearbeiter)

Dörner, H., Fälle und Lösungen, Schuldrecht 2, 5. Aufl. 2002 (zit.: Dörner SchuldR II)

Eckert, J., Schuldrecht, Besonderer Teil, 2. Aufl. 2005 (zit.: Eckert SchuldR BT)

Ellenberger, J./Bunte, H.-J., Bankrecht-Handbuch, 6. Aufl. 2022 (zit.: Ellenberger/Bunte BankR-HdB/Bearbeiter)

Emmerich, V., BGB – Schuldrecht Besonderer Teil, 16. Aufl. 2022 (zit.: Emmerich SchuldR BT)

Enneccerus, L./Lehmann, H., Lehrbuch des Bürgerlichen Rechts Band 2, Recht der Schuldverhältnisse, 15. Bearb. 1958 (zit.: Enneccerus/Lehmann SchuldR)

Erman, W., Kommentar zum Bürgerlichen Gesetzbuch in 2 Bänden, 11. Aufl. 2004 (zit.: Erman/Bearbeiter)

Esser, J., Schuldrecht: Allgemeiner und besonderer Teil: ein Lehrbuch, 1. Aufl. 1949 und 2. Aufl. 1960 (zit.: Esser SchuldR)

Esser, J., Schuldrecht 2: Besonderer Teil: ein Lehrbuch, 3. Aufl. 1969 und 4. Aufl. 1971 (zit.: Esser SchuldR 2)

Esser, J./Weyers, H.-J., Schuldrecht Band II, Besonderer Teil, Teilband 2, 8. Aufl. 2000 (zit.: Esser/Weyers SchuldR BT II/2)

Feiler, G., Aufgedrängte Bereicherung bei Verwendungen des Mieters und Pächters, 1968 (zit.: Feiler Aufgedrängte Bereicherung)

Fezer, K.-H./Obergfell, E., Klausurenkurs zum Schuldrecht Besonderer Teil, 10. Aufl. 2020 (zit.: Fezer/Obergfell Klausurenkurs SchuldR BT)

Fikentscher, W. (Hrsg.), Schuldrecht, 8. Aufl. 1991 (zit.: Fikentscher SchuldR/Bearbeiter).

Fikentscher, W./Heinemann, A., Schuldrecht, 12. Aufl. 2022 (zit.: Fikentscher/Heinemann SchuldR)

Fischer, O. (Hrsg.), Bürgerliches Gesetzbuch vom 18. August 1896 nebst dem Einführungsgesetze vom 18. August 1896, 8. Aufl. 1909 (zit.: Fischer/Bearbeiter)

Flume, W., Allgemeiner Teil des Bürgerlichen Rechts, Band II, Das Rechtsgeschäft, 4. Aufl. 1992 (zit.: Flume BGB AT II)

Gernhuber, J., Bürgerliches Recht, 3. Aufl. 1991 (zit.: Gernhuber BürgerlR)

Grigoleit, H. C./Auer, M./Kochendörfer, L., Schuldrecht III – Bereicherungsrecht, 3. Aufl. 2022 (zit.: Grigoleit/Auer/Kochendörfer SchuldR III)

Grüneberg, C., Bürgerliches Gesetzbuch mit Nebengesetzen, 81. Aufl. 2022 (zit.: Grüneberg/Bearbeiter)

Gsell, B./Krüger, W./Lorenz, S./Reymann, C. (Hrsg.), beck-online Großkommentar zum Zivilrecht (zit.: BeckOGK/Bearbeiter)

Gursky, K.-H., Schuldrecht, Besonderer Teil, 5. Aufl. 2005 (zit.: Gursky SchuldR BT)

Gursky, K.-H., 20 Probleme aus dem Sachenrecht ohne Eigentümer-Besitzer-Verhältnis, 8. Aufl. 2014 (zit.: Gursky SachenR).

Harke, J. D., Besonderes Schuldrecht, 2011 (zit.: Harke SchuldR BT)

Hassold, G., Zur Leistung im Dreipersonenverhältnis, 1981 (zit.: Hassold Leistung)

Hau, W./Poseck, R., Beck'scher Online-Kommentar BGB, 61. Ed. 1.2.2022 (zit.: BeckOK BGB/Bearbeiter)

Heck, P., Grundriß des Schuldrechts, 1929 (zit.: Heck Grundriß)

Hirsch, C., Schuldrecht Besonderer Teil, 6. Aufl. 2020 (zit.: Hirsch SchuldR BT)

Hopt, K. J., Handelsgesetzbuch, 41. Aufl. 2022 (zit.: Hopt/Bearbeiter)

Jacoby, F./von Hinden, M., Bürgerliches Gesetzbuch: Studienkommentar, 17. Aufl. 2020 (zit.: Jacoby/v. Hinden)

Jauernig, O., Bürgerliches Gesetzbuch, Kommentar, 18. Aufl. 2021 (zit.: Jauernig/Bearbeiter)

juris PraxisKommentar (Online-Kommentar) zum BGB (Stand: 1.2.2020) (zit.: jurisPK-BGB/Bearbeiter)

Köhler, H./Lorenz, S., Prüfe dein Wissen, – Recht der Schuldverhältnisse II – Einzelne Schuldverhältnisse, 19. Aufl. 2011 (zit.: Köhler/Lorenz SchuldR II)

König, D., Ungerechtfertigte Bereicherung, in: Gutachten und Vorschläge zur Überarbeitung des Schuldrechts, Bd. II, 1981, S. 1515 ff. (zit.: König Gutachten)

König, D., Ungerechtfertigte Bereicherung, 1985 (zit.: König Ungerechtfertigte Bereicherung)

Koppensteiner, H.-G./Kramer, E. A., Ungerechtfertigte Bereicherung, 2. Aufl. 1988 (zit.: Koppensteiner/Kramer Ungerechtfertigte Bereicherung)

Kress, H., Lehrbuch des Allgemeinen Schuldrechts, 1929 (zit.: Kress SchuldR AT)

Kupisch, B., Gesetzespositivismus im Bereicherungsrecht, 1978 (zit.: Kupisch Gesetzespositivismus)

Larenz, K., Lehrbuch des Schuldrechts, Band II: Besonderer Teil, Halbband 1, 12. Aufl. 1981 (zit.: Larenz SchuldR BT II/1)

Larenz, K./Canaris, C.-W., Lehrbuch des Schuldrechts, Band II: Besonderer Teil, Halbband 2, 13. Aufl. 1994 (zit.: Larenz/Canaris SchuldR BT II/2)

Leonhard, F., Besonderes Schuldrecht des BGB, 1931 (zit.: Leonhard SchuldR BT)

Linardatos, D., Das Haftungssystem im bargeldlosen Zahlungsverkehr nach Umsetzung der Zahlungsdiensterichtlinie, 2013 (zit.: Linardatos Haftungssystem)

Loewenheim, U., Bereicherungsrecht, 3. Aufl. 2007 (zit.: Loewenheim BereicherungsR)

von. Lübtow, U., Beiträge zur Lehre von der Condictio nach römischem und geltendem Recht, 1952 (zit.: von Lübtow Beiträge)

Medicus, D./Petersen, J., Bürgerliches Recht, 28. Aufl. 2021 (zit.: Medicus/Petersen BürgerlR)

Medicus, D./Lorenz, S., Schuldrecht Band II, Besonderer Teil, 18. Aufl. 2018 (zit.: Medicus/Lorenz SchuldR BT)

Müller, K., Schuldrecht, Besonderer Teil, 1989 (zit.: Müller SchuldR BT)

Oertmann, P., Kommentar zum Bürgerlichen Gesetzbuch, 2. Buch 2. Abt., 5. Aufl. 1929 (zit.: Oertmann)

Peifer, K.-N., Schuldrecht: gesetzliche Schuldverhältnisse, 6. Aufl. 2020 (zit.: Peifer Gesetzl. Schuldverhältnisse)

Prütting, H., Sachenrecht, 37. Aufl. 2020 (zit.: Prütting SachenR)

Prütting, H./Wegen, G./Weinreich, G., Kommentar zum BGB, 16. Aufl. 2021 (zit.: Prütting/Wegen/Weinreich/Bearbeiter)

Planck, G. K. G., Planck's Kommentar zum Bürgerlichen Gesetzbuch, 2. Hälfte, 4. Aufl. 1928 (zit.: Planck/Bearbeiter)

Reeb, H., Grundprobleme des Bereicherungsrechts, 1975 (zit.: Reeb BereicherungsR)

Reuter, D./Martinek, M., Ungerechtfertigte Bereicherung, Teilband 2, 2. Aufl. 2016 (zit.: Reuter/Martinek Ungerechtfertigte Bereicherung)

Reichsgerichtsrätekommentar Das Bürgerliche Gesetzbuch, Kommentar herausgegeben von Reichsgerichtsräten und Bundesrichtern, 11. Aufl. 1959–1970 und 12. Aufl. 1974 ff. (zit.: RGRK/Bearbeiter)

Ring, G./Grziwotz, H./Keukenschrijver, A., Nomos Kommentar BGB, Band 3: Sachenrecht, 4. Aufl. 2016 (zit.: NK-BGB/Bearbeiter)

Röthel, A., Schuldrecht BT/2, Gesetzliche Schuldverhältnisse, 3. Aufl. 2018 (zit.: Röthel SchuldR BT/2)

Säcker, F. J./Rixecker, R./Oetker, H./Limperg, B. (Hrsg.), Münchener Kommentar zum BGB, 3. Aufl. 1992 ff., 4. Aufl. 2001 ff. sowie 9. Aufl. 2021 ff. (zit.: MüKoBGB/Bearbeiter)

Schäfer, F., Schuldrecht – Besonderer Teil, Einführung, 2021 (zit.: Schäfer SchuldR BT)

Schellhammer, K., Schuldrecht nach Anspruchsgrundlagen samt BGB Allgemeiner Teil, 11. Aufl. 2021 (zit.: Schellhammer SchuldR)

Schlechtriem, P., Schuldrecht, Besonderer Teil, 6. Aufl. 2003 (zit.: Schlechtriem SchuldR BT)

Schnauder, F., Grundfragen zur Leistungskondiktion in Drittbeziehungen, 1981 (zit.: Schnauder Grundfragen)

Schulze, R./Dörner, H., Ebert, I./Hoeren, T./Kemper, R./Saenger, I./Scheuch, A./Schreiber, C./Schulte-Nölke, H./Staudinger, A./Wiese, V. (Hrsg.), BGB Handkommentar, 11. Aufl. 2022 (zit.: HK-BGB/Bearbeiter)

Schwabe, W., Schuldrecht II, Gesetzliche Schuldverhältnisse – Materielles Recht & Klausurenlehre, 11. Aufl. 2021 (zit.: Schwabe SchuldR II)

Schwarz, G. C./Wandt, M., Gesetzliche Schuldverhältnisse, 2. Aufl. 2006 (zit.: Schwarz/Wandt Gesetzl. Schuldverhältnisse)

Soergel, H. T., Kommentar zum Bürgerlichen Gesetzbuch, Band 2: Schuldrecht I, §§ 241–610, 10. Aufl. 1967; Band 3, Schuldrecht II, §§ 611–853, 10. Aufl. 1969, Band 2: Schuldrecht I, §§ 241–432, 11. Aufl. 1990; Band 3: Schuldrecht II, §§ 516–704, 11. Aufl. 1980; Band 4: Schuldrecht III, 11. Aufl. 1985; Band 3/2: Schuldrecht 1/2, §§ 243–304, 13. Aufl. 2014; Band 5/1: Schuldrecht IV/1, §§ 705–822, 12. Aufl. 2007; Schuldrecht Band 9/3, §§ 780–822, 13. Aufl. 2011; Band 14: Sachenrecht 1, 13. Aufl. 2002 (zit.: Soergel/Bearbeiter)

Staake, M., Gesetzliche Schuldverhältnisse, 2. Aufl. 2022 (zit.: Staake Gesetzl. Schuldverhältnisse)

von Staudinger, J., Staudingers Kommentar zum Bürgerlichen Gesetzbuch, §§ 705–822 (1975), §§ 812–822 (1999) und (2007); §§ 854–882 (2000); §§ 925–984 und Anh zu §§ 929 ff. (2017); §§ 985–1011 (2013 sowie 2019) (zit.: Staudinger/Bearbeiter)

von Staudinger, J., Eckpfeiler des Zivilrechts, 8. Aufl. 2022 (zit.: Staudinger Eckpfeiler/Bearbeiter)

Symposium König Ungerechtfertigte Bereicherung – Grundlagen, Tendenzen, Perspektiven, 1984

Thiele, W., Schuldrecht, Besonderer Teil, 3. Aufl. 1982 (zit.: Thiele SchuldR BT)

Thomale, C., Leistung als Freiheit – Erfüllungsautonomie im Bereicherungsrecht, 2012 (zit.: Thomale Leistung)

Trabzadah, H., Ausschluss der Kondiktion wegen Kenntnis der Nichtschuld nach § 814 Fall 1 BGB, 1984 (zit.: Trabzadah Ausschluss) von Tuhr, A., Der Allgemeine Teil des deutschen Bürgerlichen Rechts, II. Band, 1. Hälfte, 1914 und 2. Hälfte, 1918 (zit.: von Tuhr BürgerlR Bd. II/1 und II/2)

Wandt, M., Gesetzliche Schuldverhältnisse, 11. Aufl. 2022 (zit.: Wandt Gesetzl. Schuldverhältnisse)

von Wassermann, R. (Hrsg.), Alternativkommentar zum Bürgerlichen Gesetzbuch, 1979 ff. (zit.: AK-BGB/Bearbeiter)

Westermann, H., Sachenrecht, 5. Aufl. 1966 (zit.: Westermann SachenR)

Westermann, H. P./Gursky, K.-H./Eickmann, D., Sachenrecht, 8. Aufl. 2011 (zit.: Westermann/Gursky/Eickmann SachenR)

Wieling, H. J., Bereicherungsrecht, 4. Aufl. 2007 (zit.: Wieling BereicherungsR)

Wieling, H. J., Sachenrecht, Bd. I, 2. Aufl. 2006 (zit.: Wieling SachenR I)

Wieling, H. J./Finkenauer, T., Fälle zum Besonderen Schuldrecht, 8. Aufl. 2019 (zit.: Wieling/Finkenauer Fälle SchuldR BT)

Wieling, H. J./Finkenauer, T., Bereicherungsrecht, 5. Aufl. 2020 (zit.: Wieling/Finkenauer BereicherungsR)

Wolf, E., Lehrbuch des Schuldrechts, Bd. II: Besonderer Teil, 1978 (zit.: Wolf SchuldR BT)

Wolff, M./Raiser, L., Sachenrecht, 10. Bearb. 1957 (zit.: Wolff/Raiser SachenR)

# 1. Kapitel. Die Leistungsbereicherung im Dreiecksverhältnis

## 1. Problem (§ 812 I 1 Fall 1 BGB)
## Wessen Sicht ist bei Missverständnissen in Mehrpersonenbeziehungen für die Bestimmung des Leistenden maßgeblich?

### Beispiel:

Der Grundstückseigentümer E hat den Bauunternehmer U mit der Errichtung eines schlüsselfertigen Wohnhauses zum Festpreis von 300.000 EUR beauftragt. U vergibt daraufhin die Dachdeckerarbeiten an den Dachdeckermeister D; den Werkvertrag mit D – in dem der angemessene Werklohn von 20.000 EUR vereinbart wird – schließt U im Namen des Bauherren E, allerdings ohne eine entsprechende Vertretungsmacht zu haben. Das Ganze kommt heraus, als D dem E einige Wochen nach Abschluss der Arbeiten seine Rechnung übersendet. Zu diesem Zeitpunkt hat E bereits die vollen 300.000 EUR an U bezahlt (nach BGHZ 36, 30 = NJW 1961, 2251).

Muss E dennoch dem D die Dachdeckerarbeiten vergüten?

### Ausgangspunkt:

Wenn etwas rechtsgrundlos geleistet worden ist, so kann grundsätzlich nur der Leistende selbst, nicht aber ein Dritter bei dem Leistungsempfänger kondizieren (Ausnahmen: § 816 I 2 und § 822 BGB). Dafür sorgt insbesondere das Dogma von der Subsidiarität der Nichtleistungskondiktionen gegenüber der Leistungskondiktion. Bei Mehrpersonenbeziehungen bestimmt damit primär der Leistungsbegriff den Weg der bereicherungsrechtlichen Rückabwicklung. Da als „Leistung" nur solche bewussten Vermögensmehrungen anerkannt werden, bei denen der Zuwendende dem Empfänger gegenüber einen eigenen Zweck verfolgt, und da als relevanter Leistungszweck in erster Linie naturgemäß die Erfüllung einer Verbindlichkeit in Betracht kommt, bewirkt der finale Leistungsbegriff des modernen Bereicherungsrechts, dass die bereicherungsrechtliche Abwicklung sachgerecht den zugrunde liegenden Schuldverhältnissen folgt. Komplikationen ergeben sich aber, wenn infolge von Missverständnissen die Vorstellungen der Parteien über den Leistungszweck und die Person des Leistenden auseinandergehen. Diese Situation ist im Ausgangsfall gegeben. Hier hat D dem E bewusst die Dachdeckerarbeiten verschafft, und er hat dies zur Erfüllung eines vermeintlich zwischen ihm und E bestehenden Werkvertrages getan. D erbrachte aus seiner Sicht an E eine Leistung im technischen Sinne des Bereicherungsrechts. Dagegen glaubte E, D werde nur als Subunternehmer (und damit Erfüllungsgehilfe iSv § 278 BGB) für seinen Vertragspartner U tätig. Aus seiner Sicht war also nur eine Leistung des D an U und gleichzeitig eine Leistung des U an ihn (E) gegeben. Damit stellt sich im Beispiel die Frage, ob auf die Sicht des Zuwendenden abzustellen ist oder ob die Sicht des Empfängers maßgeblich ist.

## Problemlösungsansätze

### A. (hier sog.) Willenstheorie

Maßgeblich ist die Sicht des Leistenden. Der innere Wille, eine vermeintliche Verpflichtung gegenüber dem Empfänger zu erfüllen, genügt für die Zweckrichtung der Zuwendung und macht diese damit zu einer Leistung an den Empfänger. Das gilt unabhängig davon, ob dieser Wille dem Empfänger erkennbar war oder nicht.

**Vertreten von:**
RGZ 98, 64 (65 f.); Berg NJW 1962, 101 f.; Berg NJW 1964, 720 f.; Berg JuS 1964, 137; Berg JZ 1968, 549; von Caemmerer, FS Dölle I, 1963, 158; Canaris, 1. FS Larenz, 1973, 799 (826 f.); Ehmann NJW 1969, 398 (402); Ehmann NJW 1971, 612 (613); Flume JZ 1962, 281 (282); Flume AcP 199 (1999), 28 ff. (36); Gursky SchuldR BT S. 186; Kaehler, Bereicherungsrecht und Vindikation – Allgemeine Prinzipien der Restitution, 1972, S. 98; Köndgen, FG Esser, 1975, 55 (71); (iErg) Kupisch Gesetzespositivismus S. 68 ff., 73; Meyer, Bereicherungsausgleich in Dreiecksverhältnissen, 1979, S. 69 ff., 73, 78; tendenziell Meyer-Cording NJW 1987, 940 (941); MüKoBGB/Lieb, 4. Aufl. 2004, § 812 Rn. 106 ff., 111; von Olshausen JZ 1975, 29; Picker NJW 1974, 1790 ff.; RGRK/Scheffler, 11. Aufl. 1960, § 812 Anm. 88; (iErg) Schall, Leistungskondiktion und „Sonstige Kondiktion" auf der Grundlage des einheitlichen gesetzlichen Kondiktionsprinzips, 2003, S. 99 f.; Schnauder NJW 1999, 2841; Staake WM 2005, 2113 (insbes. 2120 f.); Wilhelm, Rechtsverletzung und Vermögensentscheidung als Grundlagen und Grenzen des Anspruchs aus ungerechtfertigter Bereicherung, 1973, S. 148 ff.

**Modifizierend:**
Larenz SchuldR BT II/1 § 68 III e 2, der auf den irgendwie – nicht notwendigerweise dem Empfänger – erkennbaren Willen des Leistenden abstellt; Weitnauer (DNotZ 1968, 706 (707); NJW 1979, 2008 (2010 f.); FS von Caemmerer, 1978, 253 (278)) hält den Sinn für maßgeblich, der sich für einen verständigen, über den Parteien stehenden Beobachter nach den Umständen ergibt. Schnauder (NJW 1999, 2841 (2844)) will auf einen objektiven Beobachter abstellen, der aber keine Umstände berücksichtigen darf, die nur einer Partei bekannt sind.

**1. Argument**
Wenn derjenige, der die Vermögensverschiebung tatsächlich vollzieht, damit eine (vermeintliche) Verpflichtung gegenüber dem Empfänger erfüllen will, so erbringt er seine Zuwendung *solvendi causa* und somit als Leistung im technischen Sinne des Bereicherungsrechts an den Empfänger. Nur der Zuwendende selbst ist nach der Natur der Sache zur Entscheidung berufen, ob er an den Empfänger leisten, dh die geplante Vermögensverschiebung mit einem von ihm vorausgesetzten Schuldverhältnis zum Empfänger verknüpfen will oder ob er den betreffenden Vermögensvorteil einem Dritten zur Verfügung stellen, ihn nämlich als bloßer Leistungsmittler dieses Dritten auf den Empfänger übertragen will. Auch im Erfüllungsrecht bestimmt – wie sich aus §§ 366 I, 367 II und 267 BGB schließen lässt – der Wille des Zuwendenden den Zweck der Zuwendung. Das kann im Bereicherungsrecht nicht anders sein.

**2. Argument**
Dass der Zuwendungsempfänger die Willensrichtung des Zuwendenden verkennt und diesen nach den ihm erkennbaren Umständen für den bloßen Leistungsmittler eines Dritten halten muss, genügt nicht, um die Zuwendung zu einer Leistung dieses Dritten zu machen. Der Zuwendende, der selbst *solvendi causa* an den Empfänger leisten will, stellt das Objekt der Zuwendung gerade nicht wie bei einer befolgten Anweisung bewusst einem Dritten – hier: dem Vertragspartner des Empfängers – zur Verfügung; ohne eine solche Disposition des Zuwendenden fehlt aber jedwede Möglichkeit, die tatsächlich vom Zuwendenden vollzogene Vermögensverschiebung dem scheinbar leistenden Dritten zuzurechnen (von Caemmerer; Wilhelm; Lieb).

**3. Argument (gegen Theorie B, Arg. 2)**
Auch Vertrauensschutzgesichtspunkte rechtfertigen es nicht, die Eigenleistung des Zuwendenden (hier im Ausgangsfall D) in eine Drittleistung umzudeuten. Der Empfänger (hier E) wird, wenn er wegen der vermeintlich von seinem Vertragspartner (hier U) bereits erhaltenen Leistung an Letzteren die Gegenleistung erbringt und diese nun wegen der zwischenzeitlich eingetretenen Insolvenz seines Vertragspartners nicht mehr zurückerlangen kann, bereits durch § 818 III BGB ausreichend geschützt. Dieser „konkrete" Vertrauensschutz ist sachgerechter als der schematisierende „abstrakte" Vertrauensschutz, der sich ergibt, wenn man mit der Empfängerhorizonttheorie einen Kondiktionsanspruch des Zuwendenden wegen der fehlenden Erkennbarkeit seines Eigenleistungswillens von vornherein ausschließt. Denn die letztere Lösung gewährt dem Empfänger auch dort Schutz, wo dieser überhaupt keines Schutzes bedarf, etwa weil er die Gegenleistung an seinen Vertragspartner noch gar nicht erbracht hat.

**4. Argument**
Die Empfängerhorizonttheorie unterstellt dem Zuwendenden die konkludente Erklärung, er sei nur Leistungsmittler des Vertragspartners des Zuwendungsempfängers. Das ist aber mit einer entsprechenden Anwendung der Grundsätze über die Auslegung empfangsbedürftiger Willenserklärungen nicht zu rechtfertigen. Eine objektive Auslegung aus der Sicht des Erklärungsempfängers ist nämlich anerkanntermaßen nur möglich, wenn der nach §§ 133, 157 BGB maßgebliche normative Erklärungswert dem Erklärenden auch als Sinn seiner Erklärung zurechenbar ist. An dieser Zurechenbarkeit fehlt es, wenn der Verständnishorizont des Erklärungsempfängers entscheidend durch Äußerungen oder Verhaltensweisen eines Dritten beeinflusst ist, von denen der Erklärende oftmals gar nichts wissen kann. Auch dass der ihm gegenüber als (vermeintlicher) Vertreter des Zuwendungsempfängers aufgetretene Dritte die betreffende Leistung dem Zuwendungsempfänger selbst schuldet, ist dem Zuwendenden nicht zuzurechnen (Köndgen). Da einerseits die vom Zuwendenden gewollte Tilgungsbestimmung dem Adressaten nicht erkennbar wurde, andererseits aber der für den Adressaten entstandene Anschein dem Zuwendenden nicht als Erklärungsbedeutung zurechenbar ist, ist die Zuwendung überhaupt nicht mit einer wirksamen Tilgungsbestimmung verbunden. Das ändert aber nichts daran, dass sie vom Zuwendenden willentlich und subjektiv zum Zwecke der Schuldtilgung gegenüber dem Empfänger herbeigeführt wurde und deshalb als Leistung zu qualifizieren ist. Der Zuwendende muss deshalb auch eine Leistungskondiktion haben; ob man diese als *condictio indebiti* qualifiziert oder unter den Auffangtatbestand der *condictio sine causa* bringt, ist ohne Belang.

**5. Argument**
Die Grundannahme der Empfängerhorizonttheorie wäre allenfalls im Ergebnis akzeptabel, wenn man sie tatsächlich mit einer Anfechtungsmöglichkeit des Zuwendenden, die diesem dann um den Preis einer Schadensersatzpflicht aus § 122 BGB eine Nichtleistungskondiktion gegen den Empfänger verschaffen würde, verbinden könnte. Diese Möglichkeit besteht jedoch (entgegen Theorie C) nicht. Bei einer Auslegung nach dem objektiven Empfängerhorizont gibt der Zuwendende nämlich keine eigene Tilgungsbestimmung ab; er tritt vielmehr objektiv als Erklärungsbote eines Dritten auf und überbringt dessen Tilgungsbestimmung. Der Bote kann indes die überbrachte fremde Willenserklärung nicht anfechten.

**6. Argument**
Selbst wenn man das anders sehen wollte, bliebe die Zulassung einer Anfechtung der Tilgungsbestimmung durch den Zuwendenden eine sinnlose Komplikation. Die Anfechtung müsste nach § 121 BGB unverzüglich erfolgen, doch ist dies regelmäßig gar nicht möglich. Sie müsste schon daran scheitern, dass der vermeintlich Leistende sich nicht rechtzeitig Klarheit über die gegebene Rechtslage verschaffen kann.

**7. Argument**
Der konkrete Vertrauensschutz (§ 818 III BGB) für den Zuwendungsempfänger scheitert nicht etwa daran, dass ein vom Kondiktionsschuldner für den Erwerb einer Sache an einen Nichtberechtigten gezahlte Gegenwert grundsätzlich nicht als Bereicherungsminderung geltend gemacht werden kann. Dieser Grundsatz gilt nämlich nicht für den Bereich der Leistungskondiktion, sondern nur für Eingriffskondiktionen, die an die Stelle eines untergegangenen Vindikationsanspruchs treten: Der Ausschluss der Abzugsfähigkeit der Erwerbskosten beruht entscheidend auf dem Gesichtspunkt, dass diese auch gegenüber dem zunächst gegebenen Vindikationsanspruch nicht geltend gemacht werden können. Außerdem handelt es sich in diesen Fällen um Ausgaben, die zeitlich vor dem späteren Kondiktionstatbestand liegen, während es hier nur um solche Zahlungen gehen kann, die der Zuwendungsempfänger nach dem Empfang der Zuwendung an seinen Vertragspartner erbringt.

## B. (hier sog.) **Empfängerhorizonttheorie**

Maßgeblich ist die Vorstellung des Leistungsempfängers vom Standpunkt eines durchschnittlichen Beobachters. In Zweifelsfällen entscheidet mithin nicht der intern gebliebene Wille des Zuwendenden, sondern eine objektive Betrachtungsweise aus der Sicht des Zuwendungsempfängers darüber, wer geleistet hat. Stellt sich die Zuwendung für den Empfänger angesichts der ihm erkennbaren Umstände als eine Leistung seines Vertragspartners dar, die von dem Zuwendenden als einem bloßen Erfüllungsgehilfen des Vertragspartners vollzogen wird, scheidet ein Kondiktionsanspruch des Zuwendenden gegen den Zuwendungsempfänger von vornherein aus.

**Vertreten von:**
BGHZ 36, 30 (33) = NJW 1961, 2251; BGHZ 40, 272 (277 f.) = NJW 1964, 399; BGHZ 58, 184 (188) = NJW 1972, 864; BGHZ 61, 289 = NJW 1974, 39; BGH NJW 1974, 1132; WM 1978, 1053 (1054); BGHZ 72, 246 (248 f.) = NJW 1979, 157; BGH NJW 1984, 1456; 1986, 251; 1989, 900 (901); 1993, 1578 (1579); 1999, 1393 (1394); NJW-RR 2002, 1176 (1177); NJW 2005, 60; 2011, 66 Rn. 36; 2016, 3027 Rn. 34; 2016,

2260 Rn. 21; BKR 2021, 516 Rn. 16; OLG Köln NJW 1990, 1537 (1538); BeckRS 2022, 9740; OLG Nürnberg MDR 1964, 55; OLG Hamm NJW 1971, 1810 (1811); LG Bonn NJW 1991, 1360 (1361); Baur/Wolf JuS 1966, 393 (396); Beuthien JZ 1968, 323 (326); Beuthien/Weber Ungerechtfertigte Bereicherung S. 22 ff.; Brox/Walker SchuldR BT § 38 Rn. 21 f.; Buck-Heeb Examens-Rep SchuldR BT II Rn. 467; Diederichsen JurA 1970, 378 (379); Eckert SchuldR BT Rn. 1443; Eckl, FS Hanisch, 1994, 83 f.; Emmerich SchuldR BT § 18 Rn. 16; Erman/Buck-Heeb § 812 Rn. 14 f.; (iErg) Esser/Weyers SchuldR BT II/2 § 48 III 6; Fezer/Obergfell Klausurenkurs SchuldR BT 24. und 25. Fall; Fikentscher/Heinemann SchuldR Rn. 1431; Giesen JURA 1995, 234 (236); Grüneberg/Herrler BGB § 951 Rn. 3; Grüneberg/Sprau BGB § 812 Rn. 14; Hadding, Der Bereicherungsausgleich beim Vertrag zu Rechten Dritter, 1972, S. 99 f.; Hadding JA 1981, 491; Huber NJW 1968, 1905 (1910); Huber JuS 1970, 515 (516); jurisPK-BGB/Martinek/Heine § 812 Rn. 106; (iErg) Kellmann, Grundsätze der Gewinnhaftung, 1969, S. 121; Kellmann JR 1988, 97 (102); König Ungerechtfertigte Bereicherung S. 235; Koppensteiner/Kramer Ungerechtfertigte Bereicherung S. 36 ff.; S. Lorenz JuS 2003, 839 f. (m. Einschr.); Loewenheim BereicherungsR S. 45 f.; Möschel JuS 1972, 297 (300) Fn. 29; Müller SchuldR BT Rn. 2123; Pfister JR 1969, 47 (48); Reuter/Martinek Ungerechtfertigte Bereicherung, 1983, S. 454 ff.; Reuter/Martinek Ungerechtfertigte Bereicherung S. 110 ff.; RGRK/Heimann-Trosien § 812 Rn. 17–19; Serick, FS Möhring, 1975, 115 (122 f.); Serick, Eigentumsvorbehalt und Sicherungsübereignung IV, S. 658; Soergel/Henssler, 13. Aufl. 2002, BGB § 951 Rn. 13; Staake Gesetzl. Schuldverhältnisse § 3 Rn. 32 f.; Staudinger Eckpfeiler/Linardatos Rn. S 65; Stöhr JuS 2010, 292 (294); Stierle, Der Bereicherungsausgleich bei fehlerhaften Banküberweisungen, 1980, S. 34 ff.; Stolte JZ 1990, 221 (223); Strutz NJW 1968, 141 (143) Fn. 23; Thiele SchuldR BT S. 160 f.; Thomale Leistung S. 23 ff.; Thöne JuS 2019, 193 (194); Wandt Gesetzl. Schuldverhältnisse § 10 Rn. 13 f. (m. Einschr.); Welker, Bereicherungsausgleich wegen Zweckverfehlung?, 1974, S. 27 ff., 53 f.; Weissen JA 1980, 49; Wieling/Finkenauer BereicherungsR § 3 Rn. 19; Zeiss JZ 1963, 7 (9); Zeiss AcP 165 (1965), 332 (334 f., 340).

**1. Argument**

Bei der Zweckbestimmung, die eine Zuwendung zur Leistung im technischen Sinne des Bereicherungsrechts macht, handelt es sich um eine empfangsbedürftige Willenserklärung oder jedenfalls um eine geschäftsähnliche Handlung. Diese ist nach den allgemeinen Regeln über die Auslegung von Willenserklärungen (§§ 133, 157 BGB) mit Rücksicht auf den Verständnishorizont des Empfängers auszulegen. Der Zuwendende hat zwar die Wahl, ob er einen eigenen Leistungszweck setzt oder als bloßer Leistungsmittler eines Dritten auftritt. Sein diesbezüglicher Wille ist jedoch nur beachtlich, wenn er dem Empfänger erkennbar geworden ist; nur so werden objektiv nachprüfbare Kriterien verwendet.

**2. Argument**

Im Vordergrund muss der Schutz des Leistungsempfängers stehen. Dieser muss sich darauf verlassen können, dass er über die Leistung nur mit seinem Vertragspartner abzurechnen braucht, selbst wenn die Leistung ganz oder teilweise von einem Dritten auf Weisung seines Vertragspartners erbracht wird. Denn der Empfänger wird aus dem Vertragsverhältnis mit seinem Schuldner nicht entlassen, sodass er möglicherweise auch dessen Leistung annehmen und vergüten muss. Insoweit schützt ihn dann auch § 818 III BGB nicht. Die Bindung an den Vertrag kann im Rahmen des § 818 III BGB nämlich nicht berücksichtigt werden (Baur/Wolf).

**3. Argument**
Der Zuwendende seinerseits ist nicht schutzwürdig. Er hat es in der Hand, den Zweck seiner Zuwendung dem Empfänger mitzuteilen und damit einen aufgrund der Umstände sich aufdrängenden gegenteiligen Schein wirkungslos zu machen. Außerdem hat der Zuwendende regelmäßig einen Ausgleichsanspruch (beispielsweise aus § 179 BGB) gegen den Vertragspartner des Zuwendungsempfängers.

**4. Argument**
Der von der Willenstheorie angestrebte „konkrete" Vertrauensschutz für den Zuwendungsempfänger versagt: Der Zuwendungsempfänger dürfte die an den Vertragspartner gezahlte Vergütung auch bei Insolvenz des Letzteren nicht absetzen. Es gilt nämlich auch insoweit der allgemeine Grundsatz, dass der Kondiktionsschuldner eine Gegenleistung, die er für den Erwerb des Kondiktionsobjektes an einen Dritten erbracht hat, nicht bereicherungsmindernd geltend machen kann.

**5. Argument**
Wenn die Zuwendung vom Vertragspartner des Zuwendungsempfängers durch dessen Auftreten als angeblich bevollmächtigter Vertreter des Zuwendungsempfängers erschlichen worden ist, spricht die Wertung des § 179 BGB dafür, den Zuwendungsempfänger vor einem Bereicherungsanspruch des Zuwendenden zu bewahren. Nach dieser Vorschrift kann sich jemand, der auf eine nicht bestehende Vollmacht vertraut hat, nur an den *falsus procurator*, nicht an den unwirksam Vertretenen halten. Diese Entscheidung schließt nicht nur die Entstehung der rechtsgeschäftlichen Gegenleistungspflicht des Vertretenen, sondern auch dessen Kondiktionshaftung aus (Koppensteiner/Kramer; Esser/Weyers).

**6. Argument**
Selbst wenn man sich darüber hinwegsetzen wollte, wäre der mithilfe des § 818 III BGB erreichbare Vertrauensschutz nicht ausreichend. Die Zahlung des Zuwendungsempfängers an seinen Vertragspartner könnte jedenfalls dann nicht bereicherungsmindernd wirken, wenn der Zuwendungsempfänger noch vor dieser Zahlung die wirklichen Zusammenhänge erfahren hat. Der Zuwendungsempfänger kann ein legitimes Interesse daran haben, auch dann noch die Vergütung für die erhaltene Leistung gerade an seinen Vertragspartner zu erbringen: etwa um diesem die erforderlichen Geldmittel für die restliche Vertragserfüllung zu verschaffen oder aber auch, um die Leistung im Wege der Aufrechnung (etwa mit Gewährleistungsansprüchen) bewirken zu können. Vorzuziehen ist deshalb der abstrakte Vertrauensschutz, den die Versagung der Kondiktionsmöglichkeit gegenüber dem Zuwendungsempfänger gewährt (Canaris).

## C. (hier sog.) **Anfechtungslösung**

Stellt sich die Zuwendung für ihren Empfänger angesichts der diesem erkennbaren Umstände als eine Leistung seines Vertragspartners dar, die von dem Zuwendenden als einem bloßen Erfüllungsgehilfen dieses Gehilfen vollzogen wird, so ist von einer Leistung des Vertragspartners des Zuwendungsempfängers an diesen auszugehen. Der Zuwendende kann allerdings die von ihm objektiv erklärte Tilgungsbestimmung – nämlich bloßer Leistungsmittler des Vertragspartners des Zuwendungsempfängers zu sein – nach § 119 I BGB wegen Inhaltsirrtums anfechten. Wenn er dies unverzüglich gegenüber dem Zuwendungsempfänger tut, beseitigt er damit eine Voraussetzung, die für die Qualifikation der Zuwendung als Leistung eines Dritten – nämlich des Vertragspartners des Zuwendungsempfängers – unabdingbar ist. Nach erfolgreicher Anfechtung ist rückwirkend nur noch eine Zuwendung ohne relevante Zweckbestimmung und damit ohne Leistungscharakter gegeben. Dann und nur dann steht dem Zuwendenden eine Nichtleistungskondiktion unmittelbar gegen den Zuwendungsempfänger zu. Erkauft ist diese Direktkondiktion allerdings mit dem Preis einer Schadensersatzpflicht aus § 122 BGB gegenüber dem Anfechtungsgegner, also dem Vertragspartner des Zuwendungsempfängers.

**Vertreten von:**
Larenz/Canaris SchuldR BT II/2 § 70 III 3b–d; S. Lorenz JuS 2003, 839 (843 f.); W. Lorenz JuS 1968, 441; Staudinger/W. Lorenz, 1999, BGB § 812 Rn. 61 vorletzter Absatz; Thomä JZ 1962, 623 (626 f.); Weitnauer NJW 1974, 1729 (1731) (m. Einschr.); Wieling JZ 1977, 291 (293); Wieling JuS 1978, 801 (802); Wieling/Finkenauer Fälle SchuldR BT Fall 17.

Die Rspr. hat die Frage, ob der Zuwendende seine objektiv zum Ausdruck gebrachte Zweckbestimmung durch Anfechtung beseitigen und sich auf diese Weise einen eigenen Kondiktionsanspruch gegen den Zuwendungsempfänger verschaffen kann, bisher offengelassen (zB BGH NJW 1974, 1132 (1133)). In einem etwas anders gelagerten Fall – der Zuwendende hatte bei einer Banküberweisung irrtümlich auf die Schuld eines Dritten Bezug genommen und damit objektiv eine Drittzahlung nach § 267 BGB erklärt – hat der BGH allerdings eine Anfechtung der Tilgungsbestimmung zugelassen (BGHZ 106, 163 (166 f.); bestätigt durch BGHZ 167, 337 (344) = NJW 2006, 2845).

**1. Argument: wie Theorie B, Arg. 1.**

**2. Argument**
Gerade in Konstellationen wie dem Ausgangsfall will der Zuwendende selbst *solvendi causa* – nämlich zur Erfüllung einer vermeintlichen eigenen vertraglichen Verpflichtung – an den Zuwendungsempfänger leisten. Dem Zuwendungsempfänger erscheint er aber aufgrund der ihm erkennbaren Umstände als bloßer Leistungsmittler *seines* Vertragspartners. Vom Empfängerhorizont her überbringt der Zuwendende mithin als bloßer Bote eine Tilgungsbestimmung des Vertragspartners des Zuwendungsempfängers, wonach diese Zuwendung eine durch Einschaltung eines Leistungsmittlers erfolgende Leistung des Vertragspartners zur Erfüllung von dessen vertraglicher Verpflichtung gegenüber dem Empfänger sein soll. Das ist der objektive Erklärungswert seines Verhaltens. Dieser objektive Erklärungswert ist dem Zuwendenden auch zurechenbar, weil er nicht ausschließlich auf der Manipulation eines Dritten beruht. Der Zuwendende hätte es ja in der Hand gehabt, den gemeinten Sinn seiner Zuwendung bei dieser offen zulegen, also deutlich zu machen, dass er selbst eine (vermeintliche) eigene Verpflichtung gegenüber dem Zuwendungsempfänger erfüllen will.

**3. Argument**
Objektiver Erklärungswert und gewollter Sinn der vom Zuwendenden geäußerten Tilgungsbestimmung fallen auseinander. Der Zuwendende kann deshalb die von ihm objektiv geäußerte Tilgungsbestimmung nach § 119 I BGB wegen Inhaltsirrtums an-

fechten. Denn diese ist jedenfalls insoweit eine *eigene* Erklärung, als darin auch die Aussage steckt, dass er als Bote eines Dritten auftritt. Diese mit dem Rest der Äußerung untrennbar verbundene Erklärungskomponente wollte der Zuwendende nicht abgeben (vgl. Larenz/Canaris SchuldR BT II/2 § 70 III Fn. 42).

**4. Argument**

Der Zuwendende wird mithilfe der Anfechtungserklärung über den Schadensersatzanspruch aus § 122 BGB stärker geschützt als dies die Willenstheorie (Theorie A) mithilfe des § 818 III BGB erreichen kann. Zahlungen des Zuwendungsempfängers an seinen Vertragspartner könnten jedenfalls dann nicht bereicherungsmindernd wirken, wenn der Zuwendungsempfänger noch vor der Zahlung die wirklichen Zusammenhänge erfährt. Der Empfänger kann aber ein legitimes Interesse daran haben, auch dann noch die Vergütung für die erhaltene Leistung gerade an seinen Vertragspartner zu erbringen (vgl. Theorie B, Arg. 6).

**Beispiele:**

**1.** Nach Theorie A hat D rechtsgrundlos eine Leistung an E erbracht und kann deshalb nach §§ 812 I 1 Fall 1, 818 II BGB eine angemessene Vergütung für die Dachdeckerarbeiten verlangen. Der Bereicherungsanspruch entfällt auch nicht allein deshalb, weil E vor Kenntniserlangung von den Zusammenhängen bereits eine Vergütung für die Dachdeckerarbeiten an U gezahlt hat: E hat dadurch ja wiederum einen Rückzahlungsanspruch gegen U erworben – zB aus dem Gesichtspunkt der von U verschuldeten teilweisen Unmöglichkeit, §§ 275 IV, 280 I, III, 283 BGB bzw. §§ 326 I 1, 346 I BGB –, der den durch die Zuvielzahlung eingetretenen Verlust wieder ausgleicht. Anders jedoch, wenn dieser Rückzahlungsanspruch nicht durchsetzbar ist, etwa weil inzwischen das Insolvenzverfahren über das Vermögen des U eröffnet worden ist (§ 818 III BGB). Nach Theorie B ist dagegen ein Bereicherungsanspruch des D gegen E von vornherein ausgeschlossen, weil eine Leistung des U anzunehmen ist. Nach Theorie C könnte D seine Tilgungsbestimmung nach § 119 I BGB anfechten und sich damit eine Nichtleistungskondiktion gegen E verschaffen; er würde dem E dann jedoch nach § 122 BGB auf Ersatz des Vertrauensschadens haften. Und ein solcher Vertrauensschaden würde wiederum in der Überzahlung an U liegen, wenn der daraus erwachsene Rückzahlungsanspruch nicht mehr durchsetzbar sein sollte. Falls die Anfechtung nicht oder nicht rechtzeitig erfolgt, gilt nach Theorie C das gleiche wie nach Theorie B.

**2.** Der in wirtschaftliche Schwierigkeiten geratene Hemdenfabrikant E gewinnt den Unternehmensberater M als Sanierer. M schließt nun im eigenen Namen mit B einen Kaufvertrag über 2000 Hemden, die B bei E abholen soll. Die Hemden werden von E auch tatsächlich an die Mitarbeiter des B ausgehändigt, weil E glaubt, M habe den Kaufvertrag mit B als sein Stellvertreter geschlossen. B zahlt daraufhin den vereinbarten Kaufpreis an M, über dessen Vermögen bald das Insolvenzverfahren eröffnet wird. Nunmehr verlangt E von B Wertersatz für die von B inzwischen weiterveräußerten Hemden. (Der Fall ist der Entscheidung BGH NJW 1974, 1132 ff. nachgebildet; vgl. dazu Weitnauer NJW 1974, 1729; von Olshausen JZ 1975, 29; Picker NJW 1974, 1790; Meyer, Bereicherungsausgleich in Dreiecksverhältnissen, 1979, S. 76 ff.).

Die Lösung hängt hier von der Würdigung der dinglichen Rechtslage ab. Man könnte hierzu wie folgt argumentieren: Aus der Sicht des B musste E als der eigene Lieferant seines Vertragspartners M erscheinen. Die Aushändigung der Hemden durch E an seine Leute stellte sich für ihn also als eine abgekürzte Lieferung dar. Bei einer solchen Durchlieferung können die Parteien zwischen zwei Übereignungswegen wählen: Entweder der Lieferant des Verkäufers übereignet auf dessen Anweisung direkt an den Käufer, oder aber er übereignet konkludent an den Verkäufer (wobei die Übergabe an den Erwerber durch die Aushändigung an den Käufer als die Geheißperson des Verkäufers ersetzt wird) und überbringt zugleich als Bote die Übereignungsofferte des Verkäufers an den Käufer. Dem Erwerber wird meist gar nicht deutlich, welche dieser Gestaltungen von der Veräußererseite gewählt worden ist. Ihm dürfte das regelmäßig auch gleichgültig sein. Man könnte deshalb sagen: Er nimmt die Übereignungsofferte, von wem sie auch ausgehen mag, konkludent an (vgl. Meyer, Bereicherungsausgleich in Dreiecksverhältnissen, 1979, 77 Fn. 98 mwN). Da E hier jedenfalls an B übereignen wollte, hat B das Eigentum an den Hemden von E nach § 929 BGB erworben. Der BGH hat in der dem Beispiel zugrunde liegenden Entscheidung die dingliche Rechtslage anders beurteilt. Er hebt darauf ab, dass bei der abgekürzten Lieferung die Übereignung „übers Dreieck" (Lieferant an Erstkäufer, Erstkäufer an Zweitkäufer) der normale Weg ist. Aus der Sicht des Zweitkäufers stellt sich die Auslieferung durch den von seinem Vertragspartner verschiedenen Dritten als eine Übereignung durch seinen Vertragspartner dar, bei der der Dritte die Gegenstände dem Empfänger lediglich übergibt. Wenn B aber an eine solche abgekürzte Lieferung glaubt, kann sich die Übergabe für ihn nicht als konkludente Übereignungsofferte des E darstellen. Der BGH kommt damit zu einer von M als Nichtberechtigtem vorgenommenen Übereignung, die dem Erwerber B bei Gutgläubigkeit das Eigentum nach §§ 932, 929 BGB oder § 366 HGB, §§ 932, 929 BGB verschafft hat. Als Übergabe im Sinne der Vorschriften reicht es nach Ansicht des BGH – entgegen der Literaturmehrheit – nämlich aus, dass der unmittelbare Besitzer auf Geheiß des nichtbesitzenden Veräußerers (M) die veräußerte Sache an den Erwerber herausgibt (Problem des Geheißerwerbs, s. Gursky SachenR Problem 8). – Folgt man insoweit dem BGH, ist der Weg zu unserer bereicherungsrechtlichen Fragestellung, aus wessen Sicht sich die Person des Leistenden bestimmt, verbaut. Als Leistender kommt dann von vornherein nur noch M in Betracht (vgl. Reuter/Martinek Ungerechtfertigte Bereicherung, 1983, S. 510; Reuter/Martinek Ungerechtfertigte Bereicherung S. 178 f.). Und eine Nichtleistungskondiktion verbietet sich von selbst, weil der entgeltliche gutgläubige Erwerb mit wirksamer schuldrechtlicher Grundlage nach § 816 I 2 BGB *e contrario* kondiktionsfest sein muss.

Geht man dagegen von einer Direktübertragung des Eigentums durch E an B aus, so ist nicht ausgeschlossen, dass sich die darin liegende Vermögensverschiebung aus der Sicht des Bereicherungsrechts als Ergebnis zweier Leistungen, nämlich einer Leistung des E an M und einer weiteren des M an B darstellt. Theorie B würde diese Deutung vornehmen und damit einen Kondiktionsanspruch des E gegen B ausschließen. Nach Theorie C wäre die Situation grundsätzlich ebenso. E hätte allerdings für ganz kurze Zeit noch die Möglichkeit, sich durch die Ausübung des Anfechtungsrechtes einen Bereicherungsanspruch (Nichtleistungskondiktion) gegen B zu verschaffen, müsste dann aber seinerseits dem B nach § 122 BGB dessen Vertrauensschaden ersetzen. Nach Theorie A hätte E als Leistender die *condictio indebiti* gegen B, Letzterer aber wegen der an M erbrachten und von diesem nur in Höhe der Insolvenzquote zurückzuerlangenden Kaufpreiszahlung den Entreicherungseinwand (§ 818 III BGB).

## 2. Problem (§ 812 I 1 Fall 1 BGB)
## Wie vollzieht sich der Bereicherungsausgleich nach Ausführung einer vermeintlichen Anweisung?

**Beispiel:**

A hat bei C größere Schulden, auf die er in unregelmäßigen Abständen und in unterschiedlicher Höhe Abschlagszahlungen leistet. Eines Tages gewinnt er 5.350 EUR im Lotto und beschließt zunächst, diese Summe zur Tilgung seiner Verpflichtung gegenüber C zu benutzen. Beim Ausfüllen des Überweisungsformulars kommen ihm jedoch Bedenken, ob er das Geld nicht doch besser für andere Zwecke einsetzen sollte. Er unterzeichnet den Überweisungsvordruck deshalb nicht. Die Ehefrau des A gibt den Überweisungsauftrag aber irrtümlich bei dessen Bank B ab. Deren Angestellte übersehen das Fehlen der Unterschrift und führen die Überweisung aus. Der Empfänger C wird kurze Zeit später insolvent.

Kann sich die B an A halten?

**Ausgangslage:**

Anweisungsfälle sind immer dort gegeben, wo jemand einen Dritten darum ersucht oder damit beauftragt, für seine (des Anweisenden) Rechnung einen bestimmten Vermögenswert an einen Dritten zu transferieren, und der Angewiesene dieser Aufforderung nachkommt. Bei solchen Anweisungslagen bestehen zwei schuldrechtliche Rechtsbeziehungen: Einerseits das Deckungsverhältnis zwischen dem Anweisenden (A) und dem Angewiesenen (B), und andererseits das Valutaverhältnis zwischen dem Anweisenden und dem begünstigten Dritten (C). Die faktische Vermögensverschiebung vollzieht sich hier unmittelbar zwischen dem Angewiesenen und dem Dritten. Der Angewiesene verfolgt mit dieser Vermögensverschiebung aber keinerlei eigenen Zweck gegenüber dem Dritten, er erbringt also an diesen keine „Leistung“ im Sinne des Bereicherungsrechts. Vielmehr stellt dieser Vollzug der Anweisung gleichzeitig eine Leistung des Angewiesenen (B) an den Anweisenden (A) und eine weitere Leistung des Anweisenden (A) an den begünstigten Dritten (C) dar (Simultanleistung). Dementsprechend vollzieht sich der Bereicherungsausgleich bei Unwirksamkeit eines der beiden Kausalverhältnisse im Grundsatz nur zwischen den beiden Partnern dieses Kausalverhältnisses. Das gilt nach hM selbst bei einem Doppelmangel: Wenn sowohl das Deckungsverhältnis zwischen B und A wie auch das Valutaverhältnis zwischen A und C unwirksam sind, kondiziert B bei A und A bei C. Man streitet für die Fälle intakter Anweisungen im Wesentlichen darüber, worin beim unwirksamen Deckungsverhältnis das vom Anweisenden rechtsgrundlos erlangte Kondiktionsobjekt besteht: Ist es die bei Wirksamkeit des Valutaverhältnisses erlangte Schuldbefreiung gegenüber dem C bzw. bei Unwirksamkeit auch des Valutaverhältnisses der von A erlangte eigene Kondiktionsanspruch gegen C oder ist es der von B an C übertragene Gegenstand selbst oder ist es sein Wert? Des Weiteren wird darüber gestritten, ob A sich im Falle des Doppelmangels gegenüber B auf den Wegfall der Bereicherung berufen kann, wenn sein eigener Bereicherungsanspruch gegen C wegen Insolvenz des Letzteren nicht realisierbar ist.

Bei wirksamer Anweisung gibt es nach alledem keine Direktkondiktion des Angewiesenen (B) beim Dritten (C), wenn man von dem Ausnahmefall der weithin anerkannten analogen Anwendung von § 822 BGB beim Zusammentreffen von unwirksamem Deckungsverhältnis und Unentgeltlichkeit des Valutaverhältnisses absieht. Sehr umstritten ist dagegen, ob genauso zu entscheiden ist, wenn eine nur vermeintliche oder rechtlich irrelevante Anweisung befolgt worden ist.

### Weitere Beispiele:

Eine Bank führt einen Überweisungsauftrag versehentlich doppelt aus; infolge eines Lesefehlers überweist sie einen höheren als den im Überweisungsvordruck angegebenen Betrag. Die Bank zahlt einen nicht unterschriebenen und deshalb formnichtigen Scheck aus; der Anweisende ist geisteskrank; der vollzogene Überweisungsauftrag war gefälscht oder wurde von einem Vertreter ohne Vertretungsmacht (falsus procurator) oder nur von einem von mehreren Gesamtvertretern erteilt.

### Sachliche sowie zeitliche Einordnung:

Die nachfolgend zunächst nachskizzierten Auffassungen sind allesamt entwickelt worden vor Inkrafttreten der §§ 675c ff. BGB. In Umsetzung des zivilrechtlichen Teils der (ersten) Zahlungsdiensterichtlinie (Zahlungsdienste-RL) ist das Zahlungsverkehrsrecht in den §§ 675c ff. BGB mit Wirkung zum 31.10.2009 vollständig umgestaltet und aufgrund der Zweiten Zahlungsdiensterichtlinie (Zweite Zahlungsdienste-RL) mit Wirkung zum 13.1.2018 nochmals harmonisiert worden. Zahlungsvorgänge sind seitdem von einer Bank (Zahlungsdienstleister) erst auszuführen, wenn zuvor der Kunde (Zahlungsdienstnutzer oder Zahler) gem. § 675f IV 2 BGB einen entsprechenden Zahlungsauftrag erteilt hat. Von diesem Zahlungsauftrag zu trennen ist die Zahlungsautorisierung gem. § 675j I 1 BGB, obgleich im Auftrag in der Regel zugleich diese Autorisierung enthalten sein wird (so zB bei der Überweisung). Der Zahlungsvorgang ist autorisiert und in der Folge „rechtlich legitimiert“, wenn der Zahler (zuvor) seine Zustimmung zum Zahlungsvorgang erklärt hat. Die Zahlungsautorisierung ist dadurch Voraussetzung für das Wirksamwerden des Zahlungsvorgangs gegenüber dem Zahler, sodass dem Zahlungsdienstleister ohne Autorisierung gem. § 675u S. 1 BGB kein Aufwendungsersatzanspruch (§§ 675c I, 670 BGB) und kein Entgeltanspruch (§ 675f V 1 BGB) erwächst. Hat also der Zahlungsdienstleister einen nicht autorisierten Zahlungsvorgang ausgeführt, so darf er das Zahlungskonto des Zahlers nicht belasten; ist die Belastung schon erfolgt, dann muss das Konto wieder auf den früheren Stand gebracht werden.

Vor Inkrafttreten des Zahlungsdiensterechts galt der bargeldlose Zahlungsverkehr als der praktisch wichtigste Anwendungsfall des Bereicherungsausgleichs bei fehlgeschlagenen Anweisungsleistungen (Reuter/Martinek Ungerechtfertigte Bereicherung § 2 IV 1a, S. 80). Ob dies nun vor dem Hintergrund der unionsrechtlich geprägten §§ 675c ff. BGB weiterhin gelten kann oder ob sich diese zahlungsdienstrechtlichen Vorschriften auf das Bereicherungsrecht modifizierend auswirken, ist stark umstritten (dazu sogleich B.). Gedanklich besser einordnen lässt sich dieser Streit, wenn man sich zuvor mit dem Meinungsstand vertraut macht, der schon vor Inkrafttreten des Zahlungsdiensterechts bestand (dazu A.). Zudem hat der BGH jüngst zu einer Anweisungslage außerhalb des Bankgeschäfts entschieden, in den von §§ 675c ff. BGB nicht harmonisierten Sachlagen bleibe es bei dem Prinzip der wertenden Betrachtung des Einzelfalls unter Berücksichtigung einer Veranlasser- und Rechtsscheinhaftung (BGH NZI 2021, 197 Rn. 24 ff.). Nach dieser Entscheidungspraxis sollen also die vollharmonisierten Regeln des Zahlungsdiensterechts keinen Einfluss auf die nicht reglementierten Anweisungslagen haben, insbesondere sich auch nicht auf den übrigen bargeldlosen Zahlungsverkehr auswirken, der nicht vom Zahlungsdiensterecht harmonisiert wird (zB Scheckverkehr). Auch deswegen ist es wichtig, die bisherigen Problemlösungsansätze weiterhin zu kennen.

## A. Die tradierten Problemlösungsansätze

### I. (hier sog.) Theorie der Direktkondiktion

Bei Befolgung einer nur vermeintlichen oder rechtlich irrelevanten Anweisung kann der (scheinbar) Angewiesene unmittelbar beim Zuwendungsempfänger kondizieren. Es handelt sich dabei nach überwiegender Auffassung um eine *Nichtleistungskondiktion*.

**Vertreten von:**
BGHZ 50, 227 = NJW 1968, 1822; BGHZ 66, 362 (365) = NJW 1976, 1448; BGHZ 66, 372 (375) = NJW 1976, 1449; BGHZ 67, 75 (78) = NJW 1976, 1845; BGHZ 69, 186 (190) = NJW 1977, 2210; BGHZ 87, 393 (396 f.) = NJW 1983, 2499; BGHZ 88, 232 (235) = NJW 1984, 483 (in allen diesen Fällen war das Fehlen der Anweisung für den Empfänger erkennbar); BGHZ 111, 382 (386 f.) = NJW 1990, 3194; BGH NJW 1987, 185 (186) (versehentliche Überzahlung des wirksamen Überweisungsauftrags); BGH NJW-RR 1990, 1200 (1201); NJW 1994, 2357 (2358); BGHZ 147, 145 (149 f.) = NJW 2001, 1855; BGHZ 147, 269 (274) = NJW 2001, 2880; BGHZ 152, 307 (311 f.) = NJW 2003, 582; BGHZ 158, 1 (5 ff.) = NJW 2004, 1315; BGH NJW 2003, 582 (583); 2005, 3213 (3214 f.); BGHZ 167, 171 (173 ff.) = NJW 2006, 1965; BGH NJW 2011, 66 Rn. 32, 35 ff. (irrtümlich doppelte Ausführung); BGHZ 205, 377 Rn. 18 = NJW 2015, 3093; BGH BKR 2021, 516 Rn. 23; OLG Brandenburg WM 2002, 2010 (2012); OLG Celle NJW 1992, 3178; OLG Düsseldorf ZIP 2003, 897 (898); OLG Frankfurt a.M. MDR 2003, 641; OLG Köln WM 1984, 728; ZIP 1992, 1726 (mit der Annahme einer Leistungskondiktion); OLG Köln ZIP 1996, 1376 (1377); OLG Hamm ZIP 2003, 662; OLG Köln ZBB 2002, 340; OLG Hamburg WM 1982, 243; NJW 1983, 1499; OLG Hamm NJW-RR 1987, 882 (wo dem Empfänger die fehlerhafte Ausführung des Überweisungsauftrags bekannt war); OLG Hamm ZIP 2003, 662 f.; OLG München NJW-RR 1988, 1391; OLG Düsseldorf WM 1993, 1327; AK-BGB/Joerges § 812 Rn. 28; Baumbach/Hopt/Merkt, 33. Aufl. 2008, Bankgeschäfte (7) Rn. C 18; Böckmann/Kluth ZIP 2003, 656 ff.; Brox/Walker SchuldR BT § 40 Rn. 15b; von Caemmerer JZ 1962, 387 (389); Canaris, 1. FS Larenz, 1973, 821 f.; Canaris BB 1972, 774; Canaris WM 1980, 354 (355); Canaris JZ 1987, 201 ff.; Canaris, Großkommentar zum HGB, 4. Aufl. 2005, Bankvertragsrecht I, Rn. 433; Eckert SchuldR BT Rn. 1513; (m. Einschr.) Eckl, FS Hanisch, 1994, 59 (72 ff.); Emmerich SchuldR BT § 18 Rn. 10a; Esser/Weyers SchuldR BT II/2 § 48 III 3 bei Fn. 49; Giesen JURA 1995, 169 (176); Grüneberg/Sprau BGB § 812 Rn. 57a, 58; Hadding, FS Kümpel, 2003, 167 (177 ff.); Hartwieg MDR 1987, 721 (722); (iErg) Hassold Leistung S. 187 f.; Köhler/Lorenz SchuldR II Fall 196; Hirsch SchuldR BT § 52 Rn. 1519 ff.; Köndgen, FG Esser, 1975, 55 (69); König Gutachten S. 1585 ff.; Koppensteiner/Kramer Ungerechtfer-

tigte Bereicherung S. 47 f.; Kümpel WM 2001, 2273 (2274 ff.); Kupisch Gesetzespositivismus S. 68 ff. (73 ff.); Kupisch WM 1979, Sonderbeil. 3, S. 10; Larenz SchuldR BT II/1 § 68 III c 2; Larenz/Canaris SchuldR BT II/2 § 70 IV 2; Lieb, BGH-FG I, 2000, 547 (550 f.); Loewenheim BereicherungsR S. 38 f.; S. Lorenz JuS 2003, 839 (840); S. Lorenz LMK 2003, 23 f.; W. Lorenz JuS 1968, 447; W. Lorenz AcP 168 (1968), 302; W. Lorenz JZ 1968, 52; Medicus/Petersen BürgerlR Rn. 677 (wohl nur außerhalb des Zahlungsdiensterechts); Menk WuB I D 1. Bankrecht – 5.90; Meyer, Bereicherungsausgleich in Dreiecksverhältnissen, 1979, S. 56 ff., 87 ff., 99; Meyer-Cording, Das Recht der Banküberweisung, 1951, S. 51; Meyer-Cording NJW 1987, 940 f.; (grundsätzlich) Möschel JuS 1972, 297 (301 f.); Mühl NJW 1968, 1868 (1869); MüKoBGB/Lieb, 4. Aufl. 2004, § 812 Rn. 54 ff.; Neef JA 2006, 458 (459 f.); NK-BGB/von Sachsen Gessaphe § 812 Rn. 148 ff. (außerhalb des Zahlungsdiensterechts); Nobbe WM 2001, Sonderbeilage 4, S. 25; Pinger AcP 179 (1979), 301 (31 f.); Preuss JURA 2000, 25 (27); Prütting/Wegen/Weinreich/Prütting BGB § 812 Rn. 93; Rehbein JR 1984, 245; Reuter/Martinek Ungerechtfertigte Bereicherung, 1983, S. 425 ff. (anders aber bei beschränkter Geschäftsfähigkeit des Anweisenden, S. 427 ff.); Reuter/Martinek Ungerechtfertigte Bereicherung S. 63 ff.; RGRK/Heimann-Trosien BGB § 812 Rn. 27; Schlechtriem JZ 1993, 24 (28); Schlegelberger/Hefermehl, HGB, 5. Aufl. 1976, Anhang nach § 365 Rn. 85; Schnauder Grundfragen S. 141 ff.; Schnauder ZIP 1994, 1069 ff.; Schnauder NJW 1999, 2841 (2842); Schwark WM 1970, 1334 (1335); O. Seiler, Der Bereicherungsanspruch im Überweisungsverkehr, 1997, S. 85 ff., 186, 269 f.; Soergel/Mühl, 11. Aufl. 1985, BGB § 812 Rn. 72 f.; Staudinger/W. Lorenz, 1999, BGB § 812 Rn. 51, 53; Staudinger/S. Lorenz, 2007, BGB § 812 Rn. 51, 53; Staudinger Eckpfeiler/Auer Rn. 69 (unabhängig von § 675u BGB); Stierle, Der Bereicherungsausgleich bei fehlerhaften Banküberweisungen, 1980, S. 133 ff.; Wandt Gesetzl. Schuldverhältnisse § 13 Rn. 51; Weitnauer, FS von Caemmerer, 1978, 255 (285); Weitnauer, FS Schippel, 1996, 275 (282 f.); Wilhelm AcP 175 (1975), 304 (348).

Die Rspr. legte sich hinsichtlich des Kondiktionstatbestandes lange nicht fest (vgl. BGHZ 66, 362 (365) = NJW 1976, 1448; BGHZ 66, 372 (375) = NJW 1976, 1449). Später bejahte sie jedenfalls bei Kenntnis des Zahlungs- oder Gutschriftempfängers vom Fehlen der Anweisung eine Nichtleistungskondiktion (NJW 1994, 2357 (2358)). In BGHZ 147, 145 (149) = NJW 2001, 1855 und BGH NJW 2003, 582 (583) ist dies auch auf solche Fälle ausgedehnt worden, in denen der Empfänger vom Vorhandensein einer wirksamen Anweisung ausging.

Für eine Leistungskondiktion plädieren nur wenige Stimmen im Schrifttum: Auer ZfPW 2016, 479 (489 ff.); Harke SchuldR BT § 10 Rn. 496; Kupisch Gesetzespositivismus S. 27; MüKoBGB/Lieb, 4. Aufl. 2004, § 812 Rn. 60.

**1. Argument**
Wer eine Zuwendung aufgrund einer vermeintlichen oder wegen Geschäftsunfähigkeit des Anweisenden rechtlich unbeachtlichen Anweisung erbringt, will damit natürlich an den Anweisenden leisten. Die Bank etwa, die (wie im Ausgangsfall) versehentlich einen noch nicht unterschriebenen Überweisungsauftrag ausführt, will selbstverständlich eine Leistung an ihren Kunden erbringen. Aber es bleibt beim bloßen Versuch einer Leistung, denn der vermeintlich Anweisende erlangt durch die fragliche Zuwendung überhaupt nichts: Er erhält weder den Vermögensgegenstand real, der das Objekt der Zuwendung bildet – das erhält ja der dritte Zuwendungsempfänger – noch wie bei einer wirklich erteilten (und vom Angewiesenen wiederum

befolgten) Anweisung die Verfügungsmacht oder „Dispositionsmöglichkeit" über das Zuwendungsobjekt, also die vom Angewiesenen an den dritten Empfänger übereignete Sache.

**2. Argument**

Dies gilt auch, wenn – wie im Ausgangsfall – im Valutaverhältnis eine Forderung des Empfängers gegen den scheinbar Anweisenden existierte. Man könnte zwar meinen, dass der scheinbar Anweisende hier durch die Zuwendung des vermeintlich Angewiesenen an seinen Gläubiger von seiner Schuld befreit werde, dass er also die Beseitigung eines Passivbestandteils seines Vermögens erlange. In Wirklichkeit scheitert die Tilgungswirkung am Fehlen einer wirksamen Tilgungsbestimmung des Schuldners (also des vermeintlich Anweisenden); der „Angewiesene" hat diese Tilgungsbestimmung ja ohne entsprechende Botenmacht überbracht. Darüber kann auch eine normative Auslegung seines Verhaltens aus dem Empfängerhorizont nicht hinweghelfen: Diese kann nur den rechtlich maßgeblichen Inhalt einer Erklärung ermitteln, nicht aber eine gar nicht vorhandene Erklärung schaffen. Es gibt nun einmal keinen Schutz des guten Glaubens an das Vorhandensein einer in Wirklichkeit gar nicht erfolgten Willenserklärung (Reuter/Martinek Ungerechtfertigte Bereicherung, 1983, S. 426; Reuter/Martinek Ungerechtfertigte Bereicherung S. 64; MüKoBGB/Lieb, 4. Aufl. 2004, § 812 Rn. 58 f.).

**3. Argument**

Wenn der A dem C gar nicht schuldete, was B aufgrund einer irrtümlich angenommenen Anweisung des A an C gezahlt oder geliefert hat, dann hat der A durch diese Zuwendung an C erst recht keine Schuldbefreiung erlangt. Er hat dann aber auch keinen eigenen Kondiktionsanspruch gegen C erworben, da er den B ja gerade nicht als Leistungsmittler eingeschaltet und somit nicht selbst durch B eine eigene Leistung an C erbracht hat. Die von B vorgenommene Lieferung oder Zahlung an C kann dem A nicht als Leistung zugerechnet werden, weil er sie nicht veranlasst hat. Zwar musste dem C der A als Leistender erscheinen, aber dieser bloße Anschein ist nicht maßgeblich. Daran kann auch die – höchst problematische – Lehre vom Empfängerhorizont nichts ändern, nach der in Zweifelsfällen die Verständnismöglichkeit des Zuwendungsempfängers über den Zweck der Zuwendung und damit die Person des Leistenden entscheidet. Diese Lehre ist an Fällen entwickelt worden, in denen der als Leistender Erscheinende den Eindruck des Empfängers, der Zuwendende sei sein Leistungsmittler, immerhin planmäßig herbeigeführt hatte. Es geht nicht an, diese Lehre auf Konstellationen auszudehnen, bei denen der falsche Eindruck ohne jedes Zutun des vermeintlich Leistenden entstanden ist.

**4. Argument**

Es besteht kein Anlass, den scheinbar Anweisenden in die Bereicherungsabwicklung einzubeziehen, da er ja an der eingetretenen Vermögensverschiebung überhaupt nicht beteiligt ist und auch in keiner Weise dafür verantwortlich, also ein völlig Außenstehender ist. Das gilt auch dann, wenn der Zahlungsempfänger auf das Vorhandensein einer von A wirksam erteilten Anweisung vertraut hat und nach den ganzen Umständen auch Anlass zu dieser Annahme hatte. Der sog. Empfängerhorizont des Zahlungsempfängers C kann die fehlende Veranlassung des Zahlungsvorgangs durch A nicht ersetzen. Die gegenteilige These würde einem grundlegenden Dogma der Rechtsscheinlehre widersprechen: Vertrauensschutz nach Rechtsscheingrundsätzen ist immer nur dort möglich, wo derjenige, zu dessen Lasten der Rechtsschein wirken würde, den Rechtsschein zurechenbar hervorgerufen hat (BGHZ 147, 145 (150 f.) = NJW 2001, 1855).

**5. Argument**
Die von B vorgenommene Zuwendung muss auch nicht deshalb dem A zugerechnet werden, weil sich nur so eine völlig unangemessene Belastung des C vermeiden ließe. Falls C eine Zahlung oder Lieferung des Inhalts, wie B sie aufgrund der vermeintlichen Anweisung an ihn erbracht hat, aufgrund eines wirksamen oder auch unwirksamen Vertrages mit A erwarten konnte, C anschließend die Gegenleistung an A erbracht hat und nun seinen Erfüllungs- oder Rückabwicklungsanspruch gegen A nicht durchsetzen kann, belastet ihn die Durchgriffskondiktion des B schon deshalb nicht besonders, weil er hier „konkreten“ Vertrauensschutz erhält: Er kann die an A erbrachte Gegenleistung nach § 818 III BGB als Bereicherungsminderung geltend machen (Reuter/Martinek Ungerechtfertigte Bereicherung, 1983, S. 428; Reuter/Martinek Ungerechtfertigte Bereicherung S. 67; MüKoBGB/Lieb, 4. Aufl. 2004, § 812 Rn. 70).

**6. Argument (gegen Theorie II, Arg. 7)**
Der Schutz des § 818 III BGB setzt dabei nicht erst ein, wenn die Rückforderung der erbrachten Gegenleistung infolge Insolvenz des Anweisenden gescheitert ist (so aber Meyer, Bereicherungsausgleich in Dreiecksverhältnissen, 1979, S. 79: Köndgen, FG Esser, 1975, 55 (72); s. auch Flume JZ 1962, 282 Fn. 14 aE). Der Empfänger muss vielmehr von vornherein vor den Risiken (und Kosten) des Regressprozesses geschützt werden: Er muss deshalb von vornherein die Möglichkeit haben, wegen der drohenden, aber gegenwärtig nicht zu klärenden Entreicherung den direkten Kondiktionsanspruch des Angewiesenen durch Abtretung seines eigenen Bereicherungsanspruchs gegen den Anweisenden erfüllen zu können (MüKoBGB/Lieb, 4. Aufl. 2004, § 812 Rn. 74; Schnepp WM 1985, 1249 (1255)).

**7. Argument**
Die Doppelkondiktion würde die Gläubiger des Angewiesenen ungerechtfertigt begünstigen, da der danach anzunehmende Bereicherungsanspruch des Anweisenden dessen Insolvenzmasse vergrößern würde, obwohl gar nichts aus seinem Vermögen in das des Kondiktionsgegners (des Zuwendungsempfängers C) gelangt ist, während der Angewiesene, der das Zuwendungsobjekt eingebüßt hat, auf die Insolvenzquote beschränkt bliebe (Canaris, 1. FS Larenz, 1973, 822).

**8. Argument**
Auch wenn die Anweisung erteilt, aber wegen Geschäftsunfähigkeit des Anweisenden nichtig war, darf der Anweisende keinem Bereicherungsanspruch des Angewiesenen ausgesetzt werden, weil dies mit dem vom Gesetz vorausgesetzten Schutz des Geschäftsunfähigen nicht zu vereinbaren wäre.

**9. Argument**
Dass der Empfänger nach der hier vertretenen Auffassung durch das Fehlen (nur) der Anweisung einem Kondiktionsanspruch ausgesetzt wird, durch das Fehlen des gesamten Deckungsverhältnisses dagegen nicht, ist durchaus interessengerecht. Das

Deckungsverhältnis als solches ist für den Empfänger ersichtlich ohne Bedeutung. Die Anweisung aber schafft überhaupt erst die Möglichkeit, die vom Angewiesenen vollzogene Zuwendung dem Anweisenden zuzurechnen und damit eine eigene Leistung des A gegen C zu begründen.

**10. Argument (gegen Theorie III)**
Die Direktkondiktion ist auch dann angebracht, wenn im Valutaverhältnis die zu tilgende Forderung durchaus besteht. Diese Forderung wird nämlich bei fehlender Anweisung gar nicht getilgt (s. oben Arg. 2). Daran ändert auch § 267 BGB nichts, denn diese Norm setzt ja eine eigene Tilgungsbestimmung des anstelle des Schuldners zahlenden Dritten voraus. Ein Leistungsmittler, der seine Stellung offenlegt, gibt aber keine eigene Tilgungsbestimmung ab, sondern überbringt nur die seines Auftraggebers. Das gleiche gilt, wenn jemand infolge einer vermeintlichen Anweisung Leistungsmittler sein will, dies aber in Wirklichkeit nicht ist.

## II. (hier sog.) Theorie der Rückabwicklung übers Dreieck

Bei fehlender oder rechtlich irrelevanter Anweisung ist der Weg der bereicherungsrechtlichen Rückabwicklung der gleiche wie bei der intakten Anweisung: Der Angewiesene kann auch hier nur beim Anweisenden, dieser beim begünstigten Dritten (Zuwendungsempfänger) kondizieren. In beiden Fällen handelt es sich um eine Leistungskondiktion. Nur wenn der Empfänger bei der Entgegennahme der Zahlung oder Lieferung des vermeintlich Angewiesenen weiß, dass dieser aufgrund der irrtümlichen Annahme einer wirksamen Anweisung handelt, ist eine Direktkondiktion des vermeintlich Angewiesenen gegen den Zuwendungsempfänger gegeben.

**Vertreten von:**
RG WarnR 1911 Nr. 114; Recht 1922 Nr. 1555; JW 1932, 735 (738 f.); OLG Dresden WM 1999, 952; Häublein ZBB 1998, 112; Kunisch, Die Voraussetzungen für Bereicherungsansprüche in Dreiecksverhältnissen, 1968, S. 55; Müller SchuldR BT Rn. 2140 ff.; Pfister JR 1969, 47 ff. (anders aber für die Anweisung des Geisteskranken, JR 1969, 47); E. Ulmer AcP 126 (1926), 129 (163) Fn. 49; H.P. Westermann, Die causa im französischen und deutschen Zivilrecht, 1967, S. 194 ff.; Wieling JuS 1978, 807 f.; einschränkend (und iErg nahe bei Theorie III) Wieling BereicherungsR S. 110 ff.; nur für die Konstellation der beschränkten Geschäftsfähigkeit des Anweisenden Reuter/Martinek Ungerechtfertigte Bereicherung, 1983, S. 427 ff.; Reuter/Martinek Ungerechtfertigte Bereicherung S. 67 ff.

**1. Argument**
Ob eine wirksame Anweisung besteht oder nicht, ist eine Frage, die nur das Deckungsverhältnis betrifft und die den daran beteiligten Dritten (Zuwendungsempfänger) gar nichts angeht. Die Anweisung ist nur eine Maßnahme, die die Pflichten und Rechte des Angewiesenen aus dem Deckungsverhältnis zum Anweisenden konkretisiert. Es ist deshalb nicht einzusehen, dass sich das Fehlen der Anweisung stärker auf den Zuwendungsempfänger auswirken soll als etwa das völlige Fehlen des Deckungsverhältnisses, das ja nach allgemeiner Meinung nicht dazu führen kann, dass der Empfänger das Erlangte wieder herausgeben muss (Wieling, Pfister).

**2. Argument**
Auch wenn B auf eine nur vermeintliche Anweisung des A an C zahlt, ist die Zahlung als Leistung des A an C zu werten. Wer Leistender ist, richtet sich nach der der Anweisung beigegebenen Zweckbestimmung. Entscheidend ist dabei aber nicht der innere Wille des Zuwendenden, sondern der objektive Empfängerhorizont. Ergibt die Anwendung der Regeln über die normative Auslegung, dass B lediglich eine Zwecksetzung des A als dessen Bote überbracht hat, kann damit auch nur A an C geleistet haben.

**3. Argument**
Bei allen Dreiecksverhältnissen ist die bereicherungsrechtliche Rückabwicklung „übers Dreieck" die Normallösung, der Durchgriff dagegen die durch besondere Gründe zu rechtfertigende Ausnahme: Der Bereicherungsausgleich muss grundsätzlich den zugrunde liegenden Schuldverhältnissen folgen, damit jeder der Beteiligten die Einreden und Einwendungen aus dem Vertragsverhältnis behält, an dem er beteiligt ist, und andererseits vor Einwendungen des Kondiktionsgegners aus dessen Rechtsbeziehungen zu Dritten bewahrt bleibt; ferner auch deshalb, weil das Insolvenzrisiko grundsätzlich nur dann angemessen verteilt ist, wenn jeder Beteiligte gerade (und nur) die Gefahr der Zahlungsunfähigkeit desjenigen trägt, den er sich selbst als Vertragspartner ausgesucht hat (Wieling JuS 1978, 808 im Anschluss an Canaris, 1. FS Larenz, 1973, 802 ff.). Besondere Gründe, die im Falle der fehlenden Anweisung dennoch die Direktkondiktion erzwingen könnten, sind aber nicht ersichtlich: Die fehlende Anweisung hat beispielsweise mit der gerechten Verteilung des Insolvenzrisikos gar nichts zu tun.

**4. Argument**
Die Durchgriffskondiktion B–C ist sachwidrig, weil der Angewiesene B dann mit dem Insolvenzrisiko des Zuwendungsempfängers C belastet ist, dem er nicht hat kreditieren wollen und dessen Zahlungsfähigkeit zu überprüfen er keinen Anlass hatte. Bei Annahme eines Leistungsdreiecks kann er sich dagegen an den vermeintlich Anweisenden, und dh an seinen Vertragspartner, halten, dessen Schulden sich (bei Wirksamkeit des Valutaverhältnisses) in Höhe des von B an C überwiesenen oder gezahlten Betrages verringert haben und der deshalb im gleichen Umfange bereichert ist.

**5. Argument (gegen Theorie I, Arg. 1, 2)**
Es stimmt nicht, dass der scheinbar Anweisende (A) durch die vom vermeintlich Angewiesenen (B) vorgenommene Zuwendung an C gar nichts erlangt. Ob eine Tilgungsbestimmung vorliegt und welchen Inhalt sie hat, muss sich nach dem für den Empfänger der Zahlung erkennbaren Erklärungswert entscheiden. Wenn der Zahlende B deutlich macht, dass er bloßer Leistungsmittler des A ist und im Valutaverhältnis zwischen C und A tatsächlich eine entsprechende Forderung besteht, dann ist der entsprechende Erklärungswert natürlich, dass diese Forderung getilgt werden soll. Damit tritt Erfüllung ein, erlangt der A also eine Schuldbefreiung.

**6. Argument**
Falls der Zuwendungsempfänger C erkennt, dass der A den B zu der fraglichen Zuwendung nicht wirksam angewiesen haben kann, dann kann er naturgemäß nicht von einer entsprechenden Zweckbestimmung des A ausgehen und deshalb den A auch nicht als Leistenden ansehen. Damit entfällt dann auch die Möglichkeit, eine Leistung

des B an A anzunehmen: A hat unter diesen Umständen überhaupt nichts (weder die Befreiung von einer Verbindlichkeit gegenüber C noch einen eigenen Kondiktionsanspruch gegen C) erlangt. Damit kommt hier nur eine Nichtleistungskondiktion des B gegen C in Betracht.

**7. Argument**

Die Lehre von der Direktkondiktion beachtet nicht genügend die Interessen des Empfängers, der im Vertrauen auf die erfolgte Lieferung oder Zahlung bereits die Gegenleistung an den (vermeintlich) Anweisenden erbracht hat. Der Empfänger könnte nämlich dem Kondiktionsanspruch des (vermeintlich) Angewiesenen die erbrachte Gegenleistung nicht einfach als Wegfall der Bereicherung entgegenhalten, weil er ja bei Wirksamkeit des Valutaverhältnisses diese Gegenleistung schuldete und zudem die eigene Forderung gegen den vermeintlich Anweisenden (jedenfalls nach Ansicht der Lehre von der Direktkondiktion) mangels Tilgungswirkung der Zuwendung des vermeintlich Angewiesenen behalten hat bzw. bei unwirksamem Valutaverhältnis das Weggegebene mithilfe der *condictio indebiti* zurückholen kann. Im Prozess mit der Bank müsste der Empfänger, um den Schutz des § 818 III BGB zu erhalten, nachweisen, dass sein eigener Erfüllungs- bzw. Rückforderungsanspruch gegen den (vermeintlich) Anweisenden nicht durchsetzbar ist. Zumindest müsste er aber nachweisen, dass ernsthafte Zweifel an der Durchsetzbarkeit seines Anspruchs bestehen. Derartige berechtigte Zweifel würde der vom (vermeintlich) Angewiesenen verklagte Empfänger aber häufig nicht dartun können, weil er keinen Einblick in die Verhältnisse des (vermeintlich) Anweisenden hat. Er liefe dann Gefahr, im Prozess mit der Bank wegen der Unerweislichkeit eines Bereicherungswegfalls rechtskräftig verurteilt zu werden, bevor sich die Unerbringlichkeit des eigenen Rückgewähranspruchs gegen den (scheinbar) Anweisenden herausstellt. Nun wollen allerdings einige Vertreter der hL dem Empfänger unter Berufung auf § 818 III BGB die Möglichkeit einräumen, den Kondiktionsanspruch der Bank durch Abtretung des eigenen Rückgewähranspruches gegen den scheinbar Anweisenden zu erfüllen. Eine solche Lösung – bei der der Empfänger in der Tat nicht nennenswert belastet würde – ist aber mit dem Wortlaut und Sinn des § 818 III BGB unvereinbar. Der Einwand aus § 818 III BGB setzt nun einmal eine wirkliche und nachgewiesene, nicht nur eine vorstellbare zukünftige Entreicherung voraus.

## III. Differenzierende Theorie

Fehlt es an einer wirksamen Anweisung, besteht aber im Valutaverhältnis die zu tilgende Forderung, so kondiziert der vermeintlich Angewiesene beim scheinbar Anweisenden. Existiert die Forderung im Valutaverhältnis dagegen nicht, steht dem vermeintlich Angewiesenen die Leistungskondiktion unmittelbar gegenüber dem Empfänger zu.

**Vertreten von:**

Flume NJW 1991, 2521 ff. und AcP 199 (1999), 1 (4 ff., 11 ff., 35) (teilweise abweichend Flume NJW 1984, 464 (467)); Meyer-Cording, FS Pleyer, 1986, 89 (96).

**1. Argument**

Der vermeintlich Angewiesene versucht, simultan sowohl an den scheinbar Anweisenden wie auch (unter Bezugnahme auf das Valutaverhältnis) an den Empfänger zu leisten. Wenn die Anweisung existiert, tritt der erstere Aspekt in den Hintergrund, die Zahlung wird dann ausschließlich als eine (mittels des Angewiesenen erbrachte) eigene Zahlung des Anweisenden gewertet. Falls die Anweisung dagegen fehlt oder (weil von einem Geschäftsunfähigen herrührend) rechtlich irrelevant ist und wenn zudem im Valutaverhältnis gar keine Forderung besteht, die durch eine Zahlung des vermeintlich Anweisenden getilgt werden könnte, geht die Zahlung den vermeintlich Anweisenden nichts an. Die Zahlung ist dann nicht mehr als Leistung des Anweisenden zu werten, sondern als Leistung eines nach § 267 BGB zahlenden Dritten: Wenn der vermeintlich Angewiesene entsprechend der scheinbaren Anweisung zahlt, überbringt er nicht etwa eine Tilgungsbestimmung des Anweisenden als dessen Bote, sondern gibt selbst seiner Zahlung die Bestimmung, dass diese auf das Valutaverhältnis (zwischen Empfänger und Anweisendem) erfolgt. Damit stellt sich seine Zahlung dann als Drittleistung iSv § 267 BGB dar.

**2. Argument**
Fehlt die in Bezug genommene *causa*, die vorausgesetzte Forderung im Valutaverhältnis, so ist diese Drittzahlung rechtsgrundlos und damit mithilfe der *condictio indebiti* zurückholbar.

**3. Argument**
Besteht dagegen die Forderung, so tritt, gerade weil der scheinbar Angewiesene selbst seine Zahlung als Leistung auf das Valutaverhältnis deklariert hat, Erfüllung ein. Der Bereicherungsausgleich kann damit nur zwischen dem vermeintlich Angewiesenen und dem scheinbar Anweisenden erfolgen: Nur der scheinbar Anweisende ist per saldo überhaupt bereichert worden: Das Vermögen des Empfängers ist gar nicht erhöht worden, weil die erhaltene Zahlung durch den Forderungsverlust aufgewogen wird.

**4. Argument**
Diese Lösung entspricht auch der Interessenlage: Der Empfänger hat, wenn ihm eine fällige Forderung gegen den vermeintlich Anweisenden zustand, offensichtlich ein Interesse daran, die Zahlung als Erfüllung dieser Forderung behandeln zu dürfen. Gegeninteressen sind aber nicht ersichtlich: Der vermeintlich Anweisende (und bisherige Schuldner) bedarf keines Schutzes, da er ja ohnehin nur auf die Bereicherung haftet. Schutzinteressen des vermeintlich Angewiesenen werden aber ebenfalls nicht tangiert, wenn sich sein Bereicherungsanspruch gegen den vermeintlich Anweisenden und nicht gegen den Empfänger richtet. Er konnte ja ohnehin nur mit einem Ausgleich durch den vermeintlich Anweisenden rechnen.

**Beispiele:**

**1.** Im Ausgangsfall steht der Bank nach Theorie I ein Bereicherungsanspruch (und zwar eine Nichtleistungskondiktion) nur gegen den insolventen Zuwendungsempfänger C zu. Nach Theorie II kann die Bank dagegen bei A kondizieren. Dieser ist durch die Ausführung des nicht unterschriebenen Überweisungsauftrags in Höhe von 5.350 EUR von seiner Zahlungspflicht gegenüber C befreit worden und damit in dieser Höhe auch bereichert. Die Eröffnung des Insolvenzverfahrens über das Vermögen des C hat darauf keinen Einfluss. Theorie III käme zum gleichen Ergebnis.

**2.** Der C erhält als Vertreter der Firma A von dieser monatlich Provisionszahlungen in Höhe von 10% der von C vermittelten Aufträge. Im Mai beauftragt die Firma A ihre Bank B, den (der Provisionsforderung des C entsprechenden) Betrag von 1.499,60 EUR an C zu überweisen. Infolge eines Versehens überweist die Bank aber 14.996 EUR an C. Sie verlangt nun Rückzahlung des zu viel überwiesenen Betrages. C weigert sich, weil er mittlerweile neue Provisionsforderungen gegen A erworben hat (Beispiel nach BGH NJW 1987, 185).

Nach Theorie I hat die Bank wegen des zu viel überwiesenen Betrages von 13.496,40 EUR die Durchgriffskondiktion gegen C. Aber auch Theorie II würde hier zum gleichen Ergebnis kommen: C wusste genau, dass der eingegangene Betrag das Zehnfache seiner aktuellen Honorarforderung ausmacht. Für ihn war damit ersichtlich, dass hier eine irrtümliche Zuvielzahlung vorlag. Er konnte zwar nicht erkennen, ob der Grund dafür bei A lag (A den Überweisungsauftrag also falsch ausgefüllt hatte) oder ob B hier einen auf die richtige Summe lautenden Überweisungsauftrag falsch ausgeführt hatte. Diese Unklarheit begründet aber kein irgendwie geartetes Schutzbedürfnis des C. Er muss sich also so behandeln lassen, als habe er hinsichtlich des Überzahlungsbetrages das Fehlen eines Überweisungsauftrags und damit eine Anweisung der Firma A positiv gekannt. Theorie III käme schon deshalb zur Durchgriffskondiktion, weil in Höhe des Überzahlungsbetrages die zu tilgende Forderung im Valutaverhältnis gar nicht bestand.

## B. Einfluss des Zahlungsdiensterechts (§§ 675c ff. BGB)

Wie sich oben gezeigt hat, folgt die überwiegende Meinung in den tradierten Fällen einer nur vermeintlichen oder rechtlich irrelevanten Anweisung dem Grundsatz der Direktkondiktion – allerdings aus Wertungsgründen, die den Regeln zur Zurechnung von Willenserklärungen und denen der Rechtsscheintatbestände sowie dem Erfüllungsrecht entnommen sind (vgl. Jansen JZ 2015, 952 (953)). Ob auf diese allgemein zivilrechtliche Bewertung verzichtet werden kann, weil schon das spezielle Zahlungsdiensterecht eine Kondiktion im Deckungsverhältnis zwischen Zahlerbank und vermeintlichem Zahler sperrt, ist – wie schon oben erläutert – stark umstritten.

### I. Bereicherungsausgleich nach nationalem Recht und tradierten Regeln

Die Zahlungsdiensterichtlinie regelt nur vertragliche Ansprüche, und sie hat keinen Einfluss auf gesetzliche Tatbestände des Bereicherungsrechts. Eine richtlinienkonforme Auslegung der §§ 675j, 675u BGB – hier nach Art. 64, 73 Zweite Zahlungsdienste-RL – kann demnach keine Sperrwirkung gegenüber bereicherungsrechtlichen Ansprüchen im Deckungsverhältnis begründen. Auch die Bedeutung der innerstaatlichen Umsetzungsvorschrift (§ 675u BGB), legt man sie autonom aus, beschränkt sich darauf, den Ausschluss des Aufwendungsersatzanspruchs des Zahlungsdienstleisters und den daraus folgenden Erstattungsanspruch des Kunden bei erfolgter Belastungsbuchung zu begründen.

**Vertreten von:**
AG Hamburg/Harburg BKR 2013, 393 (394 f.); LG Bonn BeckRS 2015, 03867; von Bargen/Thelen GWR 2015, 397 (399); BeckOGK/M. Zimmermann, 15.6.2022, BGB § 675u Rn. 45 ff.; Danwerth ZJS 2013, 225 (229 ff.); Dieckmann WM 2015, 14 (15 f.);

Hellner/Steuer/Escher-Weingart, Bankrecht und Bankpraxis, 6/2019, Rn. 6/167; Fornasier AcP 212 (2012), 410 (433 ff.); Grundmann WM 2009, 1109 (1117); Hadding WuB 2015, 416 f.; Hadding WuB 2015, 490 f.; Jansen JZ 2015, 952 (954); Kiehnle NJW 2015, 3095 f.; Kiehnle JURA 2012, 895 (900 f.); Köndgen JuS 2011, 481 (489); S. Lorenz LMK 2015, 373997; MüKoBGB/Schwab, 8. Aufl. 2020, § 812 Rn. 144 ff.; G. Müller WM 2016, 809 (814); Omlor jM 2014, 315 (318 ff.); Piekenbrock WM 2015, 797; Rademacher NJW 2011, 2169 (2170 f.); Reuter/Martinek Ungerechtfertigte Bereicherung S. 80 ff.; Reymann JuS 2012, 781 (786 f.); Langenbucher/Riehm, Europäisches Privat- und Wirtschaftsrecht, 5. Aufl. 2022, § 3 B.; Schnauder jurisPR-BKR 11/2011 Anm. 4, lit. C III; Schnauder JZ 2016, 603 (607 ff.) (der jedoch in manchen Fällen aus anderen Gründen zur Direktkondiktion gelangt und somit zum selben Ergebnis wie Theorie II oder IV); Staudinger/Omlor, 2020, BGB § 675z Rn. 6 f.; Thomale Leistung S. 320 ff.; Wieling/Finkenauer BereicherungsR § 7 Rn. 13; iErg auch Wilhelm BKR 2017, 8 (11 f.) (jedoch nur unter bestimmten Voraussetzungen für einen Rechtsscheintatbestand im Außenverhältnis zum Zahlungsempfänger).

**1. Argument**

§ 675z BGB regelt abschließend nur die Erstattungsansprüche des Zahlungsdienstnutzers gegen den Zahlungsdienstleister, betrifft aber nicht die umgekehrte Anspruchsrichtung. Eine Anwendung bereicherungsrechtlicher Ansprüche muss darüber hinaus zur Vermeidung von Widersprüchen gegenüber den zahlungsdienstrechtlich nicht adressierten Fallgruppen der widerrufenen bürgerlich-rechtlichen Anweisung oder des gesperrten Schecks weiterhin möglich bleiben (LG Bonn; Rademacher).

**2. Argument**

Das Zahlungsdiensterecht hat weder angesichts seiner systematischen Stellung im Recht der Geschäftsbesorgung noch seines Zwecks die Aufgabe, die Tilgungswirkung einer Zahlung gem. § 362 BGB oder den Bereicherungsausgleich zu bestimmen (Wieling/Finkenauer). Betroffen ist ausschließlich das Innenverhältnis zwischen Zahler und Zahlungsdienstleister – konkret: die Ermächtigung zur Kontobelastung –, nicht die Tilgungsbestimmung des Anweisenden gegenüber dem Anweisungsempfänger (Thomale).

**3. Argument**

Das Zahlungsdiensterecht regelt – wie etwa ErwGr 47 Zahlungsdienste-RL und ErwGr 86 f. Zweite Zahlungsdienste-RL zeigen – nur *vertragliche* Ansprüche im Deckungsverhältnis, nicht jedoch gesetzliche wie es die §§ 812 ff. BGB nun einmal sind. Dies folgt schon aus dem Wortlaut des § 675u BGB, der die Erstattung von „Aufwendungen“ ausschließt, worunter Kondiktionen nicht zu subsumieren sind. Die Ausdehnung der Norm auf das bereicherungsrechtliche Haftungsregime in Anweisungsfällen insgesamt ist auch nicht aufgrund des Vollharmonisierungsbefehls geboten, sondern würde vielmehr eine „überschießende Transformation“ der Zahlungsdiensterichtlinie bedeuten. Für eine mit einer Direktkondiktion eintretende Verkürzung des Vertrauensschutzes des Zahlungsempfängers in den Bestand der Zahlung gibt der allein für das Deckungsverhältnis maßgebliche § 675u BGB nichts her. Die Verweisung des Zahlungsempfängers auf den Entreicherungseinwand nach § 818 III BGB bietet keinen hinreichenden Grund, den Zahlungsempfänger einer Direktkondiktion auszusetzen; der Vertrauensschutz würde so von der Liquidität des Zahlungsempfängers abhängen und nur eingreifen, wenn dieser selbst in besonders beengten finanziellen Verhältnissen steht (AG Hamburg/Harburg; Kiehnle; Rademacher).

**4. Argument**
Der deutsche Gesetzgeber hat in der Begründung zu § 675u BGB ausgeführt, die Bestimmung entspreche „bereits der Rechtslage in Deutschland". Dann kann die Vorschrift jedoch keine Basis bilden, um das bereicherungsrechtliche Haftungsregime neu zu justieren (Schnauder).

**5. Argument**
Besteht im Valutaverhältnis eine Schuld und ist die Zahlung nach dem objektiven Empfängerhorizont als Tilgung der Leistung zu verstehen, so tritt die Tilgungswirkung auch ein. Versperrt man dem Zahlungsdienstleister den Bereicherungsanspruch, dann spricht man dem Zahler eine ungerechtfertigte Bereicherung auf Kosten des Zahlungsdienstleisters zu: Der Zahler wird im Valutaverhältnis von seiner Schuld befreit und ist zugleich keinem Anspruch seines Dienstleisters ausgesetzt. Eine solche Privilegierung des Zahlers streben die §§ 675j, 675u BGB nicht an. Insbesondere ist ein solches Ergebnis mit dem anerkannten Grundsatz des Bereicherungsverbots als immanente Schranke unionsrechtlich begründeter Rechte unvereinbar (Fornasier).

**6. Argument**
Die Sperrwirkung des § 675u BGB überzeugt schon deswegen nicht, weil dieser Ansatz bedeutet, das Rechtsverhältnis zwischen Zahler und Zahlungsempfänger wird abweichend von § 362 BGB geregelt, indem selbst eine wirksam abgegebene und dem Empfänger zugegangene Tilgungsbestimmung nichts an einer Direktkondiktion ändern würde. Dies würde wiederum bedingen, dass selbst die von einer Tilgungsbestimmung des Zahlers getragene Güterbewegung keine Erfüllung im Valutaverhältnis bewirken würde. Derart weitgehende Rechtsfolgen lassen sich § 675u BGB wie auch der Zahlungsdiensterichtlinie nicht entnehmen.

**7. Argument**
Die Frage, ob bei einer nicht autorisierten Zahlung ein Direktdurchgriff der Bank gegen den Zahlungsempfänger in Betracht kommt, hängt im Kern von einer Interessenabwägung im Valutaverhältnis zwischen (vermeintlich) Zahlendem und Zahlungsempfänger ab. In den Fällen des Widerrufs und der Zuvielüberweisung beruht der Ausschluss der Direktkondiktion auf der Wertung, dass der Zahlende am Zahlungsfehler im Vergleich zum Zahlungsempfänger „näher dran" ist. An dieser Wertung vermögen die §§ 675j, 675u BGB nichts zu ändern. Insbesondere ist es nicht überzeugend, allein mit Verweis auf diese Vorschriften die Empfängerinteressen abzuwerten, indem dieser nur noch über § 818 III BGB geschützt wird (Fornasier).

**8. Argument**
Das Vertrauensschutzniveau erfährt eine empfindliche Absenkung, wenn der Empfänger in den Bestand der Zuwendung nur noch „konkret" im Rahmen des § 818 III BGB vertrauen kann und nicht „abstrakt" – also unabhängig von den Auswirkungen des Erwerbs auf sein Vermögen –, indem die Direktkondiktion versagt wird.

## II. (hier) Theorie von der Sperrwirkung des Zahlungsdiensterechts

Ein über das Bereicherungsrecht begründeter Rückgriff des Zahlungsdienstleisters beim vermeintlichen Zahler würde das wirtschaftliche Regelungsziel der Zahlungsdiensterichtlinie vereiteln. Würde man eine Sperrwirkung der §§ 675j, 675u BGB nicht annehmen, dann könnte die Zahlerbank für den ausgeführten Zahlungsvorgang entweder vom Kunden gem. § 812 I 1 Fall 1, 818 II BGB Wertersatz verlangen oder sie könnte den Kondiktionsanspruch des vermeintlichen Zahlers gegen den Empfänger kondizieren (Kondiktion der Kondiktion). Die Zahlerbank könnte sich infolgedessen gegen das Erstattungsverlangen des Kunden entweder einredeweise verteidigen oder die Aufrechnung erklären, wodurch der Erstattungsanspruch des Kunden aus § 675u S. 2 BGB praktisch leerliefe.

**Vertreten von:**
BGHZ 205, 377 = NJW 2015, 3093; AG Schorndorf BeckRS 2015, 11194; LG Hannover ZIP 2011, 1406 ff.; Fezer/Obergfell Klausurenkurs SchuldR BT 24. Fall; Brox/Walker SchuldR BT § 40 Rn. 15e; Ellenberger/Bunte Bankrechts-HdB/Schmieder, 6. Aufl. 2022, § 29 Rn. 23; Harke SchuldR BT § 10 Rn. 497 aE; Hopt/Hopt Bankgeschäfte (7) Rn. C 44, C 93 f.; Landschein BKR 2016, 457 (459 ff.); Langenbucher, FS Köndgen, 2016, 383 (394); Linardatos Haftungssystem S. 370 ff.; Linardatos DB 2015, 2319 f.; Madaus EWiR 2011, 589 f.; Medicus/Lorenz SchuldR BT § 69 Rn. 23; MüKoBGB/Casper, 6. Aufl. 2012, § 675u Rn. 24; Schäfer SchuldR BT § 34 Rn. 148, 154; Sorg, Die zivilrechtliche Haftung im bargeldlosen Zahlungsverkehr, 2015, S. 272 f.; Winkelhaus, Der Bereicherungsausgleich bei fehlerhafter Überweisung nach Umsetzung des neuen Zahlungsdiensterechts, 2012, S. 170 ff. und passim; Winkelhaus jurisPR-BKR 8/2016 Anm. 1; wohl auch Looschelders Gesetzl. Schuldverhältnisse § 57 Rn. 15; NK-BGB/v. Sachsen Gessaphe § 812 Rn. 164; Prütting/Wegen/Weinreich/Prütting BGB § 812 Rn. 93; nur referierend jurisPK-BGB/Martinek/Heine § 812 Rn. 133.

Zwischen den Vertretern dieses Ansatzes gehen die Meinungen auseinander, ob die Sperrwirkung unmittelbar schon aus dem nationalen § 675u BGB folgt (so letztlich BGHZ 205, 377 = NJW 2015, 3093; dagegen Jansen JZ 2015, 952 ff.), oder ob erst eine richtlinienkonforme Auslegung des § 675u BGB zu diesem Ergebnis führt (ausführlich Linardatos Haftungssystem S. 370 ff.; iErg ebenfalls Landschein BKR 2016, 457 (461 f.); Grigoleit/Auer/Kochendörfer SchuldR III Rn. 480).

**1. Argument**
Die §§ 675j, 675u BGB behandeln alle Fälle der fehlenden Autorisierung gleich. Da Zurechnungsgrund im Deckungsverhältnis allein die Autorisierung ist, kann im Bereicherungsrecht über den objektiven Empfängerhorizont kein abweichendes Ergebnis begründet werden, denn § 675u BGB bestimmt nun einmal, dass der Zahler bei fehlender Autorisierung aus der Rückabwicklung des Zahlungsvorgangs herauszuhalten ist. Der Fehler wurzelt in der Risikosphäre des Zahlungsdienstleisters. Es ist deswegen gerechtfertigt, diesem die Risiken der Nichtleistungskondiktion gegen den Empfänger aufzuerlegen.

**2. Argument**
Durch die §§ 675j, 675 u BGB wird in den sog. Veranlasserfällen eine Abkehr vom Horizont des Zahlungsempfängers als maßgebendem Wertungskriterium vollzogen.

Maßgebend ist nun, dass das Gesetz gegenüber der früheren Rechtslage zugunsten des Zahlungsdienstleisters ein nur sehr eingeschränkt abdingbares Zurechnungskriterium für die Gültigkeit der Belastungsbuchung – nämlich die Autorisierung durch den Zahler – eingeführt hat; dieses Kriterium rückt im Rahmen der wertenden Betrachtung auch im Bereicherungsrecht in den Vordergrund (BGH).

**3. Argument**
Fehlt es an der Autorisierung im Deckungsverhältnis, so kann der Zahlung im Valutaverhältnis mangels Tilgungsbestimmung keine Erfüllungswirkung zukommen. Der Zahlungsdienstleister handelt ohne eine entsprechende Vertretungs- oder Botenmacht. Deshalb geht der Einwand der Gegenansicht fehl, soweit diese ohne eine näher Überprüfung des Schicksals der Tilgungsbestimmung behauptet, eine Sperrwirkung der §§ 675j, 675u BGB sei unvereinbar mit dem unionsrechtlichen Grundsatz des Bereicherungsverbots (gegen Theorie I, Arg. 5).

**4. Argument (gegen Theorie I, Arg. 4)**
Der Verweis der Gegenansicht auf die Gesetzesbegründung, in der es heißt, § 675u BGB entspreche der bereits geltenden Rechtslage in Deutschland, führt nicht weiter. An keiner Stelle nehmen die Materialien nämlich Bezug auf das Bereicherungsrecht, sodass aus der Aussage, die sich nur auf den zivilrechtlichen Aufwendungsersatzanspruch bezieht, keine Schlussfolgerungen auf den Gesetzgeberwillen hinsichtlich des Bereicherungsausgleichs bei fehlerhaften Zahlungsvorgängen gezogen werden können. Die Gegenansicht fabriziert einen Selbstwiderspruch, wenn sie einerseits anführt, § 675u BGB betreffe nur den vertraglichen Aufwendungsersatzanspruch und habe keinen Aussagegehalt für gesetzliche Ansprüche wie die §§ 812 ff. BGB es sind, sodann aber zugleich aus der Gesetzesbegründung zu § 675u BGB eine Aussage für das Bereicherungsrecht abzuleiten sucht.

**5. Argument**
Mit §§ 675u, 675j BGB sollen die Rechte des Zahlers gestärkt werden. Dieses Ziel wäre unvollkommen erreicht und § 675u BGB ein „stumpfes Schwert" (Belling/Belling JZ 2010, 708 (711)), wenn der Zahler im Deckungsverhältnis zwar keinem Aufwendungsersatzanspruch ausgesetzt wäre, dem Zahlungsdienstleister aber ein wirtschaftlich auf denselben Erfolg gerichteter Bereicherungsanspruch zustünde. Problematisch an der Gegenansicht ist insbesondere, dass die Bank bei Verneinung einer Sperrwirkung aus dem fälligen Bereicherungsanspruch gegen den (vermeintlichen) Zahler Einwendungen ableiten könnte: Nimmt man an, die nicht autorisierte Zahlung hat im Valutaverhältnis schuldbefreiende Wirkung, so besteht für die Bank im Deckungsverhältnis die Möglichkeit, gegen den Erstattungsanspruch des Zahlers die Aufrechnung zu erklären oder – nach anderer Ansicht – die dauernde Einrede des § 242 BGB zu erheben („dolo agit"). Bestand im Valutaverhältnis keine Forderung, dann braucht die Bank den Erstattungsanspruch gem. § 273 BGB nur Zug um Zug gegen Abtretung des Kondiktionsanspruchs, den der (vermeintliche) Zahler gegen den Empfänger hat, zu erfüllen. So oder so: Der Erstattungsanspruch im Deckungsverhältnis ist bei einer solchen Lösung wirtschaftlich entwertet.

**6. Argument**
Die Neuausrichtung des Bereicherungsausgleichs bei fehlerhaften Zahlungen hat den „Charme" der einfachen und unkomplizierten Regelung: An die Stelle der schwierig

überschaubaren Kasuistik nach tradierter Rspr. tritt ein klarer Grundsatz der Direktkondiktion bei fehlender Zahlungsautorisierung (Auer).

**7. Argument**
Der grenzüberschreitende Zahlungsverkehr ist effektiver, wenn sichergestellt ist, dass der Ausgleich bei fehlerhaften Zahlungsvorgängen unabhängig von dem im Einzelfall anzuwendenden nationalen Recht stets zwischen den gleichen Parteien stattfindet. Gerade deswegen hat sich der Richtliniengeber dazu entschlossen, den Zahler im Deckungsverhältnis umfassend zu privilegieren, weil diese Wertentscheidung zwangsläufig auf die anderen Rechtsverhältnisse des Bereicherungsdreiecks ausstrahlt und somit denknotwendig zum (einfachen) Grundsatz der Direktkondiktion führt.

**8. Argument**
Soweit die Gegenansicht mit den Erwägungsgründen der Zahlungsdiensterichtlinie argumentiert, liegt ein falsches Verständnis von ErwGr 47 Zahlungsdienste-RL (ErwGr 86 f. Zweite Zahlungsdienste-RL) vor. Diese führen zwar aus, nur „vertragliche Verpflichtungen und Verantwortlichkeiten zwischen dem Zahlungsdienstnutzer und dem Zahlungsdienstleister zum Gegenstand" zu haben. Die Aussage bezieht sich allerdings, wie die Erwägungsründe deutlich machen, auf die Pflicht zur *ordnungsgemäßen Ausführung*, welche nur bei existierendem Zahlungsauftrag entsteht. Hier geht es indes um die Rechtsfolgen, die entstehen, wenn gegen die Pflicht der *Nicht*ausführung verstoßen wurde.

**9. Argument**
Ohnehin lässt sich aus dem Verweis der Erwägungsgründe auf „vertragliche Verpflichtungen" nicht viel ableiten, denn während bereicherungsrechtliche Ansprüche im deutschen Recht aus gesetzlichen Tatbeständen folgen, wird in anderen Mitgliedstaaten ihre vertragliche oder jedenfalls quasi-vertragliche Natur betont. Aus den oben genannten Erwägungsgründen lässt sich demnach nur in der deutschrechtlichen Sprechweise eine Sperrwirkung hören, während dies in anderen Rechtsordnungen nicht gleichermaßen der Fall ist. Da dem Richtliniengeber nicht unterstellt werden kann, sich (allein) an dem deutschen Verständnis orientiert zu haben, ist der Verweis auf die Erwägungsgründe unergiebig.

**10. Argument**
Die Einwendungen nach dem einzelstaatlichen Recht dürfen nicht den Schutzzweck der vollharmonisierenden Richtlinie vereiteln. Denn nach gefestigter Rspr. des EuGH hat der Rechtsanwender „im Rahmen seiner nationalen Rechtsordnung alle erforderlichen Maßnahmen (zu) ergreifen, um die vollständige Wirksamkeit der Richtlinie entsprechend ihrer Zielsetzung zu gewährleisten". Dazu gehört es, dass nach der mitgliedstaatlichen Rechtsordnung für die Geltendmachung der Rechte aus der Richtlinie keine materiellrechtlichen oder prozessualen Ausschlussgründe erwogen werden dürfen, die dem *wirtschaftlichen* Richtlinienziel widersprechen. Das Ziel der Richtlinie besteht hier ersichtlich darin, den vermeintlichen Zahler aus der Rückabwicklung eines Zahlungsvorgangs herauszuhalten, wenn es an einer Zahlungsautorisierung fehlt. Dieses wirtschaftliche Ziel kann nicht über die innerstaatliche Bereicherungsrechtsdogmatik überwunden werden – insbesondere dann nicht, wenn sie im Falle des deutschen Bereicherungsrechts in der gesamten Union einzigartig ist.

**11. Argument**
Es entspricht dem Regelungskonzept der Zahlungsdiensterichtlinie, die Risikoverteilung primär im Deckungsverhältnis zu bestimmen und anschließend hieran die sonstigen Rechtsbeziehungen fortzudenken. Dieses Konzept ist dem deutschen Bereicherungsrecht gleichfalls nicht fremd. Auch hier wird eine Risikoverteilung im Deckungsverhältnis bestimmt, die auf die sonstigen vom Zahlungsvorgang betroffenen Rechtsbeziehungen übertragen wird. Ein griffiges Beispiel ist die tradierte Lösung bei „Doppelüberweisungen": Der Empfänger der zweiten Überweisung wird auch in den Bereicherungsausgleich einbezogen, obwohl er auf den Defekt, der dem Deckungsverhältnis entspringt, keinerlei Einfluss hatte. Die Blickverengung des Richtliniengebers auf das Deckungsverhältnis mag kritikwürdig sein; diese konzeptionelle Kritik reicht indes nicht hin, um sich über die gesetzlich bestimmte Risikoallokation – nur mit Verweis auf die innerstaatliche Dogmatik – hinwegzusetzen (Linardatos).

**12. Argument**
Die nach Veranlasser- und Rechtsscheinkriterien differenzierende Rspr. des BGH führte ohnehin in nur wenigen Ausnahmefällen zu einer Kondiktion der Zahlerbank beim vermeintlichen Zahler (widerrufene oder anderweitig erst nachträglich beseitigte Weisung). Wenn nun mit Blick auf §§ 675j, 675u BGB diese wenigen Konstellationen einer Neubewertung unterworfen werden, kann schwerlich von einem überbordenden Eingriff in die bewährte Bereicherungsdogmatik die Rede sein – zumal auch jene Dogmatik nicht frei von Kritik war. Insbesondere in den Fällen der widerrufenen Weisung war ein wertungsmäßiger Unterschied zur gänzlich fehlenden Anweisung kaum feststellbar.

**13. Argument**
Die Sperrwirkung der §§ 675j, 675u BGB kann nicht mit dem Argument verneint werden, es entstünde dadurch die Gefahr einer bereicherungsrechtlichen Ungleichbehandlung von strukturell identischen Fällen. Richtig ist, dass die Leistung auf einen (widerrufenen) Scheck vom Zahlungsdiensterecht nicht berührt wird, sodass auf diesen Sachverhalt die nach Veranlasser- und Rechtsscheinkriterien differenzierende Rspr. weiterhin anwendbar wäre (s. dazu auch den Hinweis oben bei Teil A). Dadurch würden für den strukturell gleichartigen bargeldlosen Zahlungsverkehr verschiedene Grundsätze gelten. Allerdings ist diese Folge dem beschränkten Anwendungsbereich der Zahlungsdiensterichtlinie geschuldet; ihr ist eine Ungleichbehandlung verschiedener Zahlungsverfahren *immanent*. Europarechtliche Angleichungsakte können vom Rechtsanwender nicht mit dem Ziel einschränkend ausgelegt werden, Systemverwerfungen innerhalb der eigenen Rechtsdogmatik zu vermeiden. Mit Art. 288 III AEUV ist nur die umgekehrte Auslegungsrichtung vereinbar: Ausgehend vom Harmonisierungsbefehl der Zahlungsdiensterichtlinie wäre methodisch nur die Frage zulässig, ob es im Sinne der Folgerichtigkeit angezeigt ist, die nicht harmonisierten Sachverhalte (zB widerrufener Scheck) an den Auslegungskriterien der Zahlungsrichtlinie auszurichten.

### III. (hier) Theorie vom Eingriff in das Vermögen des Zahlers

Führt die Zahlerbank eine nicht autorisierte Zahlung aus, dann greift dieser Zahlungsdienstleister in das Zahlungskonto des Zahlers ein und belastet dieses mit dem

Zahlungsbetrag des nicht autorisierten Zahlungsvorgangs, der infolge der Zahlungsausführung dem Zahlungsempfänger gutgeschrieben wird. Die Folge daraus ist, dass der Zahlungsdienstleister und der Zahlungsempfänger gegenüber dem vermeintlichen Zahler als Gesamtschuldner haften: Der vermeintliche Zahler hat gegen den Zahlungsdienstleister einen Erstattungsanspruch aus § 675u S. 2 BGB, während gegen den Empfänger des Zahlungsbetrags ein Anspruch aus § 812 I 1 Fall 2 BGB besteht. Diese Lösung gilt für alle Fälle fehlender Zahlungsautorisierung, also auch für die rechtzeitig und wirksam widerrufene Autorisierung. Der Empfängerhorizont vermag hierüber nicht hinwegzuhelfen; die Sicht des Empfängers kann also keine Zahlungszustimmung konstituieren.

**Vertreten von:**
Foerster AcP 213 (2013), 405; Foerster BKR 2015, 473 ff.

**1. Argument**
Für den Anspruch des vermeintlichen Zahlers gegen den Zahlungsempfänger ist es unschädlich, dass der Eingriff nicht durch den Zahlungsempfänger, sondern durch den Zahlungsdienstleister erfolgt. Es ist anerkannt, dass Eingriffe, die zu Ansprüchen aus Nichtleistungskondiktion führen, auch durch Dritte erfolgen können.

**2. Argument**
Die Gutschrift beim Zahlungsempfänger erfolgt unmittelbar auf Kosten des Zahlers, nicht des Zahlungsdienstleisters. Denn es ist zunächst einmal das Konto des vermeintlichen Zahlers, das mit dem Zahlungsbetrag belastet wird, welcher dem Empfänger gutgebracht wurde. An einem Rechtsgrund für diese Belastung fehlt es, wenn die Vermögensverschiebung ohne gültige Zahlungsautorisierung erfolgt.

**3. Argument**
Bedingt wird diese Lösung von der kurzen Ausschlussfrist des § 676b II BGB. Danach ist ein Erstattungsanspruch des Zahlers gegen den Zahlungsdienstleister aus § 675u S. 2 BGB ausgeschlossen, wenn der Zahler seinen Zahlungsdienstleister nicht spätestens 13 Monate nach dem Tag der Belastung mit einem nicht autorisierten Zahlungsvorgang hiervon unterrichtet hat. Würde man eine Korrektur der Belastung des Zahlers nicht zulassen, dann wäre wegen der Ausschlussfrist des § 676b II BGB die Vermögensverschiebung weit vor Ablauf der regelmäßigen Verjährungsfrist der §§ 195, 199 BGB endgültig. Dies würde zu einer ungerechtfertigten Bereicherung des Zahlungsdienstleisters führen: Der Dienstleister könnte gem. § 812 I 1 Fall 2 BGB eine Nichtleistungskondiktion gegen den Zuwendungsempfänger durchsetzen, während er dem vermeintlichen Zahler gegenüber wegen Ablaufs der Ausschlussfrist (§ 676b II BGB) nicht mehr zur Erstattung gem. § 675u S. 2 BGB verpflichtet wäre. Oder es wäre der Zahlungsempfänger ungerechtfertigt bereichert, würde man den Anspruch des Zahlungsdienstleisters gegen den Empfänger vom Bestand des Erstattungsanspruchs abhängig machen, indem man die Direktkondiktion beim Zahlungsempfänger nur zuließe, solange ein Ausschluss nach § 676 II BGB nicht eingetreten ist.

**Vertiefungshinweis:**
Foerster möchte seine Theorie vom Eingriff in das Vermögen des vermeintlich anweisenden Zahlers auf alle Anweisungslagen ausgeweitet wissen; seine Lösung soll also nicht auf das Zahlungsdiensterecht beschränkt sein, obwohl sie von einer Besonder-

heit eben jenes Regimes beeinflusst ist, nämlich von der Wirkung der kurzen Ausschlussfrist gem. § 676b II BGB.

## IV. Differenzierung bei eigenständigem Vertrauenstatbestand im Außenverhältnis

Eine Direktkondiktion des Zahlungsdienstleisters beim Zahlungsempfänger kann gesperrt sein, wenn der Zahler einen gesonderten, über die Zahlung hinausgehenden Vertrauenstatbestand gesetzt hat, der beim Empfänger ein begründetes Vertrauen in den Bestand der Zuwendung begründet. Ausreichend sein können hierfür die Ankündigung oder Kundgebung der Zahlung, die Übermittlung einer Durchschrift des Überweisungsauftrags oder eines Nachweises der Auftragserteilung, die Duldung eines weisungswidrig ausgeführten Dauerauftrags etc. In all diesen Fällen ist kraft Rechtsscheins eine Leistungsbeziehung im Valutaverhältnis begründet, sodass eine Direktkondiktion des Zahlungsdienstleisters aus § 812 I 1 Fall 2 BGB ausscheiden muss. Besteht im Valutaverhältnis eine Verbindlichkeit, die durch die Zahlung getilgt wurde, dann kann der Zahlungsdienstleister im Wege der Rückgriffskondiktion die beim Zahler entstandene Bereicherung abschöpfen. Fehlt es an einer Valutaschuld, dann kommt im Verhältnis zwischen Zahlerbank und Zahler nur eine „Kondiktion der Kondiktion" in Betracht.

**Vertreten von:**
Linardatos Haftungssystem S. 387 ff.; s. auch Schnauder JZ 2016, 603 (612); jedenfalls implizit mit einem dahingehenden Petitum Jansen JZ 2015, 952 (955).

**1. Argument**
Fehlt der Zahlungsauftrag im Verhältnis zum Zahlungsdienstleister, dann fehlt zwar dem Dienstleister mangels Auftragserteilung eine Botenmacht, um eine Tilgungs- und Zweckbestimmung für den Zahler an den Zahlungsempfänger zu überbringen. Davon zu trennen ist aber die *vom Zahler selbst* im Außenverhältnis erklärte Tilgungs- und Zweckbestimmung. An einem so im Außenverhältnis gesetzten Vertrauenstatbestand muss sich der Zahler analog § 171 BGB festhalten lassen.

**2. Argument**
Der Vertrauenstatbestand entsteht im Valutaverhältnis durch das Verhalten des Zahlers unabhängig vom konkreten Zahlungsvorgang, den der Zahlungsdienstleister ausführt. Dieses allgemein-rechtsgeschäftliche Verhalten wird von den zahlungsdienstrechtlichen Vorschriften nicht geregelt – zumal die §§ 675u ff. BGB ohnehin nicht das Valutaverhältnis adressieren.

**3. Argument**
Bestätigt wird dieses Ergebnis vom Risiko- und Wertungsgefüge der §§ 675c ff. BGB. Gemäß §§ 675j, 675u BGB trägt der Zahlungsdienstleister das Risiko, ohne gültigen Zahlungsauftrag tätig zu werden oder, gem. § 675y BGB, sich außerhalb der erteilten Weisung zu bewegen. Demgegenüber bewirkt § 675p BGB auf Zahlerseite, dass sich dieser einer getroffenen Disposition über den Zahlungsbetrag nicht mehr durch einseitige Erklärung entledigen kann; er trägt mithin die Folgen einer bewussten Entscheidung stets selbst. Die Risiken sind hier nach Verantwortungssphären verteilt. Jeder Partei sind jeweils jene Risiken zugewiesen, die sie erkennen, beherrschen oder

sonst in irgendeiner Weise beeinflussen können. Es ist deswegen gerechtfertigt, wenn der Zahler die Risiken einer angekündigten Zahlung allein selbst trägt, denn nur er ist es, der sein Verhalten insoweit steuern kann.

**4. Argument**
Auch der Rechtsgedanke des § 675p II 1 Fall 2 BGB lässt sich hier fruchtbar machen. Danach ist ein Widerruf ausgeschlossen, sofern der Zahler seine Zustimmung zur Ausführung des Zahlungsvorgangs dem *Empfänger* bereits übermittelt, ihn also vom Auftrag an den Zahlungsdienstleister gesondert in Kenntnis gesetzt hat. Zwar ist die Vorschrift den Besonderheiten garantierter Zahlungszusagen im Vollzugsverhältnis geschuldet, es besteht jedoch auf Wertungsebene zwischen jenen Sachverhalten und der gesondert mitgeteilten Zahlung eine entscheidende Parallele: Auf Empfängerseite entsteht das schützenswerte Vertrauen in das endgültige Einverständnis des Zahlers hinsichtlich der Vermögensdisposition.

**5. Argument**
Duldet der Zahler die Weiterausführung eines widerrufenen Dauerauftrags, so spricht die Wertung des § 676b I BGB für eine Einbeziehung des Zahlers in den Bereicherungsausgleich. Nach dieser Vorschrift sind Ansprüche und Einwendungen des Zahlers ausgeschlossen, wenn dieser dem Zahlungsdienstleister einen unautorisierten Zahlungsvorgang nicht unverzüglich nach dessen Feststellung angezeigt und Korrektur begehrt hat. Da bei jeder Duldung der Weiterausführung eines widerrufenen Dauerauftrags typischerweise dem Zahler eine Verletzung seiner Obliegenheit zur unverzüglichen Anzeige (§ 121 I 1 BGB) nach § 676b I BGB vorzuwerfen sein wird, kann er eine Erstattung nach § 675u S. 2 BGB nicht verlangen. Dadurch entfällt aber auch der gesetzliche Wertungsgrund, die Kondiktion im Deckungsverhältnis als ausgeschlossen anzusehen.

**Beispiel:**

**1.** Zahlungsdienstleister Z führt für die Kontoinhaberin K ein Girokonto. Für dieses Konto hatte der Ehemann E eine Kontovollmacht. Am 18.10. widerrief K diese Vollmacht gegenüber Z, der den Widerruf auf Grund eines bankinternen Fehlers jedoch nicht im Banksystem hinterlegte. Am 4.12. hob E, der vom Widerruf seiner Vollmacht keine Kenntnis hatte, am Bankschalter 900 EUR ab. Noch am selben Tag beanstandete die K diese Auszahlung gegenüber Z, woraufhin dieser den Betrag dem Konto wieder gutschrieb. Z verlangt nun von E die 900 EUR aus § 812 I 1 Fall 2 BGB heraus (nach BGHZ 205, 334 = NJW 2015, 2725).

Nach Theorie B I sind hier die tradierten Regeln des Bereicherungsausgleichs bei fehlender Anweisung anzuwenden. Nach der im deutschen Bereicherungsrecht herrschenden Lehre galt für den Fall, dass eine Bank versehentlich einen Zahlungsauftrag ausführt, der von einem ehemals Kontobevollmächtigten erteilt wurde, nachdem dessen Kontovollmacht bereits widerrufen worden war, zur Direktkondiktion der Bank beim Zahlungsempfänger, weil ein wirksamer Zahlungsauftrag bereits von Anfang an fehlte (BGHZ 205, 334 Rn. 20 = NJW 2015, 2725 mit Verweis auf OLG Düsseldorf ZIP 2003, 897 (898) = BeckRS 2003, 17827; Hadding WuB I D 1.–3. 14). Nach Theorie B II ist die Direktkondiktion schon wegen der Sperrwirkung der §§ 675j, 675u BGB einschlägig, ohne dass es auf die Frage ankommt, wie die Fälle der Anweisung eines vollmachtlosen Vertreters nach dem innerstaatlichen Bereicherungsrecht zu bewerten sind; für Theorie B IV würde hier nichts anderes gelten, weil K keinen selbstständigen Rechtsscheintatbestand gesetzt hat. Theorie B III würde sich mit Blick auf § 676b II BGB für eine Direktkondiktion aussprechen.

**2.** Erblasser E hat für sein Ableben vorgesorgt und 20.000 EUR für etwaige Bestattungskosten angespart. Das Geld liegt auf einem regulären Konto des Zahlungsdienstleisters Z und nicht auf einem Treuhandkonto; ein Bestattungsvorsorge-Treuhandvertrag wurde zwischen E und Z nicht geschlossen, und ein eigenes Forderungsrecht des örtlichen Bestattungsunternehmens B ist nicht vereinbart. B erbringt im Januar 2017 ordnungsgemäß die Bestattungsleistungen im Wert von 10.000 EUR, wendet sich sodann an Z und verlangt – unter Vorlage gefälschter Unterlagen – Auszahlung der gesamten 20.000 EUR. Der einzige Erbe des E, sein Sohn S, weiß hiervon zunächst nichts. Z zahlt ohne Rückfrage bei S an E die verlangten 20.000 EUR aus. S bleibt zunächst untätig. Erst im März 2018 verlangt S zunächst Herausgabe der 20.000 EUR von B, und nachdem dieser sich weigert, begehrt S von Z die Erstattung gem. § 675u S. 2 BGB.

Theorie B I würde den Fall nach tradierten Regeln lösen und hier – mangels veranlasster oder zurechenbarer Zahlung – überwiegend nur eine Direktkondiktion zwischen Z und B befürworten, während sie im Valutaverhältnis zwischen B und S etwaige Bereicherungsansprüche verneinen würde; insbesondere eine Leistungsbeziehung im Verhältnis zwischen B und S wäre zu verneinen, da Z ohne Botenmacht handelte und demnach keine Tilgungsbestimmung übermitteln konnte. Im Deckungsverhältnis wäre ein Anspruch des S gegen Z nach § 676b II BGB gesperrt. Theorie B II und IV würden zum selben Ergebnis gelangen, jedoch mit einer anderen Begründung, nämlich in erster Linie mit Hinweis auf die Sperrwirkung der §§ 675j, 675u BGB. Theorie B III würde die Wirkung des § 676b II BGB korrigieren wollen, indem sie S im Verhältnis zu B einen Anspruch aus Nichtleistungskondiktion zusprechen würde.

## 3. Problem (§ 812 I 1 Fall 1 BGB)
## Wie vollzieht sich der Bereicherungsausgleich bei versehentlicher Ausführung einer rechtzeitig widerrufenen Anweisung?

**Beispiel:**

B verkauft dem A eine Fräsmaschine, die A weiterverkaufen will; der Kaufpreis soll von A unmittelbar nach dem erwarteten Weiterverkauf, spätestens aber in einem Monat gezahlt werden. Außerdem wird vereinbart, dass die Maschine vorläufig bei B bleiben und auf Abruf von ihm an den Abnehmer des A geliefert werden soll. A findet auch bald einen Käufer C, der den (dem Wert der Maschine entsprechenden) vereinbarten Kaufpreis von 12.500 EUR innerhalb von drei Tagen nach Lieferung bezahlen will. A verspricht Lieferung exakt in acht Tagen, ohne C darauf hinzuweisen, dass die Lieferung durch B erfolgen wird. A vereinbart anschließend mit B, dass dieser die Maschine zum fraglichen Termin an C ausliefern soll. Am nächsten Tag erfährt er Umstände, die Zweifel an der Zahlungsfähigkeit des C begründen. Er schreibt dem B daraufhin einen Brief, in dem er ihn bittet, die Maschine nicht an den C auszuliefern, sondern vorläufig weiter für ihn aufzubewahren. B hat so viel zu tun, dass er nicht dazu kommt, die Post durchzusehen. Er liefert deshalb der ursprünglichen Abrede entsprechend die Maschine an C aus. Dieser fällt in Konkurs, bevor er die Kaufpreissumme an A bezahlt hat. Nunmehr stellt sich heraus, dass der Kaufvertrag zwischen A und B wegen Dissenses über die Höhe des Kaufpreises unwirksam war.

Hat B einen Bereicherungsanspruch gegen A oder C?

### A. Problemlösungsansätze insbesondere vor Inkrafttreten des Zahlungsdiensterechts

#### I. (hier sog.) Theorie der Abwicklung übers Dreieck

Der Angewiesene hat – anders als in den Fällen der von vornherein fehlenden Anweisung – keine Durchgriffskondiktion gegen den Zuwendungsempfänger. Bestand im Valutaverhältnis eine Forderung des Zahlungsempfängers gegen den Anweisenden, kondiziert der Angewiesene beim Anweisenden wegen der Tilgung dieser Forderung den Wert der Schuldbefreiung, andernfalls kann der Angewiesene vom Anweisenden die Abtretung von dessen eigenem Kondiktionsanspruch gegen den Empfänger verlangen. Der Bereicherungsausgleich vollzieht sich vielmehr übers Dreieck, also über eine Leistungskondiktion des Angewiesenen gegen den Anweisenden und bei zusätzlicher Unwirksamkeit des Valutaverhältnisses über eine weitere Kondiktion des Anweisenden gegen den Zuwendungsempfänger. Für die Direktkondiktion (also einem Bereicherungsanspruch des Angewiesenen gegen den Empfänger) ist nur Raum, wenn der Empfänger bei Erhalt der Zuwendung vom Widerruf der Anweisung Kenntnis hatte.

**Vertreten von:**
BGHZ 61, 289 (294) = NJW 1974, 39; BGHZ 66, 362 (364) = NJW 1976, 1448; BGHZ 87, 393 = NJW 1983, 2499; BGHZ 89, 376 = NJW 1984, 1348; BGHZ 147, 145 (150) = NJW 2001, 1855; OLG Hamm NJW-RR 1986, 791 (793); OLG Köln ZIP 1996, 1376 (1377); AK-BGB/Joerges § 812 Rn. 29; Baumbach/Hopt/Merkt, 33. Aufl.

2008, Bankgeschäfte (7) Rn. C 19; Brox/Walker SchuldR BT, 39. Aufl. 2015, § 40 Rn. 15e; von Caemmerer JZ 1962, 387; (wohl auch) Emmerich SchuldR BT § 18 Rn. 11; Erman/H.P. Westermann/Buck-Heeb, 12. Aufl. 2008, BGB § 812 Rn. 20; Esser/Weyers SchuldR BT II/2 § 48 III 3b, S. 53 f.; Giesen JURA 1995, 169 (175); Grüneberg/Sprau BGB § 812 Rn. 58 f.; Hagmann-Lauterbach, Der Zusammenhang zwischen dem finalen Leistungsbegriff im Bereicherungsrecht und den Erfüllungslehren, 1976, S. 43; Harke SchuldR BT § 10 Rn. 497; HK-BGB/Schulze, 8. Aufl. 2014, § 812 Rn. 27; Köndgen, FG Esser, 1975, 55 (70); Jauernig/Stadler BGB § 812 Rn. 38; Koppensteiner/Kramer Ungerechtfertigte Bereicherung S. 34 f.; Krumm WM 1990, 1609 (1610 f.); Kümpel WM 1979, 381; Kümpel WM 2001, 2273 (2276, 2278 f.); Loewenheim BereicherungsR S. 39 ff.; Loewenheim/Winkler JuS 1982, 910 (912 f.); Medicus/Petersen BürgerlR Rn. 676; Möschel JuS 1972, 301; Mühl, FS von Lübtow, 1980, 547 (563); Mühl WM 1984, 1443; Müller SchuldR BT Rn. 2143 (für die angefochtene Anweisung); Neef JA 2006, 458 (462 f.); Olzen/Wank, Zivilrechtliche Klausurprobleme, 4. Aufl. 2003, S. 356; Pinger AcP 179 (1979), 301 (317) (der aber die Direktkondiktion zulassen will, wenn der Angewiesene vorsätzlich entgegen dem Widerruf handelt); Putzo, Erfüllung mit Buchgeld, 1977, S. 172; Rehbein JR 1984, 245 (247); Schlechtriem SchuldR BT § 16 VII 4d bb, S. 244; Schwark WM 1970, 1335; Stierle, Der Bereicherungsausgleich bei fehlerhaften Banküberweisungen, 1980, S. 125 ff.; Thiele SchuldR BT S. 57; Walchshöfer Anm. zu BGH LM § 812 BGB Nr. 162; Weitnauer, FS von Caemmerer, 1978, 255 (284 f.); Wieling BereicherungsR § 7 II (wo aber die Fälle der von Anfang an fehlenden Anweisungen genauso behandelt werden).

**1. Argument**

Jedenfalls wenn dem Empfänger der erfolgte Widerruf der Anweisung nicht bekannt war, musste er davon ausgehen, dass der Angewiesene die Zahlung bzw. Lieferung als bloßer Leistungsmittler des Anweisenden erbringt. Aus seiner (nach der herrschenden Lehre vom Empfängerhorizont, s. Problem 1, Theorie II) maßgeblichen Sicht lässt sich also der Vorgang der Zahlung bzw. Lieferung in eine Leistung des Angewiesenen an den Anweisenden und eine gleichzeitig erbrachte weitere Leistung des Anweisenden an den Empfänger aufspalten. Die erforderliche bereicherungsrechtliche Rückabwicklung kann nur im Rahmen dieser Leistungsverhältnisse erfolgen. Eine Direktkondiktion des Angewiesenen beim Zahlungs- bzw. Lieferungsempfänger, die ja nur eine Nichtleistungskondiktion (§ 812 I 1 Fall 2 BGB) sein könnte, scheitert an der generellen Subsidiarität der Nichtleistungskondiktionen gegenüber der Leistungskondiktion.

**2. Argument**

Der entscheidende Unterschied zur Konstellation der von Anfang an fehlenden Anweisung besteht darin, dass der Anweisende hier die erfolgte Zuwendung durch die zunächst einmal wirksam erteilte Anweisung *veranlasst* hat. Damit liefert hier das Veranlassungsprinzip die Rechtfertigung dafür, dass die fragliche Zuwendung des Angewiesenen dem Anweisenden zugerechnet und als Leistung des Letzteren an den Empfänger behandelt werden kann.

**3. Argument**

Es muss zulasten des Anweisenden gehen, wenn er die vom Angewiesenen geforderte Lieferung oder Zahlung nicht mehr aufhalten kann. Die Leistung ist nun einmal mit der Erteilung der Anweisung auf den Weg gebracht, und der anschließende Gang der Vermögensverschiebung ist vom Anweisenden nicht oder nur unvollkommen beherrschbar. Der Anweisende muss deshalb das *Risiko der Irreversibilität* der Leistung tragen (Köndgen).

**4. Argument**
Der dem Angewiesenen durch die Nichtbeachtung des Widerrufs unterlaufene Fehler darf sich nicht zum Nachteil des Zuwendungsempfängers auswirken, da er ja im Deckungsverhältnis und damit im Risikobereich des Anweisenden wurzelt (BGH; von Caemmerer; Köndgen).

**5. Argument**
Die Allgemeinheit hat ein Interesse am ungehinderten Ablauf des bargeldlosen Zahlungsverkehrs. Dazu gehört, dass der jeweilige Zahlungsempfänger nach Möglichkeit von Störungen in Drittbeziehungen unberührt bleibt (Möschel; BGH). Das spricht dafür, dass der Empfänger einer Giroüberweisung nicht allein wegen des Umstandes, dass der Überweisungsauftrag rechtzeitig widerrufen worden war, einem Bereicherungsanspruch der Absendebank ausgesetzt werden darf.

**6. Argument**
Wenn der Überweisungsempfänger allerdings den Widerruf positiv kannte, stellt sich die Überweisung aus der maßgeblichen Sicht des Empfängers nicht mehr als eine Leistung des Bankkunden dar. Sie kann dem Bankkunden daher auch nicht mehr als seine Leistung an den Überweisungsempfänger zugerechnet werden.

**7. Argument**
Die Durchgriffskondiktion verbietet sich schon deshalb, weil andernfalls der gutgläubige Empfänger unzumutbar damit belastet würde, Interna der Rechtsbeziehung zwischen Anweisendem und Angewiesenem festzustellen, um über seine eventuellen bereicherungsrechtlichen Rückgewährpflichten Klarheit zu bekommen: Ob er dem Anweisenden oder dem Angewiesenen gegenüber verpflichtet ist, hinge dann ja von dem Zeitpunkt des Widerrufs und von eventuellen Vereinbarungen über die Zulässigkeit oder Unzulässigkeit eines solchen Widerrufs ab (Esser/Weyers).

**8. Argument**
Der Anweisende ist nicht schutzwürdig. Er hatte es in der Hand, den Zuwendungsempfänger vom Widerruf zu informieren und damit den Eindruck, der Angewiesene werde als sein Leistungsmittler tätig, zu verhindern (Loewenheim).

## II. (hier sog.) **Rechtsscheintheorie**

Der Empfänger ist vor einer Durchgriffskondiktion des Angewiesenen nur dann geschützt, wenn ein relevanter Rechtsschein für die Fortexistenz der Anweisung und damit für die Wirksamkeit der vom Angewiesenen überbrachten Tilgungsbestimmung spricht und der Empfänger gutgläubig ist, dh ohne Fahrlässigkeit auf diesen Rechtsschein vertraut.

**Vertreten von:**
Canaris WM 1980, 354 (356); Canaris JZ 1984, 627 ff.; Canaris, Bankvertragsrecht, 3. Aufl. 1981, Rn. 439; Eckl, FS Hanisch, 1994, 80; Hadding, FS Kümpel, 2003, 167

(180 ff.); Hassold Leistung S. 185 f.; jurisPK-BGB/Martinek/Heine § 812 Rn. 128, 130; Larenz SchuldR II § 68 III d, S. 542 f.; Larenz/Canaris SchuldR BT II/2 § 70 IV 2a–c; Meyer, Bereicherungsausgleich in Dreiecksverhältnissen, 1979, S. 108 ff. (114 ff.); Reuter/Martinek Ungerechtfertigte Bereicherung, 1983, S. 432 ff. (441 ff.); Reuter/Martinek Ungerechtfertigte Bereicherung S. 72 ff.; Schnauder Grundfragen S. 145 ff., insbes. S. 148 f.; Stolte JZ 1990, 220 (224 ff.); (wohl auch) Thielmann AcP 187 (1987), 23 (43). Nur für den widerrufenen Scheck: MüKoBGB/Lieb, 4. Aufl. 2004, § 812 Rn. 87; O. Seiler, Der Bereicherungsanspruch im Überweisungsverkehr, 1997, S. 219 ff.; Staudinger/W. Lorenz, 1999, BGB § 812 Rn. 51; Staudinger/S. Lorenz, 2007, BGB § 812 Rn. 51; Wilhelm AcP 175 (1975), 304 (338 ff., 347 f.).

**1. Argument**
Wird die bereits widerrufene Anweisung ausgeführt, so überbringt der Angewiesene die Tilgungs- und Zweckbestimmung des Anweisenden als Bote ohne Botenmacht. Der Zugang beim Empfänger kann deshalb diese Tilgungsbestimmung nicht in Geltung setzen. Die etwaige Forderung des Empfängers gegen den Anweisenden, die erfüllt werden sollte, bleibt damit ungetilgt. Und auch beim Fehlen einer entsprechenden Forderung im Valutaverhältnis kann die tatsächlich vom Angewiesenen vorgenommene Zuwendung nicht als Leistung des Anweisenden zur Erfüllung einer vermeintlichen Forderung des Empfängers gewertet werden, weil es an einer wirksamen Bezugnahme des Anweisenden auf diese Forderung ja gerade fehlt. Damit kommt hier – wie bei einer von Anfang an fehlenden Anweisung – nur die Direktkondiktion in Betracht.

**2. Argument**
Anders stellt sich die Situation dar, wenn Rechtsscheingesichtspunkte dazu führen, dass der Anweisende an die vom Angewiesenen in seinem Namen überbrachte Tilgungs- und Zweckerklärung gebunden wird. Treten dem Empfänger gegenüber deutliche Hinweise für die Botenmacht des Angewiesenen hervor, die der Anweisende veranlasst oder zumindest zurechenbar nicht beseitigt hat, so muss der Empfänger in seinem berechtigten Vertrauen auf den Bestand der Botenmacht geschützt werden (Reuter/Martinek Ungerechtfertigte Bereicherung, 1983, S. 433; Reuter/Martinek Ungerechtfertigte Bereicherung S. 72). Als konstruktiver Aufhänger bietet sich dabei eine Rechtsanalogie der Vorschriften über die Scheinvollmacht, also der §§ 170–173 BGB, an. (Canaris WM 1980, 356; für widerrufene Schecks auch Wilhelm AcP 175 (1975), 304 (338 ff., 347 f.); Meyer, Bereicherungsausgleich in Dreiecksverhältnissen, 1979, S. 114 ff.).

**3. Argument**
Ein ausreichender Rechtsscheintatbestand ist beispielsweise bei einem widerrufenen, zuvor aber schon mindestens einmal ausgeführten Dauerauftrag gegeben. Wenn die Bank den Widerruf nicht beachtet, muss der Überweisungsempfänger sich analog §§ 170, 171 II, 172 II, 173 BGB auf den Fortbestand der Botenmacht der Bank verlassen können und damit vor einem Bereicherungsanspruch der Bank geschützt werden (Canaris). Entsprechendes dürfte gelten, wenn der Anweisende dem gutgläubigen Überweisungsempfänger die dann später rechtzeitig widerrufene Überweisung besonders angekündigt hatte (Reuter/Martinek Ungerechtfertigte Bereicherung, 1983, S. 443 Fn. 94).

**Vertiefung:**

Sehr streitig war innerhalb dieser Theorie vor der 1997 erfolgten Einführung des beleglosen Überweisungsverkehrs, ob bei einer trotz rechtzeitigen Widerrufs ausgeführten Banküberweisung bereits der vom Anweisenden zum Überweisungsempfänger durchlaufende zweite Durchschlag des Überweisungsträgers als Rechtsscheingrundlage ausreicht, also die durch den Widerruf des Überweisungsauftrags erloschene Botenmacht der Bank zur Übermittlung der Tilgungsbestimmung ersetzt (bejahend Canaris WM 1980, 354 (356); Larenz SchuldR II § 68 III d, S. 543; aM Reuter/Martinek Ungerechtfertigte Bereicherung, 1983, S. 442; Wilhelm AcP 175 (1975), 304 (349 f.)).

Nach Canaris erlaubt der dem Überweisungsempfänger übermittelte Durchschlag des Überweisungsträgers mittelbar den Rückschluss auf die Befugnis der Bank zur Überbringung der Tilgungsbestimmung des Überweisenden. Der Überweisungsempfänger sei deshalb in ähnlicher Weise schutzwürdig wie beim internen Widerruf einer mitgeteilten Vollmacht. Dass der Durchschlag keine Unterschrift des Überweisenden aufweise, beseitige seine Eignung als Rechtsscheinbasis nicht, da der Empfänger sich darauf verlassen könne, dass der Bank ein unterschriebenes Original vorliege (Canaris WM 1980, 354 (356)).

Im heutigen elektronischen Zahlungsverkehr existiert dieser Überweisungsdurchschlag nicht mehr; der Überweisungsverkehr ist also „beleglos". Möchte man an die zum Durchschlag entwickelten Grundsätze festhalten, so wäre es im heutigen beleglosen Überweisungsverkehr erforderlich, an die per Kontoauszug oder -ausdruck erfolgende Mitteilung der Empfängerbank an den Zahlungsempfänger über den Überweisenden und den von diesem angegebenen Verwendungszweck anzuknüpfen (zur Bedeutung des Kontoauszugs für die Kenntnis des Empfängers vgl. etwa BGH NZI 2022, 522 Rn. 31). Selbst die Darstellung im Online-Banking würde nach manchen Ansätzen im Schrifttum bereits ausreichen (vgl. dazu die weite Auslegung von Langenbucher, Die Risikozuordnung im bargeldlosen Zahlungsverkehr, 2001, S. 178). Ob hierbei von einen ausreichend starken Rechtsscheinträger ausgegangen werden kann, erscheint indes durchaus zweifelhaft (vgl. Jansen JZ 2015, 952 (956); Reuter/Martinek Ungerechtfertigte Bereicherung S. 92 mit dem Argument, der Inhalt des Kontoauszugs bleibe stets gleich, man könne deswegen hinsichtlich der Existenz oder Nichtexistenz des Zahlungsauftrages nichts ableiten). Anders mögen Konstellationen zu behandeln sein, in denen der Zahler dem Empfänger einen Beleg über die veranlasste Überweisung, etwa per E-Mail, zukommen lässt; diese lassen einen selbstständigen Rechtsscheintatbestand zumindest begründbar erscheinen (s. auch unten B., Beispielsfall 2).

Beim Scheckwiderruf soll es nach einem Teil der Anhänger dieser Theorie beim Bereicherungsausgleich „übers Eck" selbst dann bleiben, wenn der Zahlungsempfänger positive Kenntnis vom Widerruf hatte (so Canaris WM 1980, 354 (365 f.); Larenz/Canaris SchuldR BT II/2 § 70 IV 3c; NK-BGB/von Sachsen Gessaphe, 3. Aufl. 2016, § 812 Rn. 155; Prütting/Wegen/Weinreich/Prütting BGB § 812 Rn. 97; Reuter/Martinek Ungerechtfertigte Bereicherung, 1983, § 11 IV 4c; Thielmann AcP 187 (1987), 23 (43) Fn. 78; aA Wilhelm AcP 175 (1975), 304 (349 f.); Hadding, FS Kümpel, 2003, 167 (181 f.)).

## III. (hier sog.) Theorie der Durchgriffskondiktion

Der Bereicherungsausgleich bei rechtzeitig widerrufener Anweisung vollzieht sich genauso wie bei einer von Anfang an fehlenden Anweisung. In beiden Fällen steht dem Angewiesenen die Direktkondiktion gegen den Zuwendungsempfänger zu.

**Vertreten von:**
OLG Düsseldorf NJW 1974, 1001; WM 1975, 875; OLG Koblenz WM 1976, 94; OLG Celle WM 1976, 170; KG WM 1977, 1236; LG Düsseldorf WM 1981, 806; LG Aachen NJW 1982, 772; Heimann-Trosien JR 1974, 287; Jansen JZ 2015, 952 (955 f.) (für den bargeldlosen Zahlungsverkehr); Kupisch Gesetzespositivismus S. 75 Fn. 231; Kupisch ZIP 1983, 1416 ff.; Lieb, BGH-FG I, 2000, 547 (551 ff.); Lieb JZ 1983, 960 ff. (963); MüKoBGB/Lieb, 4. Aufl. 2004, § 812 Rn. 80, 85; Schnepp WM 1985, 1249 (1255); O. Seiler (mit Ausnahme für den Fall einer gesonderten Zahlungsankündigung des Anweisenden an Empfänger); Staudinger/Selb, 1995, BGB § 267 Rn. 7; Staudinger/W. Lorenz, 1999, BGB § 812 Rn. 51 sowie Staudinger/S. Lorenz, 2007, BGB § 812 Rn. 51; Wilhelm, Rechtsverletzung und Vermögensentscheidung als Grundlagen und Grenzen des Anspruchs aus ungerechtfertigter Bereicherung, 1973, S. 139 f.; Wilhelm JuS 1973, 1 (4) Fn. 36; Wilhelm AcP 175 (1975), 304 (348 ff.) (für die widerrufene Banküberweisung).

**1. Argument**
Die Abwicklung übers Dreieck brächte für den Anweisenden die Gefahr, dass er infolge der dabei vorausgesetzten Erfüllungswirkung im Valutaverhältnis die Einrede des nicht erfüllten Vertrages oder ein Zurückbehaltungsrecht oder auch eine Aufrechnungsmöglichkeit verlieren könnte, obwohl er möglicherweise gerade deshalb die Anweisung widerrufen hat. Es wäre nicht angemessen, ihm diese Nachteile wegen des Fehlers eines Dritten (nämlich der angewiesenen Bank) aufzuerlegen.

**2. Argument**
Die Konstellation der nur vermeintlichen und der rechtzeitig widerrufenen Anweisung sind gleichwertig. In beiden Fällen fehlt es im Zeitpunkt der Zuwendung an einer wirksamen Anweisung, die die Abwicklung übers Dreieck rechtfertigen könnte. In beiden Fällen fehlt insbesondere die Botenmacht des Zuwendenden zur Überbringung der Tilgungsbestimmung des (scheinbar oder wirklich) Anweisenden.

**3. Argument**
Entgegen Theorie I ist weder die Anweisung noch die in ihr enthaltene Tilgungsbestimmung durch Veranlassungsgesichtspunkte ersetzbar. Das Veranlassungsprinzip ist zu vage, um ausreichend sichere Entscheidungen zu gewährleisten. Das zeigen schon die unterschiedlichen Ergebnisse, zu denen die Vertreter einer Lösung über das Veranlassungsprinzip gelangen.

**4. Argument**
Die fehlende Botenmacht des Angewiesenen zur Überbringung der Tilgungsbestimmung des Anweisenden kann nicht durch Rechtsscheingesichtspunkte ersetzt werden. Der Rechtsscheintatbestand ist dafür (zumindest in aller Regel) nicht ausgeprägt genug und häufig dem Anweisenden auch gar nicht zurechenbar (MüKoBGB/Lieb, 4. Aufl. 2004, § 812 Rn. 80). So vertraut der Zahlungsempfänger bei einer trotz

Widerruf ausgeführten Banküberweisung an die bloße, in der Regel allein über einen Kontoausdruck bekundete Behauptung seiner Bank, die Botenmitteilung mit entsprechender Botenmacht überbracht zu haben (Jansen JZ 2015, 952 (955)).

**5. Argument**
Wenn mithilfe des Veranlassungsgedankens oder mit Rechtsscheinerwägungen trotz des rechtzeitigen Widerrufs der Anweisung die Zuwendung des Angewiesenen als eine solche des Anweisenden gewertet und damit die Kondiktion übers Dreieck eröffnet wird, so wird der Empfänger über Gebühr geschützt. Ausreichend ist nämlich der konkrete Vertrauensschutz des § 818 III BGB, der durch die Darlegungs- und Beweislast im Prozess verstärkt wird: Der unwirksam Angewiesene, der die Direktkondiktion geltend macht, muss dartun und beweisen, dass eine rechtswirksame Anweisung nicht vorlag.

**6. Argument**
Es kann letztlich dahinstehen, ob sich mithilfe der Rechtsfigur der Anscheinsbotenmacht begründen lässt, dass der ursprünglich Angewiesene (in den Fällen des widerrufenen Überweisungsauftrags also die Bank) eine angeblich vom Anweisenden herrührende Tilgungsbestimmung überbringt, an die dieser gebunden ist. Auch eine wirksame Tilgungsbestimmung des Anweisenden kann für sich allein genommen die Zuwendung des Angewiesenen an den Empfänger nicht in zwei simultan erfolgende Leistungen des Angewiesenen an den Anweisenden und des Anweisenden an den Empfänger transformieren. Für eine solche rechtliche Umleitung der Zuwendung ist vielmehr unverzichtbar, dass diese auf eine wirksame Anweisung des Auftraggebers hin erfolgt. Daran fehlt es aber, wenn die Anweisung im Zeitpunkt der Ausführung bereits widerrufen war.

**7. Argument**
Die hM impliziert, dass die Bereicherungsabwicklung übers Dreieck der Regelfall und die Direktkondiktion wegen Kenntnis des Überweisungsempfängers vom Widerruf der Ausnahmefall ist und dass deshalb der von der Bank verklagte Kunde die Beweislast für die Kenntnis des Empfängers vom Widerruf trägt. Es ist unerträglich, dass der Kunde damit ausgerechnet im Verhältnis zur Bank, deren Fehler die Notwendigkeit einer bereicherungsrechtlichen Rückabwicklung überhaupt erst hat entstehen lassen, in eine prozessual äußerst ungünstige Position gedrängt wird (MüKoBGB/Lieb, 4. Aufl. 2004, § 812 Rn. 86).

**8. Argument**
Gegen eine Rechtsscheinverantwortlichkeit des vermeintlichen Zahlers sprechen die in den gesetzlichen Bestimmungen aufgestellten Kriterien. Danach bedarf es eines selbstständigen Rechtsscheintatbestandes – etwa einer Registereintragung, einer Vollmachtsurkunde oder einer expliziten Erklärung des Vollmacht*gebers*. Die Behauptung des Vertreters oder Boten, er verfüge über Vertretungs- bzw. Botenmacht, genügt jedenfalls nicht. Die Übermittlung einer Tilgungsbestimmung nach bankgeschäftlichen Vorgängen – etwa im Kontoauszug – kann deshalb für einen Rechtsscheintatbestand nur ausreichen, wenn man annähme, Mitteilungen von Banken verbürgten eine registerähnliche Richtigkeitsgewähr. Das hat indes, soweit ersichtlich, niemand jemals behauptet und es ist auch nicht plausibel (Jansen).

## IV. (hier sog.) **Theorie der Rechtfertigung durch das Valutaverhältnis**

Bestand im Valutaverhältnis ein Anspruch des Empfängers gegen den Anweisenden auf dasjenige, was der Angewiesene der ursprünglichen Weisung entsprechend an ihn gezahlt oder geliefert hat, so kann der Angewiesene nur beim Anweisenden (im Falle der rechtzeitig widerrufenen Giroüberweisung also die Bank nur bei ihrem Kunden) kondizieren. Nur wenn der Empfänger bei der Entgegennahme der Zuwendung zufällig schon weiß, dass die Anweisung rechtzeitig widerrufen war, haftet er dem Angewiesenen unmittelbar aus §§ 812, 819 BGB.

**Vertreten von:**
Flume NJW 1984, 464 (466); Flume AcP 199 (1999), 1 (4 ff., 11 ff., 35); ähnlich Kupisch ZIP 1983, 1412 (1418 ff.) (wo aber ein Bereicherungsanspruch der Bank gegen den Kunden auch für den Fall bejaht wird, dass das Valutaverhältnis unwirksam ist und der Empfänger sich auf § 818 III BGB berufen kann).

**1. Argument**
Wenn jemand erkennbar aufgrund einer Anweisung zahlt, so ist das eine Leistung im Hinblick auf das Rechtsverhältnis, das zwischen dem Anweisenden und dem Zahlungsempfänger besteht. Rechtfertigt dieses Rechtsverhältnis als *causa* die Zahlung, so ist für einen Bereicherungsanspruch des Angewiesenen gegen den Zahlungsempfänger kein Raum. Dies gilt auch, wenn die Anweisung vor ihrer Ausführung bereits widerrufen war. Entscheidend ist, dass der Zahlende und der Zahlungsempfänger übereinstimmend davon ausgegangen sind, dass die Zahlung eine solche des Anweisenden ist und deshalb ihre Rechtfertigung im Valutaverhältnis finden soll. Bestand hier ein Anspruch des Empfängers auf die Zahlung, hat der Empfänger das ihm Gebührende bekommen und muss es behalten dürfen. Der Angewiesene hat in diesem Fall einen Bereicherungsanspruch gegen den Anweisenden wegen der ihm verschafften Schuldbefreiung. Besteht die Valutaforderung in Wirklichkeit aber nicht, so bleibt doch die Zahlung für den Zahlenden wie den Empfänger als Leistung dem Anweisenden zugeordnet. Deshalb erwirbt hier der Anweisende den Bereicherungsanspruch gegen den Empfänger. Der Angewiesene erhält einen Ausgleich nach Maßgabe des Deckungsverhältnisses (Flume NJW 1984, 464 (467) (anders aber, S. 467 f., für die widerrufene Anweisung iSv § 783 BGB)).

**2. Argument**
Anders ist allerdings zu entscheiden, wenn der Empfänger genau weiß, dass die Anweisung schon widerrufen ist und dass der Angewiesene nur aufgrund der irrtümlichen Annahme des Fortbestandes der Anweisung zahlt. Hier kann der Zahlungsempfänger die Zahlung naturgemäß nicht seinem Rechtsverhältnis zum Anweisenden zuordnen. Die als Anweisungsleistung erbrachte Zahlung auf die Schuld des Anweisenden kann somit nicht als Erfüllung gelten und bleibt damit auch dann ein *indebitum*, wenn die zu tilgende Forderung im Valutaverhältnis wirklich besteht.

**Beispiel:**

Eine Durchgriffskondiktion des B gegen C kommt im Ausgangsfall nach Theorie I nicht in Betracht, weil C vom Widerruf der Anweisung keine Kenntnis hatte. B kann vielmehr einen Bereicherungsanspruch gegen seinen Vertragspartner A aus § 812 I 1

Fall 1 BGB geltend machen. Ob dabei der Kondiktionsgegenstand (= „erlangtes Etwas") die eingetretene Befreiung des A von der Lieferungspflicht aus dem Kaufvertrag mit C oder aber im Wege einer „Als-ob-Betrachtung" der Zuweisungsgegenstand, hier also die Fräsmaschine, anzusehen ist, ist innerhalb dieser Theorie streitig. Davon abgesehen ist aber wichtiger, dass zugunsten des A § 818 III BGB eingreift: Infolge der Auslieferung der Maschine an C hat er die Einrede aus § 321 BGB nicht geltend machen können und dadurch einen Verlust erlitten, der der Differenz von Sachwert und zu erwartender Insolvenzquote entspricht. A ist damit nur noch in Höhe der zu erwartenden Insolvenzquote bereichert. Nach Theorie II hätte B dagegen nur die Durchgriffskondiktion gegen C, die er in dessen Insolvenzverfahren geltend machen müsste, weil ein besonderer, dem A zurechenbarer Rechtsschein für die Botenmacht des B zur Überbringung einer Tilgungsbestimmung des A nicht ersichtlich ist. Anders wäre dies nach Theorie II nur zu beurteilen, wenn A dem C die Auslieferung durch B besonders angekündigt hätte (s. Arg. 3). Auch nach Theorie III hätte A nur die Direktkondiktion gegen C. Theorie IV müsste wohl den Bereicherungsanspruch gegen A geben, weil die Forderung im Valutaverhältnis bestand. A ist aber wiederum nur in Höhe der zu erwartenden Insolvenzquote bereichert.

## B. Problemlösungsansätze mit Rücksicht auf das Zahlungsdiensterecht

In der Sache stehen sich über die Frage der Sperrwirkung des Zahlungsdiensterechts auch hier die Theorien streitig gegenüber, die bereits oben zum 2. Problem (Bereicherungsausgleich nach Ausführung einer vermeintlichen Anweisung) referiert wurden; auf die dort wiedergegebenen Argumente ist insoweit zu verweisen.

Der Streit über die bereicherungsrechtliche Behandlung eines widerrufenen Zahlungsauftrages hat allerdings im Vergleich zum Zahlungsverkehrsrecht, das vor 2009 und damit vor Inkrafttreten des Zahlungsdiensterechts galt, erheblich an Bedeutung verloren (s. dazu zusammenfassend Staudinger Eckpfeiler/Linardatos Rn. S 67 ff.). § 675p I BGB sieht nämlich nunmehr einen nur sehr eingeengten Widerrufszeitraum vor: Ist der Zahlungsauftrag bei der Zahlerbank zugegangen (§ 675n BGB), dann ist ein Widerruf des Zahlungsauftrags ausgeschlossen. Der stark nach vorne verlagerte Widerrufsausschluss soll eine automatisierte Zahlungsausführung und die Einhaltung der kurzen Ausführungsfristen (§ 675s I 1 BGB) ermöglichen, indem ab Wirksamwerden des Auftrags manuelle Eingriffe in den Zahlungsvorgang ausgeschlossen werden. Für Termin- und Daueraufträge gilt abweichend § 675p III BGB. Ein Widerruf kann somit nur virulent werden bei (1.) einem Terminauftrag, (2.) einem (vergessenen) Dauerauftrag oder (3.) bei einer gesonderten Widerrufsvereinbarung iSd § 675p IV 1 BGB, die aber vorliegen muss, noch *bevor* ein Zahlungsauftrag erteilt wurde, nicht nachdem dieser gem. § 675n BGB zugegangen ist.

### Beispiele:

A hat bei der Kunsthandlung C ein Gemälde von Dali für 150.000 EUR gekauft. Er stellt deshalb einen Überweisungsauftrag über die Summe aus und reicht ihn bei seiner Bank B ein. Eine halbe Stunde später zeigt er das Gemälde einem Kunstkenner, der das Gemälde spontan für eine Fälschung erklärt. Daraufhin ruft A sofort bei der Bank an und bittet, die Überweisung nicht auszuführen. Das wird ihm auch zugesagt. Aufgrund eines Versehens wird dann aber doch die Überweisung durchgeführt und das Konto des A entsprechend belastet. Da A gegen diese Belastung protestiert, verlangt die Bank B von C die Rücküberweisung des Betrages. Ob das Gemälde echt ist, ist ungeklärt.

Vor Inkrafttreten des Zahlungsdiensterechts wäre der Fall, nach den unterschiedlichen Theorien, wie folgt zu behandeln gewesen: B kann nach Theorie A I nur bei A kondizieren. Ob A durch die Befreiung von der Kaufpreiszahlungspflicht wirklich bereichert worden ist, hängt davon ab, ob das Gemälde echt ist oder nicht; im letzteren Falle hätte ihm ja die Möglichkeit des Rücktritts zugestanden. Die Beweislast für den (nach § 818 III BGB *a fortiori* relevanten) Einwand, er sei durch das rechtsgrundlos Erlangte von vornherein nicht bereichert, trüge insoweit A als Kondiktionsgegner. Von Theorie A II kämen wohl diejenigen Vertreter zum gleichen Ergebnis, die in dem früher zum Überweisungsempfänger durchlaufenden zweiten Durchschlag des Überweisungsträgers einen geeigneten Anknüpfungspunkt für eine Anscheinsbotenmacht der Bank sehen wollten und nun konsequenterweise die Mitteilung über Absender und Verwendungszweck, die per Kontoauszug erfolgt, genauso behandeln müssten. Die anderen müssten – wie die Vertreter der Theorie A III – eine Direktkondiktion der Bank gegen C bejahen. Da C das Gemälde vorgeleistet hat, kann dieser sich nicht auf § 818 III BGB berufen. Nach Theorie A IV wäre entscheidend, dass die Kaufpreisforderung des C gegen A im Augenblick der Überweisung auch im Falle der Unechtheit des Gemäldes noch bestand; die dann gegebene Rücktrittsmöglichkeit hätte dem rücktrittsberechtigten Käufer A zwar die Möglichkeit gegeben, die Kaufpreisforderung durch Rücktritt zu zerstören (§ 346 I BGB), aber eben die Tilgungswirkung der Zahlung nicht hindern können.

Nach Inkrafttreten des Zahlungsdiensterechts ist die Lösung nach Theorie B wie folgt: Gemäß § 675p I BGB ist der Zahlungsauftrag des A mit Zugang bei B unwiderruflich. Wird der Auftrag trotz der eingegangenen Gegenweisung ausgeführt, dann geschieht dies prinzipiell zu Recht und B handelt mit entsprechender Vertretungs- oder Botenmacht, um gegenüber C eine Tilgungsbestimmung zu überbringen. Soweit im Valutaverhältnis zwischen A und C Mängel bestehen, sind diese dort zu bereinigen. Im Übrigen würde B bei einer Zahlungsautorisierung ein Anspruch auf Aufwendungsersatz gem. §§ 675c I, 670 BGB zustehen (vgl. §§ 675j I, 675u BGB). Dieser ist aber ausgeschlossen, wenn man annimmt, A und B haben telefonisch vereinbart, den in Auftrag gegebenen, aber noch nicht vollendeten Zahlungsvorgang nicht auszuführen (vgl. BGHZ 205, 377 = NJW 2015, 3093 Ls. 1). Dann fehlt es bei Ausführung des Zahlungsvorgangs am Zahlungsauftrag und somit auch an der Autorisierung. Genau für einen solchen Fall hat der XI. Zivilsenat des BGH seine Entscheidungspraxis zum Bereicherungsausgleich von nicht autorisierten Zahlungen geändert und entschieden, dass ein Zahlungsvorgang im Anwendungsbereich der §§ 675c ff. BGB einem Zahler ohne dessen Autorisierung unabhängig davon, ob der Empfänger von der fehlenden Autorisierung Kenntnis hat und wie sich der Zahlungsvorgang von seinem Empfängerhorizont aus darstellt, nicht als Leistung zugerechnet werden kann (BGHZ 205, 377 Rn. 24 = NJW 2015, 3093 und oben 2. Problem, Theorie B II). Nach anderen Stimmen käme es hierauf nicht an, weil stets die Direktkondiktion einschlägig wäre (2. Problem, Theorie B III). Eine Abweichung vom Grundsatz der Direktkondiktion wäre nach der zum 2. Problem skizzierten Theorie B IV indes einschlägig, wenn eine gesonderte Zahlungsmitteilung bestünde; daran fehlt es allerdings im Beispielsfall.

## 4. Problem (§ 812 I 1 Fall 1 BGB)
## Wie erfolgt die bereicherungsrechtliche Abwicklung bei Zahlung auf eine nicht (mehr) bestehende fremde Schuld?

**Beispiel:**

G teilt seinem Bekannten D mit, dessen Schwiegersohn S lasse in seinem Lebensmittelladen häufig anschreiben und habe schon seit 14 Tagen einen Betrag von 100 EUR offenstehen. Um seinem Schwiegersohn unter die Arme zu greifen, bezahlt D den Betrag. S hatte die Schuld aber bereits einige Stunden vorher bezahlt, was dem G versehentlich entgangen war. D fordert nun sein Geld von G zurück. G verweigert die Rückzahlung, weil S inzwischen erneut in seinem Laden hat anschreiben lassen und ihm nunmehr 150 EUR schuldet.

**Ausgangspunkt:**

Wenn jemand eine bestehende fremde Schuld bezahlt, erlischt diese nach §§ 267, 362 I BGB. Der intervenierende Dritte erwirbt hier regelmäßig einen Aufwendungserstattungsanspruch gegen den befreiten Schuldner aus berechtigter Geschäftsführung ohne Auftrag (§§ 677, 683 S. 1, 670 BGB), bei objektiv interessewidriger oder jedenfalls dem Geschäftsherrn unwillkommener Einmischung wenigstens eine Aufwendungskondiktion gegen diesen aus §§ 677, 684 S. 1, 812 ff. BGB. Falls die fragliche Schuld dagegen gar nicht existierte oder im Zeitpunkt der Drittleistung schon getilgt war, stellt sich die Frage, ob der Dritte Bereicherungsausgleich vom scheinbaren Gläubiger oder vom scheinbaren Schuldner verlangen kann. Das ist umstritten. Die Antwort hängt davon ab, ob der Dritte hier überhaupt eine Leistung im technischen Sinne erbracht hat und wer als deren Empfänger anzusehen ist.

Noch komplizierter wird die Sachlage, wenn der für den Schuldner zahlende Dritte zwar nach außen als selbstständig handelnd auftritt, sich in Wirklichkeit aber nur auf eine entsprechende Anweisung des Schuldners hin einschaltet (Fallgruppe der *veranlassten* Drittleistung; vgl. dazu BGHZ 113, 62 (69) = NJW 1991, 919 mwN; Martinek JZ 1991, 395 (398 ff.); Canaris NJW 1992, 868 ff.; Jakobs NJW 1992, 2524 ff.; Canaris NJW 1992, 3143 ff.; Larenz/Canaris SchuldR BT II/2 § 70 V 3a; BeckOK BGB/Wendehorst, 61. Ed. 1.2.2022, § 812 Rn. 230) oder wenn die Drittleistung auf die vermeintliche fremde Schuld aufgrund einer Erfüllungsübernahme erfolgt (Gernhuber BürgerlR § 47 II 1). Sonderwertungen greifen auch ein, wenn die Drittleistung im Hinblick auf ein Ablösungsrecht iSv § 268 BGB erfolgt.

Diese drei Konstellationen bleiben im Folgenden ausgeklammert (s. aber unten Beispiel 2). Es geht hier also nur um solche **Drittleistungen**, die **aus eigenem Antrieb** und nicht im Hinblick auf ein (vermeintliches) Ablösungsrecht iSv § 268 BGB erfolgen.

### Problemlösungsansätze

#### A. (hier sog.) **Theorie der direkten Leistungskondiktion**

Der Dritte hat einen Anspruch aus § 812 I 1 Fall 1 BGB gegen den Scheingläubiger.

**Vertreten von:**
RGZ 60, 284 (287 f.); RG LZ 1917, 1342; BGHZ 50, 227 = NJW 1968, 1822; BGH WM 1967, 483 (484); BGHZ 72, 246 (248 ff.) = NJW 1979, 157; BGHZ 113, 62 (69) = NJW 1991, 919; BGH NJW 2000, 1718 (1719); Bayer JuS 1990, 883 (885); Beuthien JZ 1968, 323 (326); StudK/Beuthien BGB § 812 Anm. I 6b; Brox/Walker SchuldR BT § 40 Rn. 17; von Caemmerer JZ 1962, 385 (386) (= GS, 321 (325)); (iErg) Canaris, 1. FS Larenz, 1973, 799 (847); Dörner SchuldR II S. 89; Eckert SchuldR BT Rn. 1522; Enneccerus/Lehmann SchuldR § 223 I 2e; Erman/Buck-Heeb BGB § 812 Rn. 28; Esser SchuldR, 2. Aufl. 1960, S. 783; Esser/Weyers SchuldR BT II/2 § 48 III 4; Fezer/Obergfell Klausurenkurs SchuldR BT 26. Fall; Flume AcP 199 (1999), 1 (26 ff.); Gernhuber, Die Erfüllung und ihre Surrogate, 2. Aufl. 1994, § 21 I 6a; Giesen JURA 1995, 167 (169); Grüneberg/Grüneberg BGB § 267 Rn. 8; Grüneberg/Sprau BGB § 812 Rn. 63; Gursky SchuldR BT S. 190; G. Hager, Symposium König, 161 f.; Harke SchuldR BT § 10 Rn. 500; HK-BGB/Schulze § 267 Rn. 5; Jakobs NJW 1992, 2524 (2526); Jacoby/von Hinden BGB § 812 Rn. 33; jurisPK-BGB/Martinek/Heine § 812 Rn. 150; Köhler/Lorenz SchuldR II Fall 197; (wohl auch) Koppensteiner/Kramer Ungerechtfertigte Bereicherung S. 43 f. (ohne deutliche Stellungnahme zur Kondiktionsart); Kupisch Gesetzespositivismus S. 85 ff.; Kupisch WM 1999, 2381 (2390); Larenz SchuldR II § 68 III c 1; Larenz/Canaris SchuldR BT II/2 § 70 V 3b; Loewenheim BereicherungsR S. 48 f.; S. Lorenz JuS 2003, 839 (841); W. Lorenz JuS 1968, 441 (445 f.); W. Lorenz AcP 168 (1968), 293 (298 f.); W. Lorenz JZ 1971, 427 (429); Martinek JZ 1991, 395 (398); Medicus/Petersen BürgerlR Rn. 685; Meyer, Bereicherungsausgleich in Dreiecksverhältnissen, 1979, S. 144 ff. (150); Müller SchuldR BT Rn. 2147; MüKoBGB/Lieb, 4. Aufl. 2004, § 812 Rn. 127; NK-BGB/von Sachsen Gessaphe § 812 Rn. 185; Peters AcP 173 (1973), 80; Pinger AcP 179 (1979), 301 (305, 326); Planck/Siber § 267 Anm. 5; Reuter/Martinek Ungerechtfertigte Bereicherung, 1983, S. 468 f.; Reuter/Martinek Ungerechtfertigte Bereicherung § 3 III 3, S. 125 ff.; RGRK/Heimann-Trosien BGB § 812 Rn. 30; Rothoeft AcP 163 (1963), 215 (226); Schall, Leistungskondiktion und „Sonstige Kondiktion“ auf der Grundlage des einheitlichen gesetzlichen Kondiktionsprinzips, 2003, S. 59 f.; Schellhammer SchuldR 19. Teil Rn. 878; Schnauder Grundfragen S. 171 ff.; Soergel/M. Wolf, 11. Aufl. 1990, § 267 Rn. 25; Soergel/Forster BGB § 267 Rn. 25; Staudinger/W. Lorenz, 1999, BGB § 812 Rn. 43; Staudinger/S. Lorenz, 2007, BGB § 812 Rn. 43; Staudinger/Selb, 1995, BGB § 267 Rn. 5; Staudinger Eckpfeiler/Auer, 2020, Rn. S 70; Staudinger Eckpfeiler/Linardatos Rn. S 70; Stolte JZ 1990, 220 (223); Stresemann, Bereicherungsrechtliche Rückabwicklung bei zu Unrecht vom Haftpflichtversicherer erbrachten Leistungen, 1993, S. 8; Wandt Gesetzl. Schuldverhältnisse § 13 Rn. 21 f. (bei beidseitigem Irrtum); Weitnauer, FS von Caemmerer, 1978, 277; (iErg) Wilhelm, Rechtsverletzung und Vermögensentscheidung als Grundlagen und Grenzen des Anspruchs aus ungerechtfertigter Bereicherung, 1973, S. 140 ff.; Wilhelm JuS 1973, 6 f.; E. Wolf, Lehrbuch des Schuldrechts, Bd. II, Besonderer Teil, 1978, S. 468; Chr. Wolf, Drittleistungen und Leistungsmitteilung, 1995, S. 65.

**1. Argument**
Es liegt eine Leistung des Zahlenden an den Scheingläubiger vor, denn der Zahlende ist gegenüber dem Scheingläubiger als Dritter iSv § 267 I BGB aufgetreten: Die Zuwendung erfolgt mit dem offengelegten Ziel, die vorausgesetzte Forderung im Valutaverhältnis zu tilgen. Das muss als eigene Zwecksetzung vonseiten des zahlenden Dritten genügen. Da der intervenierende Dritte spontan, aus eigenem Antrieb, han-

delt, muss er auch in der Lage sein, gegenüber dem Zuwendungsempfänger (= Scheingläubiger) den Zweck der Zuwendung zu bestimmen.

**2. Argument**
Der nach § 267 BGB zahlende Dritte versucht zwar typischerweise, gleichzeitig auch an den vermeintlichen Schuldner zu leisten, nämlich als berechtigter Geschäftsführer ohne Auftrag für diesen tätig zu werden oder ihm den Wert der Schuldbefreiung zu schenken. Dieser Versuch schlägt jedoch fehl: Der Putativschuldner erlangt hierdurch nichts. Das reale Zuwendungsobjekt geht ohnehin in das Vermögen des Scheingläubigers über, und die gewollte Schuldbefreiung tritt infolge der Nichtexistenz der zu tilgenden Verbindlichkeit auch nicht ein.

**3. Argument**
Die Annahme, der Dritte habe dem Scheinschuldner wenigstens einen eigenen Kondiktionsanspruch gegen den Scheingläubiger/Zahlungsempfänger verschafft, bietet keinen Ausweg, weil auch dieser Kondiktionsanspruch wiederum zu begründen wäre. Hier droht ein Zirkelschluss. Im Übrigen wäre ein derartiger Bereicherungsanspruch dem vermeintlichen Schuldner jedenfalls nicht vom Dritten geleistet worden; dieser wollte dem scheinbaren Schuldner ja eine Schuldbefreiung, nicht aber einen Bereicherungsanspruch verschaffen. Dieser Unterschied ist durchaus nicht belanglos. Man denke nur an die Möglichkeit, dass der Dritte beim Schuldner vermeintliche Vorbehaltsware gepfändet hat, die in Wirklichkeit schon voll bezahlt war, und nun infolge einer falschen Auskunft die vermeintliche Restkaufpreisschuld bezahlt. Hier will der Dritte seinem bisher nicht leistungsfähigen oder nicht leistungswilligen Schuldner sicherlich nicht auch noch einen Kondiktionsanspruch zukommen lassen (Meyer, Bereicherungsausgleich in Dreiecksverhältnissen, 1979, S. 147).

**4. Argument**
Da der vermeintliche Schuldner hier die Einmischung des Dritten nicht erbeten oder in sonstiger Weise veranlasst hat, besteht überhaupt kein Anlass, ihn in die Rückabwicklung einzubeziehen und mit einem Kondiktionsanspruch des Dritten zu belästigen; er ist in jeder Hinsicht ein völlig Unbeteiligter (Reuter/Martinek).

**5. Argument**
Auch § 267 BGB kann die Einbeziehung des Putativschuldners in die bereicherungsrechtliche Rückabwicklung nicht rechtfertigen. § 267 BGB lässt nur zu, dass ein Dritter dem bereits mit einer Schuld Belasteten die Erfüllung der Schuld und die daraus zugleich entstehende bereicherungsrechtliche Wertersatzpflicht, also praktisch einen Gläubigerwechsel, aufdrängt. Die Gegenmeinung bedeutet aber, dass dem scheinbaren Schuldner zugleich ein Kondiktionsanspruch und eine Kondiktionsschuld aufgedrängt wird.

**6. Argument**
Der Kondiktionsweg übers Dreieck funktioniert vor allem auch deshalb nicht, weil eine eigene Leistungskondiktion des völlig unbeteiligt bleibenden Scheinschuldners gegen den Scheingläubiger nicht konstruierbar ist: Weder hat der Scheinschuldner die reale Zuwendung des Dritten an den Putativgläubiger veranlasst noch hat er selbst diesem gegenüber eine eigene Zweckbestimmung gesetzt.

**7. Argument**
Die Rückabwicklung „übers Dreieck" scheitert schon daran, dass der Dritte nicht die Rolle eines bloßen Leistungsmittlers des scheinbaren Schuldners übernimmt, sondern erkennbar aus Eigeninitiative und damit selbstständig handelt. Über diesen Umstand kann man nur hinwegsehen, wenn der Dritte eine wirklich existierende Forderung im Valutaverhältnis in berechtigter Geschäftsführung ohne Auftrag (§§ 677, 683 S. 1 BGB) für den Schuldner tilgt. Dann wird die fehlende Veranlassung der Zahlung des Dritten durch den Schuldner nämlich durch eine rechtliche Zuordnung ersetzt, die sich aus der Billigung der Geschäftsführung ohne Auftrag durch die Rechtsordnung ergibt (Larenz, Medicus). Bei Nichtexistenz der zu tilgenden Forderung spricht dagegen der Gesichtspunkt der fehlenden Veranlassung entscheidend gegen eine Einbeziehung des Scheinschuldners in die bereicherungsrechtliche Rückabwicklung: die Situation ist insoweit genauso wie bei der Befolgung einer nur vermeintlichen Anweisung (s. Problem 2). Genau wie dort ist deshalb die Kondiktion im Durchgriff, also unmittelbar zwischen dem Zuwendenden und dem Zuwendungsempfänger, vorzunehmen.

**8. Argument**
Die Lehre von der Kondiktion übers Dreieck nimmt unzutreffend an, Leistungsempfänger im Sinne des modernen bereicherungsrechtlichen Leistungsbegriffs könne überhaupt nur jemand sein, mit dem den Zuwendenden nach dessen Meinung bereits eine Kausalbeziehung verbinde oder jedenfalls ab der Leistung verbinden solle. Diese Annahme beruht auf dem objektiven Rechtsgrundbegriff. Geht man indes zutreffend vom subjektiven Rechtsgrundbegriff (Rechtsgrund = die Erreichung des mit der Leistung angestrebten Erfolgs) aus, so ist völlig unproblematisch, dass der Zweck einer Leistung auch in der Tilgung einer fremden Verbindlichkeit bestehen kann, der nach § 267 BGB zahlende Dritte also kraft eigener Zwecksetzung an den Gläubiger leistet.

**9. Argument**
Es ist durchaus nicht unbillig, den zahlenden Dritten mit dem Insolvenzrisiko des Putativgläubigers zu belasten. Zum einen hat der Dritte auf eigenes Risiko gehandelt, als er sich einmischte und eine fremde Schuld bezahlte, von deren Entstehen und Fortbestand er gar keine sichere Kenntnis haben konnte. Zum anderen trägt der Dritte das Insolvenzrisiko des Scheingläubigers auch nach der Gegenauffassung immer: Die bereicherungsrechtliche Rückabwicklung übers Dreieck kann nur in der Kondiktion der Kondiktion bestehen; schon bei bloßen Zweifeln an der Zahlungsfähigkeit des Putativgläubigers könnte der scheinbare Schuldner dem intervenierenden Dritten gegenüber wegen § 818 III BGB nur zur Abtretung seines eigenen Kondiktionsanspruchs gegen den Scheingläubiger verpflichtet sein. Damit aber würden sämtliche Insolvenzrisiken – nicht nur die des Scheinschuldners, sondern auch die des Scheingläubigers – beim Dritten kumuliert.

**10. Argument**
Die Direktkondiktion vernachlässigt auch nicht die Interessen des scheinbaren Gläubigers. Dieser wird – etwa wenn er nach Erhalt der Zahlung des Dritten die versprochene Gegenleistung an seinen Vertragspartner erbracht hat – durch § 818 III BGB genügend geschützt (Reuter/Martinek). Dass er dem Kondiktionsanspruch des Dritten im Übrigen nicht die Einwendungen entgegenhalten kann, die er einer Leistungskondiktion des Putativschuldners entgegensetzen könnte, ist belanglos. Da

er ohnehin nicht mit einer Zahlung des Dritten rechnen konnte, ist es nicht unbillig, wenn ihm dieser unerwartete und materiell unverdiente Vorteil wieder entzogen wird. Er befindet sich dann ja immer noch in der gleichen Lage, in der er ohne die Intervention des Dritten ohnehin wäre (Loewenheim).

**11. Argument**
Verweist man den Dritten auf einen Bereicherungsanspruch gegen den scheinbaren Schuldner, so bringt man ihn in unzumutbare Schwierigkeiten. Der scheinbare Schuldner würde ja nur zur Abtretung seines eigenen Kondiktionsanspruchs gegen den Putativgläubiger verpflichtet sein; Letzterer aber könnte die Erfüllung des abgetretenen Kondiktionsanspruchs nach § 404 BGB verweigern, bis die von ihm an den scheinbaren Schuldner erbrachte Gegenleistung zurückgegeben wird. Der Dritte bliebe damit bei der Rückerlangung des Weggegebenen vom guten Willen des scheinbaren Schuldners abhängig (Meyer, Bereicherungsausgleich in Dreiecksverhältnissen, 1979, S. 148).

**12. Argument**
Die Direktkondiktion des Zuwendenden gegen den Scheingläubiger bedeutet keine Bevorzugung im Insolvenzverfahren über das Vermögen des Scheingläubigers. Denn der zugedachte Vermögensvorteil, die Schuldbefreiung, ist dem Vermögen des Scheinschuldners, über das das Insolvenzverfahren eröffnet wird, nicht zugeflossen, da die Schuld gar nicht bestand. Umgekehrt ist kein Grund ersichtlich, warum die Insolvenzgläubiger des Scheinschuldners durch die Erweiterung der Insolvenzmasse um die Kondiktion gegen den Scheingläubiger begünstigt werden sollen, da das Vermögen des Scheinschuldners durch die Zahlung des intervenierenden Dritten unberührt geblieben ist (Wilhelm).

## B. (hier sog.) Theorie der Rückabwicklung übers Dreieck

Der nach § 267 BGB zahlende Dritte hat einen Kondiktionsanspruch nach § 812 I 1 Fall 1 BGB gegen den Scheinschuldner, der wiederum beim Zahlungsempfänger (= Scheingläubiger) kondizieren kann.

**Vertreten von:**
Esser SchuldR 2, 4. Aufl. 1971, § 102 I 1a; Gottschalk JherJb 78 (1927/28), 290 (296 ff.); AK-BGB/Joerges § 812 Rn. 35; Köndgen, FG Esser, 1975, 55 (67 f.); Reeb BereicherungsR S. 27 f.; Reeb JuS 1972, 581 (586); Scheyhing AcP 157 (1958/59), 371 (376); E. Schmidt JZ 1971, 601 (607); Wieling JuS 1978, 801 (803 f.); (m. Einschr.) Wieling BereicherungsR S. 97 ff. Ähnlich für einen Sonderfall auch BGHZ 72, 246 = NJW 1979, 157 – Grundschuldzinsenfall.

**1. Argument**
Legt man den finalen Leistungsbegriff der modernen Bereicherungsdogmatik zugrunde, so ist eine Leistung des Dritten an den Putativgläubiger nicht zu begründen. Es fehlt diesem gegenüber an einer rechtlich relevanten Zwecksetzung des Dritten. Der Dritte will mit seiner Zahlung an den vermeintlichen Gläubiger keineswegs ein Rechtsverhältnis zu diesem gestalten: Er will weder eine eigene Forderung gegenüber dem Empfänger tilgen noch eine Forderung gegen diesen erwerben, noch ihn zu

einem bestimmten Verhalten motivieren. Die beabsichtigte Schuldtilgung im Valutaverhältnis kann kein Leistungszweck im Verhältnis zum Zahlungsempfänger sein, da dadurch nur das Rechtsverhältnis des vermeintlichen Schuldners zum vermeintlichen Gläubiger und zugleich das eigene Rechtsverhältnis des Dritten zum vermeintlichen Schuldner gestaltet werden soll. Demgegenüber verfolgt der Dritte im Verhältnis zum scheinbaren Schuldner durchaus einen eigenen Leistungszweck: Er will mit seiner Zahlung an den vermeintlichen Gläubiger entweder den vermeintlichen Schuldner beschenken oder aber für diesen als berechtigter Geschäftsführer ohne Auftrag tätig werden und damit zum vermeintlichen Schuldner das gesetzliche Schuldverhältnis aus §§ 677, 683 BGB herstellen.

**2. Argument**
Gleichzeitig macht der Dritte durch seine Zahlung den vermeintlichen Schuldner selbst zum Leistenden: Indem er für ihn an den scheinbaren Gläubiger zahlt, löst er im Verhältnis zwischen diesen beiden die gleichen Wirkungen aus, als hätte der vermeintliche Schuldner persönlich an den Putativgläubiger geleistet. § 267 BGB gibt nämlich jedem Dritten die Rechtsmacht, für den Schuldner zu leisten, also auch den Leistungszweck für den Schuldner zu bestimmen.

**3. Argument**
Auch für den Scheingläubiger ist allein der vermeintliche Schuldner der Leistende, da für ihn die Tilgung der Schuld maßgeblich ist. Unerheblich ist für ihn, ob ein anderer die Schuld erfüllt. Da zwei Leistungen vorliegen, erfolgt die Rückabwicklung ähnlich wie im Anweisungsdreieck.

**4. Argument**
Es ist kein Grund ersichtlich, den Zahlenden bei Eröffnung des Insolvenzverfahrens über das Vermögen des Scheinschuldners durch die Kondiktion gegen den zahlungsfähigen Scheingläubiger zu bevorzugen. Der intervenierende Dritte wird zu Recht mit dem Insolvenzrisiko des vermeintlichen Schuldners belastet, da er sein Vermögen bewusst zu dessen Gunsten eingesetzt und eine eigene Zwecksetzung gegenüber dem Scheinschuldner verfolgt hat.

**5. Argument**
Dem Scheingläubiger dürfen seine Einwendungen aus dem Kausalverhältnis mit seinem Vertragspartner nicht abgeschnitten werden.

**6. Argument**
Der Bereicherungsanspruch des Dritten gegen den vermeintlichen Schuldner bereitet keine konstruktiven Schwierigkeiten. Der scheinbare Schuldner erlangt durch die Intervention zumindest einen eigenen Kondiktionsanspruch gegen den Putativgläubiger. Und jedenfalls in den Fällen, in denen der Dritte in Geschäftsführung ohne Auftrag für den scheinbaren Schuldner gehandelt hat, führt § 684 S. 1 BGB zwingend zur Leistungskondiktion des Dritten gegen den Putativschuldner.

**7. Argument**
Es wäre unbillig, wenn der Dritte das Insolvenzrisiko des scheinbaren Gläubigers trüge, obwohl er doch dem Putativschuldner kreditieren und damit das Risiko von dessen Insolvenz tragen wollte (E. Schmidt).

**8. Argument (gegen Theorie A, Arg. 9)**
Es trifft nicht zu, dass der Dritte bei Rückabwicklung übers Dreieck vom Putativschuldner immer nur die Abtretung von dessen eigenem Kondiktionsanspruch gegen den Putativgläubiger verlangen kann und deshalb notwendigerweise immer auch das Insolvenzrisiko des Putativgläubigers trägt. In allen Fällen, in denen sich die vermeintliche Forderung aus einem nichtigen gegenseitigen Vertrag ergibt, auf den der Scheingläubiger bereits geleistet hat, ist in Höhe der erhaltenen Gegenleistung eine fortdauernde Bereicherung des Putativschuldners gegeben. Dieser hätte nämlich die rechtsgrundlos erlangte Leistung seines Vertragspartners ohne die Einmischung des Dritten ohne Weiteres herausgeben müssen, kann aber realiter infolge der Zahlung des Dritten die Herausgabe der Vertragsleistung seines Partners bis zur Erfüllung seiner eigenen Leistungskondiktion durch diesen nach der Saldotheorie verweigern. Die Parteien eines beiderseits erfüllten gegenseitigen Vertrages haben nach der Saldotheorie jeweils nur einen inhaltlich auf Zug-um-Zug-Leistung beschränkten Kondiktionsanspruch. Der Scheinschuldner ist also nicht auf die Ausübung eines Zurückbehaltungsrechtes aus § 273 BGB angewiesen, das im Insolvenzverfahren seine Wirkung verlieren würde.

## C. (hier sog.) **Theorie der direkten Nichtleistungskondiktion**

Der Dritte hat gegen den Scheingläubiger eine Kondiktion wegen Bereicherung „in sonstiger Weise", § 812 I 1 Fall 2 BGB.

**Vertreten von:**
Koppensteiner/Kramer Ungerechtfertigte Bereicherung, 1. Aufl. 1975, S. 57 ff.; Thiele SchuldR BT Fall 35; Peifer Gesetzl. Schuldverhältnisse § 11 Rn. 17.

**1. Argument**
Der Scheinschuldner leistet nicht, da ihm die Mehrung fremden Vermögens nicht zurechenbar ist (vgl. Theorie A, Arg. 6). Deshalb kommt die Theorie von der Kondiktion übers Dreieck nicht in Betracht.

**2. Argument**
Es fehlt auch an einer Leistung des Zahlenden an den Scheingläubiger. Dass jemand einen Leistungszweck setzt, macht ihn nur dann zum Leistenden, wenn der Zweck auch auf ein Leistungsverhältnis gerichtet ist, an dem er beteiligt ist. Der Zahlende hat gegenüber dem Scheingläubiger den Zweck verfolgt, die (vermeintliche) Schuld des Scheinschuldners beim Scheingläubiger zu tilgen. Parteien des scheinbaren Leistungsverhältnisses sollten nur der Scheinschuldner und der Scheingläubiger sein, nicht der Zahlende selbst.

**3. Argument**
Da der Erwerb des Scheingläubigers weder auf einer Leistung des Scheinschuldners noch auf einer solchen des Zahlenden beruht, ist ihm überhaupt nicht geleistet worden. Damit ist der Weg frei für einen Anspruch wegen Bereicherung in sonstiger Weise.

**Beispiele:**

**1.** Nach Theorie A und C kann D von G die 100 EUR kondizieren. Anspruchsgrundlage ist nach Theorie A § 812 I 1 Fall 1 BGB, nach Theorie C § 812 I 1 Fall 2 BGB. § 814 BGB steht einer Kondiktion nicht entgegen. Zwar wusste D, dass er gegenüber G nicht zur Zahlung verpflichtet war, aber er hat ja auch auf eine fremde Schuld geleistet, was § 267 BGB ausdrücklich zulässt. Zudem ist § 814 BGB auf Nichtleistungskondiktionen nicht anwendbar. Nach Theorie B kann D von S lediglich dessen Kondiktionsanspruch gegen G kondizieren. Gemäß § 406 BGB kann dabei G auch noch nach Durchführung der von S geschuldeten Zession dem neuen Gläubiger D gegenüber aufrechnen.

**2.** M hat von V ein Hausgrundstück gemietet. Er erfährt nun, dass ein Gläubiger (G) seines Vermieters V wegen einer Forderung in Höhe von 10.000 EUR die Zwangsvollstreckung in das Grundstück betreibt. Da M fürchtet, dass der Ersteigerer den Mietvertrag kündigen wird, zahlt er selbst die 10.000 EUR an G; er beabsichtigt, mit seinem Erstattungsanspruch gegen M hinsichtlich künftiger Mietforderungen die Aufrechnung zu erklären. Weder er noch G wissen, dass wenige Stunden zuvor doch noch die Zahlung der von V geschuldeten Summe auf das Konto des G eingegangen ist. Bei wem kann M kondizieren?

Hier leistet M, um aufgrund eines Ablösungsrechtes aus § 268 I 2, III BGB die getilgte Forderung zu erwerben. Damit kommt es auf den oben dargelegten Theorienstreit nicht an. M leistet an G mit dem Zweck, den gesetzlichen Übergang der Forderung des G gegen V auf sich zu bewirken. M verfolgt mithin nur gegenüber G einen Leistungszweck. Kann er diesen Zweck nicht erreichen, so steht ihm die Leistungskondiktion nach § 812 I 1 Fall 1 BGB gegen G zu (vgl. Staudinger Eckpfeiler/Linardatos Rn. S 70).

## 5. Problem (§ 812 I 1 Fall 1 BGB)

## Kann der Putativschuldner bei irrtümlicher Zahlung einer fremden Schuld seine Tilgungsbestimmung nachträglich ändern und die irrtümliche Eigenleistung in eine Drittleistung für den Echtschuldner umwandeln?

### Beispiel:

Der Briefträger G wird von einem Hund gebissen und muss sich in ärztliche Behandlung begeben. Man nimmt zunächst an, dass es sich dabei um den Hund des D gehandelt hat. D erstattet deshalb im Hinblick auf §§ 833 S. 1, 253 II BGB dem G die Arztkosten und zahlt ein angemessenes Schmerzensgeld. Später stellt sich heraus, dass in Wirklichkeit der Hund des S zugebissen hat. Da G mittlerweile aus dem Postdienst ausgeschieden und ins Ausland verzogen ist, weiß D nicht, wie er die gezahlte Schadensersatzleistung von G zurückbekommen soll. Er möchte sich deshalb an S halten. Ist das möglich?

### Ausgangspunkt:

Wenn jemand eine fremde Schuld bezahlt, weil er irrtümlich annimmt, selbst der Schuldner zu sein, so tritt nach ganz hM (anders früher Boehmer NJW 1955, 210; G.H. Maier AcP 152 (1952/53), 97 ff.) und nach allen heute vertretenen Erfüllungstheorien keine Erfüllung ein (dabei muss man sich unter anderem vor Augen führen, dass auch nach der Theorie der realen Leistungsbewirkung, etwa vertreten vom BGH, die allgemeinen Rechtsgeschäftsregeln heranzuziehen sind, wenn das Ergebnis einer Leistung im konkreten Einzelfall wertungsmäßig – etwa wegen Irrtums – korrekturbedürftig erscheint (BGH NJW 1989, 1792; 2015, 2497 Rn. 14 f.); nach der daneben prominenten Theorie von der finalen Leistungsbewirkung sind die allgemeinen Rechtsgeschäftsregeln ohnehin immer zu prüfen). Die zu tilgende Schuld wird nun einmal nicht nur durch den konkreten Entstehungstatbestand, sondern auch und gerade durch die Person des Schuldners individualisiert. Eine Verbindlichkeit kann zwar nach § 267 BGB auch von einem Nichtschuldner erfüllt werden. Dies setzt jedoch voraus, dass der Dritte erkennbar als Nichtschuldner anstelle des Schuldners und für diesen zahlt. Dieses Erfordernis des erkennbaren Drittleistungswillens ist in den Fällen der irrtümlichen Zahlung fremder Schulden nicht erfüllt. Die Zuwendung an den Gläubiger ist damit ohne Einfluss auf den Bestand der Schuld. Damit erreicht der zahlende Dritte den Zweck seiner Leistung an den Gläubiger nicht. Er kann deshalb mithilfe der *condictio indebiti* den gezahlten Betrag vom Empfänger zurückverlangen. Wenn die Durchsetzung dieses Bereicherungsanspruchs Schwierigkeiten bereitet oder gar aus besonderen Gründen (wie § 818 III BGB) scheitert, stellt sich aber die Frage, ob dem Zahlenden auch der Regress gegen den wirklichen Schuldner eröffnet ist. Kann sich der sog. Putativschuldner also auf den Standpunkt stellen, seine Zahlung solle als für den wirklichen Schuldner erbracht angesehen werden, er habe diesen mithin von seiner bisherigen Verbindlichkeit rechtsgrundlos befreit und müsse deshalb gegen den bisherigen Schuldner eine Rückgriffskondiktion (§ 812 I 1 Fall 2 BGB) haben?

## Problemlösungsansätze

### A. (hier sog.) Wahlrechtstheorie

Der Putativschuldner kann nachträglich erklären, seine irrtümliche Eigenleistung solle als Drittleistung für den echten Schuldner gelten. Damit tritt rückwirkend die Rechtsfolge der §§ 267 I, 362 I BGB ein, wird also die fragliche Forderung rückwirkend auf den Zeitpunkt der Zahlung getilgt. Der Putativschuldner erlangt dadurch eine Rückgriffskondiktion gegen den wirklichen Schuldner, da er ihn auf diese Weise rechtsgrundlos von seiner Verbindlichkeit befreit hat.

**Vertreten von:**
BGH NJW 1964, 1898 (1899); 1983, 812 (814); 1986, 2700 (nur aus Billigkeitsgründen für den konkreten Einzelfall); LAG Düsseldorf DB 1978, 1136; von Caemmerer, FS Dölle, 1963, 135 (147 ff.); von Caemmerer JZ 1962, 385 (388) Fn. 28; Denck JZ 1987, 127 (128); Ehmann NJW 1969, 403 Fn. 58; Flume JZ 1962, 281 (287); Flume AcP 199 (1999), 1 (36); (m. Einschr.) Giesen JURA 1995, 234 (240); Grüneberg/Sprau BGB § 812 Rn. 63; HK-BGB/Schulze § 812 Rn. 18; (m. Einschr.) Hüffer JuS 1981, 263 (266); (ähnlich) Kaehler, Bereicherungsrecht und Vindikation – Allgemeine Prinzipien der Restitution, 1972, S. 80 f., 101 f.; (m. Einschr.) Larenz/Canaris SchuldR BT II/2 § 69 III 2c; Loewenheim BereicherungsR S. 124 (m. Einschr.); Müller SchuldR BT Rn. 2156; NK-BGB/von Sachsen Gessaphe § 812 Rn. 189 (nur in sehr engen Grenzen aus Billigkeitsgründen); Prütting/Wegen/Weinreich/Prütting BGB § 812 Rn. 104 (nur in eng umgrenzten Ausnahmefällen); Reuter/Martinek Ungerechtfertigte Bereicherung, 1983, § 12 III 4b, S. 473 ff.; Reuter/Martinek Ungerechtfertigte Bereicherung § 3 III 5, S. 133 ff.; RGRK/Alf BGB § 267 Rn. 4; RGRK/Heimann-Trosien BGB § 812 Rn. 31; Schlechtriem NJW 1966, 1795 (1796); Schmid JuS 1971, 29 (32 f.); Seidel VersR 1991, 1319 (1326 ff.); Soergel/M. Wolf, 12. Aufl. 1990, BGB § 267 Rn. 9; Staake Gesetzl. Schuldverhältnisse § 5 Rn. 85; Stolte JURA 1988, 246 ff.; Thomä JZ 1962, 623 (627 f.); Wittmann, Begriff und Funktion der Geschäftsführung ohne Auftrag, 1981, S. 104; Zeiss AcP 165 (1965), 332 (337 f.); ebenso zum gemeinen Recht bereits Oertmann AcP 82 (1894), 367 ff.

Einige der genannten Autoren (Reuter/Martinek; Denck; Stolte) schränken die Rückgriffskondiktion erheblich ein. Sie wollen diese nämlich der analogen Anwendung der §§ 404 ff. BGB unterwerfen und sie verneinen die Zulässigkeit der Rückgriffskondiktion ganz, wenn in der Zwischenzeit über das Vermögen des Zahlungsempfängers das Insolvenzverfahren eröffnet worden ist.

**1. Argument**
Die Interessen des Putativschuldners sprechen zwingend dafür, ihm ein solches Wahlrecht zuzubilligen. Wäre der Putativschuldner auf die Leistungskondiktion gegen den Empfänger angewiesen, so könnte deren Durchsetzung unter Umständen an der Unauffindbarkeit des Empfängers scheitern; ebenso daran, dass in der Zwischenzeit das Insolvenzverfahren über das Vermögen des Empfängers eröffnet worden oder dass der Empfänger die vermeintlich erfüllte Forderung gegen den wirklichen Schuldner hat verjähren lassen und damit durch die Leistung des Putativschuldners nicht mehr bereichert ist. Ebenso könnte die Leistungskondiktion an § 818 III BGB scheitern, wenn der Gläubiger das vom Putativschuldner Gezahlte unwirtschaftlich verwendet hat oder wenn ihm der gezahlte Betrag gestohlen worden ist. In allen diesen Fällen ist

dem Putativschuldner nur zu helfen, wenn er die Möglichkeit erhält, seine Zahlung als für den wirklichen Schuldner erbracht gelten zu lassen und dann gegen diesen Regress zu nehmen (von Caemmerer).

**2. Argument**
Auf der anderen Seite sind schützenswerte Interessen des Gläubigers und des wirklichen Schuldners, die gegen eine rückwirkende Erklärung des Drittleistungswillens sprechen könnten, nicht ersichtlich. Da der Gläubiger die Zuwendung des Putativschuldners als ihm gebührend angenommen hat, würde er sich mit seinem eigenen Verhalten in Widerspruch setzen (§ 242 BGB), wenn er die Leistung nachträglich noch zurückweisen wollte. Und der wahre Schuldner muss sich ohnehin nach § 267 BGB gefallen lassen, dass ein anderer die Schuld erfüllt. Für ihn kann es vernünftigerweise keine Rolle spielen, ob die dazu erforderliche Erklärung des Drittleistungswillens sofort oder später mit Rückwirkung erfolgt. In beiden Fällen ist die Konsequenz für ihn die gleiche: Seine Schuld ist durch die Zahlung des Putativschuldners und im Zeitpunkt dieser Zahlung getilgt worden.

**3. Argument**
Bei Ablehnung des Wahlrechts wäre der Putativschuldner ohnehin in der Lage, den gezahlten Betrag mithilfe der Leistungskondiktion vom Empfänger zurückzuholen und ihn anschließend sofort wieder als Drittleistung für den wirklichen Schuldner zurückzureichen. Das aber wäre ein unsinniger Umweg (Reuter/Martinek).

**4. Argument**
Wenn man nur die Kondiktion des irrtümlich Zahlenden gegen den Gläubiger zulässt, so kann bei Insolvenz des Gläubigers der Insolvenzverwalter die Forderung gegen den wahren Schuldner voll zur Insolvenzmasse einziehen, während er auf die Leistungskondiktion des Putativschuldners nur die Insolvenzquote ausschütten muss. Der Insolvenzschuldner erhält damit im Ergebnis doppelte Zahlung. Das aber ist höchst ungerecht. Wenn feststeht, dass der Gläubiger (und jetzige Insolvenzschuldner) das vom Putativschuldner Gezahlte endgültig behalten darf, gibt es keinen vernünftigen Grund, ihm trotz der endgültigen Befriedigung seines Interesses noch den Anspruch gegen den echten Schuldner zu belassen (von Caemmerer). Die von diesem geschuldete Leistung gebührt unter diesen Umständen dem Dritten, nicht dem bereits befriedigten Gläubiger (Reuter/Martinek).

**5. Argument**
Das Wahlrecht des Putativschuldners lässt sich auch dogmatisch rechtfertigen. Es bieten sich hierfür sogar mehrere Konstruktionen an:

a) Die Nachholung der Drittleistung lässt sich auf eine Analogie zu § 144 BGB stützen, also auf eine entsprechende Anwendung der Norm, welche die einseitige Bestätigung eines anfechtbaren Rechtsgeschäftes zulässt. In ganz ähnlicher Weise bestätigt nämlich der Putativschuldner seine Leistung, wenn er nach Aufdeckung seines Irrtums auf eine Kondiktion beim Empfänger verzichtet und erklärt, seine Zahlung solle als für den wirklichen Schuldner erbracht gelten. Die Analogie bietet sich auch schon deshalb an, weil die Leistungskondiktion nur eine besondere Art der Geltendmachung von Geschäftsmängeln ist (von Caemmerer).

b) Man könnte das Wahlrecht auch auf eine Analogie zu §§ 362 II, 185 II, 184 BGB stützen. Die Leistung eines Putativschuldners an den wirklichen Gläubiger entspricht spiegelbildlich der eines echten Schuldners an einen Scheingläubiger. Da dort anerkanntermaßen der Mangel durch eine Genehmigung des potenziell Benachteiligten (dh des wirklichen Gläubigers) geheilt werden kann, muss die gleiche Möglichkeit auch hier bestehen (Thomä).

c) Als konstruktiver Anknüpfungspunkt bietet sich ferner eine Analogie zur Aufrechnung an. Wenn der Putativschuldner die Drittleistungsbestimmung nachholt, so rechnet er der Sache nach zugunsten des wirklichen Schuldners mit seiner eigenen Leistungskondiktion gegen den Empfänger auf. Die Ziele der Aufrechnung – Vereinfachung der Rechtsdurchsetzung sowie der Erfüllung – erreicht auch diese rückwirkende Umwidmung der irrtümlichen Eigenleistung in eine Drittleistung (Reuter/Martinek). Zwar wäre eine echte Aufrechnung nur als vertragliche möglich, weil es an dem Gegenseitigkeitserfordernis des § 387 BGB fehlt. Der Gläubiger würde aber gegen Treu und Glauben verstoßen, wenn er die Mitwirkung an dem Aufrechnungsvertrag verweigern wollte. Er hat regelmäßig kein legitimes Eigeninteresse an der Ablehnung der Aufrechnung (Canaris).

d) Schließlich ließe sich das Wahlrecht des Putativschuldners auch auf eine Gesamtanalogie zu den §§ 995, 1007 III 2 und 2022 II, III BGB stützen. Diese Vorschriften geben jeweils in besonderen Fällen der irrtümlichen Eigenleistung auf eine fremde Verbindlichkeit dem zahlenden vermeintlichen Schuldner eine Regressmöglichkeit gegen den echten Schuldner, und sie gehen dabei jeweils davon aus, dass der Regressberechtigte auf die Geltendmachung einer Leistungskondiktion gegen den Zahlungsempfänger verzichtet. Der Sache nach erhält hier der Putativschuldner also das Wahlrecht zwischen der Leistungskondiktion gegen den Empfänger und einem Rückgriffsanspruch gegen den wirklichen Schuldner, der den Verzicht auf die Leistungskondiktion und damit die nachträgliche Umfunktionierung der Eigenleistung in eine Drittzahlung voraussetzt. Der Gesetzgeber hat einfach übersehen, dass die Konstellation der irrtümlichen Zahlung fremder Schulden auch außerhalb der in den §§ 995, 1007 III 2, 2022 II, III BGB geregelten Sachverhalte auftaucht und dass der Putativschuldner dann wegen der übereinstimmenden Interessenlage das gleiche Wahlrecht haben muss (Stolte).

**6. Argument**
Es stand im Belieben des Leistenden, von vornherein auf den wirklichen Schuldner Bezug zu nehmen. Deshalb muss es ihm freistehen, die Schuld des wirklichen Schuldners rückwirkend zu erfüllen. Denn die Bezugnahme des Leistenden auf die zu Unrecht angenommene eigene Passivzuständigkeit ist nicht bindend. Da der Leistende wegen seines Irrtums gegen den Empfänger kondizieren kann, muss es ihm ebenfalls freistehen, auf dieses Recht zu verzichten, dadurch die Schuld des wirklichen Schuldners rückwirkend zu erfüllen und diesen in Regress zu nehmen (Kaehler).

**7. Argument**
§ 267 II BGB, wonach der Gläubiger die Leistung ablehnen kann, wenn der wirkliche Schuldner widerspricht, steht einer Wahlausübung nicht entgegen. Der Gläubiger kann vielmehr auch noch nach der Erklärung des Drittleistungswillens sein Ablehnungsrecht ausüben. Dafür reicht allerdings nicht der bloß verbale Protest. So wie er im Normalfall auch die reale Entgegennahme verweigern muss, muss er hier die

Rückgabe des Empfangenen anbieten. Die Ablehnungsbefugnis besteht damit nicht mehr, wenn der Gläubiger die Leistung gar nicht mehr hat (Reuter/Martinek).

**8. Argument**
Interessen des wirklichen Schuldners werden durch die aus der Ausübung des Wahlrechts entstehende Rückgriffskondiktion des irrtümlich zahlenden Dritten nicht verletzt. Hat der wahre Schuldner vor der Ausübung des Wahlrechts selbst schon gezahlt, kann ihm die Nachholung der Drittleistungsbestimmung keine Befreiung von einer Verbindlichkeit eingebracht haben; die Nachholung der Drittleistungsbestimmung geht dann einfach ins Leere. Bestand für den wirklichen Schuldner im Augenblick der nachträglichen Erklärung des Drittleistungswillens noch eine Aufrechnungsmöglichkeit, so hängt die Rückgriffskondiktion davon ab, ob der Schuldner seine eigene Forderung gegen den bisherigen Gläubiger voraussichtlich durchsetzen kann. Ist dies der Fall, so schöpft die Rückgriffskondiktion nur eine tatsächlich bei ihm eingetretene und noch vorhandene Vermögensmehrung ab. Andernfalls wäre der bisherige Schuldner nicht bereichert. Die Befreiung von einer Verbindlichkeit, die der Schuldner durch Aufrechnung hätte tilgen können, bedeutet für diesen nun einmal keine Verbesserung seiner Vermögenslage, wenn er die Aufrechnungsforderung selbstständig gar nicht hätte durchsetzen können. Ist die Durchsetzung der eigenen Forderung des ehemaligen Schuldners unklar, muss er sich nach der Wertung des § 818 III BGB von der Rückgriffskondiktion durch Abtretung dieser möglicherweise wertlosen Forderung befreien können.

**9. Argument (gegen Theorie C, Arg. 9)**
Bei Unauffindbarkeit des Zahlungsempfängers/Gläubigers bietet die Möglichkeit des Vollstreckungszugriffs auf die fortbestehende Forderung des Zahlungsempfängers gegen den wahren Schuldner keinen sicheren Ausweg für den irrtümlich Zahlenden. Gerade die hierbei erforderliche öffentliche Zustellung löst nämlich die Gefahr aus, dass andere Gläubiger des Empfängers, die schon einen Titel besitzen, vom Fortbestand der Forderung erfahren und dem Putativschuldner deshalb bei der Vollstreckung in diese zuvorkommen.

**10. Argument (gegen Theorie C, Arg. 8)**
Der Putativschuldner verwirkt sein Wahlrecht, wenn er die Entscheidung über seine Ausübung zu lange hinauszögert. Dem Zahlungsempfänger droht also auch bei Zubilligung des Wahlrechts kein längerer Schwebezustand.

## B. (hier sog.) **Modifizierte Wahlrechtstheorie**

Der Putativschuldner kann die Drittleistungsbestimmung nur mit Wirkung *ex nunc* nachholen.

**Vertreten von:**
Jauernig/Stadler BGB § 267 Rn. 5; Koppensteiner/Kramer Ungerechtfertigte Bereicherung S. 41 ff.; Wilhelm, Rechtsverletzung und Vermögensentscheidung als Grundlagen und Grenzen des Anspruchs aus ungerechtfertigter Bereicherung, 1973, S. 175 ff.; wohl auch Thiele SchuldR BT S. 171. Ähnlich auch Schnauder Grundfragen S. 185 ff. und Ehmann NJW 1989, 1833 (1835), die jedoch eine Änderungsvereinbarung mit dem Gläubiger verlangen, sowie Eckert SchuldR BT Rn. 1526.

**1. Argument**
Die Argumente für eine Ablehnung des Wahlrechts (vgl. Theorie C) schließen eine rückwirkende Änderung der Tilgungsbestimmung in der Tat aus, weil dadurch die Interessen der Gläubiger sowohl des Leistungsempfängers als auch des Schuldners in unzumutbarer Weise zurückgesetzt würden. Falls die Änderung der Tilgungsbestimmung jedoch nur *ex nunc* wirkt, treffen die vorgebrachten Bedenken nicht zu.

**2. Argument**
Wenn man dem Putativschuldner gestattet, seine irrtümliche Eigenleistung mit Wirkung *ex nunc* in eine Drittleistung umzuwidmen, so erspart das nur ein sinnloses Hin- und Zurückschieben seiner Zahlung (vgl. Theorie A, Arg. 3).

**3. Argument**
Die vor der Nachholung des Dritttilgungswillens erbrachte Leistung des wahren Schuldners wird in ihrer Erfüllungswirkung durch die Ausübung des Wahlrechts nicht aufgehoben. Außerdem kann der wahre Schuldner die Verjährung der Forderung, das Bestehen einer Aufrechnungslage oder den Ausschluss seiner Bereicherung ohne Weiteres auch dann geltend machen.

**4. Argument**
Im Insolvenzverfahren über das Vermögen des Gläubigers bleibt die Umwidmung der Leistung gerade wegen der *Ex-nunc*-Wirkung ebenso unwirksam, wie wenn die Forderung des Gläubigers gegen den wirklichen Schuldner inzwischen für einen Dritten gepfändet wurde. Lässt der vermeintliche Schuldner seine Leistung an den Gläubiger als Leistung auf dessen Forderung gegen den wirklichen Schuldner gelten, so leistet er ja nicht an den nunmehr für die Leistung auf diese Forderung Empfangszuständigen (also den Insolvenzverwalter, § 80 I InsO bzw. den Pfändungspfandgläubiger, § 836 I ZPO, oder die an dessen Stelle zuständige Empfangsperson, §§ 847, 848 ZPO).

## C. (hier sog.) **Theorie der Ablehnung des Wahlrechts**

Der Putativschuldner kann seine irrtümliche Eigenleistung weder rückwirkend noch mit Wirkung *ex nunc* in eine Drittleistung für den wirklichen Schuldner umwidmen und sich deshalb auch nicht die Rückgriffskondiktion gegen den Echtschuldner verschaffen. Er ist darauf angewiesen, das Geleistete vom Gläubiger nach § 812 I 1 Fall 1 BGB zu kondizieren.

**Vertreten von:**
AK-BGB/Joerges § 812 Rn. 36; BeckOK BGB/Wendehorst, 61. Ed. 1.2.2022, § 812 Rn. 180 f.; (einschränkend) Derleder AcP 169 (1969), 97 (103 ff.); Erman/Buck-Heeb BGB § 812 Rn. 32; Esser/Weyers SchuldR BT II/2 § 48 III 6a; Flessner, Wegfall der Bereicherung, 1970, S. 96 ff.; Gernhuber, Die Erfüllung und ihre Surrogate, 2. Aufl. 1994, § 21 I 6b; Gursky SchuldR BT S. 191; Hassold Leistung S. 124 ff.; Larenz SchuldR II § 68 III e 1; W. Lorenz, FS Rechtsvergleichung und Rechtsvereinheitlichung, 1967, 267 (280 f.); W. Lorenz AcP 168 (1968), 286 (306 ff.); Meyer, Bereicherungsausgleich in Dreiecksverhältnissen, 1979, S. 100 ff.; MüKoBGB/Krüger § 267 Rn. 12, 23; MüKoBGB/Lieb, 4. Aufl. 2004, § 812 Rn. 90 ff., 113; Reeb JuS 1973, 624 (627); Roth JZ 1972, 150 (153); Seibert, Erfüllung durch finale Leistungsbewirkung,

1982, S. 114; Staudinger/W. Lorenz, 1999, BGB § 812 Rn. 60; Staudinger/S. Lorenz, 2007, BGB § 812 Rn. 60; Staudinger/Selb, 1995, BGB § 267 Rn. 8; Trabzadah Ausschluss S. 135; A. Weber, Der Bereicherungsanspruch nach irrtümlicher Eigenleistung auf fremde Schuld, 1992, S. 115 f. (144 f.); Wieling BereicherungsR § 3 III 1d; Wieling/Finkenauer BereicherungsR § 3 Rn. 32; E. Wolf SchuldR AT § 8 B II d 3.

**1. Argument**
Die Zulassung eines Wahlrechtes wäre eine ganz freie Rechtsfortbildung, die mit dem herkömmlichen Instrumentarium der Methodenlehre nicht legitimierbar ist. Es gibt nun einmal keine passende Rechtsfigur, mit deren Hilfe sich ein in der Vergangenheit liegender Tatbestand nachträglich ändern ließe.

**2. Argument**
Die vorgeschlagenen Konstruktionen sind sämtlich ungeeignet:

a) Die Figur der Bestätigung nach § 144 BGB bietet keine geeignete Grundlage. Die Bestätigung soll das Vertrauen des Erklärungsgegners endgültig schützen. Beim angeblichen Wahlrecht des Putativschuldners geht es aber um die Belange des Erklärenden. Im Übrigen ordnet § 144 BGB ja auch keine Rückwirkung an, sondern macht eine bestehende Rechtswirkung unanfechtbar. Außerdem verzichtet der Anfechtungsberechtigte mit der Bestätigung nur auf ein Recht, das allein zu seiner Disposition steht, während die Nachholung der Drittleistungsbestimmung mit Rückwirkung die Rechtsbeziehungen zwischen dem Zuwendungsempfänger und einem Dritten (dem Echtschuldner) verändern würde.

b) Auch das Modell der Genehmigung nach §§ 182 ff. BGB passt nicht, da dieses der Sanktionierung fremder Verfügungen dient. Hier geht es jedoch darum, ob der Putativschuldner seine eigene Leistungsbestimmung berichtigen, dh einen in der Vergangenheit liegenden Tatbestand ändern kann. Die Umwidmung der irrtümlichen Eigenleistung in eine Drittleistung für den wahren Schuldner würde allerdings, wenn sie denn möglich wäre, eine neue Verfügung, nämlich einen Verzicht auf den bereits erlangten Bereicherungsanspruch gegen den Zuwendungsempfänger enthalten. Ein solcher Verzicht könnte aber nach § 397 BGB gar nicht einseitig vorgenommen werden, sondern würde einen Vertragsschluss mit dem Kondiktionsschuldner voraussetzen. Außerdem könnte er keine rückwirkende Kraft entfalten.

c) Die Analogie zur Aufrechnung verbietet sich als Grundlage für die Nachholung der Drittleistungsbestimmung schon deshalb, weil eine Drittleistung nach § 267 BGB anerkanntermaßen nur durch Erbringung der geschuldeten Leistung, nicht aber auch durch Erfüllungssurrogate erfolgen kann (Umkehrschluss aus § 268 II BGB).

d) Eine Gesamtanalogie zu den §§ 995, 1607 III 2 und 2022 II, III BGB kommt nicht in Betracht; es handelt sich bei diesen Normen um nicht verallgemeinerungsfähige Ausnahmeregeln. Aus einem in besonderer Situation gegebenen Recht ist nun einmal keine allgemeine Befugnis abzuleiten (Gernhuber).

**3. Argument**
Das behauptete Wahlrecht des Putativschuldners steht nicht im Einklang mit Grundwertungen des Insolvenzrechts. Falls über das Vermögen des Zuwendungsempfängers (Gläubigers) nach der Zahlung des Dritten, aber noch vor der nachträglichen Drittleistungsbestimmung das Insolvenzverfahren eröffnet worden ist, müsste

die Nachholung der Drittleistungsbestimmung nämlich zu einer Verkürzung der Masse und damit der Insolvenzquote führen. Ohne das Wahlrecht müsste aus der Masse lediglich die Insolvenzquote auf den Kondiktionsanspruch des Putativschuldners gezahlt werden, während die Masse die ganze Forderung gegen den wirklichen Schuldner behielte. Lässt man die rückwirkende Umwidmung in eine Drittleistung zu, so erspart die Masse zwar die Insolvenzquote auf den Kondiktionsanspruch des Dritten, verliert aber die Forderung gegen den Echtschuldner. Auf diese Weise würde sich der Putativschuldner im Ergebnis eine Sonderdeckung verschaffen, die gegen den im Insolvenzverfahren geltenden Grundsatz der *par conditio creditorum* verstößt. Oder anders ausgedrückt: Die Nachholung der Tilgungsbestimmung scheitert an § 82 S. 1 InsO (ehemals § 8 I KO). Nach dieser Vorschrift kann nämlich der Masseschuldner nach Eröffnung des Insolvenzverfahrens durch Leistungen an den Insolvenzschuldner nicht mehr befreit werden; anders nur, wenn die betreffende Leistung doch noch in die Masse gelangt und diese vergrößert (letztere Ausnahme wird in § 82 InsO nicht erwähnt, ist aber aus § 8 I KO sinngemäß zu ergänzen, da insoweit eine Änderung der Rechtslage nicht beabsichtigt war; vgl. Begr. zu § 93 RegE InsO, BT-Drs. 12/2443, 136). Die Umwidmung der irrtümlichen Eigenleistung in eine Leistung für den Echtschuldner würde der Masse aber keinerlei zusätzlichen Vermögenswert zuführen.

**4. Argument**

Das Wahlrecht lässt sich im Insolvenzverfahren des Gläubigers auch nicht mit einer Analogie zur Aufrechnung rechtfertigen. Die Aufrechnung gegenüber der Insolvenzmasse wäre nämlich nur möglich, wenn die Aufrechnungslage bereits vor dem Ausbruch der Krise bestanden hat. Zur Insolvenzmasse gehörende Ansprüche können dieser nicht dadurch entzogen werden, dass noch nach Sichtbarwerden der Krise die zur Aufrechnung erforderliche Identität von Schuldner und Gläubiger des Gemeinschuldners hergestellt wird (vgl. § 96 InsO). Schon deshalb darf der Putativschuldner seine eigene, durch das Insolvenzverfahren fast wertlos gewordene Leistungskondiktion nicht zu einer aufrechnungsgleichen „Äquivalentverfügung" einsetzen, die der Masse die vollwertige Forderung gegen den echten Schuldner entzieht (W. Lorenz).

**5. Argument**

Das Wahlrecht des Putativschuldners würde diesem im Falle der Verjährung der fraglichen Forderung, für deren Schuldner er sich gehalten hat und die er erfüllen wollte, nichts nützen. War die Forderung bereits in dem Zeitpunkt verjährt, in dem der Putativschuldner die Leistung an den Gläubiger erbracht hat, so kommt ein Regressanspruch gegen den wirklichen Schuldner ohnehin nicht in Betracht: Für eine Rückgriffskondiktion fehlt es hier schon am Eintritt einer Bereicherung beim Echtschuldner. Die Tilgung einer bereits verjährten Schuld vermehrt offensichtlich sein Vermögen nicht. Wäre die Verjährung aber zwischen der Leistung des Putativschuldners und der Nachholung der Drittleistungsbestimmung eingetreten, so ist zu berücksichtigen, dass der bereicherungsrechtliche Rückgriff nach Tilgung fremder Schulden vernünftigerweise keine weitergehenden Wirkungen entfalten kann als eine *cessio legis*. Die Rückgriffskondiktion muss daher der gleichen Verjährung wie die getilgte Verbindlichkeit unterliegen. Die durch die Ausübung des Wahlrechts entstandene Rückgriffskondiktion wäre hier also bereits im Augenblick ihrer Entstehung verjährt.

**6. Argument**
Die nachträgliche Änderung der Tilgungsbestimmung widerspricht § 267 II BGB, weil dadurch dem Schuldner das Recht zum Widerspruch und dem Gläubiger das Recht zur Ablehnung der Leistung genommen wird (Gernhuber).

**7. Argument**
Ein Wahlrecht des Putativschuldners würde berechtigte Interessen des wahren Schuldners verletzen: Falls dieser selbst in der Zwischenzeit an den Gläubiger gezahlt hat, so hätte er bei rückwirkender Nachholung der Drittleistungsbestimmung auf eine nicht bestehende Schuld geleistet und wäre deshalb darauf angewiesen, seinerseits beim bisherigen Gläubiger zu kondizieren. Falls sein Bereicherungsanspruch nicht durchsetzbar sein sollte, könnte er dies zwar über § 818 III BGB der Rückgriffskondiktion des Dritten entgegenhalten. Durch diese Möglichkeit werden seine Interessen aber nicht genügend gewahrt, denn für einen Wegfall der Bereicherung trüge er ja die Beweislast, und die Vermögenssituation seines bisherigen Gläubigers und nunmehrigen Kondiktionsschuldners vermag er bei der Inanspruchnahme durch den Dritten vielleicht noch gar nicht zu übersehen.

**8. Argument**
Das Wahlrecht des Putativschuldners führt zu einer schwer hinnehmbaren Rechtsunsicherheit, zumal eine zeitliche Begrenzung für seine Ausübung nicht ersichtlich wäre.

**9. Argument**
Selbst im Falle der Unauffindbarkeit des Zuwendungsempfängers (Gläubigers) kann der Dritte seine Interessen ausreichend auch ohne das behauptete Wahlrecht wahren: Er kann seinen Kondiktionsanspruch gegen den Zuwendungsempfänger wegen der Möglichkeit der öffentlichen Zustellung (§§ 203 ff. ZPO) auch dann erfolgreich einklagen und anschließend die fortbestehende Forderung des Zuwendungsempfängers gegen den Echtschuldner pfänden und sich überweisen lassen. Eine Konkurrenz anderer Gläubiger des Zahlungsempfängers braucht er dabei kaum zu befürchten, da diese vom Fortbestand des Zugriffsobjektes keine Kenntnis haben werden.

**10. Argument**
Lässt man die Nachholung der Drittleistungsbestimmung nur mit Wirkung *ex nunc* zu, so sind keine schutzwürdigen Interessen des Putativschuldners zu erkennen, die eine solche Möglichkeit noch erfordern könnten.

**11. Argument**
Entsprechendes gilt, wenn man dem Putativschuldner grundsätzlich eine Nachholung der Drittleistungsbestimmung mit Wirkung *ex tunc* gestatten will, aber die Rückgriffskondiktion der analogen Anwendung der §§ 404 ff. BGB unterwirft und zudem ganz versagt, wenn der Schuldner in der Zwischenzeit selbst gezahlt hat oder wenn über das Vermögen des Zahlungsempfängers das Insolvenzverfahren eröffnet worden ist (so Reuter/Martinek; Denck; Stolte). Unter diesen Umständen stünde der Ertrag für den Putativschuldner in keinem vertretbaren Verhältnis mehr zur Kühnheit und Gesetzesferne der Konstruktion.

**Beispiele:**

**1.** Im Ausgangsfall steht nach Theorie A und B dem D die Rückgriffskondiktion gegen S zu. Nach Theorie C kann sich D dagegen nur an G halten. Er muss also, notfalls im Wege der öffentlichen Zustellung, gegen G klagen und kann dann nach Erstreitung eines klagezusprechenden Urteils die fortbestehende Forderung des G gegen S pfänden und sich überweisen lassen.

**2.** Abwandlung: G ist nicht ins Ausland verzogen, sondern hat sich nach seinem Ausscheiden aus dem Postdienst erfolglos als Makler betätigt und ist insolvent geworden. Hier kommt nur Theorie A (genauer: die Mehrheit ihrer Vertreter) zu dem Ergebnis, dass D sich durch Nachholung der Drittleistungsbestimmung die Kondiktion gegen S verschaffen kann. Nach Theorie B und C geht der Versuch einer Nachholung der Drittleistungsbestimmung dagegen ins Leere.

## 6. Problem (§ 812 I 1 Fall 1 BGB)
## Wie erfolgt der Bereicherungsausgleich in Zessionsfällen?

**Beispiel:**

A und B gehen übereinstimmend davon aus, dass A gegen B noch eine Restkaufpreisforderung von 10.000 EUR hat. In Wirklichkeit ist diese Forderung bereits vor längerer Zeit getilgt worden. A tritt nun diese vermeintliche Forderung in einer Liquiditätskrise erfüllungshalber an seinen Gläubiger C ab. B, der von A unterrichtet worden ist, überweist daraufhin 10.000 EUR an C. Einen Monat später erkennt er seinen Irrtum und verlangt von C Rückzahlung. Inzwischen ist über das Vermögen des A das Insolvenzverfahren eröffnet worden.

**Ausgangspunkt:**

Wenn nach einer Forderungsabtretung der Schuldner (*debitor cessus*) an den Zessionar zahlt, kann eine bereicherungsrechtliche Rückabwicklung aus zwei Gründen notwendig werden: Dies ist zum einen der Fall, wenn die Abtretung als solche unwirksam war, der Schuldner also nicht an den wirklichen Gläubiger, sondern an einen Nichtberechtigten gezahlt hat. Zum anderen ist die Rückabwicklung problematisch, wenn die Abtretung für sich genommen in Ordnung war, die zedierte Forderung aber nicht oder nicht mehr existierte. Im Folgenden geht es nur um die letztere Konstellation – also um die **Nichtexistenz der abgetretenen Forderung** –, die in den letzten Jahren intensiv diskutiert worden ist.

### Problemlösungsansätze

### A. (hier sog.) **Theorie der Direktkondiktion**

Wird eine in Wirklichkeit gar nicht existierende Forderung abgetreten und leistet daraufhin der vermeintliche Schuldner an den Zessionar, so steht dem Putativschuldner die Leistungskondiktion unmittelbar gegen den Zessionar zu.

**Vertreten von:**
RGZ 22, 368 (zum gemeinen Recht); RG JW 1938, 1329; Bayer JuS 1990, 883 ff. (889) (der aber eine subsidiäre Haftung des Zedenten bei Insolvenz des Zessionars annimmt); Brügmann, Die Abtretung von Forderungen aus gegenseitigen Verträgen, 1934, S. 21 ff.; Dörner, Dynamische Relativität, 1985, S. 329 ff.; Dörner NJW 1990, 473 ff.; Emmerich SchuldR BT § 18 Rn. 17; Erman/Buck-Heeb BGB § 812 Rn. 36; Fikentscher/Heinemann SchuldR Rn. 1504 f.; Flume AcP 199 (1999), 1 (18 ff.); Gernhuber BürgerlR § 47 I 7; Gursky SchuldR BT S. 202; Harke SchuldR BT § 10 Rn. 501; Haymann JRPV 1935, 84 (85); Jakobs ZIP 1994, 9 (10 ff.); (im Grundsatz) Kellmann JR 1988, 97 (99) (der aber ein Wahlrecht des Putativschuldners erwägt); E. Koch VersR 1989, 891 ff.; Köndgen, FG Esser, 1975, 55 (66 f.); König Gutachten S. 198; Larenz SchuldR II § 68 III i, S. 549 ff.; Mankowski ZIP 1993, 1214 ff.; (iErg) Medicus NJW 1971, 1366; Medicus/Petersen BürgerlR Rn. 685a; Meyer, Bereicherungsausgleich in Dreiecksverhältnissen, 1979, S. 158 f.; Müller SchuldR BT Rn. 2185; Peifer Gesetzl. Schuldverhältnisse § 11 Rn. 18; Peters AcP 173 (1973), 83; Reuter/

Martinek Ungerechtfertigte Bereicherung, 1983, § 12 VI 3, S. 489 ff.; Reuter/Martinek Ungerechtfertigte Bereicherung § 3 VI 3, S. 149 ff.; Schnauder Grundfragen S. 207 ff.; Schreiber JURA 1986, 539 (542); (für den Regelfall) Schubert JR 1989, 371; Soergel/Mühl, 11. Aufl. 1985, BGB § 812 Rn. 129; Staudinger Eckpfeiler/Auer, 2020, Rn. S 77; Staudinger Eckpfeiler/Linardatos Rn. S 77; Tiedtke WM 1999, 517 ff.; Thöne JuS 2019, 193 (195); Wilhelm, Rechtsverletzung und Vermögensentscheidung als Grundlagen und Grenzen des Anspruchs aus ungerechtfertigter Bereicherung, 1973, S. 144 Fn. 276; Wilhelm JZ 1994, 585 (594 ff.); Wilhelm NJW 1999, 3519 (3522, 3526). In BGHZ 78, 201 = NJW 1981, 48 und BGH NJW 1989, 161 sowie LG Dresden EWiR § 812 BGB 2/96, 737 (Kast) wird die Kondiktion gegen den Zessionar jeweils mit der besonderen Interessenlage des konkreten Einzelfalls begründet. In den letzten beiden Entscheidungen ging es um eine Überzahlung nach wirksamer Abtretung einer bestehenden Forderung.

**1. Argument**
Der vermeintliche Schuldner zahlt an den Zedenten gerade deshalb, um von seiner Verbindlichkeit frei zu werden. Diesen Tilgungszweck kann er aber sinnvollerweise nur gegenüber dem Zessionar als dem gegenwärtigen Gläubiger verfolgen. Es ist deshalb überhaupt nicht daran vorbeizukommen, dass der Putativschuldner seine Leistung an den Zessionar und nur an diesen erbringt.

**2. Argument**
Die Kondiktion beim Zedenten lässt sich nicht mit einer Parallele zur bereicherungsrechtlichen Behandlung von Anweisungslagen begründen. Bei den Letzteren fungiert der Angewiesene freiwillig als Leistungsmittler des Anweisenden und ordnet sich damit dessen Leistungsbestimmung unter. Der *debitor cessus* verfolgt dagegen gegenüber dem Zessionar nur seinen eigenen Leistungszweck. Schon dieser Umstand schließt es aus, die vom vermeintlichen Schuldner an den Zessionar erbrachte Zuwendung dem Zedenten zuzurechnen und damit zugleich den Letzteren als Empfänger der Leistung des Putativschuldners zu behandeln (Bayer).

**3. Argument**
Fehl geht das Argument, der Zessionar dürfe bereicherungsrechtlich nicht schlechter stehen als ein bloßer Anweisungsbegünstigter, da die Zession ihm doch eine im Vergleich zur Anweisung stärkere Rechtsposition habe verschaffen wollen. Anweisung und Zession sind nun einmal unterschiedliche Zuwendungstechniken, die insbesondere auch jeweils spezifische Risiken mit sich bringen. Die Position des Anweisungsbegünstigten ist vor dem Vollzug der Anweisung sehr schwach, nämlich eine bloße Erwerbsaussicht ohne rechtliche Sicherungen. Dafür ist der Anweisungsempfänger nach dem Vollzug der Anweisung vor einem etwaigen Rückforderungsanspruch des Angewiesenen sicher; er braucht sich lediglich mit dem Anweisenden auseinanderzusetzen. Wer sich dagegen eine Forderung abtreten lässt, erkauft die Möglichkeit, selbstständig gegen den Schuldner vorgehen zu können, mit dem Preis, dass er bei Unwirksamkeit der eingezogenen Forderung dann dem *debitor cessus* selbst als Leistungsempfänger bereicherungsrechtlich auf Rückgewähr haftet. Wenn er dieses Risiko vermeiden will, sollte er die Zuwendungstechnik der Zession meiden und sich mit der Position eines Anweisungsbegünstigten begnügen (Dörner NJW 1990, 473 (476); Bayer JuS 1990, 883 (888)).

**4. Argument**
Bei Anweisungslagen kann die Zuwendung des Angewiesenen an den Anweisungsbegünstigten auch schon deshalb nicht als Leistung an den Letzteren angesehen werden, weil diese Personen ja regelmäßig durch keinerlei Rechtsbeziehungen miteinander verbunden sind, vielmehr beiderseits schuldrechtliche Beziehungen nur mit einem Dritten, dem Anweisenden, bestehen. Nach der Zession besteht aber die relevante schuldrechtliche Beziehung unmittelbar zwischen dem *debitor cessus* und dem Zessionar.

**5. Argument**
Der Zedent wird von der *solvendi causa* erbrachten Leistung des Schuldners an den Zessionar allenfalls reflexweise betroffen: nämlich dann, wenn die Zession sicherungs- oder erfüllungshalber erfolgt ist, die Parteien also vereinbart haben, dass mit der Zuwendung des Schuldners an den Zessionar auch eine andere Verpflichtung des Zedenten gegenüber dem Zessionar erledigt sein soll. Diese Schuldbefreiung des Zedenten wird vom *debitor cessus* bei seiner Zuwendung aber nicht planmäßig herbeigeführt, zumal er das Innenverhältnis zwischen Zedent und Zessionar regelmäßig ja gar nicht überschaut. Das gleiche gilt für andere reflexweise beim Zedenten eintretende Vorteile, etwa die Befreiung von einem denkbaren Regressanspruch des Zessionars bzw. für den etwaigen Erwerb eines eigenen Kondiktionsanspruchs gegen den Zessionar durch den Zedenten. Eine Leistung des Schuldners an den Zedenten ist deshalb nicht gegeben.

**6. Argument**
Der vermeintliche Schuldner kann ein schutzwürdiges Interesse daran haben, das Geleistete in Natur und nicht nur wertmäßig zurückzuerhalten. Diesem Interesse kann aber nur Rechnung getragen werden, wenn ihm der Bereicherungsanspruch gegen den Zessionar gewährt wird.

**7. Argument**
Der Umstand, dass der *debitor cessus* sich bei Unwirksamkeit der abgetretenen Forderung bzw. bei einer Überzahlung des Forderungsbetrages mit dem ihm aufgezwungenen Zessionar auseinandersetzen muss, bedeutet für ihn keinesfalls eine unzumutbare Benachteiligung. Der Zessionar kann natürlich wirtschaftlich schwächer, aber genauso gut auch zahlungsfähiger als der Zedent sein; gerade bei einer Sicherungszession ist der Zessionar regelmäßig der wirtschaftlich stärkere Teil. Will der Schuldner davor geschützt sein, dass an die Stelle des gegenwärtigen Gläubigers ein als potenzieller Rückgewährschuldner weniger sicherer Zessionar tritt, so mag er sich durch die Vereinbarung eines vertraglichen Abtretungsverbotes (§ 399 Alt. 2 BGB) bei der Eingehung der Schuld sichern (Dörner; E. Koch).

**8. Argument**
Der Verweis auf die Direktkondiktion gegen den Zessionar belastet den Putativschuldner auch schon deshalb nicht übermäßig, weil er bei der Rückabwicklung des nichtigen Kaufvertrages mit dem Zedenten selbst durch § 818 III BGB geschützt wird. Ist der Bereicherungsanspruch gegen den Zessionar undurchsetzbar, bedeutet dies nämlich, dass er auch die Vertragsleistung des Zedenten nicht (bzw. genauer: nur Zug um Zug gegen Erstattung der Einbuße) zurückgeben muss (Köndgen; Schnauder).

**9. Argument**
Auch die Interessen des Zessionars erzwingen nicht die bereicherungsrechtliche Rückabwicklung über das Dreieck. Der Zessionar wird ebenfalls durch § 818 III BGB genügend geschützt. Da er bei der Abtretung eine fremde, aus einer ihm unbekannten Vertragsbeziehung stammende Forderung erwirbt, besteht kein vernünftiger Grund, ihn über die Einrede der Entreicherung hinaus in seinem Vertrauen auf den Bestand seines auf dieser Forderung beruhenden Vermögenserwerbs zu schützen (E. Koch).

## B. (hier sog.) **Theorie der Kondiktion gegen den Zedenten**

Wird eine in Wirklichkeit gar nicht existierende Forderung abgetreten und anschließend vom Schuldner gegenüber dem Zessionar erfüllt, so ist die bereicherungsrechtliche Rückabwicklung zwischen dem vermeintlichen Schuldner und dem Zedenten zu vollziehen.

**Vertreten von:**
BGHZ 105, 365 (369) = NJW 1989, 900 (für den Regelfall; Direktkondiktion gegen den Zessionar nur beim Vorliegen besonderer Gründe für diesen Rückabwicklungsweg); BGHZ 122, 46 (50) = NJW 1993, 1578; BGH NJW 2005, 1369 f. (jedenfalls wenn der abgetretene Scheinanspruch aus einem grundsätzlich intakten Rechtsverhältnis zwischen Schuldner und Zedent stammt); OLG Hamm NJW-RR 1992, 1304; OLGR Rostock 2004, 448 f.; Blomeyer, Allgemeines Schuldrecht, 4. Aufl. 1969, § 43 IV 4a; Canaris, 1. FS Larenz, 1973, 799 (834 ff.) (anders allerdings für den Fall der irrtümlichen Überzahlung; ferner soll dem *debitor cessus* analog § 822 BGB ein subsidiärer Durchgriff gegen den Zessionar zustehen, wenn der Bereicherungsanspruch gegen den Zedenten an § 818 III BGB scheitert oder wenn das Insolvenzverfahren über das Vermögen des Zedenten eröffnet worden ist); Canaris WM 1980, 354 (367); Canaris JZ 1992, 1114 (1118); (im Grundsatz) Esser/Weyers SchuldR BT II/2 § 48 III 3d, S. 58 (wo aber ein Wahlrecht des Kondizienten erwogen wird); Grüneberg/Sprau BGB § 812 Rn. 66; Henke, Die Leistung, 1991, S. 95 ff.; HK-BGB/Schulze § 812 Rn. 28; Hock MDR 1989, 1066 f.; Köhler/Lorenz SchuldR II Fall 199 (falls die vermeintliche Forderung aus einem unwirksamen gegenseitigen Vertrag herrührt); König Gutachten S. 1587 f.; Kupisch Gesetzespositivismus S. 83 f.; Larenz/Canaris SchuldR II 2 § 70 V 1; Lieb ZIP 1982, 1153 (1157); Lieb JURA 1990, 359 (360 f.); Lieb, BGH-FG I, 2000, 547 (561 ff.); Lieb LMK 2005, 84 (85); Littbarski EWiR § 812 BGB 1/89, 143 (144); Loewenheim BereicherungsR S. 55; Looschelders Gesetzl. Schuldverhältnisse § 57 Rn. 20; S. Lorenz JuS 2003, 839 (842); W. Lorenz AcP 168 (1968), 292 Fn. 15; W. Lorenz AcP 191 (1991), 279 ff. (299, 310 f.); MüKo-BGB/Lieb, 4. Aufl. 2004, § 812 Rn. 141 f.; Nicolai JZ 1993, 1118 (1119); Ott WuB IV A § 812 BGB 3.89, 487 (489); Prütting/Wegen/Weinreich/Prütting BGB § 812 Rn. 99; Rüsken/Sameluck ZfZ 1993, 38 (47) Fn. 104; Schlechtriem JZ 1993, 24 (29 f.); Staudinger/W. Lorenz, 1999, BGB § 812 Rn. 41; Staudinger/S. Lorenz, 2007, BGB § 812 Rn. 41; R. Voß ZfZ 1993, 112 (113); Wandt Gesetzl. Schuldverhältnisse § 13 Rn. 69; für den Fall der Sicherungszession auch Jauernig/Stadler BGB § 812 Rn. 46 (anders aber, wenn der Abtretende nach den Absichten der Beteiligten vollständig aus den Rechtsbeziehungen, in deren Erfüllung die Leistung erbracht wird, hat ausscheiden sollen).

**1. Argument**
Als Kondiktionsschuldner kommt regelmäßig schon deshalb nur der Zedent in Betracht, weil der Zessionar durch die Zuwendung des vermeintlichen Schuldners per Saldo gar nicht bereichert wird. Er verliert nämlich normalerweise durch die Zahlung des *debitor cessus* eine Kausalforderung gegen den Zedenten: Die Zession erfolgt zumeist sicherungs- oder erfüllungshalber und die Sicherungs- bzw. Tilgungsabrede wird zumeist dahin zu verstehen sein, dass die tatsächliche Zahlung des *debitor cessus* auch im Falle einer Unwirksamkeit der abgetretenen Forderung die Kausalforderung des Zessionars gegen den Zedenten tilgen soll (Lieb).

**2. Argument**
Mit der Zession überträgt der Zedent nicht nur seine bisherige Rechtsposition auf den Abtretungsempfänger, sondern er weist damit den Schuldner zugleich implizit dazu an, nicht mehr an ihn, sondern an den Zessionar zu leisten. Zumindest verfolgt der Zedent mit der Abtretung eindeutig das Ziel, der Schuldner möge direkt an den Zessionar zahlen und damit dessen Forderung gegen den Zedenten tilgen. Dieser Umstand rechtfertigt es, die bereicherungsrechtliche Rückabwicklung wie bei den eigentlichen Anweisungslagen übers Dreieck zu vollziehen, also so, als habe der Gläubiger an den Zedenten und dieser an den Zessionar geleistet (Lieb).

**3. Argument**
Die Zession verschafft dem Zessionar im Vergleich zu einem bloßen Anweisungsbegünstigten eine stärkere Rechtsposition. Damit vertrüge es sich nicht, den Zessionar in der bereicherungsrechtlichen Rückabwicklung schlechter als den Anweisungsbegünstigten zu stellen. Das aber wäre der Fall, wenn man den Zessionar der Direktkondiktion des vermeintlichen Schuldners aussetzte.

**4. Argument**
Die Durchgriffskondiktion des Schuldners gegen den Abtretungsempfänger verstößt gegen den das ganze Zessionsrecht beherrschenden Grundsatz, dass sich die Stellung des Schuldners durch die Zession nicht verschlechtern darf (Canaris).

**5. Argument**
Die bereicherungsrechtliche Rückabwicklung zwischen Schuldner und Zedent ist sachgerechter, weil dann das Kausalverhältnis zwischen dem Schuldner und seinem Vertragspartner, dem Zedenten, nicht gestört wird, der Zedent vielmehr die Erfüllung von der Rückgabe seiner eigenen Leistung abhängig machen kann (Canaris).

**6. Argument**
Die Kondiktion gegen den Zedenten ist auch im Hinblick auf das Insolvenzrisiko sachgerechter: Der Schuldner hat bei Eingehung einer Vorleistungspflicht zweifellos das Insolvenzrisiko seines Vertragspartners, des Zedenten, übernommen. Das Insolvenzrisiko des Zessionars darf ihm dagegen nicht aufgenötigt werden, da er dessen Kreditwürdigkeit nicht hat prüfen können.

**7. Argument**
Wenn die Zession der vermeintlichen Forderung sicherungs- oder erfüllungshalber erfolgt war, müsste eine Direktkondiktion zur Folge haben, dass dann auch eine Til-

gungswirkung im Valutaverhältnis zwischen Zedent und Zessionar entfällt. Der Zessionar musste aber annehmen, dass seine Forderung gegen den Zedenten durch die Zahlung des Schuldners getilgt worden war; er hatte schon deshalb gar keine Möglichkeit, seine eigene (weiterbestehende) Forderung vor der Entdeckung der Rechtsgrundlosigkeit der Zahlung des *debitor cessus* durchzusetzen. In der Zwischenzeit kann der Zedent aber illiquide geworden sein. Die Direktkondiktion läuft also darauf hinaus, dass der Zessionar mit dem Insolvenzrisiko des Zedenten belastet wird. Das aber ist sachwidrig. Angemessen ist allein, dass der *debitor cessus* als Gläubiger des Rückabwicklungsanspruchs dieses Risiko trägt.

**8. Argument (gegen Theorie A, Arg. 7)**
Der Einwand, der Schuldner könne sich ja durch die Vereinbarung eines *pactum de non cedendo* selbst schützen, geht fehl. Der Gesetzgeber hat ja auch die Schuldnerschutzvorschriften der §§ 404 ff. BGB nicht schon deshalb für entbehrlich gehalten, weil der Schuldner sich durch die Vereinbarung eines Abtretungsverbotes selbst schützen könnte (MüKoBGB/Lieb, 4. Aufl. 2004; W. Lorenz JZ 1984, 615 (616); Engau WuB IV A § 812 BGB 1.89, 97 f.).

**9. Argument**
Wenn man die Durchgriffskondiktion gegen den Zessionar zulässt, ergibt sich eine Disharmonie gegenüber dem mit der Leistungskondiktion doch eng verwandten Störkorrektiv des Rücktritts wegen Sach- oder Rechtsmangels: Der rücktrittsberechtigte Käufer, der den Kaufpreis bereits an den Zessionar des Verkäufers gezahlt hat, könnte sein Geld zweifellos von seinem „Kausalpartner" (dem Verkäufer) zurückverlangen und brauchte sich nicht an den Zessionar verweisen zu lassen (W. Lorenz JZ 1984, 614 (616)).

**10. Argument (gegen Theorie C)**
Die Beweisführung aus § 1282 II BGB geht fehl. Diese Norm betrifft gar nicht das Außenverhältnis Schuldner/Pfandgläubiger, sondern ausschließlich das Innenverhältnis zwischen dem Gläubiger und dem Pfandgläubiger; nur für das Letztere trifft die Norm eine gesetzliche Tilgungsbestimmung. Es kann deshalb gar keine Rede davon sein, dass diese Norm ein Leistungsverhältnis zwischen Schuldner und Gläubiger/Zedent normativ festlegen wolle (Bayer).

## C. (hier sog.) **Theorie der normativ bestimmten Leistungsbeziehung**

Der Kondiktionsweg nach der Zahlung des *debitor cessus* der vermeintlichen Forderung an den Zessionar hängt vom Grundgeschäft der Zession ab. Bei der Sicherungszession, der Abtretung erfüllungshalber und der Abtretung an Erfüllungs statt erfolgt die Kondiktion übers Dreieck, also so, als hätte der (vermeintliche) Schuldner an den Zedenten und dieser an den Zessionar geleistet. Dagegen ist die Direktkondiktion bei einer Überzahlung (dh der Zahlung eines höheren als des bei der Abtretung ausdrücklich angegebenen Forderungsbetrages) und bei der Abtretung aufgrund eines Forderungskaufes gegeben.

**Vertreten von:**
Kohler WM 1989, 1629 ff.; ähnlich differenzierend Jauernig/Stadler BGB § 812 Rn. 46.

**1. Argument**
Für alle sicherungszweckorientierten Zessionsfälle liefert § 1282 II BGB das Modell für die Bestimmung der Kondiktionsparteien: Wenn nach einer Forderungsverpfändung und Eintritt der Pfandreife der Pfandgläubiger die verpfändete Forderung einzieht, gilt nach dieser Norm die durch das Pfandrecht gesicherte Forderung des Pfandgläubigers gegen den Gläubiger als von dem Gläubiger der verpfändeten Forderung berichtigt. Damit fingiert die Vorschrift zu Tilgungszwecken einen Durchgangserwerb des Gläubigers der verpfändeten Forderung und stellt damit klar, dass Leistungsbeziehungen nur zwischen Schuldner und Gläubiger und zwischen Gläubiger und Pfandgläubiger, nicht aber unmittelbar zwischen Schuldner und Pfandgläubiger bestehen. Diese normative Festlegung des Leistungsverhältnisses ist wegen der übereinstimmenden Interessenlage auf die sicherungszweckorientierten Zessionsfälle zu übertragen. Danach bestehen Leistungsverhältnisse nur zwischen Schuldner und Zedent bzw. Zedent und Zessionar, nicht aber unmittelbar zwischen Schuldner und Zessionar.

**2. Argument**
In den Überzahlungsfällen ist die Direktkondiktion angebracht, weil die Zuvielleistung des Schuldners dem Zedenten nicht mehr zurechenbar ist.

**3. Argument**
Bei der Abtretung an den Forderungskäufer kommt nur die Direktkondiktion in Betracht, denn das Modell des § 1282 II BGB, das eine normative Bestimmung der Leistungsverhältnisse erlauben würde, passt hier nicht. Eine bewusste und zweckgerichtete Mehrung des Vermögens des Zedenten durch den Schuldner ist aber ersichtlich nicht gegeben: Der Zedent erlangt allenfalls (nämlich bei unterstellter Versagung der Direktkondiktion) die Befreiung von einem potenziellen Rückgriffsanspruch des Zessionars aus §§ 433, 435, 437 BGB; aber dieser Vorteil wird vom Schuldner nicht zielgerichtet herbeigeführt, sondern tritt reflexweise ein.

**Beispiele:**

**1.** Der *debitor cessus* B kann im Ausgangsfall die 10.000 EUR nach Theorie A in der Tat vom Zessionar C nach § 812 I 1 Fall 1 BGB zurückverlangen, nach Theorie B und C stünde ihm dagegen nur eine – als Insolvenzforderung geltend zu machende – Leistungskondiktion gegen den Zedenten B zu. Anders insoweit allerdings Canaris, der – obwohl im Ansatz der Theorie B folgend – hier in analoger Anwendung von § 822 BGB einen subsidiären Durchgriff gegen den Zessionar bejahen würde.

**2.** Abwandlung: A hat die vermeintliche Forderung an C für 9.500 EUR verkauft und gleichzeitig abgetreten. Hier würde neben Theorie A auch Theorie C die Direktkondiktion gegen den Zessionar C bejahen. Theorie B würde dagegen wiederum nur die Kondiktion gegen den Zedenten A geben.

**3.** Die B, eine Investitions- und Finanzierungsgesellschaft, schuldete dem A als „stillem Partner" einen prozentual festgelegten, aber noch nicht ausgerechneten Gewinnanteil aus einem Bauvorhaben. A trat diese Forderung an C ab, wobei vereinbart wurde, dass Zahlungen auf die abgetretene Forderung mit einer Forderung des C gegen eine von A geführte GmbH verrechnet werden sollten. Da C hartnäckig auf umgehende Auszahlung des Gewinnanteils drängte, überwies die B ihm unter Vorbehalt den sich aus einer vorläufigen Abrechnung für das Bauvorhaben ergebenden Betrag von 180.000 EUR. Später stellte sich heraus, dass die abgetretene Forderung nur 118.000 EUR betrug. B verlangte daraufhin von C Rückerstattung des überzahlten Betrages von 62.000 EUR (nach BGH NJW 1989, 161).

Theorie A würde hier eine Leistungskondiktion des B gegen C bejahen, die meisten Anhänger der Theorie B würden den B dagegen auf die Kondiktion gegen den Zedenten A verweisen. Der IV. Zivilsenat des BGH, der im Ansatz der Theorie B folgt, hat jedoch in der Entscheidung, die Vorbild für den obigen Fall war, eine Direktkondiktion gegen den Zessionar C angenommen und dies mit den besonderen Umständen des konkreten Falles begründet. Der Senat stellte dabei insbesondere darauf ab, dass der Zessionar C den Schuldner hier mit großer Intensität zur Zahlung auf eine erst vorläufige Bauabrechnung gedrängt und damit das Risiko der Überzahlung selbst geschaffen habe. Lieb (JURA 1990, 359 (361 f.)) rechtfertigt die ausnahmsweise Direktkondiktion dagegen damit, dass die Überzahlung durch die Zession der (wirklich existierenden) Forderung gar nicht veranlasst worden sei; der Fall sei deshalb genauso zu bewerten wie die Befolgung einer nur vermeintlichen Anweisung (zB die Doppelausführung eines Überweisungsauftrags usw; s. dazu Problem 2). Theorie C würde hier ebenfalls die Direktkondiktion gewähren, weil die Zuvielzahlung des Schuldners vom Zedenten in keiner Weise veranlasst und dem Zedenten damit auch nicht zurechenbar sei (Kohler WM 1989, 1629 (1638)).

## 7. Problem (§ 812 I 1 Fall 1 BGB)
## Gegen wen kann bei Nichtigkeit eines berechtigenden Vertrages zugunsten Dritter der Versprechende einen Bereicherungsanspruch geltend machen?

**Beispiel:**

Die Rechtsanwälte VE aus Hannover und D aus Osnabrück kommen auf einer Tagung ins Gespräch. VE erfährt dabei, dass D eine guterhaltene und komplette Serie der Entscheidungen des Reichsgerichts kaufen will. Da er weiß, dass sein ebenfalls in Osnabrück lebender Vetter V eine solche Serie geerbt hat und nicht benötigt, verkauft er sie einfach an D für 2.500 EUR. Am nächsten Tag kauft er seinem Vetter dessen RGZ-Serie für 500 EUR ab, nachdem er ihm wahrheitswidrig erzählt hat, diese Bücher seien nicht mehr wert. Im Kaufvertrag zwischen V und VE wird vereinbart, dass dem D ein eigener Anspruch auf die Lieferung der Bücher zustehen soll. Nachdem V die Bücher an D übereignet hat, erfährt er, dass ihr Marktwert mindestens 2.250 EUR beträgt. Er ficht daraufhin umgehend den Kaufvertrag mit VE an und verlangt nun von D die Bücher zurück. Mit Recht?

**Ausgangspunkt:**

Beim echten Vertrag zugunsten Dritter sollen zwei Schuldverhältnisse erfüllt werden: Das Deckungsverhältnis Versprechender (V)/Versprechensempfänger (VE) und das Valutaverhältnis Versprechensempfänger (VE)/Dritter (D). Leidet das Valutaverhältnis an einem Rechtsmangel, so findet nach allgemeiner Ansicht nur die Leistungskondiktion in diesem Verhältnis statt. Kontrovers ist hingegen die Lösung der bereicherungsrechtlichen Probleme, wenn das Deckungsverhältnis (V/VE) unwirksam ist oder jedenfalls die konkreten Voraussetzungen für die Entstehung des Anspruchs des Dritten nicht vorliegen, der Versprechende (V) aber in Unkenntnis dieses Umstandes trotzdem an den Dritten (D) geleistet hat.

### Problemlösungsansätze

### A. Theorie der Kondiktion gegen den Dritten

Der Versprechende kann vom Dritten nach § 812 I 1 Fall 1 BGB oder nach § 813 BGB (so das ältere Schrifttum) kondizieren.

**Vertreten von:**
RG JW 1915, 652; Dörner, Dynamische Relativität, 1985, S. 342 ff.; Heermann, Drittfinanzierte Erwerbsgeschäfte, 1998, S. 263 f.; Kupisch Gesetzespositivismus S. 100 ff.; H. Lange NJW 1965, 657 (659) Fn. 25; W. Lorenz AcP 168 (1968), 286 (294); Oertmann BGB § 334 Anm. 5; Palandt/Danckelmann, 26. Aufl. 1967, BGB § 334 Anm. 1; Ruppert, Die Rechtsstellung des Dritten bei Leistungsstörungen im Bereich des § 328 BGB, 1965, S. 70 (106 f.); Soergel/Mühl, 10. Aufl. 1969, BGB § 812 Rn. 53 und § 813 Rn. 10; Staudinger/Kaduk, 12. Aufl. 1994, BGB § 334 Rn. 3a, 5b; Thomale Leistung als Freiheit S. 344 ff.; von Tuhr, Der Allgemeine Teil des deutschen Bürgerlichen Rechts, Band II/2, 1918, S. 100 f. Fn. 217.

**1. Argument**
Beim berechtigenden Vertrag zugunsten Dritter leistet der Versprechende auf eine eigene Verbindlichkeit gegenüber dem Dritten, also *solvendi causa* an Letzteren. Wenn diese bei der Leistung vorausgesetzte Verpflichtung fehlt, weil der Vertrag zugunsten Dritter unwirksam ist, muss die Leistung mithilfe der *condictio indebiti* zwischen Leistungsempfänger und Leistendem zurückabgewickelt werden, muss also der Versprechende selbst die Leistungskondiktion unmittelbar gegen den Dritten haben.

**2. Argument**
Daran ändert auch der Umstand nichts, dass der Versprechende bei Wirksamkeit des Vertrages zugunsten Dritter auch einem Anspruch des Versprechensempfängers aus § 335 BGB ausgesetzt gewesen wäre, sich also auch eine *solvendi causa* erfolgende Leistung des Versprechenden an den Versprechensempfänger konstruieren ließe. Der Anspruch des Versprechensempfängers aus § 335 BGB hat nur Hilfscharakter und ist damit für den Bereicherungsausgleich irrelevant: Er gibt dem Versprechensempfänger selbst ja gar kein eigenes Anrecht auf den Leistungsgegenstand, sondern ist auf Leistung an den Dritten gerichtet. Genau genommen handelt es sich bei § 335 BGB nur um eine dem Versprechensempfänger erteilte gesetzliche Ermächtigung, den Anspruch des Dritten im eigenen Namen geltend zu machen.

**3. Argument**
Beim echten Vertrag zugunsten Dritter ist das Forderungsrecht des Dritten aus dem für ihn fremden Deckungsverhältnis, also der Rechtsbeziehung zwischen dem Versprechenden und dem Versprechensempfänger, abgezweigt. Die Rechtsstellung des Dritten ist deshalb, wie in § 334 BGB zum Ausdruck kommt, dem Deckungsverhältnis untergeordnet. Da der Versprechende bei Unwirksamkeit des Vertrages vor seiner Leistung ein Erfüllungsverlangen des Dritten nach § 334 BGB hätte abweisen können, muss er die in Unkenntnis der Unwirksamkeit an den Dritten erbrachte Leistung auch bei diesem kondizieren können.

**4. Argument**
Der Dritte ist auch bereichert. Selbst wenn er im Valutaverhältnis einen Anspruch auf die betreffende Leistung hatte, wird der Vorteil des Erwerbs der Leistung des V nicht durch den Verlust dieses Anspruchs gegen den Versprechensempfänger aufgewogen. Eine rechtsgrundlose und deshalb kondizierbare Leistung ist nun einmal keine vollwertige Erfüllung. Der Anspruch des Dritten gegen den Versprechensempfänger ist deshalb nicht getilgt worden; er hat sich lediglich in einen Gewährleistungsanspruch verwandelt (Hassold Leistung S. 278).

**5. Argument**
Es besteht kein Anlass, eine Ausnahme für diejenigen Fälle zu machen, in denen der Vertrag zugunsten Dritter ausschließlich zum Zwecke der abgekürzten Lieferung eingesetzt wird. Derartige Konstellationen sind gar nicht denkbar: Zum Zwecke der abgekürzten Lieferung werden überhaupt nur ermächtigende Verträge zugunsten Dritter eingesetzt, die aber anerkanntermaßen bereicherungsrechtlich wie Anweisungslagen zu behandeln sind.

**6. Argument**
Wenn demgegenüber vertreten wird, dass V nur bei seinem Vertragspartner, dem Versprechensempfänger, kondizieren könne, so lässt sich dies nicht mit einer Parallele zur Behandlung von Anweisungslagen begründen. Die Konstellationen des berechtigenden Vertrages zugunsten Dritter und der Anweisungslage unterscheiden sich fundamental. Bei der Anweisungslage kann die Zuwendung des Angewiesenen an den Empfänger (Anweisungsbegünstigten) dem Anweisenden zugerechnet werden, weil der Angewiesene freiwillig die Rolle eines bloßen Leistungsmittlers für eine vom Anweisenden im Valutaverhältnis wirklich oder auch nur vermeintlich geschuldete Leistung übernimmt. Bei einem Vertrag zugunsten Dritter können aber die Rechtsfolgen der Zuwendung des Versprechenden an den D schon deshalb nicht dem Versprechensempfänger zugerechnet werden, weil der Versprechende ja auf eine vorausgesetzte eigene Verbindlichkeit gegenüber dem Zuwendungsempfänger zahlt. Das ist für die Rechtsfolgen bei Wirksamkeit des Deckungsverhältnisses – also Untergang der Forderung des Dritten bzw. Freiwerden des Versprechenden – offensichtlich, muss aber für die Rechtsfolge der Kondiktion bei Unwirksamkeit des Deckungsverhältnisses ebenfalls gelten (Kupisch).

**7. Argument**
Die Parallele zur Anweisungslage passt auch deshalb nicht, weil sich die tatsächlich zwischen V und D erfolgende Zuwendung schon aus einem anderen Grunde nicht in zwei simultan erfolgende Leistungen (des V an VE und des VE an D) umdeuten lässt. Der Versprechensempfänger hat dem Dritten (bei Wirksamkeit des Vertrages zugunsten Dritter) die Forderung gegen den Versprechenden ja schon mit dem Abschluss des Vertrages selbst zugewendet. Dann kann aber die bloße Erfüllung dieser Forderung durch den Schuldner (den Versprechenden) natürlich nicht eine erneute Zuwendung im Valutaverhältnis (also des VE an den D) begründen (Kupisch). Bei Unwirksamkeit des Vertrages zugunsten Dritter haben wir damit nur den Versuch einer Leistung des Versprechensempfängers an den Dritten – dieser erlangt die ihm zugedachte Forderung ja nicht – und eine davon ganz unabhängige, *solvendi causa* erbrachte Leistung des V an D.

## B. (hier sog.) **Theorie der Parallele zum Anweisungsdreieck**

Es gelten dieselben Grundsätze wie beim Anweisungsdreieck. Der Versprechende leistete mit Rücksicht auf sein Rechtsverhältnis zum Versprechensempfänger (Deckungsverhältnis). Der Dritte empfängt die Leistung mit Rücksicht auf sein Verhältnis zum Versprechensempfänger (Valutaverhältnis). Somit ist eine direkte Leistung vom Versprechenden zum Empfänger nicht anzunehmen. Der Versprechende muss sich bei Unwirksamkeit des Vertrages an seinen Vertragspartner, den Versprechensempfänger, halten; ihm steht gegenüber dem Versprechensempfänger eine Leistungskondiktion zu.

**Vertreten von:**
(obiter dictum) BGHZ 5, 281 (284 f.) = LM § 813 BGB Nr. 1; BGH JZ 1962, 671 Ls. 3; obiter dictum OLG Neustadt DRZ 1947, 305 (306 f.); Blomeyer, Allgemeines Schuldrecht, 4. Aufl. 1969, § 42 VI 2a; Enneccerus/Lehmann SchuldR § 35 V 3; Esser SchuldR, 2. Aufl. 1960, § 190, 3, S. 784; HK-BGB/Schulze § 812 Rn. 29; Kötter AcP 153 (1954), 193 (197) Fn. 19; Kunisch, Die Voraussetzungen für Bereicherungsansprüche in Dreiecksverhältnissen, 1968, S. 69; Leonhard, Allgemeines Schuldrecht, 1929, § 179, S. 368;

Looschelders Gesetzl. Schuldverhältnisse § 57 Rn. 18; S. Lorenz JuS 2003, 839 (841) (m. Einschr.); von Mayr, Der Bereicherungsanspruch des deutschen Bürgerlichen Rechts, 1903, S. 254 f.; Schreiber JURA 1986, 539 (543); Soergel/R. Schmidt, 10. Aufl. 1967, § 334 Rn. 1 aE; (m. Einschr.) Wieling BereicherungsR § 7 III, S. 114 f.

**1. Argument**
Ebenso wie bei Anweisungslagen der Angewiesene die Zuwendung auf Wunsch des Anweisenden erbringt, ist die Zuwendung des Versprechenden an den Dritten letztlich vom Versprechensempfänger veranlasst. Der Unterschied zur bloßen Anweisungslage besteht nur darin, dass die Anweisung hier bereits im Vertrag selbst enthalten und damit zeitlich vorverlegt ist und durch das dem Dritten eingeräumte eigene Forderungsrecht verstärkt wird (Lieb, der aber der insoweit noch parallelgehenden Theorie C folgt).

**2. Argument**
Bei einem nur ermächtigenden Vertrag zugunsten Dritter führt die Unwirksamkeit des Vertrages und damit des Deckungsverhältnisses zwischen dem Versprechenden und dem Versprechensempfänger anerkanntermaßen nur zu einem Kondiktionsanspruch des Versprechenden gegen den Versprechensempfänger. Der Weg der bereicherungsrechtlichen Rückabwicklung ist dort also der gleiche wie bei Anweisungslagen. Würde man nun bei Nichtigkeit eines echten (berechtigenden) Vertrages zugunsten Dritter dem Versprechenden die Direktkondiktion gegen den Dritten gewähren, so käme man zu einer befremdlichen Differenzierung: Die Rechtsstellung des Empfängers wäre gerade dort, wo er gegenüber dem Zuwendenden kein festes Recht erwerben sollte, besonders sicher, dagegen besonders unsicher, wo er ein solches Recht erhalten sollte (Leonhard). Ebenso wenig macht es Sinn, dass die Rechtsstellung des Dritten bei einem unwirksamen berechtigenden Vertrag zugunsten Dritter schwächer wäre als die eines bloßen Anweisungsempfängers: Der Anweisungsempfänger wäre ja bei Mängeln bloß des Deckungsverhältnisses vor einem Kondiktionsanspruch geschützt.

**3. Argument**
Der Bereicherungsausgleich muss sich grundsätzlich an der von den Parteien geschaffenen Risikoordnung orientieren. Da die Parteien das Einwendungs- und Insolvenzrisiko nur hinsichtlich ihres Vertragspartners auf sich genommen haben, muss sich der Kondiktionsanspruch des Versprechenden gegen den Versprechensempfänger als seinen Vertragspartner richten. Der Versprechende darf insbesondere nicht die Möglichkeit haben, das Risiko der Zahlungsunfähigkeit seines Vertragspartners, des Versprechensempfängers, auf den Dritten abzuwälzen. Genau das geschähe aber, wenn er bei Unwirksamkeit des Deckungsverhältnisses und Zahlungsunfähigkeit des Versprechensempfängers das Geleistete von dem Dritten zurückfordern dürfte. Dadurch würde dann die getilgte Forderung des Dritten gegen den Versprechensempfänger im Valutaverhältnis wiederaufleben, diese wäre aber infolge der Insolvenz des Versprechensempfängers natürlich kein vollwertiger Ersatz für den Entzug der Leistung des Versprechenden.

**4. Argument**
Wenn sich der Bereicherungsausgleich zwischen dem Versprechenden und dem Dritten vollziehen soll, so wird damit im Deckungsverhältnis der synallagmatische Zu-

sammenhang von Leistung und Gegenleistung und die darin für die Parteien liegende Sicherheit beim Bereicherungsausgleich zumindest teilweise zerstört. Der Versprechensempfänger verliert dann nämlich die Möglichkeit, die Rückgabe seiner eigenen Leistung an den Versprechenden mithilfe einer Zug-um-Zug-Einrede durchzusetzen. Er kann den Dritten nicht dazu zwingen, die Erfüllung des Kondiktionsanspruches von der Rückgabe der Gegenleistung des Versprechensempfängers abhängig zu machen, und der Dritte hat auch gar nicht die rechtliche Möglichkeit, Einwendungen aus der Person des Versprechensempfängers zu erheben: Für ein Zurückbehaltungsrecht beispielsweise fehlt es insoweit schon an der Gegenseitigkeit der Ansprüche (Canaris).

**5. Argument**
Die Direktkondiktion des V gegen D verbietet sich schon deshalb, weil damit das intakte und inzwischen schon durch Erfüllung abgeschlossene Valutaverhältnis ohne Not aufgestört würde. Der Versprechende darf nicht die Möglichkeit haben, die im Valutaverhältnis bereits eingetretene Erfüllung wieder in Fortfall zu bringen. Das Valutaverhältnis, an dem er ja nicht beteiligt ist, geht ihn nichts an (Siber).

**6. Argument**
Die Direktkondiktion des Versprechenden beim Dritten lässt sich nicht aus dem Leistungsbegriff ableiten, weil es an einer eindeutigen Zwecksetzung fehlt: Der Versprechende erbringt im Normalfall des echten Vertrages zugunsten Dritter, bei dem der Versprechensempfänger ebenfalls forderungsberechtigt ist, seine Leistung mit doppelter Zweckbestimmung: nämlich nicht nur auf die Forderung des Dritten, sondern auch im Hinblick auf das obligatorische Rechtsgeschäft, das ihn mit dem Versprechensempfänger verbindet. Der Dritte wiederum darf das ihm Zugewandte auch als indirekte Leistung des Versprechensempfängers betrachten. Es wird hier mithin nach drei Richtungen simultan geleistet. Welche von den konkurrierenden Zwecksetzungen die Richtung des Bereicherungsausgleichs bestimmt, muss damit anhand anderer Kriterien entschieden werden.

**7. Argument (gegen Theorie D, Arg. 9)**
All dies gilt auch in denjenigen Fällen, in denen der unwirksame Vertrag zugunsten Dritter einverständlich zum Zwecke der Versorgung des Dritten eingesetzt wurde. Dass der Versprechende dem Dritten in diesen Fällen keine Tilgungsbestimmung des Versprechensempfängers überbringt, ist nicht ausschlaggebend. Der Dritte weiß doch, dass die Versorgungsleistung des Versprechenden vom Versprechensempfänger veranlasst und bezahlt worden ist. Für eine natürliche Betrachtungsweise kann deshalb nur der Versprechensempfänger der materiell Leistende sein: Der Versprechende ist bloßer Leistungsmittler bei der *donandi causa* erfolgenden Leistung des Versprechensempfängers; er überbringt als dessen Bote – regelmäßig zugleich mit der Schenkungsofferte – die entsprechende Zweckbestimmung für die Leistung (Lieb, der aber im Ergebnis Theorie C folgt).

## C. (hier sog.) **Modifizierte Theorie der Parallele zum Anweisungsdreieck**

Grundsätzlich kann der Versprechende nur vom Versprechensempfänger kondizieren. In zwei Ausnahmefällen ist allerdings die Direktkondiktion des Versprechenden gegen den Dritten gegeben.

Nämlich

1. wenn die Leistung des Versprechensempfängers an den Dritten unentgeltlich erfolgt, dem Versprechensempfänger auch keine anderweitigen Ausgaben erspart hat und der Versprechensempfänger zudem gutgläubig war (§ 822 BGB analog) und
2. wenn der Vertrag zugunsten Dritter § 335 BGB abbedungen hat, also ein eigenes Recht des Versprechensempfängers, die Leistung an D zu fordern, ausgeschlossen hat.

**Vertreten von:**
BeckOK BGB/Wendehorst, 61. Ed. 1.2.2022, § 812 Rn. 195 f. (jedenfalls zur Ausnahme analog § 822 BGB); Emmerich SchuldR BT § 18 Rn. 12 f.; Erman/Buck-Heeb BGB § 812 Rn. 35; Esser/Weyers SchuldR BT II/2 § 48 III 3d; Fezer/Obergfell Klausurenkurs SchuldR BT 26. Fall; Gottschalk JherJb 78 (1927/28), 290 (307 ff., 318) (wo der Fall der Abbedingung des § 335 BGB nicht erwähnt, andererseits die Durchgriffskondiktion auch im Falle des Doppelmangels befürwortet wird); Hassold Leistung S. 269 ff., 294 ff. (wo allerdings die Direktkondiktion bei Abbedingung des § 335 BGB abgelehnt wird); Harke SchuldR BT § 10 Rn. 498 und Jauernig/Stadler BGB § 812 Rn. 42 ff. (wo jeweils der Fall der Abbedingung des § 335 BGB nicht erwähnt wird); Larenz SchuldR II § 68 III h; MüKoBGB/Lieb, 4. Aufl. 2004, § 812 Rn. 129–140 (Durchgriff gegen den beschenkten Dritten aber auch bei Bösgläubigkeit des Versprechensempfängers); Peters AcP 173 (1973), 71 (91 f.); Peifer Gesetzl. Schuldverhältnisse § 11 Rn. 16 (ohne die Ausnahme zu § 335 BGB); Prütting/Wegen/Weinreich/Prütting BGB § 812 Rn. 98 (ohne Erwähnung von § 335 BGB); Schellhammer SchuldR 19. Teil Rn. 868 ff.; Weitnauer, FS von Caemmerer, 1978, 255 (287) (wo allerdings ein zusätzlicher Bereicherungsanspruch gegen den Versprechensempfänger bei doppelter Zweckverfolgung des Versprechenden für möglich gehalten wird); H.P. Westermann JuS 1968, 17 (20); Wieling/Finkenauer BereicherungsR § 7 Rn. 14 ff. (ohne § 335 BGB und m. Einschr. zu § 822 BGB).

Die Vertreter dieser Theorie sind sich nicht einig in der Handhabung des § 822 BGB. Die Mehrheit nimmt den einschränkenden „Soweit"-Satz der Norm wörtlich. Lieb dagegen will sich darüber hinwegsetzen und § 822 BGB auch dann anwenden, wenn der Versprechensempfänger bösgläubig war, der gegen ihn gerichtete Bereicherungsanspruch aber infolge Insolvenz nicht durchsetzbar ist.

**1.–7. Argument: wie Theorie B**

**8. Argument**
Wenn der Kondiktionsanspruch des Versprechenden gegen den Versprechensempfänger an § 818 III BGB scheitert, weil im Valutaverhältnis eine Schenkung gegeben ist, muss § 822 BGB analog angewandt werden. Dass hier die ursprüngliche rechtsgrundlose Leistung im Gegensatz zum unmittelbaren Anwendungsbereich des § 822 BGB nicht real in das Vermögen des ursprünglichen Kondiktionsschuldners gelangt ist, darf keine Rolle spielen. Entscheidend ist, dass auch hier der „eigentliche" Kondiktionsschuldner nicht in Anspruch genommen werden kann, weil er den Leistungsgegenstand einem Dritten geschenkt hat. Die Interessenlage ist hier somit genau die gleiche wie bei realer Leistung an den primären Kondiktionsschuldner und anschließender unentgeltlicher Weitergabe durch diesen.

**9. Argument**
Wenn der Versprechensempfänger die Leistung an den Dritten nicht sollte fordern können, hat er sich gleichsam aus der Rechtsbeziehung zum Versprechenden schon zurückgezogen: Ein Leistungsverhältnis besteht dann nur zwischen dem Versprechenden und dem Dritten.

**10. Argument (gegen Theorie E)**
Eine subsidiäre Haftung des Dritten bei Insolvenz des Versprechensempfängers hat dagegen keinerlei Grundlage im Gesetz. Eine analoge Anwendung des § 822 BGB kommt als Grundlage dafür nicht in Betracht. Die Durchgriffsmöglichkeit auf den vom Kondiktionsschuldner beschenkten Dritten beruht nun einmal entscheidend auf der geringeren Schutzwürdigkeit des unentgeltlichen Erwerbs. Im Übrigen macht es auch keinen Sinn, wenn der Anspruchsumfang von Canaris auf die hypothetische Erhöhung der Insolvenzquote bei einer unterstellten unmittelbaren Leistung des Versprechenden an den Versprechensempfänger begrenzt wird. Auch wenn der Versprechende seine Leistung nicht unmittelbar an den Dritten, sondern stattdessen an seinen Vertragspartner, den Versprechensempfänger, erbracht hätte, wäre die Insolvenzquote auf den Bereicherungsanspruch des Versprechenden wahrscheinlich gar nicht höher ausgefallen. Dieser würde das Empfangene ja wahrscheinlich sogleich – und damit noch vor Eröffnung des Insolvenzverfahrens – aufgrund des Valutaverhältnisses an den Dritten weitergegeben haben (Hassold).

**11. Argument (gegen Theorie D)**
Die grundsätzliche Zulassung der Direktkondiktion des Versprechenden beim Dritten in den Versorgungsfällen geht zu weit. Sie passt nur, wenn der Versprechensempfänger dem Dritten die Versorgungsleistung des Versprechenden unentgeltlich verschafft. Wenn etwa ein Arbeitgeber (VE) eine betriebliche Altersversorgung mithilfe eines Lebensversicherungsunternehmens (V) organisiert, ist im Valutaverhältnis sicherlich keine Schenkung, sondern ein freiwillig geleistetes Zusatzentgelt gegeben. Es muss dann dabei bleiben, dass sich der Bereicherungsausgleich nur über die hintereinandergeschalteten Leistungsverhältnisse (V/VE und VE/D (= Arbeitnehmer)) vollzieht. Bei etwaigen Überzahlungen der Lebensversicherungsgesellschaft an einen Arbeitnehmer müssen diesem alle Einwendungen erhalten bleiben, die ihm gegenüber seinem Arbeitgeber zustehen (Esser/Weyers).

## D. Nach der Funktion des Vertrages differenzierende Theorie

Sollte der (unwirksame) Vertrag zugunsten Dritter nur der Abkürzung des Leistungsweges dienen, so steht dem Versprechenden die Leistungskondiktion gegen den Versprechensempfänger zu. Bezweckte der Vertrag zugunsten Dritter dagegen einverständlich die Versorgung des Dritten – wie insbesondere bei den in § 330 BGB genannten Verträgen –, so richtet sich der Bereicherungsanspruch des Versprechenden unmittelbar gegen den Dritten.

Eine Direktkondiktion des V bei D wird darüber hinaus zum Teil auch noch für andere Fälle angenommen: Nach BGHZ 58, 184 (189) = NJW 1972, 864 soll die Direktkondiktion gegeben sein,

1. wenn das Forderungsrecht des Dritten seinen maßgebenden Rechtsgrund nur im Deckungsverhältnis finden sollte;

2. ebenso wenn infolge der Abbedingung von § 335 BGB ausschließlich dem Dritten das Forderungsrecht zustehen sollte; und schließlich
3. wenn sich das Valutaverhältnis in der Zuwendung des Forderungsrechtes erschöpft.

Nach anderen Autoren (Koppensteiner/Kramer; Martinek/Heine; Medicus/Petersen) soll die Direktkondiktion immer dann gegeben sein, wenn das Verhältnis V/D aus besonderen Gründen dem Deckungsverhältnis übergeordnet ist.

**Vertreten von:**
BGHZ 58, 184 (187 ff.) = NJW 1972, 864; AK-BGB/Joerges § 812 Rn. 38; Brox/Walker SchuldR BT § 40 Rn. 19 f.; von Caemmerer JZ 1962, 385 (387) (= GS 327); Eckert SchuldR BT Rn. 1528 f.; Gernhuber BürgerlR § 47 IV 1, 2; Giesen JURA 1995, 169 (178); Grunsky, Athenäum-Zivilrecht I, 1972, S. 627; Gursky SchuldR BT S. 191; (ähnlich) Hadding, Der Bereicherungsausgleich beim Vertrag zu Rechten Dritter, 1972, S. 78, 93 ff., 101 ff.; Jacoby/von Hinden BGB § 812 Rn. 31; jurisPK-BGB/Martinek/Heine § 812 Rn. 142; Köndgen, FG Esser, 1975, 55 (68 f.); Köhler/Lorenz SchuldR II Fall 198; Koppensteiner/Kramer Ungerechtfertigte Bereicherung S. 45 ff.; Kropholler, Studienkommentar zum BGB, 11. Aufl. 2008, BGB § 812 Rn. 31; S. Lorenz JuS 2003, 839 (845); (iErg) W. Lorenz AcP 168 (1968), 297 und JuS 1968, 441 (444) sowie bei Staudinger/W. Lorenz, 1999, BGB § 812 Rn. 38 f. (wo aber jeweils angenommen wird, dass zum Zwecke abgekürzter Lieferung nur ermächtigende Verträge zugunsten Dritter geschlossen werden); Staudinger/S. Lorenz, 2007, BGB § 812 Rn. 38 f.; (ähnlich) Medicus/Petersen BürgerlR Rn. 681 ff.; Meyer, Bereicherungsausgleich in Dreiecksverhältnissen, 1979, S. 151 ff.; MüKoBGB/Gottwald § 334 Rn. 15 f.; NK-BGB/von Sachsen Gessaphe § 812 Rn. 168 ff.; Pinger AcP 179 (1979), 301 (322 ff.); Reuter/Martinek Ungerechtfertigte Bereicherung S. 145 ff.; RGRK/Ballhaus BGB § 334 Rn. 9, 10; RGRK/Heimann-Trosien BGB § 812 Rn. 29; E. Schmidt JZ 1971, 601 (607); Staudinger/Jagmann, 1995, BGB § 334 Rn. 33 ff.; StudK/Lüderitz BGB § 328 Anm. III I b; Thiele SchuldR BT S. 165 f.; Wandt Gesetzl. Schuldverhältnisse § 13 Rn. 79; Wetzel, Die bereicherungsrechtlichen Fragen eines mangelhaften Vertrages zu Rechten Dritter, 1975; im Grundsatz auch, aber stärker differenzierend Reuter/Martinek Ungerechtfertigte Bereicherung, 1983, S. 478 ff. (484 f.). Für einen prinzipiellen Durchgriff in Form der Leistungskondiktion Staudinger Eckpfeiler/Auer, 2020, Rn. S 74.

**1. Argument**
Die Leistung des Versprechenden ist der Kausalbeziehung zuzuordnen, in der nach dem Willen der Partner des Vertrages zugunsten Dritter „der wesentliche wirtschaftliche Erfolg des Geschäfts" eintreten soll (Köndgen). Dies kann – je nach der Funktion des Vertrages – die Rechtsbeziehung zwischen den Vertragsparteien oder aber das Rechtsverhältnis zum Dritten sein. Im ersten Fall ist Empfänger der Leistung des Versprechenden der Versprechensempfänger, im zweiten Fall der Dritte.

*a) Speziell zu den Verträgen zugunsten Dritter, die allein der Abkürzung des Leistungsweges dienen (der Versprechende hat einen Kondiktionsanspruch nur gegen den Versprechensempfänger):*

**2. Argument**
Diente der Vertrag nur der Abkürzung des Lieferungsweges, so bestand im Augenblick des Vertragsschlusses schon eine Forderung des Dritten gegen den Versprechensempfänger. Diese Forderung des Dritten ist erfüllt worden, als der Versprechende die

vertraglich zugesagte Leistung an ihn erbrachte. Der Dritte ist in diesem Fall mithin durch die vom Versprechenden an ihn erbrachte Zuwendung von vornherein gar nicht bereichert worden, weil dem Erhalt des Leistungsgegenstandes der Verlust der Forderung im Valutaverhältnis gegenübersteht. Schon deshalb kommt er als Gegner des Kondiktionsanspruchs des V gar nicht in Betracht (Hadding).

**3. Argument**
Falls der (unwirksame) Vertrag zugunsten Dritter nur zur Abkürzung des Leistungsweges geschlossen worden war, ist die gleiche Interessenlage wie bei Anweisungsleistungen gegeben. Der Versprechende verfolgt einen eigenständigen Zweck hier nur gegenüber seinem Vertragspartner, dem Versprechensempfänger: Er will durch die faktische Zahlung oder Lieferung an den Dritten seine vertragliche Verpflichtung gegenüber dem Versprechensempfänger tilgen. Der Dritte ist für ihn bloße „Zahlstelle" seines Vertragspartners. Wenn der Versprechende seine Leistung vor Erhalt der Gegenleistung, zu der sich der Versprechensempfänger verpflichtet hat, an den Dritten erbringt, so kreditiert er damit seinem Vertragspartner, nicht dem Dritten, dessen Vermögenslage ihm regelmäßig gar nicht bekannt sein wird.

**4. Argument**
Wenn die Vertragsparteien dem Dritten einen eigenen Anspruch einräumen, so soll damit nur dessen Rechtsposition gegenüber dem Vertragsschuldner, dem Versprechenden, gestärkt und ihm damit ein geeignetes technisches Mittel zur zügigeren Durchsetzung seines Anspruchs im Valutaverhältnis verschafft werden. Dann darf der Dritte bei Unwirksamkeit des Vertrages im Hinblick auf die bereicherungsrechtliche Rückabwicklung aber keinesfalls schlechter gestellt werden, als er stünde, wenn er auf den zweifelhaften „Vorteil" des eigenen Anspruchs verzichtet hätte. Eine solche Schlechterstellung würde es aber bedeuten, wenn dem Dritten allein wegen der Unwirksamkeit des Vertrages zwischen dem Versprechenden und dem Versprechensempfänger die Herausgabe des Empfangenen an den Versprechenden zugemutet würde, während er das Empfangene bei Wahl eines nur ermächtigenden Vertrages zugunsten Dritter infolge der Wirksamkeit des Valutaverhältnisses hätte behalten dürfen.

*b) Speziell zu den Versorgungsverträgen zugunsten Dritter (der Versprechende hat einen direkten Kondiktionsanspruch gegen den Dritten):*

**5. Argument**
Der Vertrag zugunsten Dritter wird bei dieser Fallgestaltung nicht benutzt, um einen Umweg über das Vermögen des Versprechensempfängers zu sparen, sondern um spezifischen und alleinigen Interessen des Dritten Rechnung zu tragen. Das Vermögen des Versprechensempfängers soll nicht wirklich vermehrt werden; vielmehr soll von vornherein nur der Dritte einen Vermögenszuwachs erhalten. Die Leistung des Versprechenden an den Dritten ist vorrangig, der Anspruch des Versprechensempfängers ist gem. § 335 BGB gleichsam zu einem „Hilfsanspruch" abgewertet. Dann kann aber die Leistungskondiktion des Versprechenden auch nur gegen den Dritten gerichtet sein.

**6. Argument**
Bei Versorgungsverträgen zu Rechten Dritter wird dem Dritten vom Versprechensempfänger nicht eigentlich die vom Versprechenden zu erbringende Leistung, son-

dern primär der Anspruch auf diese Leistung gegen den Versprechenden zugewendet. Damit ähnelt die Rechtsstellung des Dritten hier der eines Zessionars. Auch die Interessenlage ist genauso, als hätte der Versprechensempfänger die vertragliche Leistung des Versprechenden zunächst für sich selbst ausbedungen und dann nachträglich den Anspruch aus dem Vertrag an den Dritten abgetreten. Bei der Abtretung einer nur vermeintlichen Forderung kann aber der vermeintliche Schuldner die an den Zessionar erbrachte Leistung nur unmittelbar bei diesem kondizieren (Meyer).

**7. Argument**

In den Versorgungsfällen wird die Rechtsstellung des Dritten durch den Vertrag zugunsten Dritter überhaupt erst begründet. Das Anrecht des Dritten auf den Leistungsgegenstand stammt also überhaupt nur aus dem Deckungsverhältnis und muss schon deshalb auch von dessen Bestand abhängig sein. Das aber impliziert, dass der Dritte den empfangenen Leistungsgegenstand bei Unwirksamkeit des Vertrages zugunsten Dritter trotz Wirksamkeit des Valutaverhältnisses an den Versprechenden herausgeben muss.

**8. Argument**

Dient der Vertrag zugunsten Dritter einverständlich der Versorgung des Dritten, so kommt ein Bereicherungsanspruch des Versprechenden gegen den Versprechensempfänger auch schon deshalb nicht in Betracht, weil der Versprechensempfänger gar nicht bereichert ist. Da im Valutaverhältnis zum Dritten regelmäßig eine (wirksame) Handschenkung gegeben ist, ist er durch die Leistung des Versprechenden an den Dritten nicht von einer bisherigen Verbindlichkeit gegenüber dem Dritten befreit worden, und er hat durch diese Leistung genauso wenig einen eigenen Bereicherungsanspruch gegen den Dritten erworben. Das real vom Versprechenden an den Dritten Geleistete ist dem Versprechensempfänger damit nicht einmal wertmäßig zugutegekommen. Beim Dritten selbst dagegen ist offensichtlich eine Bereicherung eingetreten, denn er hat durch den Erwerb der Versorgungsleistung keine entsprechende Forderung gegen den Versprechensempfänger verloren.

**9. Argument**

In den Versorgungsfällen existiert typischerweise im Valutaverhältnis zunächst gar kein eigener Anspruch des Dritten auf die Verschaffung der fraglichen Leistung; hier kommt vielmehr regelmäßig erst infolge des Vertrages zugunsten Dritter eine Handschenkung zustande. Schon deshalb kann der Versprechende dem Dritten gegenüber nicht als bloßer Leistungsmittler des Versprechensempfängers erscheinen. Er überbringt offensichtlich keine Tilgungsbestimmung des Versprechensempfängers, sondern leistet *solvendi causa* auf die eigene, vom Versprechensempfänger zwar initiierte, aber doch dem Dritten gegenüber bestehende Schuld.

**10. Argument (gegen Theorie C, Arg. 11)**

Wenn man die Durchgriffskondiktion des Versprechenden gegen den Dritten mit Theorie C auf die analoge Anwendung von § 822 BGB stützt, scheitert sie notwendigerweise in den Fällen, in denen der Versprechensempfänger bösgläubig ist: Der Wortlaut des § 822 BGB („soweit infolgedessen die Verpflichtung des Empfängers zur Herausgabe der Bereicherung ausgeschlossen ist") ist eindeutig; die bloße Insolvenz des Kondiktionsschuldners darf dem Freiwerden nach § 818 III BGB schon deshalb nicht gleichgestellt werden, weil der Gesetzgeber mit dem subsidiären

Zugriffsrecht auf den Dritten eben nur die spezifische Schwäche der Bereicherungsansprüche im Vergleich zu anderen Ansprüchen – eben die prinzipielle Beschränkung der Haftung auf die fortdauernde Bereicherung – wenigstens teilweise ausgleichen wollte. Das Schutzbedürfnis des Dritten wird aber durch die Bösgläubigkeit des Versprechensempfängers nicht vergrößert, das des Versprechenden nicht verringert. Es besteht deshalb kein Anlass, die Durchgriffskondiktion bei Bösgläubigkeit des Versprechensempfängers zu versagen.

## E. Theorie der nur subsidiären Haftung des Dritten

Der Kondiktionsanspruch des Versprechenden richtet sich grundsätzlich gegen den Versprechensempfänger. War der unwirksame Vertrag zugunsten Dritter atypischerweise nur zum Zweck der abgekürzten Lieferung abgeschlossen worden, bewendet es hierbei. Im Normalfall des Vertrages zugunsten Dritter, in dem der Versprechensempfänger dem Dritten nicht den späteren Leistungsgegenstand, sondern nur den Anspruch auf die Erbringung der Leistung zuwenden will, ist jedoch eine subsidiäre Durchgriffskondiktion gegen den Dritten gegeben: Wenn der Anspruch gegen den Versprechensempfänger an § 818 III BGB scheitert oder wenn der Versprechensempfänger insolvent wird, muss der Versprechende sich unmittelbar an den Dritten halten können.

**Vertreten von:**
Canaris, 1. FS Larenz, 1973, 799 (828 ff.); Canaris NJW 1972, 1196 ff.; etwas modifiziert (keine Sonderbehandlung der Fälle abgekürzter Lieferung; Abstellen auf Unentgeltlichkeit im Valutaverhältnis) Larenz/Canaris SchuldR BT II/2 § 70 V 2a, b.

**1. und 2. Argument: wie Theorie B, Arg. 3 und 4.**

**3. Argument**
Die Interessen der Parteien des unwirksamen Vertrages zugunsten Dritter erzwingen die grundsätzliche Bereicherungsabwicklung zwischen ihnen selbst. Berechtigte Interessen des Dritten würden dagegen durch eine Direktkondiktion des Versprechenden beim Dritten nicht tangiert: Da die Rechtsstellung des Dritten aus dem Deckungsverhältnis abgeleitet und ihm untergeordnet ist, geschieht ihm kein Unrecht, wenn er das Erlangte schon bei Unwirksamkeit nur des Deckungsverhältnisses herausgeben muss. Da nun eine kumulative Haftung des Dritten neben dem Versprechensempfänger den Versprechenden übermäßig begünstigen würde, bietet sich die Lösung einer subsidiären Haftung des Dritten an. Wenn der Kondiktionsanspruch gegen den Versprechensempfänger versagt, haftet stattdessen der Dritte.

**4. Argument**
Für eine subsidiäre Haftung des Dritten spricht auch die Wertung des § 822 BGB, der ja ebenfalls nur eine subsidiäre Haftung des Dritten statuiert.

**5. Argument**
Da der subsidiäre Durchgriff gegen den Dritten aus dessen fehlender Schutzwürdigkeit abgeleitet ist, braucht er nicht auf die Fälle beschränkt bleiben, in denen Theorie III § 822 BGB analog anwenden würde. Die subsidiäre Haftung des Dritten ist vielmehr auch dort angebracht, wo das Valutaverhältnis nicht unentgeltlich ist oder

wo die Inanspruchnahme des „eigentlichen“ Bereicherungsschuldners (also des Versprechensempfängers) nicht an § 818 III BGB, sondern an dessen Insolvenz scheitert. Der Versprechende darf allerdings auch nicht besser gestellt werden, als er bei unmittelbarer Leistung an seinen Vertragspartner stünde. Sein subsidiärer Kondiktionsanspruch gegen den Dritten muss also auf den Betrag begrenzt werden, um den sich die Insolvenzquote des Versprechenden erhöhen würde, wenn seine Leistung in die Insolvenzmasse gelangt wäre.

**6. Argument**

Für den subsidiären Durchgriff gegen den Dritten ist allerdings kein Raum, wenn der unwirksame Vertrag zugunsten Dritter nur zur Abkürzung des Lieferungsweges eingesetzt worden ist. Dann besteht nämlich eine der Anweisung vergleichbare Lage. Der Dritte, dessen Rechtsstellung durch den Weg des § 328 BGB im Vergleich zu einem Anweisungsempfänger noch verstärkt werden sollte, darf dann nicht schlechter stehen, als er bei einer gewöhnlichen Anweisung stünde. Bei der gewöhnlichen Anweisungslage ist aber der Durchgriff anerkanntermaßen grundsätzlich nicht möglich.

**Beispiele:**

**1.** Im Ausgangsfall kann V von D nur nach Theorie A Rückgabe der Bücher verlangen. Dagegen besteht nach Theorien B–E kein derartiger Anspruch. Theorie D würde darauf abstellen, dass der echte Vertrag zugunsten Dritter hier lediglich zur Abkürzung des Lieferungsweges eingesetzt worden ist.

**2.** VE schließt eine hohe Lebensversicherung zugunsten seiner unversorgten Schwester D ab. Dabei verschweigt er trotz entsprechender Nachfrage der Lebensversicherung, dass er an einer unheilbaren Krankheit leidet. Nach seinem Tode wird die Versicherungssumme an D ausbezahlt. Als die Versicherungsgesellschaft V später den wahren Sachverhalt erfährt, ficht sie den Versicherungsvertrag wegen arglistiger Täuschung gegenüber den Erben des VE an. Die auf Rückzahlung in Anspruch genommene D wendet ein, nicht sie, sondern die Erben des E müssten haften (Fall nach W. Lorenz JuS 1968, 444).

V kann hier nach Theorie A direkt bei D kondizieren, nach Theorie D ebenso, weil hier der berechtigende Vertrag zugunsten Dritter zum Zwecke der Versorgung des Dritten eingesetzt worden ist. Nach Theorie B könnte V dagegen nur bei den Erben des VE kondizieren. Dass ihnen bzw. dem VE das Geleistete nicht einmal wertmäßig zugutegekommen ist, spielt keine Rolle, da sie wegen der Bösgläubigkeit des V nach §§ 819 I, 818 IV BGB bereicherungsunabhängig haften. Nach Theorie C gilt das Gleiche; eine analoge Anwendung von § 822 BGB scheitert hier an der Bösgläubigkeit des VE (anders insoweit Lieb). Theorie E entscheidet grundsätzlich ebenso, käme aber im Falle des wegen Überschuldung des Nachlasses eingeleiteten Nachlassinsolvenzverfahrens zu einer subsidiären Haftung des D.

# 2. Kapitel. Besondere Leistungskondiktionen

## 8. Problem (§ 812 I 2 Fall 2 BGB)
## Ist § 812 I 2 Fall 2 BGB auch bei gegenseitigen Verträgen anwendbar, wenn die Parteien einen über den Leistungsaustausch hinausgehenden Zweck verfolgt haben?

**Beispiel:**

Der kinderreiche V verkauft der Gemeinde G ein Grundstück im Wert von 200.000 EUR zum Preis von 100.000 EUR, weil die Gemeinde hierauf einen Kindergarten errichten will. Später nimmt G von diesem, dem V besonders am Herzen liegenden Vorhaben Abstand und bietet das mittlerweile weiter im Wert gestiegene Grundstück zum Preis von 250.000 EUR zum Verkauf an. V verlangt nun von G Rückübereignung des Grundstücks Zug um Zug gegen Rückzahlung des Kaufpreises.

**Ausgangspunkt:**

Nach § 812 I 2 Fall 2 BGB besteht ein Bereicherungsanspruch, wenn „der mit einer Leistung nach dem Inhalt des Rechtsgeschäfts bezweckte Erfolg nicht eintritt". Man spricht insoweit von der *condictio ob rem* oder der Kondiktion wegen Zweckverfehlung bzw. wegen Misserfolgs. Dieser Kondiktionstatbestand hat wie kaum eine andere Norm des BGB Anlass zu Kontroversen und Fehldeutungen gegeben. So findet sich denn heute nicht eine einzige Fallgruppe, deren Einordnung in diesen Kondiktionstatbestand unstreitig wäre. Gelegentlich wird sogar behauptet, dieser Kondiktionstatbestand sei überhaupt nur historischer Ballast und habe keinerlei sinnvolles Anwendungsfeld mehr. Die große Mehrheit des neueren Schrifttums ist sich demgegenüber darin einig, dass § 812 I 2 Fall 2 BGB weiterhin für die (allerdings nicht sonderlich häufigen) Konstellationen der sog. *Datio ob rem* des römischen Rechts benötigt wird. Der Leistung liegt hier eine Zweckvereinbarung der Parteien zugrunde, wonach der Empfänger zum Behalten der Leistung berechtigt sein soll, weil erwartet wird, dass er eine bestimmte – nicht geschuldete (!) – Gegenleistung erbringen wird. Eine solche *datio ob rem* wird anstelle eines gegenseitigen Vertrages für den Leistungsaustausch gelegentlich deshalb gewählt, weil der Empfänger noch die Freiheit behalten soll, ob er die erwartete Gegenleistung erbringen will oder nicht. Meist greift man dazu aber deshalb, weil die von der einen Seite erwartete Gegenleistung gar nicht zum Gegenstand einer Verpflichtung gemacht werden kann (sie besteht etwa in der Erbeinsetzung des Leistenden oder in der Eheschließung mit ihm oder im Absehen von Strafverfolgung). Streitig ist nun, ob § 812 I 2 Fall 2 BGB auf diese Fälle beschränkt ist oder ob auch ein Partner eines gegenseitigen Vertrages die von ihm bereits erbrachte vertragliche Leistung kondizieren kann, weil ein mit dem Vertrag bezweckter, über den reinen Leistungsaustausch hinausgehender weiterer Erfolg nicht eingetreten ist?

**Sachliche sowie zeitliche Einordnung:**
Um die kontroverse Streitfrage und insbesondere um die Positionen von Rechtsprechung und Schrifttum richtig einordnen zu können, ist Folgendes zu berücksichtigen:

Bei Inkrafttreten des BGB 1900 fand sich keine allgemeine, dem heutigen § 313 BGB vergleichbare Vorschrift, die Rechtsschutz beim anfänglichen Fehlen oder späteren Wegfall der Geschäftsgrundlage gewährt hätte. Eine Theorie der Geschäftsgrundlage entwickelte im jungen 20. Jahrhundert erst das Schrifttum, namentlich Paul Oertmann, die sich das RG – gestützt auf § 242 BGB – sodann im Jahr 1922 in Ansehung der Hyperinflation zu eigen machte (näher BeckOGK BGB/Martens, 1.7.2022, § 313 Rn. 12 ff.). Die Rechtsprechung griff in der Folgezeit diese Theorie zur Vermeidung von untragbaren, mit Recht und Gerechtigkeit schlechthin unvereinbaren Ergebnissen immer wieder auf und verschaffte ihr klarere Konturen. Der Gesetzgeber des Schuldrechtsmodernisierungsgesetzes (2002) sah deswegen in den Grundsätzen über das Fehlen oder den Wegfall der Geschäftsgrundlage ein über Jahrzehnte erprobtes Rechtsinstitut, das er schließlich mit § 313 BGB auf Tatbestandsebene unverändert auf eine gesetzliche Basis stellte.

## Problemlösungsansätze

### A. (hier sog.) **Weite Anstaffelungstheorie**

Die Parteien eines gegenseitigen Vertrages können vereinbaren, dass mit dem Vertragsschluss außer dem Leistungsaustausch noch ein weiterer Zweck verfolgt wird. Dies ist insbesondere dann der Fall, wenn sie die Abrede treffen, dass die eine Partei die Leistung der anderen nur in bestimmter Weise verwenden soll, ohne der anderen zugleich einen erzwingbaren Anspruch auf diese Verhaltensweise zu geben und ohne die anspruchswidrige Verwendung zur auflösenden Bedingung zu erheben bzw. daran eine Rücktrittsmöglichkeit zu knüpfen. Diese besondere Rechtsgrundabrede legt antizipiert fest, dass die spätere Leistungserbringung nicht nur *solvendi causa*, sondern zugleich um des „angestaffelten" weiteren Zweckes willen erfolgt, dh um den Empfänger zu dem gewünschten fraglichen Verhalten zu veranlassen. Wird dieser Erfolg nicht erreicht, so kann die Leistung mit der *condictio ob rem* (§ 812 I 2 Fall 2 BGB) zurückgefordert werden.

**Vertreten von:**
RGZ 66, 132 (133 f.); 106, 93 (98); 129, 307 (308 f.); 132, 238 (240 ff.); RG WarnR 1917 Nr. 112; LZ 1923, 387 f.; 1925, 712 f.; Recht 1925 Nr. 2418; HRR 1925 Nr. 101; JW 1936, 815; BGH MDR 1952, 33 f.; WM 1966, 1062 (1063); NJW 1973, 612 (613); OLG Stuttgart LZ 1925, 666 f.; BayObLGZ NJW 1967, 1664; KG FamRZ 1972, 93; Battes AcP 178 (1978), 337 (372 ff.); Bernhardt, Der Bereicherungsausgleich wegen Misserfolgs, 1971, S. 33 ff.; Beuthien/Weber Ungerechtfertigte Bereicherung S. 40 ff.; Buck-Heeb Examens-Rep SchuldR BT II § 17 Rn. 369; StudK/Beuthien BGB § 812 Anm. II 4; Deubner FamRZ 1968, 351 f.; Ehmann, Die Gesamtschuld, 1972, S. 173 f., 186 ff.; Ehmann NJW 1973, 1035 f.; Enneccerus/Lehmann SchuldR § 224 I 2; in Ansätzen Erdmann, Wann findet § 814 Halbsatz 1 BGB Anwendung, und welches ist sein rechtspolitischer Grundgedanke?, 1935, S. 22 ff.; Erman/Buck-Heeb BGB § 812 Rn. 51 f.; Fikentscher/Heinemann SchuldR Rn. 1457; Heck SachenR § 141, S. 7; Henssler, GS Lüderitz, 2000, 287 (292 ff., 301); iErg Joost JZ 1985, 10 (13); Krückmann AcP 128 (1928), 158 (160 ff.); Kühne FamRZ 1968, 356 (358) Fn. 20; Leonhard SchuldR BT §§ 270–278; D. Liebs JZ 1978, 697 ff. (702 f.); Locher AcP 121 (1923), 1 (48 f., 107); Oertmann Vorbem. vor § 812; Planck/Landois BGB § 812 Anm. I 3a; RGRK/Scheffler, 11. Aufl. 1960, BGB § 812 Anm. 94, 95, 101; Rothoeft AcP 163

(1964), 215 (225); Scheyhing AcP 157 (1958/59), 371 (378 f.) Fn. 36; Schnauder Grundfragen S. 28 ff. (33 ff.); Simshäuser AcP 172 (1972), 19 (35 ff., 37); Soergel/Mühl, 11. Aufl. 1985, BGB § 812 Rn. 211; Staudinger/Seufert, 10./11. Aufl. 1975, BGB § 812 Rn. 44; Wandt Gesetzl. Schuldverhältnisse § 10 Rn. 61 f.; Wunner NJW 1966, 2287; im Ansatz auch Koller, Die Risikozurechnung bei Vertragsstörungen in Austauschverträgen, 1979, S. 371 ff.

**1. Argument**

Eine Leistung kann nach § 812 I 1 Fall 1 BGB kondiziert werden, wenn sie „ohne rechtlichen Grund" erfolgt. Mit rechtlichem Grund geschieht die Leistung, wenn der Leistende den – einseitig oder vertraglich gesetzten – Zweck der Leistung erreicht. Zahlt etwa der Käufer den Kaufpreis, so ist Rechtsgrund nicht einfach der Anspruch des Verkäufers aus dem Kaufvertrag, sondern der Umstand, dass der Käufer den Zweck seiner Zahlung, eben die Tilgung dieses Anspruchs erreicht hat. Da nun die Parteien den Zweck bestimmen, dessen Realisierung die bereicherungsrechtliche Behaltensberechtigung für den Empfänger schafft, müssen sie auch mehrere Leistungszwecke kombinieren, insbesondere neben dem typischen und primären Zweck der Anspruchserfüllung einen sekundären und atypischen Leistungszweck (eben die Erreichung eines weiteren Leistungserfolges, zB einer bestimmten Verwendung des Leistungsobjektes durch den Empfänger) vereinbaren können. Wird ein derartiger „angestaffelter" Zweck verfehlt, so kann die bloße Existenz des Forderungsrechtes des Leistungsempfängers nicht dessen Behaltensberechtigung begründen. Dieser ist dann vielmehr zur Herausgabe des Erlangten aus dem Gesichtspunkt der *condictio ob rem* verpflichtet.

**2. Argument**

Wenn die Parteien einverständlich (oder der Leistende ohne den zumutbaren Widerspruch des Leistungsempfängers) die Leistung außer mit der Erfüllung von Vertragspflichten mit weiteren Zwecken in Bezug setzen, so ist nicht einzusehen, weshalb bei Verfehlung dieses Zweckes eine Umgestaltung des Vertrages wegen Geschäftsgrundlagenstörung an die Stelle einseitiger Rückforderung treten soll. Der Leistungszweck, um dessen Verfehlung es hier geht, ist ja Geschäftsinhalt und nicht nur Geschäftsgrundlage geworden. Im Gegenteil: Die Gewährung eines bereicherungsrechtlichen Rückforderungsanspruchs verdient schon deshalb den Vorrang vor der Vertragsanpassung oder -auflösung wegen Fehlens der Geschäftsgrundlage, weil die auf Rückgewähr gehende Rechtsfolge des § 812 I 2 Fall 2 BGB die in Ausübung der Privatautonomie getroffene rechtsgeschäftliche Regelung verwirklicht – nämlich nur die zwingende Konsequenz daraus zieht, dass die von den Parteien festgelegten Voraussetzungen für das Behaltendürfen der Leistung nicht erfüllt sind –, während die Lehre von der Geschäftsgrundlage die rechtsgeschäftliche Regelung aus bloßen Billigkeitsgründen korrigiert. Der Rückgriff auf die Geschäftsgrundlagenlehre ist hier auch schon deshalb nicht angebracht, weil diese nicht zu kontrollierbaren Ergebnissen, sondern zu letztlich unberechenbaren Einzelfallentscheidungen führt. Daran hat auch die (bei der Schuldrechtsreform erfolgte) Übernahme dieser Lehre in das Gesetz (§ 313 BGB) nichts geändert.

**3. Argument**

Ein dem primären Zuwendungszweck angestaffelter weiterer Zweck lässt sich durchaus von der Geschäftsgrundlage des Vertrages unterscheiden. Bei der (jetzt in § 313 BGB kodifizierten) Lehre von der Geschäftsgrundlage geht es um die durch Treu und Glauben gebotene ausnahmsweise Berücksichtigung der Motivationslage einer Partei, genauer: um die Berücksichtigung solcher Motive, die außerhalb des Geschäftsinhaltes geblieben sind. Ein angestaffelter Zweck der Zuwendung ist dagegen von einer Vertragspartei zum Gegenstand ihrer rechtsgeschäftlichen Erklärung gemacht und von der anderen Partei akzeptiert worden, also Vertragsinhalt und nicht bloß ein- oder zweiseitig vorausgesetzte Grundlage des Vertrages geworden (Schnauder).

**4. Argument**
Die Lehre von der Geschäftsgrundlage kann keinen allgemeinen Vorrang vor dem Bereicherungsrecht beanspruchen. Es stimmt nicht, dass die Ansprüche, die sich bei Geschäftsgrundlagenstörungen ergeben, zu den vertraglichen Ansprüchen gehören, die Bereicherungsansprüche ausschließen. Vielmehr gehört umgekehrt das Recht der Leistungskondiktion insofern zum ergänzenden gesetzlichen Vertragsrecht, als es regelt, wie fehlgeschlagene Verträge abzuwickeln sind. Es ordnet nämlich, wie das gesamte gesetzliche Vertragsrecht, nur das an, was faire, auf Ausgleich bedachte Vertragsparteien vermutlich vereinbart hätten, wenn sie die Regelungsbedürftigkeit des betreffenden Punktes erkannt hätten (Liebs).

## B. (hier sog.) **Eingeschränkte Anstaffelungstheorie**

Die Parteien können bei gegenseitigen Verträgen dem Austauschzweck noch weitere (atypische) Leistungszwecke anstaffeln. Dabei genügt die – auch durch schlüssiges Verhalten mögliche – tatsächliche Willensübereinstimmung über den mit der Leistung bezweckten weiteren Erfolg. Jedoch haben vertragliche Ansprüche – insbesondere wegen Wegfalls der Geschäftsgrundlage – Vorrang; dies gilt auch, wenn zwar eine Geschäftsgrundlagenstörung iSv § 313 BGB zu bejahen ist, sich aber daraus keine Rückgewähransprüche herleiten lassen.

**Vertreten von:**
BGHZ 44, 321 (323) = NJW 1966, 540; BGHZ 84, 1 (10 f.) = NJW 1982, 2184; BGH WM 1971, 276; 1972, 889; NJW 1975, 776; 1992, 2690; BAG NJW 1987, 918 (919); wohl auch Jauernig/Stadler BGB § 313 Rn. 13 und Grüneberg/Sprau BGB § 812 Rn. 30.

**1. Argument: wie Theorie A, Arg. 1.**

**2. Argument**
Der Vorrang vertraglicher Ansprüche besteht unabhängig davon, welche Rechtsfolgen sich im konkreten Fall aus der Anwendung der Grundsätze über den Wegfall der Geschäftsgrundlage ergeben. Er gilt deshalb auch, wenn nach § 313 BGB keine Lösung des Vertragsverhältnisses mit entsprechenden Rückgewähransprüchen in Betracht kommt, sei es, dass lediglich eine anderweitige Anpassung des Vertrages an die veränderten Umstände vorzunehmen ist, oder sei es, dass sich die Parteien trotz der Veränderung der Umstände in vollem Umfang an dem Vertrag festhalten lassen müssen.

## C. (hier sog.) **Ablehnungstheorie**

Die von den Parteien eines gegenseitigen Vertrages neben dem Leistungsaustausch verfolgten weiteren Zwecke sind bereicherungsrechtlich irrelevant, wenn sie nicht zur Bedingung erhoben werden. Die Verfehlung eines solchen Zwecks kann nur zum Wegfall der Geschäftsgrundlage (§ 313 BGB) führen, nicht aber eine *condictio ob rem* auslösen.

**Vertreten von:**
Arens JuS 1971, 355 (358) Fn. 23; Bälz, Eingriffsschutz und Opfersicherung im Haftungssystem des Zivilrechts I, 1970, S. 122 f.; BeckOK BGB/Wendehorst, 61. Ed. 1.2.2022, § 812 Rn. 92; Batsch NJW 1973, 1639 f.; Brox/Walker SchuldR BT § 40 Rn. 34; von Caemmerer, FS Rabel, 1954, 345 f. (= GS 222 ff.); Emmerich SchuldR BT § 16 Rn. 30; Esser SchuldR, 2. Aufl. 1960, § 192, 2–4; Esser SchuldR 2, 4. Aufl. 1971, § 103 II; Esser/Weyers SchuldR BT II/2 § 49 II, S. 456; Feiler Aufgedrängte Bereicherung S. 78 f.; Frotz AcP 164 (1964), 308 (326); Gursky SchuldR BT S. 187; Huber JuS 1972, 57 ff. (64); Klinkhammer DB 1972, 2385 (2387) Fn. 36; Köhler, Unmöglichkeit und Geschäftsgrundlage bei Zweckstörungen, 1971, S. 188 ff.; Köhler/Lorenz SchuldR II Fall 201; König Gutachten S. 1535; Koppensteiner/Kramer Ungerechtfertigte Bereicherung S. 58; Larenz SchuldR BT II/1 § 69 II; Reeb BereicherungsR S. 60 ff.; Reeb JuS 1973, 366 (367 f.); Larenz/Canaris SchuldR BT II/2 § 68 I 3d; Loewenheim BereicherungsR S. 64 f.; MüKoBGB/Lieb, 4. Aufl. 2004, § 812 Rn. 203 ff.; NK-BGB/von Sachsen Gessaphe § 812 Rn. 58 ff.; Prütting/Wegen/Weinreich/Prütting BGB § 812 Rn. 49; Reuter/Martinek Ungerechtfertigte Bereicherung, 1983, S. 155 ff.; RGRK/Heimann-Trosien BGB § 812 Rn. 89 und 99; Schäfer SchuldR BT § 34 Rn. 36; Schlechtriem SchuldR BT Rn. 736; Simshäuser AcP 172 (1972), 19 (35 f.); Söllner AcP 163 (1963), 20 (45); Staake Gesetzl. Schuldverhältnisse § 3 Rn. 64; Staudinger/W. Lorenz, 1999, BGB § 812 Rn. 105 f.; Staudinger/S. Lorenz, 2007, BGB § 812 Rn. 105 f.; M. Weber JZ 1989, 25 (27 ff.); Wieling JuS 1978, 801 (802); Wieling BereicherungsR § 3 III 3a, e; Wieling/Finkenauer BereicherungsR § 3 Rn. 42; (wohl auch) Wilburg, Die Lehre von der ungerechtfertigten Bereicherung nach österreichischem und deutschem Recht, 1934, S. 8 f.; Wolf SchuldR BT S. 440 ff.; Zeiss JZ 1963, 7 Fn. 9; Zeiss AcP 164 (1964), 50 (65); im Grundsatz auch Welker, Bereicherungsausgleich wegen Zweckverfehlung?, 1974, S. 113 (anders nur, wenn als weitergehender Erfolg eine zusätzliche verpflichtungsfreie Gegenleistung zugesagt wurde).

**1. Argument**
Die Anwendung der *condictio ob rem* in den Fällen der Verfehlung eines „angestaffelten“ weiteren Zwecks der Leistung wäre systemwidrig. Was zum Zwecke der Erfüllung eines Anspruchs geleistet worden ist, kann, wenn die Erfüllungswirkung eingetreten ist, nicht kondiziert werden. Solange der erfüllte Anspruch als ohne die Erfüllung fortbestehend gedacht werden kann, gibt er einen ausreichenden Behaltensgrund für das Erlangte ab. Da nun der „angestaffelte“ weitere Zweck weder Bedingung noch Geschäftsgrundlage sein soll, würde seine Verfolgung sich auf das Kausalverhältnis und den daraus fließenden Anspruch nicht auswirken können. Trotz Verfehlung des „angestaffelten“ weiteren Zwecks müsste also der erfüllte Anspruch des Empfängers als ohne die Erfüllung fortbestehend gedacht werden. Eine Kondiktion trotz wirksamen Behaltensgrundes wäre aber ein Widerspruch in sich selbst.

**2. Argument**
Die „Anstaffelungstheorie“ kann nicht erklären, dass das der Leistung zugrunde liegende Kausalverhältnis in § 812 I 1 und 2 Fall 1 BGB das Behaltendürfen rechtfertigt, nicht aber in § 812 I 2 Fall 2 BGB, obwohl es durch die Zweckverfehlung doch unberührt bleibt. Denn andernfalls läge ja der Tatbestand des § 812 I 1 oder 2 Fall 1 BGB vor, sodass es der Heranziehung von § 812 I 2 Fall 2 BGB ohnehin nicht bedürfte.

**3. Argument**
Die Vorschrift des § 812 I 2 Fall 2 BGB ist der römischrechtlichen *„condictio ob rem datorum"* nachgebildet. Danach konnte die Leistung immer nur dann zurückgefordert werden, wenn der Empfänger mit der Leistung zu einem bestimmten nicht erzwingbaren Verhalten veranlasst werden sollte und dieser Zweck nicht erreicht wurde. Dieser Bereicherungsanspruch bestand nach römischem Recht nicht in den Fällen, in denen die Leistung aufgrund eines Verpflichtungsgeschäftes erbracht worden war.

**4. Argument**
Die „Anstaffelungstheorie" will mit der *condictio ob rem* ja gerade in solchen Fällen helfen, in denen die Parteien den Bestand des Grundgeschäftes nicht mithilfe einer entsprechenden Bedingung von der Erreichung des fraglichen Zwecks abhängig gemacht hatten. Die Rechtsfolge, die die Anstaffelungstheorie hier eintreten lassen will, ist aber genau die gleiche, die sich ergeben würde, wenn die Vertragsparteien eine entsprechende Bedingung vereinbart hätten. Das ist widersprüchlich.

**5. Argument**
Schon die Grundannahme der „Anstaffelungstheorie", dass „rechtlicher Grund" mit „Erreichung des Leistungszweckes" gleichzusetzen sei, ist verfehlt. Rechtsgrund ist vielmehr das Rechtsverhältnis, aus dem sich ergibt, dass das Geleistete dem Empfänger gebührt und von ihm deshalb behalten werden darf (objektiver Rechtsgrundbegriff). Die Zweckerreichungstheorie ist insbesondere mit § 812 I 2 Fall 1 BGB nicht vereinbar. Der Eintritt einer auflösenden Bedingung nach Erfüllung des aus dem Rechtsgeschäft entspringenden Anspruchs ändert ja nichts daran, dass der beabsichtigte Erfolg der Leistung, die Schuldtilgung, eingetreten ist. Mit dem Eintritt der auflösenden Bedingung entfällt lediglich der erfüllte Anspruch, genauer: das aus dem erfüllten Anspruch ableitbare Anrecht auf das Geleistete und damit der Rechtsgrund im objektiven Sinne (Welker).

**6. Argument**
Wenn eine Partei bei Vertragsverhandlungen eine konkrete, von ihr gehegte Erwartung über den Eintritt eines bestimmten Erfolges zum Vertragsinhalt machen will, wird sie entweder darauf bestehen, dass die andere Partei sich zur Herbeiführung dieses Erfolgs verpflichtet, oder aber verlangen, dass bei Nichteintritt des betreffenden Erfolges die Vertragswirkungen automatisch wieder entfallen sollen oder dass ihr dann ein Rücktrittsrecht zustehen soll. Es ist kaum vorstellbar, dass vernünftige Parteien eine solche weitergehende Erwartung zum Vertragsinhalt machen, aber die Rechtsfolgen einer dieser Erwartung nicht entsprechenden Entwicklung nicht regeln.

**7. Argument**
Die Anstaffelungstheorie ist mit dem finalen Leistungsbegriff der modernen Bereicherungsrechtsdogmatik nicht zu vereinbaren. Leistung in diesem Sinn kann nur die auf einen eindeutigen Zweck bezogene Zuwendung sein. Bei Zuwendungen, die *solvendi causa* erbracht werden, können deshalb über den unmittelbar erstrebten Rechtserfolg hinausgehende weitere Zwecke der Parteien nicht mithilfe des Bereicherungsrechts erfasst werden. Das Instrument der Leistungskondiktion ist – im Gegensatz zum Institut der Geschäftsgrundlage – auf die Verfehlung weiterer Leistungszwecke, die sich bei rechtlicher Würdigung als bloße Motive darstellen, gar nicht zugeschnitten (Reuter/Martinek).

**8. Argument**
Das Rechtsinstitut des Wegfalls der Geschäftsgrundlage passt in den Fällen der Verfehlung eines „angestaffelten" weiteren Leistungszwecks auch deshalb besser, weil es die Berücksichtigung aller relevanten Umstände des Einzelfalls erlaubt und damit sehr viel elastischer ist als die *condictio ob rem*, die nur ein starres aut – aut (nämlich entweder die Rückgabe der ganzen Leistung bei Ausbleiben der von beiden Parteien erwarteten Entwicklung oder aber die Verneinung des Kondiktionsanspruchs) zulässt.

**9. Argument**
Wenn man einen bereicherungsrechtlichen Rückforderungsanspruch wegen Verfehlung eines angestaffelten weiteren Leistungszwecks gewährt, so wird damit der Bereich des ausnahmsweise beachtlichen Motivirrtums in gesetzwidriger Weise über den durch § 119 II BGB vorgegebenen Rahmen erweitert. Der Sache nach läuft nämlich die Zubilligung der *condictio ob rem* auf die Möglichkeit hinaus, die rechtsgeschäftliche Regelung durch einseitige Entscheidung wegen eines bloßen Motivirrtums zu beseitigen (Welker).

**Beispiele:**

**1.** Im Ausgangsfall kann V nach Theorie A gem. § 812 I 2 Fall 2 BGB das Grundstück zurückverlangen. Nach Theorie B und C kann sich ein Rückforderungsrecht dagegen nur aus dem Gesichtspunkt des Wegfalls der Geschäftsgrundlage ergeben. Da das Fehlschlagen des Verwendungszwecks nicht in den Risikobereich des V fällt und für ihn das Festhalten am Vertrag unter den gegebenen Umständen unzumutbar ist, kann V vom Vertrag zurücktreten und Rückgabe des Grundstücks gegen Zahlung des Kaufpreises von 100.000 EUR verlangen.

**2.** Die treue Haushälterin H dient dem E lange Jahre nur gegen Kost, Wohnung und Taschengeld, weil E sie als seine Erbin vorgesehen hatte. Kurz vor seinem Tod ändert E aber sein Testament und setzt stattdessen seinen Neffen N zum Alleinerben ein. Hier liegt entgegen dem ersten Anschein nicht die Konstellation des „angestaffelten" weiteren Leistungszwecks vor. Die in Aussicht gestellte Erbeinsetzung sollte vielmehr eine zusätzliche (verpflichtungsfreie) Gegenleistung sein. Damit kann man zur *condictio ob rem* auf zwei Wegen gelangen:

- Man könnte zunächst annehmen, dass der Vertrag alle Dienste abdeckt und diese mit einer teilweise verpflichtungsbewehrten (Kost, Wohnung, Taschengeld), teilweise aber auch verpflichtungsfreien (Erbeinsetzung) Gegenleistung entgolten werden sollen. Dann bedeutet das Ausbleiben der erwarteten Erbeinsetzung eine Teilstörung des gewollten Äquivalenzgefüges, die für einen Teil der Dienstleistungen die Kondiktionsmöglichkeit nach § 812 I 2 Fall 2 BGB eröffnet. Die Aufteilung in den kondiktionsfesten und den kondizierbaren Teil muss dabei analog §§ 326 III 2, 441 III BGB erfolgen (Welker, Bereicherungsausgleich wegen Zweckverfehlung?, 1974, S. 113 f.).
- Die zweite Möglichkeit besteht darin, eine bloße dienstvertragliche Teilregelung anzunehmen, also davon auszugehen, dass der Dienstvertrag überhaupt nur die Wohnung, Kost und Taschengeld entsprechenden Teile der Dienste abdeckt (so Medicus/Petersen BürgerlR Rn. 692; Esser/Weyers SchuldR BT II/2 § 49 II; Staudinger/W. Lorenz, 1999, BGB § 812 Rn. 106 aE; Staudinger/S. Lorenz, 2007, BGB § 812 Rn. 106 aE). Die übrigen Dienste wären dann als im Hinblick auf die zu er-

wartende Erbeinsetzung erbracht anzusehen; sie könnten wegen Nichteintritts dieser verpflichtungsfrei vereinbarten Gegenleistung wiederum mit der *condictio ob rem* kondiziert werden. Das BAG wendet in vergleichbaren Fällen allerdings nicht die *condictio ob rem* an, sondern leitet einen Vergütungsanspruch aus § 612 BGB her (BAG AP § 612 BGB Nr. 15, 20 ff.). Schließlich käme auch die Annahme eines faktischen Arbeitsverhältnisses in Betracht (vgl. Canaris BB 1967, 156).

## 9. Problem (§ 817 S. 2 BGB)
## Zu welchen Konsequenzen führt § 817 S. 2 BGB im Falle des Wucherdarlehens?

**Beispiel:**

S, der gerade einen kleinen Laden aufgemacht hat, gerät in erhebliche finanzielle Schwierigkeiten, da die Umsätze hinter seinen Erwartungen zurückbleiben und mehrere Mitglieder seiner Familie sich teuren, von ihrer Krankenversicherung nicht abgedeckten Zahnbehandlungen unterziehen müssen. Er nimmt deshalb bei dem „Kredithai" G ein Darlehen in Höhe von 10.000 EUR mit zwei Jahren Laufzeit auf, das mit 30% zu verzinsen ist. Die gesamten Zinsen sollen bei der Rückzahlung des Kapitals mitentrichtet werden. Am Fälligkeitstermin verweigert S gegenüber G jedoch jede Zahlung, weil der Darlehensvertrag nichtig sei.

**Ausgangspunkt:**

Die bereicherungsrechtliche Rückabwicklung gesetz- oder sittenwidriger Verträge erfolgt in erster Linie mithilfe der allgemeinen Leistungskondiktion (§ 812 I 1 Fall 1 BGB). Das Gesetz enthält jedoch für diese Fälle eine besondere Kondiktionssperre: Die bereicherungsrechtliche Rückforderung des Geleisteten ist nach § 817 S. 2 BGB ausgeschlossen, wenn die Hingabe der Leistung gesetzes- oder sittenwidrig und dies dem Leistenden auch bewusst war. Dem Wortlaut nach verlangt diese Norm allerdings einen beiderseitigen Gesetzes- oder Sittenverstoß („auch"), und sie bezieht sich zudem nur auf die besondere Leistungskondiktion wegen gesetz- oder sittenwidrigen Leistungsempfangs aus § 817 S. 1 BGB. Würde man die Vorschrift tatsächlich so verstehen, dann liefe dieser Kondiktionsausschlusstatbestand praktisch immer leer, denn bei beiderseitigem Gesetzes- oder Sittenverstoß ist das Kausalgeschäft nichtig und damit bereits die allgemeine Leistungskondiktion einschlägig. Man ist sich deshalb darüber einig, dass § 817 S. 2 BGB berichtigend auszulegen ist, also einerseits auch die konkurrierende *condictio indebiti* erfasst und zudem nur einen Gesetzes- oder Sittenverstoß aufseiten des Leistenden voraussetzt.

Die Kondiktionssperre des § 817 S. 2 BGB wirft zahlreiche Probleme auf, die immer noch kontrovers diskutiert werden. Das hängt vor allem auch damit zusammen, dass die *ratio legis* der Norm recht dunkel ist und keiner der diskutierten Normzwecke (Privatstrafe gegen den gesetz- oder sittenwidrig Leistenden; Rechtsschutzversagung für denjenigen, der sich selbst außerhalb der Rechtsordnung gestellt hat; Verbot der Berufung auf eigenes gesetzwidriges oder unsittliches Handeln) rechtspolitisch voll zu überzeugen vermag. Es liegt aber auch daran, dass die Konsequenzen des Kondiktionsausschlusses vom Gesetzgeber nicht genügend durchdacht sind, sodass eine mechanische Handhabung der Norm vielfach zu unzweckmäßigen und ungerechten oder dem Zweck der jeweiligen Verbotsnorm geradezu zuwiderlaufenden Ergebnissen führen würde. Von all den Streitfragen des § 817 S. 2 BGB am heftigsten diskutiert wird wohl, welche Konsequenzen sich aus der Norm für die Rückabwicklung von wucherischen und deshalb nach § 138 II BGB nichtigen oder von unter § 138 I BGB fallenden wucherähnlichen Darlehen ergeben.

Im Ausgangspunkt ist man sich darin einig, dass der bewucherte Darlehensnehmer nicht etwa wegen der Kondiktionssperre des § 817 S. 2 BGB das erhaltene Darlehenskapital endgültig behalten darf: § 817 S. 2 BGB hindert den Darlehensgeber vielmehr nur daran, das Darlehenskapital vorzeitig, also vor dem vorgesehenen Fälligkeitstermin, zurückzuverlangen – eine Möglichkeit, die sich ohne diesen Kondiktionsausschlusstatbestand zwingend aus der Nichtigkeit des Darlehensvertrages ergeben würde. „Konstruiert" wird diese Wirkung eines zeitweiligen Rückforderungsausschlusses mithilfe eines für § 817 S. 2 BGB entwickelten besonderen, nämlich eingeschränkten Leistungsbegriffs: Leistung im Sinne dieser Norm ist nur eine solche Zuwendung, die endgültig in das Vermögen des Empfängers übergehen soll (vgl. BGHZ 28, 257 = NJW 1959, 143); der Wucherer leistet dem Darlehensnehmer iSv § 817 S. 2 BGB also nicht etwa das Darlehenskapital, sondern nur die Möglichkeit der Nutzung dieses Kapitals. Wenn der Wucherer dem bewucherten Darlehensnehmer aber das Kapital zunächst einmal belassen muss, so stellt sich sofort die Frage, ob der Darlehensnehmer unter diesen Umständen im Gegenzug für die Nutzung des Kapitals Zinsen zu zahlen hat. Die im Vertrag vereinbarte Zinsregelung kommt naturgemäß nicht in Betracht, da der Vertrag ja nichtig ist. Weniger leicht zu entscheiden ist aber, ob nach Bereicherungsrecht gleichwohl Zinsen geschuldet werden oder ob der Vertrag mit einer ermäßigten Zinshöhe aufrechterhalten werden kann.

## Problemlösungsansätze

### A. Theorie der fehlenden Verzinsungspflicht

Der bewucherte Darlehensnehmer darf das Kapital für die vereinbarte Laufzeit oder bis zum nächsten ordentlichen Kündigungstermin behalten und nutzen, braucht aber keine Zinsen zu zahlen; schon gezahlte Zinsen kann er als nicht geschuldet kondizieren.

**Vertreten von:**
RGZ 161, 52 (57); BGHZ 99, 333 (338 f.) = NJW 1987, 944; BGH MDR 1960, 111; NJW 1962, 1148 (1149); 1963, 1870; WM 1971, 857; 1977, 72 (73); 1982, 1021 (1022); NJW 1983, 1420 (1422); 1983, 2692 (2695); 1987, 181; 1989, 3217; 1993, 2108; 1995, 1152 (1153); KG WM 1975, 128 (129); 1979, 589 (591); OLG Frankfurt a.M. WM 1980, 95 (98); OLG Hamburg NJW 1982, 942 (944); OLGR 1999, 113; OLG Köln ZIP 1985, 22 (26); OLG Karlsruhe BB 1958, 319; OLG Schleswig WM 1985, 881 (886); OLGR 2001, 350 (352 f.); OLG Düsseldorf WM 1985, 1197 (1198); OLG München RIW 1983, 957 (959); OLG Frankfurt a.M. WM 1980, 95 (98); LG Bonn WM 1977, 1341; LG Frankfurt a.M. NJW 1978, 1925 (1927); Althammer Schuldrecht III BT 2 Rn. 441; BeckOK BGB/Wendehorst, 61. Ed. 1.2.2022, § 817 Rn. 1; Beuthien/Weber Ungerechtfertigte Bereicherung S. 128 f.; Buck-Heeb Examens-Rep SchuldR BT II § 17 Rn. 357; Canaris WM 1981, 978 (979, 985); Canaris, Bankvertragsrecht, 3. Aufl. 1981, Rn. 1315; Canaris, Gesetzliches Verbot und Rechtsgeschäft, 1983, S. 33, 45; Canaris, FS Steindorf, 1990, 519 (520 ff.); Dauner JZ 1980, 495 (504 f.); Emmerich JuS 1988, 925 (931); Esser SchuldR 2, 4. Aufl. 1971, § 103 IV 1 zu Fn. 41; Fikentscher SchuldR/Heinemann Rn. 1465; Giesen JURA 1995, 169 (181); Grigoleit/Auer/Kochendörfer SchuldR III Rn. 49; Grüneberg/Ellenberger BGB § 138 Rn. 75; Grüneberg/Sprau BGB § 817 Rn. 21; Gursky SchuldR BT S. 193; Harke SchuldR BT § 10 Rn. 492; Hirsch SchuldR BT § 45 Rn. 1391; HK-BGB/Schulze § 817 Rn. 10; Jauernig/Stadler BGB § 817 Rn. 13; Keßler DB 1984, 655; Larenz/Canaris SchuldR BT II/2 § 68 III 3c, S. 164; Lindacher NJW 1985, 489; Loewenheim BereicherungsR S. 72 f.; S. Lorenz/Cziupka JuS 2012, 777 (779 f.); Medicus/S. Lorenz

SchuldR BT § 63 Rn. 17 (mit Zweifeln); Meiwes, Probleme des Ratenkreditvertrages, 3. Aufl. 1988, S. 95 ff.; Müller SchuldR BT Rn. 2040; MüKoBGB/Armbrüster § 138 Rn. 161, 166; MüKoBGB/Schwab, 8. Aufl. 2020, § 817 Rn. 51; NK-BGB/von Sachsen Gessaphe § 817 Rn. 18; Prütting/Wegen/Weinreich/Prütting BGB § 817 Rn. 13; (iErg) Reifner JZ 1984, 637 (640 f.); RGRK/Heimann-Trosien BGB § 817 Rn. 26; Röthel SchuldR BT/2 Kap. 3 Rn. 53; (iErg) Schauhoff, Die Bereicherungshaftung wegen der Nutzung rechtsgrundlos erlangten Geldes, 1992, S. 78 ff.; Schellhammer SchuldR 19. Teil Rn. 915; Staudinger Eckpfeiler/Auer, 2020, Rn. S 39; Staudinger Eckpfeiler/Linardatos, 2022, Rn. S 39; Steinmetz, Sittenwidrige Ratenkreditverträge in der Rechtspraxis, 1985, S. 64 ff.; Tiedtke JZ 1987, 853 (855); Tiedtke ZIP 1987, 1089 (1092 f.); Thöne JuS 2019, 193 (200); Wandt Gesetzl. Schuldverhältnisse § 10 Rn. 37; Wieling BereicherungsR § 3 III 6 f.; Wieling/Finkenauer BereicherungsR § 3 Rn. 64.

**1. Argument**
Die entgeltlose Nutzung des Darlehenskapitals durch den bewucherten Darlehensnehmer ist die unvermeidliche Konsequenz daraus, dass § 817 S. 2 BGB die Rückforderung des Kapitals für die vereinbarte Laufzeit des Darlehens ausschließt. Ohne einen fälligen Bereicherungsanspruch auf Rückzahlung des Darlehenskapitals kann die Verzinsungspflicht naturgemäß nicht aus § 818 I BGB abgeleitet werden. Ohnehin passt § 818 I BGB schon deshalb nicht, weil damit ja nur die vom Kondiktionsschuldner tatsächlich gezogenen Nutzungen iSv § 100 BGB erfasst würden; das bloße Zurverfügunghaben eines bestimmten Geldbetrages ist aber noch keine „Nutzung“ in diesem Sinne; echte Nutzungen fielen für den Darlehensnehmer nur an, wenn dieser das erlangte Darlehenskapital gegen Zinsen weiterverleihen würde (vgl. §§ 100, 99 III BGB). Im Ergebnis nicht anders stellt sich aber die Rechtslage dar, wenn man die verschaffte zeitweise Kapitalnutzung als das Geleistete iSv § 812 BGB ansieht und über diesen Ansatz zu einer Vergütungspflicht aus § 818 II Fall 1 BGB kommen möchte. Die zeitlich begrenzte Kondiktionssperre des § 817 S. 2 BGB liefert nicht nur den Rechtsgrund für das zeitweise „Haben“ des Kapitals, sondern auch für dessen zeitweise Nutzung.

**2. Argument**
Der wucherische Geldverleiher könnte völlig risikolos arbeiten, wenn er sich ausrechnen könnte, dass ihm seine Opfer als Entgelt für die Nutzung des Darlehenskapitals wenigstens den üblichen Zinssatz vergüten müssten. Oder anders gewendet: Der Umstand, dass der Wucherer dem Bewucherten das Kapital auf eine gewisse Zeit zinslos belassen muss, vermehrt für ihn die Gefahren seines verwerflichen Handelns, ist also geeignet, einen rechtspolitisch höchst erwünschten Abschreckungseffekt zu entfalten. Für den Ausschluss jeder Verzinsung spricht damit auch der Gesichtspunkt der Generalprävention.

**3. Argument**
Nur diese Lösung entspricht der *ratio legis* des § 817 S. 2 BGB. Dabei kann dahinstehen, ob diese Norm eine zivilrechtliche Strafe für die Betätigung verwerflicher Gesinnung beabsichtigt – wie es das Reichsgericht annahm – oder ob der Normzweck in der Rechtsschutzverweigerung für denjenigen liegt, der einen Vermögensgegenstand unter Verletzung der Rechtsordnung aus der Hand gibt und sich damit selbst außerhalb der Rechtsordnung gestellt hat (wie das die heute hM annimmt). Bei Annahme einer Straffunktion des § 817 S. 2 BGB liegt es auf der Hand, dass der Wucherer dem

Bewucherten das Darlehenskapital unentgeltlich belassen muss; bekäme er mit den üblichen Zinsen eine angemessene Vergütung, wäre ein Rechtsnachteil für ihn gar nicht ersichtlich. Aber auch vom Motiv der Rechtsschutzverweigerung her kann im Ergebnis nichts anderes gelten: Von einer Rechtsschutzverweigerung für den Wucherer kann nun einmal keine Rede sein, wenn ihm von der Rechtsordnung eine angemessene Gegenleistung für seine Leistung garantiert wird. Rechtsschutzverweigerung bedeutet eben immer auch Risikoverlagerung auf den Leistenden (Dauner). An dieser Risikoverlagerung fehlt es bei Annahme einer Pflicht zur angemessenen Verzinsung.

**4. Argument**
Die Verzinsungspflicht des Bewucherten lässt sich jedenfalls nicht aus § 818 II BGB herleiten. Ihr steht entgegen, dass die Herausgabe der Leistung weder tatsächlich noch rechtlich unmöglich ist; der Kondiktionsschuldner braucht lediglich vorläufig das erlangte Darlehenskapital nicht herauszugeben (Reuter/Martinek im Anschluss an eine Erwägung von Medicus).

**5. Argument**
Wenn dem Wucherer mithilfe des Bereicherungsrechts ein Anspruch auf die übliche Verzinsung zugesprochen wird, so läuft das – genauso wie die Lösung mithilfe des Gedankens der Teilnichtigkeit (Theorie D) – auf eine richterliche Vertragskorrektur hinaus. Es ist aber nicht Aufgabe des Richters, an die Stelle der von den Parteien getroffenen inakzeptablen Regelung eine andere, unbedenkliche, aber nicht vereinbarte zu setzen. Ein solches richterliches Moderationsrecht würde die Privatautonomie aushöhlen (vgl. Dauner JZ 1980, 504 ff.).

**6. Argument**
Die Lösung von Theorie B ist auch insoweit bedenklich, als sie den – doch sicherlich besonders schutzwürdigen – Bewucherten schlechter stellt als einen normalen gutgläubig-unverklagten Kondiktionsschuldner. Letzterer braucht ja nie mehr herauszugeben als seine effektive Bereicherung. Der Bewucherte soll aber schlechthin auf die angemessenen Zinsen haften, ohne Rücksicht darauf, ob er durch die zeitweise Nutzung des Darlehenskapitals überhaupt irgendwelche bleibenden wirtschaftlichen Vorteile erzielt hat.

**7. Argument (gegen Theorie C)**
Der Bewucherte hat nicht nur das Darlehenskapital, sondern auch die Nutzung des Darlehenskapitals durch Leistung des Wucherers erlangt. Eine Leistung kann aber anerkanntermaßen vom Leistenden nur mithilfe der Leistungskondiktion in Natur oder wertmäßig zurückgeholt werden. Da sich das Leistungsverhältnis zwischen Wucherer und bewuchertem Darlehensnehmer auch auf die Kapitalnutzungen erstreckt, ist eine Eingriffskondiktion des Leistenden ausgeschlossen (Medicus). Wenn man das Gegenteil annähme, liefe § 817 S. 2 BGB auch leer, weil sich dann die nur gegenüber der Leistungskondiktion wirkende Kondiktionssperre des § 817 S. 2 BGB immer durch ein Überwechseln auf die Eingriffskondiktion ausschalten ließe.

**8. Argument (gegen Theorie C)**
Kraft Gesetzes eintretende Vermögensverschiebungen sind in aller Regel als endgültige Wertzuweisungen an den gewinnenden Teil gemeint und tragen deshalb ihre

Rechtfertigung in sich selbst. Die gegenteilige Interpretation ist nur gerechtfertigt, wenn sie sich aus der klar fassbaren Zielsetzung der betreffenden Norm zweifelsfrei ableiten lässt. Das ist hier nicht der Fall.

**9. Argument (gegen Theorie D)**
Der Versuch, über eine Restriktion der Nichtigkeitsanordnung des § 138 BGB oder den Gedanken der Teilnichtigkeit zur partiellen Aufrechterhaltung des Vertrages zu kommen, muss scheitern. Das Wuchergeschäft lässt sich nicht in eine sittengerechte Austauschvereinbarung und eine infolge Übermaßes sittenwidrige weitere Entgeltzusage zerlegen. Der vereinbarte Zins bildet nun einmal eine einheitliche Größe. Welche Zinshöhe so eben noch akzeptabel wäre, lässt sich im Übrigen kaum sicher bestimmen (Canaris). Selbst wenn man sich aber über diese Bedenken hinwegsetzen wollte, käme man von diesem Ansatz jedenfalls nicht zu einer Beschränkung der Verzinsungspflicht auf den marktüblichen Zinssatz.

**10. Argument**
Eine Aufrechterhaltung des Vertrages mit der gerade noch nicht sittenwidrigen Verzinsung wäre rechtspolitisch verfehlt. Es bliebe dann trotz der richterlichen Vertragskorrektur bei einem Missverhältnis zwischen Leistung und Gegenleistung; das Missverhältnis wäre nur (so eben) kein auffälliges mehr (Medicus).

**11. Argument (gegen Theorie D)**
Die Teilnichtigkeitslösung ist in den Fällen des Mietwuchers und des Lohnwuchers nur deshalb möglich, weil wir hier deutliche Spezialwertungen haben: Bei Mietwucher wird eine solche geltungserhaltende Reduktion durch die Überlegung erzwungen, dass die völlige Nichtigkeit des Vertrages und damit die sofortige Rechtlosigkeit des Mieters wohl kaum das Ziel des § 5 WiStG sein kann. Beim Lohnwucher hilft § 612 II BGB. Für die Konstellation des Wucherdarlehens fehlt es aber an einer solchen Wertungsvorgabe.

**12. Argument (gegen Theorie D)**
Wenn die Teilnichtigkeitslösung damit begründet wird, dass bei Totalnichtigkeit des Darlehens der Bewucherte trotz § 817 S. 2 BGB das Darlehenskapital sofort zurückzahlen müsste, so stellt dies die Dinge auf den Kopf. Eigentlich müsste § 817 S. 2 BGB auch die Rückforderung des Darlehenskapitals auf Dauer ausschließen. Nur weil diese Sanktion als zu hart empfunden wird, legt man § 817 S. 2 BGB einschränkend, nämlich im Sinne eines Verbots der vorzeitigen Rückforderung der Darlehenssumme aus. Diese Einschränkung darf aber nicht so weit getrieben werden, dass der Darlehensgeber das Darlehen sofort zurückverlangen könnte. Denn das liefe auf eine völlige Ignorierung des § 817 S. 2 BGB beim Wucherdarlehen hinaus (Tiedtke).

## B. Theorie der bereicherungsrechtlichen Verzinsungspflicht

Der bewucherte Darlehensnehmer braucht zwar trotz der Nichtigkeit des Darlehensvertrages wegen § 817 S. 2 BGB das Darlehenskapital vor Ablauf der vereinbarten Laufzeit nicht herauszugeben, er muss aber dem Darlehensgeber nach Bereicherungsrecht einen angemessenen Wertersatz für die Kapitalnutzung leisten. Dieser orientiert sich an dem marktgerechten Darlehenszins.

**Vertreten von:**
Brox/Walker SchuldR BT § 17 Rn. 19; Esser/Weyers SchuldR BT II/2 § 49 IV 3; Honsell, Die Rückabwicklung sittenwidriger und verbotener Geschäfte, 1974, S. 141 ff.; König Gutachten S. 137; Koppensteiner/Kramer Ungerechtfertigte Bereicherung S. 65 f.; Lass WM 1997, 145 (152 ff.); Larenz SchuldR BT II/1 § 69 III b; Medicus, GS Dietz, 1973, 61 (71 ff.); Medicus/Petersen BürgerlR Rn. 700; NK-BGB/Looschelders § 138 Rn. 232, 378; Peifer Gesetzl. Schuldverhältnisse § 9 Rn. 23, der vermittelnd auf den gesetzlichen Basiszins abstellt; H. Roth JZ 1989, 411 (413); Soergel/Mühl, 11. Aufl. 1985, BGB § 817 Rn. 27, 38; Staudinger/W. Lorenz, 1999, BGB § 817 Rn. 12; Staudinger/Roth, 2020, BGB § 139 Rn. 70.

**1. Argument**
Die Lösung von Theorie A, wonach der Bewucherte das erhaltene Darlehenskapital für die vereinbarte Vertragslaufzeit kostenlos nutzen kann, begünstigt den Bewucherten über jedes vernünftige Maß hinaus. Seinen berechtigten Schutzinteressen ist bereits genügt, wenn er das Darlehenskapital vorläufig behalten kann und anstelle der vereinbarten überhöhten nur die üblichen Zinsen zahlen muss.

**2. Argument**
Mit der angeblichen Straffunktion des § 817 S. 2 BGB lässt sich die Ablehnung einer Verzinsungspflicht des bewucherten Darlehensnehmers nicht begründen. Die Deutung der Vorschrift als zivilrechtliche Strafvorschrift entspricht zwar der Auffassung der Gesetzesverfasser, kann aber nicht aufrechterhalten werden. Zum einen wäre die so verstandene Norm im Zivilrecht ein Fremdkörper, zum anderen passt sie nicht zu der Tatsache, dass jedenfalls der Wortlaut der Vorschrift nur vom beiderseitigen Gesetzes- oder Sittenverstoß handelt, diese Konstellation also jedenfalls den Kern des Anwendungsbereichs der Norm bilden muss. Der behauptete Strafzweck vermag nun einmal nicht einsichtig zu machen, warum sich die Strafe für den Kondiktionskläger – die Anspruchsversagung – als Belohnung für den bei beiderseitigem Gesetzes- oder Sittenverstoß ja gerade nicht weniger strafwürdigen Beklagten auswirkt, der durch § 817 S. 2 BGB von einer nach allgemeinen Regeln gegebenen bereicherungsrechtlichen Herausgabe oder Wertersatzpflicht freigestellt wird.

**3. Argument**
Die Deutung des § 817 S. 2 BGB als Strafvorschrift würde die Maßgeblichkeit des strafrechtlichen Analogieverbots nahelegen. Ohne eine (modifizierte) Analogie wäre § 817 S. 2 BGB aber für die vorliegende Konstellation gar nicht verwertbar (Sack, der aber letztlich Theorie D folgt).

**4. Argument**
Auch der Gedanke der Rechtsschutzverweigerung kann beim Wucherdarlehen nur so weit tragen, wie das Urteil der Sittenwidrigkeit materiellrechtlich reicht. Er steht damit der Verurteilung zur Zahlung marktgerechter Zinsen nicht entgegen (Reuter/Martinek).

**5. Argument**
§ 817 S. 2 BGB hat keinen einheitlichen Normzweck, sondern verfolgt für die unterschiedlichen Anwendungsbereiche ganz heterogene Ziele. Für die Fälle, in denen durch die Leistung des Wucherers eine Notlage des Bewucherten behoben wird, will

die Regelung verhindern, dass die ursprüngliche Notlage des Bewucherten durch sofortige Kondiktion des Darlehenskapitals wiederhergestellt wird. Aus diesem Normzweck ergibt sich aber nichts gegen eine Verpflichtung des Bewucherten zur angemessenen Verzinsung des Kapitals (Medicus).

**6. Argument**
Die Behauptung, dass § 817 S. 2 BGB den Rechtsgrund auch für die vom Kondiktionsschuldner gezogenen Nutzungen liefere, läuft auf eine bloße *petitio principii* hinaus. Es ist ja gerade die Frage, ob § 817 S. 2 BGB für den Empfänger wirklich auch insoweit den fehlenden Rechtsgrund ersetzt (Reuter/Martinek). Dem Wortlaut nach passt § 817 S. 2 BGB für die Wucherfälle überhaupt nicht: Der Wortlaut geht nun einmal vom beiderseitigen Gesetzes- oder Sittenverstoß aus. Wendet man aber § 817 S. 2 BGB bei nur einseitigem Sittenverstoß des Leistenden *a fortiori* an, so kommt man beim Wucherdarlehen immer noch zu einer offensichtlich nicht passenden Rechtsfolge, nämlich dazu, dass der Bewucherte das Kapital auf Dauer behalten kann. Offensichtlich muss § 817 S. 2 BGB sowohl hinsichtlich seiner Voraussetzungen wie auch hinsichtlich seiner Rechtsfolgenanordnung der besonderen Konstellation des Wucherdarlehens angepasst werden. Dann darf aber aus § 817 S. 2 BGB nicht kurzschlüssig – ohne Ergebniskontrolle am Ziel eines fairen Interessenausgleichs zwischen den Parteien – die Verneinung der Verzinsungspflicht abgeleitet werden.

**7. Argument**
Die Überlegung, die Vergabe von Wucherdarlehen sei völlig risikolos, wenn dem Wucherer der marktgerechte Zins gezahlt werden müsste, stimmt nicht. Der Wucherer trägt ja auch dann noch jedenfalls das gerade bei „bewucherbaren" Personen (im Hinblick auf deren Notlage oder Leichtsinn usw) ganz erhebliche Rückzahlungsrisiko (Bunte).

**8. Argument (gegen Theorie A, Arg. 6)**
Die Verpflichtung des bewucherten Darlehensnehmers zur Zahlung angemessener Zinsen ist schon deshalb keine Verletzung des § 818 III BGB, weil bei ihm in dieser Höhe ja immer eine Ersparnisbereicherung gegeben sein wird. Zumindest lässt sich aber die Unanwendbarkeit des § 818 III BGB mit dem Einstehenmüssen des Kondiktionsschuldners für die negativen Konsequenzen seiner eigenen vermögensmäßigen Entscheidungen rechtfertigen (also mit der von Flume vorgeschlagenen teleologischen Reduktion des § 818 III BGB). Die Entscheidung, das Kapital entgeltlich zu nutzen, kann auch dem bewucherten Kreditnehmer zugerechnet werden, da die wucherischen Zinskonditionen mit dem fehlerfrei gebildeten Entschluss zur Kreditaufnahme gar nichts zu tun haben (Canaris WM 1981, 978 (986), der aber im Ergebnis Theorie A folgt).

**9. Argument**
Wenn Theorie A schon die Voraussetzungen des § 818 II BGB verneint, wird dabei der eingeschränkte Leistungsbegriff des § 817 S. 2 BGB übersehen: Leistung im Sinne dieser Vorschrift ist nicht die Übereignung der Geldscheine und Münzen, die die Darlehenssumme ausmachen, sondern die zeitweise Überlassung dieses Kapitals zur Nutzung. Diese Betrachtungsweise muss dann aber für die gesamte Prüfung des Bereicherungsanspruchs durchgehalten werden. Der Vorteil der Kapitalüberlassung

kann aber natürlich nicht in Natur herausgegeben werden, sondern ist nach § 818 II Fall 1 BGB zu vergüten. Aber selbst wenn man innerhalb der Anspruchsprüfung die Betrachtungsweise wechseln, nämlich bei der Prüfung der positiven Anspruchsvoraussetzungen an die Kapitalüberlassung anknüpfen und den eingeschränkten Leistungsbegriff nur bei der Prüfung der Kondiktionssperre aus § 817 S. 2 BGB zugrunde legen wollte, würde sich im Ergebnis nichts ändern. Der aus § 817 S. 2 BGB folgende Kondiktionsausschluss läuft nämlich auf eine rechtliche Unmöglichkeit der Herausgabe hinaus oder ist ihr zumindest gleichwertig (Medicus).

## C. (hier sog.) **Theorie der Bereicherung kraft Gesetzes**

Der Bewucherte ist um die Kapitalnutzung „in sonstiger Weise" bereichert und hat diese deshalb nach §§ 812 I 1 Fall 2, 818 II Fall 1 BGB zu vergüten.

**Vertreten von:**
Flume BGB AT II, 4. Aufl. 1992, § 18, 10 f., S. 394; Zimmermann, Richterliches Moderationsrecht oder Totalnichtigkeit?, 1979, S. 173 f.; Bunte NJW 1983, 2674 (2677); wohl auch AK-BGB/Joerges § 817 Rn. 17.

**1. Argument**
Den Vorteil, den Darlehensbetrag für die vereinbarte Laufzeit trotz der Nichtigkeit des Vertrages nutzen zu dürfen, erlangt der Bewucherte erst durch § 817 S. 2 BGB, also „kraft Gesetzes" und somit „in sonstiger Weise". Damit ist der Weg zu einer Vergütungspflicht aus Nichtleistungskondiktion (§§ 812 I 1 Fall 2, 818 II Fall 1 BGB) eröffnet (Flume).

**2. Argument**
Der Bewucherte ist auf Kosten des Darlehensgebers durch § 817 S. 2 BGB im Ergebnis um die Ersparnis der Kosten für eine anderweitige Kreditaufnahme bereichert. Ob diese Bereicherung als eine materiell gerechtfertigte gewollt ist oder im Verhältnis zum Darlehensgeber des rechtlichen Grundes entbehrt, ist hier wie sonst in den Fällen einer kraft Gesetzes eintretenden Bereicherung nach Sinn und Zweck der Rechtsnorm zu entscheiden, die die Vermögensverschiebung eintreten lässt. § 817 S. 2 BGB will in den Wucherdarlehensfällen nur verhindern, dass die ursprüngliche Notlage des Bewucherten durch die sofortige Rückforderung des Darlehenskapitals wiederhergestellt wird (s. Theorie B, Arg. 4); ein Ausschluss der bereicherungsrechtlichen Vergütungspflicht ist nicht intendiert (Zimmermann).

## D. (hier sog.) **Teilnichtigkeitstheorie**

Der Bewucherte schuldet die angemessenen (marktüblichen) Zinsen nicht kraft Bereicherungsrechts, sondern kraft des insoweit aufrechterhaltenen Darlehensvertrages. Dieser ist nämlich nur insoweit nichtig, wie ein unangemessener Zinssatz gefordert wird; er bleibt mit einem angemessenen Zinssatz wirksam.

**Vertreten von:**
Bürge, Rechtsdogmatik und Wirtschaft, 1987, S. 188, 217 ff.; Erman/Buck-Heeb BGB § 817 Rn. 21; J. Hager, Gesetzes- und sittenkonforme Auslegung und Aufrechterhaltung von Rechtsgeschäften, 1983, S. 93 ff.; U. Hübner ZIP 1984, 1185; Koziol

AcP 188 (1988), 182 (217 ff., 223); MüKoBGB/Lieb, 4. Aufl. 2004, § 817 Rn. 17 f. (ohne klare Festlegung); Reuter/Martinek Ungerechtfertigte Bereicherung, 1983, S. 218 ff. (ohne klare Festlegung); H. Roth ZHR 153, 423 (426 ff., 444); Schwark, Rechtsfragen des Konsumentenkredits, 1986, S. 142 ff.; Staudinger/Sack, 1996, BGB § 138 Rn. 122 ff., 134. Innerhalb dieser Theorie ist streitig, ob die Zinsen auf den höchstzulässigen Satz (so Koziol; Sack) oder auf das marktübliche Maß (so Lieb) reduziert werden. Jauernig/Mansel BGB § 139 Rn. 9 stellt auf § 246 BGB und § 352 I HGB ab.

**1. bis 2. Argument: wie Theorie A, Arg. 1, 3 und 7.**

**3. Argument**
Die Zerlegung der wucherischen Zinsabrede in einen sittengerechten und einen sittenwidrigen Teil ist gegenüber der bereicherungsrechtlichen Lösung der geeignetere Weg, da Letztere auf konstruktive Schwierigkeiten stößt (s. Theorie A, Arg. 4) (Reuter/Martinek).

**4. Argument**
Die Aufrechterhaltung des Vertrages mit dem angemessenen Zinssatz lässt sich auch aus dem beschränkten Normzweck des § 817 S. 2 BGB rechtfertigen; die Rechtsschutzversagung kann nur soweit reichen, wie die Parteien sich sittenwidrig verhalten (Reuter/Martinek).

**5. Argument**
Die richterliche Vertragskorrektur ist nicht per se bedenklich; sie entspricht einer in der Rspr. verbreiteten Tendenz, zB bei der Kontrolle der Allgemeinen Geschäftsbedingungen. Gerade auch im Anwendungsbereich des § 138 BGB gibt es Konstellationen, bei denen fast unbestritten anstelle der Nichtigkeitsfolge die Lösung der Aufrechterhaltung des Vertrages mit angemessener Gegenleistung gewählt wird (nämlich die Fälle des Mietwuchers und des Lohnwuchers (also der Vereinbarung eines „Hungerlohns“)). Warum sollte diese Lösung einer geltungserhaltenden Reduktion nicht auch beim Wucherdarlehen möglich sein?

**6. Argument**
Die Theorien A–C verkennen, dass § 817 S. 2 BGB bei Annahme der Totalnichtigkeit des wucherischen Darlehensvertrages die sofortige Rückforderung gar nicht verhindern könnte: Der Darlehensgeber erbringt seine im Synallagma stehende Leistung nicht schon mit der Auszahlung der Darlehenssumme, sondern erst dadurch, dass er das Kapital belässt. Seine Leistung müsste der Darlehensgeber deshalb trotz § 817 S. 2 BGB jederzeit beenden können. Außerdem hätte der Bewucherte dann vor der Vertragserfüllung durch den Wucherer keinen Anspruch auf Auszahlung des Darlehens. Damit würde sich aber das Wucherverbot gegen den zu Schützenden kehren. Eine befriedigende Lösung kann unter diesen Umständen nur in einer sittenkonformen Aufrechterhaltung des Vertrages gefunden werden (J. Hager).

**Beispiel:**

Nach allen Auffassungen ist S zur Rückzahlung des Darlehenskapitals verpflichtet, weil § 817 S. 2 BGB der sich aus der Nichtigkeit des Darlehensvertrages ergebenden Leistungskondiktion nach Ablauf der vereinbarten Darlehensdauer nicht mehr entgegensteht. Nach den Theorien B–D muss S darüber hinaus auch die üblichen (marktgerechten) Zinsen oder jedenfalls den gesetzlichen Basiszins entrichten. Nach Theorie A ist dagegen eine solche Verzinsungspflicht zu verneinen.

# 3. Kapitel. Eingriffskondiktionen

## 10. Problem (§§ 951 I, 812 I 1 Fall 2 BGB)

## Steht beim unbefugten Einbau fremden Materials durch einen Bauunternehmer oder Bauhandwerker dem betroffenen bisherigen Materialeigentümer eine Eingriffskondiktion gegen den Bauherrn zu?

**Beispiel:**

Der Baustoffgroßhändler B liefert Dachplatten unter verlängertem Eigentumsvorbehalt an den nicht im Handelsregister eingetragenen Bauhandwerker U, dessen Unternehmen nicht die Voraussetzungen des § 1 II HGB erfüllt. U verwendet sie zum Bau einer Werkhalle auf dem Grundstück des Bauherren (und Nicht-Kaufmanns) D, obwohl der Werkvertrag ein Abtretungsverbot für die Ansprüche des U vorsieht. D hält U ohne grobe Fahrlässigkeit für den Eigentümer der verbauten Materialien. U wird zahlungsunfähig, bevor er die Dachplatten bezahlt hat. Daraufhin verlangt B Zahlung des Kaufpreises von D. Mit Recht?

**Ausgangspunkt:**

Wenn ein Werkunternehmer fremdes Material mit Zustimmung des Eigentümers auf dem Grundstück eines Auftraggebers einbaut, ist der Bereicherungsausgleich unproblematisch: Aufgrund der Zustimmung muss der Eigentümer sich so behandeln lassen, als hätte er das fragliche Material vor dem Einbau an den Werkunternehmer geleistet. Eine Eingriffskondiktion des bisherigen Materialeigentümers gegen den Bauherrn kommt mithin nicht in Betracht. Er kann nur vom Werkunternehmer die vertraglich versprochene Vergütung oder bei Unwirksamkeit des Vertrages zwischen ihnen Wertersatz nach §§ 812 I 1 Fall 1, 818 II BGB verlangen.

Komplizierter ist die Situation, wenn der Einbau des fremden Materials ohne Erlaubnis des Eigentümers erfolgt. Hier stellt sich zunächst die Frage, ob der durch den Einbau eingetretene Eigentumsübergang auf den Bauherrn (§ 946 BGB) als Bestandteil der Leistung des Werkunternehmers angesehen werden kann. Einerseits ist der Eigentumswechsel nach § 946 BGB, also kraft Gesetzes eingetreten, andererseits hat der Unternehmer die Voraussetzungen dieser Norm wiederum planmäßig herbeigeführt. Bejaht man deshalb einen Erwerb durch Leistung des Unternehmers, so stellt sich die weitere Frage, ob trotzdem eine Eingriffskondiktion des Alteigentümers aus §§ 951 I, 812 I 1 Fall 2 BGB in Betracht kommt, oder ob diese nach dem allgemeinen Grundsatz der Subsidiarität dieses Rechtsbehelfs verdrängt wird bzw. durch eine aus den §§ 932 ff. BGB iVm § 816 I 2 BGB *e contrario* ableitbare Kondiktionssperre ausgeschlossen wird.

### Problemlösungsansätze

### A. (hier sog.) Theorie des Vorrangs des Güterschutzes

Der Bauherr, der gem. § 946 BGB Eigentum erlangt hat, haftet nach §§ 951 I, 812 I 1 Fall 2, 818 II BGB dem früheren Eigentümer auf Wertersatz. Das gilt auch dann, wenn der Bauherr bei einer hypothetischen, dem Einbau vorangeschalteten Übereignung kraft guten Glaubens nach § 932 BGB oder § 366 HGB das Eigentum erworben haben würde.

**Vertreten von:**
Sturm JZ 1956, 361 f.; Wolff/Raiser SachenR § 74 I 3.

**Begründung:**
Die Regeln der §§ 932 ff. BGB schützen nicht gegen den Bereicherungsausgleich, sondern nur gegen die Vindikation, die hier nach §§ 946 ff. BGB ohnehin ausgeschlossen ist. Zudem ist die Schutzbedürftigkeit des Bauherren, der aufgrund eines Rechtsgeschäfts erwirbt, eine andere als desjenigen, der kraft Gesetzes das Eigentum erlangt. Letzterer bedarf nicht des durch §§ 932 ff. BGB gewährten Schutzes gegen die Vindikation, da er ja nur der Wertersatzpflicht nach § 951 BGB ausgesetzt ist (Wolff/Raiser SachenR). Außerdem fehlt beim Eigentumsübergang durch Verbindung der Publizitätsschutz, der beim rechtsgeschäftlichen Erwerb das Wesen des § 932 BGB ausmacht (Sturm).

### B. Theorie der Orientierung an den Kriterien des sachenrechtlichen Gutglaubensschutzes

Der kraft Gesetzes eintretende Eigentumserwerb des Bauherrn ist kondiktionsfest, wenn dieser bei einer hypothetischen, dem Einbau vorgeschalteten Übereignung des Materials das Eigentum erworben hätte („normative Als-ob-Betrachtung“). Der Bauherr ist damit der Eingriffskondiktion des Alteigentümers nur dann ausgesetzt, wenn das eingebaute Material dem Eigentümer abhandengekommen oder der Bauherr bösgläubig war. Bei Bösgläubigkeit des Bauherrn ist die Eingriffskondiktion des betroffenen Alteigentümers auch dann gegeben, wenn dieser das Material selbst unter Eigentumsvorbehalt an den Bauunternehmer geliefert und so in den Verkehr gebracht hat, dem Einbau aber nicht (oder nur unter einer nicht erfüllten aufschiebenden Bedingung) zugestimmt hatte.

**Vertreten von:**
von Caemmerer, FS Rabel, 1954, 340 (391) Fn. 17; (iErg) Canaris, 1. FS Larenz, 1973, 799 (854 ff.); BeckOK BGB/Wendehorst, 61. Ed. 1.2.2022, § 812 Rn. 272 ff.; Ellger, Bereicherung durch Eingriff, 2002, S. 243 ff., 511 ff.; Erman/Hefermehl, 10. Aufl. 2000, BGB § 951 Rn. 8; Esser/Weyers SchuldR BT II/2 § 50 II 2a, IV; Giesen JURA 1995, 234 (236 f.); Grüneberg/Sprau BGB § 951 Rn. 8 f.; Gursky SchuldR BT S. 196; G. Hager JuS 1987, 877 (878 f.); Hombrecher JURA 2003, 333 (336); Hüffer JuS 1981, 263 (268); Huber NJW 1968, 1905 (1909 ff.); Huber JuS 1970, 342 (346 f.); Jauernig/Stadler BGB § 812 Rn. 86; König Ungerechtfertigte Bereicherung S. 211; Kohler, Die gestörte Rückabwicklung gescheiterter Austauschverträge, 1989, S. 599 f.; Koppensteiner/Kramer Ungerechtfertigte Bereicherung S. 106 ff.; Kupisch Gesetzespositivismus S. 99 f.; Loewenheim BereicherungsR S. 79; Larenz SchuldR BT II/1

§ 68 III a; Larenz/Canaris SchuldR BT II/2 § 70 III 2a, b; MüKoBGB/Füller, 8. Aufl. 2020, § 951 Rn. 19 f.; MüKoBGB/Lieb, 4. Aufl. 2004, § 812 Rn. 277 ff., 282 ff., 287 f., 292, 241 f., 246; Medicus/Petersen BürgerlR Rn. 729; Meyer, Bereicherungsausgleich in Dreiecksverhältnissen, 1979, S. 80 f.; Müller SchuldR BT Rn. 2267 f.; Müller, Sachenrecht, 4. Aufl. 1997, Rn. 2613 ff.; Paefgen JuS 1992, 192 (195); Picker NJW 1974, 1790 (1791 f.); Pinger AcP 179 (1979), 301 (328 f.); Prütting/Wegen/Weinreich/Prütting BGB § 812 Rn. 82; Prütting/Wegen/Weinreich/Scherer, 2006, BGB § 951 Rn. 6; Reeb BereicherungsR S. 56 f.; Schapp/Schur, Sachenrecht, 3. Aufl. 2002, Rn. 265 ff.; Schlechtriem SchuldR BT Rn. 754, 777; Schildt JuS 1995, 953 (955); Singer/Große-Klußmann JuS 2000, 562 (566); Soergel/Henssler, 13. Aufl. 2002, BGB § 951 Rn. 6, 8 f.; Soergel/Mühl, 12. Aufl. 1988, BGB § 951 Rn. 4; Staudinger/Gursky/Wiegand, 2017, BGB § 951 Rn. 13–15; Staudinger/C. Heinze, 2020, BGB § 951 Rn. 13 ff.; Staudinger/W. Lorenz, 1999, BGB § 812 Rn. 63; Staudinger/S. Lorenz, 2007, BGB § 812 Rn. 63; Sundermann WM 1989, 1197 (1201); Thiele SchuldR BT S. 162 f.; Thielmann AcP 187 (1987), 23 (33 ff.); (iErg) Trabzadah Ausschluss S. 97 ff.; Wandt Gesetzl. Schuldverhältnisse § 13 Rn. 16; H.P. Westermann JuS 1972, 18 (23); Westermann/Gursky/Eickmann SachenR § 54 Rn. 5; Westermann/Gursky/Pinger, Sachenrecht I, 6. Aufl. 1990, S. 404 f.; Wieling SachenR I § 11 II 5a bb; Wieling BereicherungsR § 6 V 2c; Wieling/Finkenauer Fälle SchuldR BT Fall 16; Wilhelm, Rechtsverletzung und Vermögensentscheidung als Grundlagen und Grenzen des Anspruchs aus ungerechtfertigter Bereicherung, 1973, S. 154 f.; Wilhelm JuS 1973, 1 (8 f.); Wilhelm, Sachenrecht, 7. Aufl. 2021, Rn. 1089.

**1. Argument**

Der in den §§ 932 ff. BGB, § 366 HGB zum Ausdruck gekommene Interessenausgleich zwischen Eigentumsschutz einerseits und Verkehrs- bzw. Vertrauensschutz andererseits kann auch beim Bereicherungsausgleich für einen Eigentumserwerb nach § 946 BGB nutzbar gemacht werden: Der Grundstückseigentümer darf beim sofortigen Einbau des fremden Materials durch den von ihm beauftragten Bauunternehmer nicht schlechter gestellt werden, als er stünde, wenn der Bauunternehmer das Material vor dem Einbau noch an ihn übereignet hätte. Falls der Bauherr bei einer solchen Übereignung das Eigentum nach § 932 BGB oder § 366 HGB erworben hätte, wäre er einer Eingriffskondiktion des bisherigen Materialeigentümers nicht ausgesetzt gewesen, wie ein Umkehrschluss aus § 816 I BGB zeigt. Dann muss aber auch der unmittelbar durch den Einbau eingetretene Eigentumserwerb kondiktionsfest sein.

**2. Argument**

Wenn eine solche unterstellte Übereignung an der Bösgläubigkeit des Bauherrn oder am Abhandenkommen des Materials gescheitert wäre, dann wäre der Bauherr bis zum Einbau der Vindikation des Materialeigentümers ausgesetzt gewesen. Dann muss es aber dabei bleiben, dass der durch den Einbau nach § 946 BGB eintretende Rechtsübergang die Eingriffskondiktion aus § 951 BGB auslöst. Die Bereicherungshaftung des Bauherrn scheitert im Falle seiner Bösgläubigkeit oder bei Abhandenkommen des eingebauten Materials auch nicht etwa am Grundsatz der Subsidiarität der Eingriffskondiktion, also der Regel, dass durch Leistung Erworbenes nicht von Dritten mithilfe einer Eingriffskondiktion zurückverlangt werden kann. Der Bauunternehmer, der unbefugt fremdes Material zur Gebäudeerrichtung verwendet, leistet an den Bauherrn zunächst einmal nur die eingesetzte Arbeitskraft. Der Eigentumserwerb des Bauherrn an diesem Material ist aber an sich durch einen selbstständigen

Tatbestand, nämlich durch § 946 BGB herbeigeführt worden. Ob er dennoch der Leistung des Bauunternehmers zugerechnet werden kann, ist gerade die Frage. Diese kann nicht aufgrund rein begrifflicher Erwägungen, sondern nur anhand der Wertungsmodelle des sachenrechtlichen Gutglaubensschutzes entschieden werden. Wenn der Bauunternehmer dem Bauherrn das Eigentum auf rechtsgeschäftlichem Wege gar nicht hätte verschaffen können, darf der von ihm herbeigeführte Eigentumsübergang kraft Gesetzes nicht als Eigentumsverschaffung durch Leistung gewertet werden, folglich auch die Eingriffskondiktion des Alteigentümers nicht blockieren.

**3. Argument**
Auch wenn der Kondiktionsgläubiger selbst das fragliche Material unter Eigentumsvorbehalt an den Bauherrn geliefert hatte, besteht kein Anlass, die tatbestandlich gegebene Eingriffskondiktion des Materialeigentümers zu versagen. Zwar wird im neueren Schrifttum teilweise eine modifizierte Fassung des Grundsatzes der Subsidiarität der Eingriffskondiktion vorgeschlagen, nach der diese immer dann ausscheiden soll, wenn der jetzige Kondizierende den Bereicherungsgegenstand selbst durch eine Leistung weggegeben hatte. In dieser Formulierung ist das Subsidiaritätsdogma jedoch nicht haltbar. Ob der Betroffene die Sache selbst freiwillig abgegeben hat, kann nur für den etwaigen gutgläubigen Erwerb eines Dritten eine Rolle spielen, sagt aber nichts über die Schutzwürdigkeit der Wertersatzinteressen des Betroffenen aus, wenn dieser nach der freiwilligen Abgabe des Besitzes der Sache unfreiwillig das Eigentum durch Einbau verliert.

**4. Argument**
Selbst wenn die modifizierte Fassung des Subsidiaritätsdogmas aber korrekt wäre, könnte sie eine Eingriffskondiktion des Vorbehaltsverkäufers doch nicht sperren. Durch Leistung aus der Hand gegeben hat der Materiallieferant in derartigen Fällen nur den *Besitz* an den Baustoffen. Die Eingriffskondiktion des bisherigen Materialeigentümers knüpft aber an den Übergang des *Eigentums* an, der sich unmittelbar zwischen den Parteien des Kondiktionsanspruchs vollzogen hat. Es stimmt also gar nicht, dass der Kondizierende den Bereicherungsgegenstand selbst durch Leistung weggegeben hätte.

**5. Argument**
Wenn man dem betroffenen Vorbehaltsverkäufer die Eingriffskondiktion selbst gegenüber einem bösgläubigen Bauherrn nimmt, weil er selbst den Besitz des fraglichen Materials an den Bauunternehmer übertragen hat, so bedeutet das in letzter Konsequenz eine „gesetzwidrige entschädigungslose Enteignung des Vorbehaltsverkäufers zugunsten des bösgläubigen Bauherrn“ (Wilhelm).

**6. Argument (gegen Theorie C, Arg. 2)**
Die Entscheidung der Gesetzesverfasser gegen eine Versionsklage kann die Versagung der Eingriffskondiktion des Materiallieferanten gegen den bösgläubigen Bauherrn ebenfalls nicht rechtfertigen. Das Verbot der Versionsklage besagt nur, dass man Geleistetes nicht von einem Dritten zurückverlangen kann, an den es der Leistungsempfänger weitergegeben hat oder dem es von vornherein reflexweise zugutegekommen ist. Im vorliegenden Fall ist Gegenstand der Eingriffskondiktion gegen den „Drittempfänger“ (den Bauherrn) aber nicht der an den Bauunternehmer geleistete Besitz, sondern das durch die Grundstücksverbindung auf den Bauherrn übergegangene Eigentum an den eingebauten Baumaterialien.

**7. Argument**
Die Lösung von Reuter/Martinek (Theorie D) ist mit dem Gesetz nicht vereinbar, da sie die Vorschrift des § 951 BGB, die doch die Kondiktionsfestigkeit des Erwerbs durch Verbindung gerade verneint, für die allein problematischen Dreiecksverhältnisse völlig derogiert (Lieb).

**8. Argument**
Der Grundstückseigentümer würde zweifellos aus §§ 951 I, 812 I 1 Fall 2 BGB haften, wenn er abhandengekommenes Material kauft und dann selbst einbaut. Warum soll er von der Eingriffskondiktion aus § 951 I BGB verschont bleiben, wenn der Einbau von einem Bauunternehmer vollzogen wird: Der den Grundstückseigentümer bereichernde Eigentumserwerb tritt ja in beiden Fällen *ex lege* ein.

## C. (hier sog.) **Kombinationstheorie**

Der frühere Eigentümer des eingebauten Materials kann nur dann eine Eingriffskondiktion gegen den Bauherrn erheben, wenn ihm das Material abhandengekommen war, nicht aber, wenn er dieses durch eine eigene Leistung in den Verkehr gebracht hat.

**Vertreten von:**
BGHZ 56, 228 (240 ff.) = FHZivR 17 Nr. 2714; AK-BGB/von Plehwe, 2004, § 951 Rn. 8, 15; Baur/Stürner SachenR 53 C Rn. 29; Berg AcP 160 (1960), 505 (516); Ehmann NJW 1969, 398 (401) Fn. 39; 1971, 612 (614); Esser, Schuldrecht, 4. Aufl. 1971, § 104 vor I; Gerhardt, Mobiliarsachenrecht, 5. Aufl. 2000, S. 132 f.; Gerhardt, Die systematische Einordnung der Gläubigeranfechtung, 1969, S. 195; Mühl, 2. FS von Lübtow, 1980, 547 (560); iErg MüKoBGB/Quack, 3. Aufl. 1997, § 951 Rn. 7; Pikart WM 1974, 650 (656); RGRK/Heimann-Trosien BGB § 812 Rn. 41; RGRK/Pikart BGB § 951 Rn. 12; Serick, Eigentumsvorbehalt und Sicherungsübereignung, Bd. IV, 1. Teil, 1976, § 54 IV 3a; Weitnauer DB 1984, 2496 (2499).

**1. Argument**
Der kraft Gesetzes eintretende Eigentumserwerb des Bauherrn ist in der Tat kondiktionsfest, wenn ihm eine dem Einbau vorgeschaltete hypothetische Übereignung das Eigentum verschafft hätte. Die Umkehrung dieses Satzes gilt jedoch nicht. Der Anwendungsbereich der Eingriffskondiktion in den Einbaufällen kann nämlich nicht allein anhand des Wertungsmodells der §§ 932 ff. BGB, § 366 HGB bestimmt werden; er wird vielmehr auch durch den Grundsatz der Subsidiarität der Eingriffskondiktion begrenzt. Nach der im neueren Schrifttum entwickelten Fassung besagt das Subsidiaritätsdogma, dass eine Eingriffskondiktion ausscheidet, wenn der potenzielle Kondiktionsgläubiger den Bereicherungsgegenstand durch eigene Leistung in den Verkehr gebracht hat. Der Betreffende bedarf dann des Bestandsschutzes durch den Eigentumsfortwirkungsanspruch der Eingriffskondiktion nicht, sondern mag seinen Ausgleich im Rahmen der Leistungsbeziehung suchen. Der Kondiktionsanspruch des früheren Materialeigentümers muss deshalb auch bei Bösgläubigkeit des Bauherrn ausgeschlossen sein, wenn der Anspruchsteller das Material selbst unter Eigentumsvorbehalt an den Bauunternehmer geliefert hatte.

### 2. Argument

Dass sich der Materiallieferant in Fällen dieser Art trotz Bösgläubigkeit des Bauherrn nur an seinen Vertragspartner halten kann, lässt sich auch mit der ausdrücklichen Ablehnung einer Versionsklage durch die Verfasser des BGB begründen. Wer eine vertraglich versprochene Leistung erbringt, sollte bei Undurchsetzbarkeit seines vertraglichen Vergütungsanspruchs nicht von Dritten einen Ausgleich verlangen können, denen die Leistung mittelbar zugutegekommen ist oder an die der Vertragspartner das Geleistete weitergegeben hat. Diese Wertung muss auch hier beachtet werden. Wenn das unbefugt verbaute fremde Material dem Eigentümer unter Eigentumsvorbehalt geliefert worden war, ist es über eine geschlossene Kette wirksamer Vertragsverhältnisse – den Kaufvertrag zwischen dem Materiallieferanten und dem Werkunternehmer und den Werkvertrag zwischen dem Unternehmer und dem Bauherrn – an den Bauherrn gelangt. Diese Vertragskette stellt für den Bauherrn einen Rechtsgrund im Verhältnis zum früheren Materialeigentümer dar, die eine bereicherungsrechtliche Vergütungspflicht ausschließt (Jauernig).

### 3. Argument

Das Eingreifen der Subsidiaritätsregel kann nicht deshalb bezweifelt werden, weil der Baustofflieferant nur den Besitz der Materialien weggegeben habe, die Eingriffskondiktion aber an die rechtsgrundlose Erlangung des Eigentums anknüpfe. Die Leistung des Baustofflieferanten hat dem Bauunternehmer jedenfalls auch die tatsächliche Verfügungsmöglichkeit über das gelieferte Gut verschafft. Auch Eigentumsverluste, die den Lieferanten infolge unbefugter Verfügungen seines Abnehmers treffen, haben ihren Ursprung in der zwischen Lieferant und Bauunternehmer bestehenden Leistungsbeziehung. Damit muss hier der Vorrang des Leistungsverhältnisses vor dem Güterschutz durch Eingriffskondiktion Platz greifen (BGH).

### 4. Argument (gegen Theorie B, Arg. 5)

Die Argumentation mit der entschädigungslosen Enteignung zugunsten des bösgläubigen Bauherrn ist verfehlt. Die „Enteignung" des bisherigen Materialeigentümers erfolgt allein durch die Regelung des § 946 BGB und ist gerade nicht entschädigungslos. Der Eigentumsverlust wird nämlich durch eine Eingriffskondiktion – aus § 816 I 1 BGB gegen den Bauunternehmer – ausgeglichen. Im Übrigen handelt es sich bei § 946 BGB nicht um eine Enteignung, sondern um eine Inhalt und Schranken des Eigentums lediglich konkretisierende Regelung (Quack).

## D. Die Lehre von der ausschließlichen Kondiktionshaftung des Einbauenden

Bei unbefugtem Einbau fremder Baustoffe durch einen Bauunternehmer kommt eine Eingriffskondiktion des bisherigen Materialeigentümers gegen den Bauherrn nie in Betracht. Dem betroffenen früheren Eigentümer steht nur ein Erlösherausgabeanspruch gegen den Bauunternehmer (§ 816 I 1 BGB analog) zu.

**Vertreten von:**

Reuter/Martinek Ungerechtfertigte Bereicherung, 1983, S. 402 ff., 458 ff.; Rothoeft AcP 166 (1966), 215 (242); Wallmann, Die Geltung des Subsidiaritätsgrundsatzes im Bereicherungsrecht, 1996, 149 f.; dieser Lösung zuneigend – aber ohne sichere Festlegung – Schlechtriem, Symposium König, 1984, 69 f.; ähnlich auch Esser SchuldR, 2. Aufl. 1960, § 196, 2b aa, wo aber bei Einbau abhandengekommenen Materials statt der besonderen Eingriffskondiktion aus § 816 I 1 BGB die allgemeine Eingriffskondiktion gegenüber dem Bauunternehmer gegeben wurde. Der Bereicherungsanspruch des bisherigen Materialeigentümers gegen den Grundstückseigentümer/Bauherrn wird auch von E. Wolf (SchuldR BT § 4 H c 3) verneint.

**1. Argument**

Der Eigentumserwerb des Bauherrn beruht auch dann auf der Leistung des Bauunternehmers, wenn diesem eine rechtsgeschäftliche Übereignung des Materials an den Bauherrn gar nicht möglich gewesen wäre. Auch dann hat der Bauunternehmer den Eigentumserwerb (oder jedenfalls die zum Eigentumserwerb führende Verbindung) bewusst und zweckgerichtet – nämlich *solvendi causa* – herbeigeführt. Damit müsste schon der Grundsatz der Subsidiarität der Eingriffskondiktion gegenüber Leistungsverhältnissen einen Vergütungsanspruch des bisherigen Materialeigentümers gegen den Bauherrn aus § 951 BGB ausschließen.

**2. Argument**

Genaugenommen erhält der Bauherr das eingebaute Material sowohl „durch Leistung" des Bauunternehmers wie auch „in sonstiger Weise" – nämlich kraft Gesetzes, § 946 BGB – auf Kosten des Berechtigten. Die gleiche Konkurrenz von Leistungserwerb und Nichtleistungserwerb ist im Falle des § 816 I 2 BGB, also bei wirksamer unentgeltlicher Verfügung eines Nichtberechtigten, gegeben. Die hier getroffene Lösung – eine besondere Nichtleistungskondiktion gegen den Eingreifer, der auf fremde Kosten geleistet hat – passt auch im Falle des nach § 946 BGB zum Eigentumsübergang führenden Einbaus fremden Materials durch einen Bauunternehmer. Für die *ratio legis* des § 816 I 1 BGB ist nur maßgeblich, dass der Nichtberechtigte dem Anspruchsgegner wirksam und gegen ein Entgeltversprechen das bisherige Eigentum des Anspruchstellers verschafft hat. Dass diese wirksame Eigentumsverschaffung gerade durch eine rechtsgeschäftliche Verfügung erfolgt, ist demgegenüber von untergeordneter Bedeutung. § 816 I 1 BGB ist deshalb in den Einbaufällen analog anzuwenden. Das aber impliziert zugleich, dass der vom Bauunternehmer herbeigeführte Erwerb des Bauherrn nach § 816 I 2 BGB *e contrario* kondiktionsfest sein muss.

**3. Argument**

Bei Bösgläubigkeit des Bauherrn bedarf es seiner Bereicherungshaftung schon deshalb nicht, weil er jedenfalls deliktisch, nämlich zumindest als Teilnehmer am Delikt des Bauunternehmers, haften würde. Und beim Einbau abhandengekommenen Materials auf dem Grundstück eines gutgläubigen Bauherrn bietet der Erlösherausgabeanspruch gegen den Bauunternehmer genügenden Ersatz für die versagte Eingriffskondiktion gegen den Bauherrn (Schlechtriem).

**4. Argument (gegen Theorie B, Arg. 8)**

Ob der Einbau gestohlenen Materials durch einen Werkunternehmer oder durch den Grundstückseigentümer selbst, der das Material zuvor gekauft hat, erfolgt, muss durchaus einen Unterschied machen. Im ersten Falle ist der Bauunternehmer der „nähere" Kondiktionsschuldner, weil er die fremden Baustoffe zur Erfüllung einer vertraglichen Verpflichtung verwendet hat. Im zweiten Fall ist aber der Grundstückseigentümer selbst der Eingreifer und niemand außer ihm ersichtlich, der als Kondiktionsschuldner in Betracht käme.

**Beispiele:**

**1.** Im Ausgangsfall hatte B das fragliche Material unter verlängertem Eigentumsvorbehalt geliefert. Das bedeutet: U war der Einbau des Materials zur Erfüllung von Werkverträgen erlaubt, aber die Werklohnforderungen sollten dann in Höhe des Materialwertes zur Sicherheit auf B übergehen. U hat hier durch die Vereinbarung eines *pactum de non cedendo* zugunsten des Bauherrn D die vorweggenommene Sicherungsabtretung der Werklohnforderung vereitelt (das vertragliche Abtretungsverbot war hier trotz § 354a HGB wirksam, da die Werklohnforderung nicht aus einem beiderseitigen Handelsgeschäft stammt). Infolge der Vereitelung der Sicherungsabtretung war auch die damit unmittelbar zusammenhängende Ermächtigung zum Einbau des Materials hinfällig (vgl. Huber NJW 1968, 1905 (1906)). U hat das B gehörende Material also unbefugt eingebaut. Nach Theorie A steht B deshalb die Eingriffskondiktion gegen D aus §§ 951, 812 I 1 Fall 2 BGB zu. Nach den Theorien B–D ist diese Eingriffskondiktion gegen D dagegen ausgeschlossen (und zwar nach Theorie B, weil eine Übereignung an D diesem nach § 932 BGB Eigentum verschafft hätte; nach Theorie C, weil B das Material selbst durch Leistung aus der Hand gegeben hat). Nach Theorie D hat B stattdessen automatisch einen Erlösherausgabeanspruch gegen U in Analogie zu § 816 I 1 BGB. Aber auch viele Vertreter der Theorien B und C nehmen an, dass der bisherige Materialeigentümer auf den Kondiktionsdurchgriff aus § 951 BGB gegen den bereicherten Grundstückseigentümer nicht angewiesen ist, sondern auch die Einbauleistung des Bauunternehmers analog § 185 II 1 Fall 1 BGB genehmigen und dann entsprechend § 816 I 1 BGB von Letzterem Herausgabe der erlangten Vergütung verlangen kann (vgl. zB MüKoBGB/Lieb, 4. Aufl. 2004, § 812 Rn. 292; MüKoBGB/Füller § 951 Rn. 22; Staudinger/Gursky/Wiegand, 2017, BGB § 951 Rn. 18 und Staudinger/C. Heinze, 2020, BGB § 951 Rn. 18, jeweils mwN).

**2.** A wurde Baumaterial im Wert von 5.000 EUR gestohlen. Der Dieb (D) veräußert es an den gutgläubigen U, der es aufgrund eines Werkvertrages mit B in ein Gebäude auf dessen Grundstück einbaut. Nach Theorien A–C kann A von B Zahlung von 5.000 EUR aus §§ 951 I, 812 I 1 Fall 2 BGB verlangen, nach Theorie D steht ihm wiederum nur ein Herausgabeanspruch in Analogie zu § 816 I 1 BGB gegen U zu.

## 11. Problem (§§ 812 I 1 Fall 2, 816 I 1 BGB)
## Fällt die unberechtigte Vermietung oder Verpachtung fremder Sachen unter § 812 I 1 Fall 2 BGB oder unter § 816 I 1 BGB?

**Beispiel:**

E verpfändet seinem Gläubiger G eine Maschine. Bald darauf stirbt G. Sein Alleinerbe, der Neffe N, hält die Maschine für einen Nachlassgegenstand. Da er zufällig weiß, dass die Firma M dringend eine solche Maschine benötigt, vermietet er sie an diese für drei Monate zu einem deutlich über dem üblichen Satz liegenden Mietzins. Später erfährt E hiervon und verlangt nun von N Herausgabe des eingenommenen Mietzinses.

**Ausgangspunkt:**

Ein Anspruch auf Nutzungsherausgabe aus dem Eigentümer-Besitzer-Verhältnis (etwa §§ 990 I, 987 I, 99 III BGB) scheidet hier schon deshalb aus, weil N als Pfandgläubiger berechtigter Besitzer war. Erlösherausgabe aus echter oder wissentlich unberechtigter Geschäftsführung ohne Auftrag (§§ 677, 683 S. 1, 681 S. 2, 667 bzw. §§ 687 II 1, 681 S. 2, 667 BGB) scheitert an § 687 I BGB; N hat weder mit Fremdgeschäftsführungswillen gehandelt noch gewusst, dass die Maschine ihm nicht gehört. Damit stellt sich die Frage, ob dem Eigentümer wenigstens ein bereicherungsrechtlicher Erlösherausgabeanspruch oder Wertersatzanspruch zusteht.

### Problemlösungsansätze

### A. (hier sog.) Verfügungstheorie

Bei unbefugter Vermietung oder Verpachtung einer fremden Sache ist § 816 I 1 BGB unmittelbar anwendbar. Der Eigentümer kann vom Vermieter oder Verpächter Herausgabe des Miet- oder Pachtzinses verlangen, wenn er die Einräumung des obligatorischen Besitzrechtes durch diesen Nichtberechtigten genehmigt. Im Falle einer unbefugten Untervermietung durch den Mieter des Eigentümers beschränkt sich der Anspruch auf einen angemessenen Zuschlag zum vereinbarten Mietzins.

**Vertreten von:**
Diederichsen NJW 1964, 2296 f.; Diederichsen, Das Recht zum Besitz aus Schuldverhältnissen, 1965, S. 111 ff., 121 f., 139 Fn. 490.

**1. Argument**
Der Eigentümer schränkt durch die Einräumung des Mietbesitzrechts sein Eigentum ein, denn er kann nunmehr wegen § 986 BGB vom Mieter die Sache nicht mehr nach § 985 BGB herausverlangen. Außerdem ist der Mieter befugt, die Mietsache im Rahmen des Mietvertrages zu gebrauchen. Eine derartige Einschränkung des Eigentumsrechts setzt nach der Dogmatik des BGB eine Verfügung voraus. Schuldrechtliche Verträge, die auf Gewährung eines Besitzrechts gerichtet sind, enthalten neben der jeweiligen obligatorischen Verpflichtung auch ein verfügungsrechtliches Element, da sie das Eigentum um das Recht zum Besitz vermindern. Ebenso wie die Begründung

des Mietbesitzrechtes eine Verfügung erfordert, ist auch die Übertragung des Besitzrechtes vom Hauptmieter auf den Untermieter eine Verfügung.

**2. Argument**
Der ohne Zustimmung des Eigentümers geschlossene Untermietvertrag ist dem Eigentümer gegenüber nicht wirksam (vgl. § 986 I 2 BGB). Der Eigentümer kann jedoch den Vertragsschluss genehmigen und somit die Voraussetzungen des § 816 I 1 BGB herbeiführen.

**3. Argument**
Im Falle der Untervermietung durch den Mieter muss berücksichtigt werden, dass der Mieter/Untervermieter einen Teil der Nutzungen bereits durch den von ihm gezahlten Mietzins vergütet. Die besondere Eingriffskondiktion aus § 816 I 1 BGB kann hier deshalb nur die Nutzungen erfassen, die durch die Hauptmiete noch nicht abgegolten sind. Die Differenz wird regelmäßig der angemessenen Erhöhung des Mietzinses iSv §§ 557 ff. BGB (§ 549 II 2 BGB aF) entsprechen.

## B. (hier sog.) Analogietheorie

Bei einer unbefugten Vermietung oder Verpachtung einer fremden Sache ist § 816 I 1 BGB zwar nicht unmittelbar, wohl aber analog anzuwenden. Der Eigentümer kann von dem Vermieter oder Verpächter seiner Sache Herausgabe des Miet- oder Pachtzinses verlangen, wenn er die Einräumung des obligatorischen Besitzrechtes durch diesen Nichtberechtigten genehmigt.

**Vertreten von:**
von Caemmerer, FS Rabel, 1954, 358 (= GS 234 f.); Emmerich SchuldR BT § 17 Rn. 23; Enneccerus/Lehmann SchuldR § 225 I 4, S. 902; Esser SchuldR 2, 4. Aufl. 1971, § 104 II 2; Esser/Weyers SchuldR BT II/2 § 50 I 1g, II 2a (nur für den Fall, dass der Mieter oder Pächter seinerseits dem Eigentümer nach § 993 I Hs. 2 BGB nicht haftet); Koppensteiner/Kramer Ungerechtfertigte Bereicherung S. 96; Larenz SchuldR BT II/1 § 69 IV a; (wohl auch) Lewald NJW 1947/48, 341; von Lübtow AcP 150 (1949), 152; Medicus/Petersen BürgerlR Rn. 717 (aber für Vorrang der §§ 987 ff. BGB); MüKoBGB/Voelskow, 3. Aufl. 1992, § 549 Rn. 17; Neumann-Duesberg BB 1965, 729 ff.; Reeb BereicherungsR S. 74; Soergel/Mühl, 11. Aufl. 1985, BGB § 816 Rn. 19; Staudinger/Emmerich, 2006, BGB § 540 Rn. 31; Weimar MDR 1964, 383.

**1. Argument (gegen Theorie A)**
Eine unmittelbare Anwendung des § 816 I 1 BGB kommt nicht in Betracht, da die Vermietung oder Verpachtung ebenso wenig wie die Überlassung des Besitzes eine Verfügung über das Eigentum enthält. Unter einer Verfügung versteht das BGB nur solche Rechtsgeschäfte, durch die der Verfügende ein Recht überträgt, aufgibt, oder inhaltlich ändert. All dies geschieht hier nicht. Die Vermietung oder Verpachtung ist nur der Abschluss eines schuldrechtlichen Verpflichtungsgeschäfts.

**2. Argument**
Der unberechtigt Vermietende eignet sich in Form des Miet- oder Pachtzinses den Gebrauchswert der Sache zu. Da dieser dem Eigentümer gebührt, ist der Eingreifer ohne rechtlichen Grund auf Kosten des Eigentümers bereichert (Larenz).

**3. Argument**
Die analoge Anwendung der besonderen Eingriffskondiktion des § 816 I 1 BGB verdient gegenüber der ebenfalls denkbaren Heranziehung der allgemeinen Eingriffskondiktion aus § 812 I 1 Fall 2 BGB den Vorzug, weil die erstere Lösung dem Eigentümer den Zugriff auch auf solche Miet- oder Pachtzinseinnahmen ermöglicht, die über den objektiven Miet- oder Pachtwert hinausgehen. Diese Rechtsfolge ist sachgemäß: Wenn der Nichtberechtigte etwa bei entgeltlicher Bestellung eines dinglichen Gebrauchsrechts nach § 816 I 1 BGB das gesamte *commodum ex negotiatione* abführen muss, so wäre nicht einzusehen, warum der Eingreifer im Falle der Vermietung oder Verpachtung einer fremden Sache nur auf den objektiven Miet- oder Pachtwert haften, also einen etwaigen „Übererlös" behalten können soll.

**4. Argument**
Die in der Vermietung oder Verpachtung liegende Zueignung des Gebrauchswerts der fremden Sache läuft auf eine partielle „Enteignung" des Berechtigten hinaus, die von dessen Standpunkt nicht anders zu beurteilen ist als die volle Entziehung des Eigentums durch Veräußerung (Esser).

**5. Argument (gegen Theorie C, Arg. 5)**
Es stimmt nicht, dass § 816 I 1 BGB nur dem Ausgleich eines endgültigen Rechtsverlustes dient, der bei Vermietung oder Verpachtung fremder Sachen natürlich nicht gegeben wäre. Die Vorschrift gilt anerkanntermaßen auch für die Fälle einer zeitlich beschränkten (dh auflösend befristeten oder bedingten) Bestellung eines beschränkten dinglichen Rechts (beispielsweise für die entgeltliche Bestellung eines auf zehn Jahre beschränkten Nießbrauchs oder dinglichen Wegerechts).

**6. Argument**
Unzutreffend ist der Einwand, die Vermietung oder Verpachtung einer fremden Sache begründe nur obligatorische Verpflichtungen für den Vermieter oder Verpächter und könne schon deshalb gar nicht für den Eigentümer „wirksam" sein. Falls man die miet- oder pachtweise Besitzüberlassung einer Verfügung iSv § 816 I 1 BGB gleichstellt, so muss man natürlich entsprechend auch bei § 185 BGB entscheiden. Wenn der Eigentümer die von einem Nichtberechtigten vorgenommene Vermietung oder Verpachtung genehmigt, wirkt das obligatorische Recht zum Besitz, das der Nichtberechtigte seinem Vertragspartner eingeräumt hat, auch gegen den Eigentümer; dieser kann während der Laufzeit des vom Nichtberechtigten abgeschlossenen und von ihm genehmigten Miet- oder Pachtvertrages also die Miet- oder Pachtsache nicht beim unmittelbaren Besitzer vindizieren (vgl. Staudinger/Gursky, 2013, BGB § 986 Rn. 32 mwN). Selbst wenn man aber diese im Schrifttum ganz überwiegend bejahte analoge Anwendung von § 185 BGB bei miet- oder pachtweiser Besitzüberlassung ablehnen müsste, ließe sich die „Wirkung" der Vermietung oder Verpachtung im Verhältnis zum Eigentümer nicht bestreiten: Der Vertragspartner des Nichtberechtigten wird regelmäßig zunächst einmal gutgläubig unrechtmäßiger Besitzer der Miet- oder Pachtsache sein und deshalb nach § 993 I Hs. 2 BGB von einer Nutzungsherausgabepflicht gegenüber dem Eigentümer frei sein. Die Vermietung oder Verpachtung der fremden Sache entzieht dem Eigentümer also zugunsten des Mieters oder Pächters auf Zeit den Gebrauchswert, wirkt sich also im Ergebnis ganz ähnlich wie die befristete Bestellung eines dinglichen Nutzungsrechts aus.

**Vertiefung:**
Die Anhänger der Analogietheorie sind sich nicht einig in der Frage, ob § 816 I 1 BGB auch bei unberechtigter *Untervermietung* entsprechend angewandt werden darf, der Hauptmieter also den Untermietzins oder wenigstens einen Teil desselben an den Eigentümer herausgeben muss.

***Meinung I***
Auch bei unberechtigter Untervermietung hat der Eigentümer in Analogie zu § 816 I 1 BGB den Erlösherausgabeanspruch gegen den Hauptmieter. Der Hauptmieter muss also den ganzen (von ihm zu Unrecht bezogenen) Untermietzins an den Eigentümer abführen.

**Vertreten von:**
Staudinger/Emmerich, 2006, BGB § 540 Rn. 31; Emmerich, Das Verhältnis der Nebenfolgen der Vindikation zu anderen Ansprüchen, 1966, S. 117 ff.; ähnlich auch Soergel/Mühl, 11. Aufl. 1985, BGB § 812 Rn. 141, wo aber für die unberechtigte Untervermietung (im Gegensatz zur Vermietung fremder Sachen) nicht die analoge Anwendung von § 816 I 1 BGB, sondern die Heranziehung der allgemeinen Eingriffskondiktion befürwortet wird.

Die Nichtberücksichtigung der vertraglichen Mietzinszahlungspflicht wird hier nicht näher begründet. Eine denkbare Begründung hierfür könnte wie folgt aussehen:

Der vertraglich vereinbarte Mietzins ist das Entgelt dafür, dass der Mieter die vermietete Wohnung benutzen darf. Wenn der Mieter nun die Wohnung stattdessen unbefugt untervermietet, zieht er derartige Gebrauchsvorteile gerade nicht. Die Nutzung der Sache durch Untervermietung ist ein *aliud* gegenüber dem ihm vertraglich eingeräumten Gebrauchsrecht, nicht ein Plus.

***Meinung II***
Bei einer unbefugten Untervermietung ist § 816 I 1 BGB nicht entsprechend anwendbar; der Eigentümer kann auf die Unter-Mietzinseinnahmen des Hauptmieters/Untervermieters nicht zugreifen.

**Vertreten von:**
Koppensteiner/Kramer Ungerechtfertigte Bereicherung S. 96; Esser/Weyers SchuldR BT II/2 § 50 II 2a.

**1. Argument**
Der unbefugt untervermietende Hauptmieter handelt nicht als Nichtberechtigter, denn er ist dem Eigentümer gegenüber selbst zum Besitz berechtigt und nur obligatorisch bei der Ausübung des Besitzrechtes gebunden (Esser/Weyers).

**2. Argument**
§ 816 I 1 BGB ist ein Spezialfall der Eingriffskondiktion, bei dem lediglich der Inhalt der Herausgabepflicht anders als bei der allgemeinen Eingriffskondiktion aus § 812 I 1 Fall 2 BGB bestimmt ist. Damit setzt auch § 816 I 1 BGB der Sache nach voraus, dass der Erwerb des Anspruchsgegners „auf Kosten" des Anspruchstellers erfolgt ist. Davon kann aber bei der unbefugten Untervermietung keine Rede sein: Der Eigentümer hat die aus dem Eigentum fließende Gebrauchsbefugnis bereits durch die Hauptver-

mietung übertragen; er war im Zeitpunkt der Untervermietung damit aus Rechtsgründen gehindert, die Sache erneut zu vermieten und damit diejenigen Nutzungen zu ziehen, die der Hauptmieter hier vertragswidrig gezogen hat.

*Meinung III*
Der Eigentümer kann zwar nicht Herausgabe des eingenommenen Untermietzinses verlangen, er hat aber aus § 812 I 1 Fall 2 BGB wenigstens einen Anspruch auf den Betrag, den der Mieter nach § 553 II BGB als Mieterhöhung bei Erteilung der Untermieterlaubnis hätte zugestehen müssen.

**Vertreten von:**
Neumann-Duesberg BB 1965, 729 (730).

**1. und 2. Argument: wie Meinung B.**

**3. Argument**
Der Eigentümer braucht die vom Mieter erbetene Untermieterlaubnis nach § 553 II BGB zumeist nur zu erteilen, wenn der Mieter sich im Gegenzug zu einer angemessenen Erhöhung des Mietzinses bereitfindet. Der Mieter, der eigenmächtig untervermietet, bringt den Eigentümer um diesen Mietzuschlag. Er greift damit zwar nicht in das aus dem Eigentum fließende Gebrauchsrecht ein – das hat der Eigentümer durch die Hauptvermietung ja auf den Mieter übertragen – wohl aber in die sich ebenfalls aus dem Eigentum ergebende ausschließliche Zuständigkeit für die Entscheidung über die Zulassung der Untervermietung. Der Vorteil, den der Mieter durch diesen Eingriff erlangt, entspricht dem Betrag, den er bei ordnungsgemäßem Vorgehen als Mieterhöhung hätte zugestehen müssen.

*Meinung IV*
Der Eigentümer hat Anspruch auf den Betrag, um den der Untermietzins den Mietzins übersteigt.

**Vertreten von:**
MüKoBGB/Voelskow, 3. Aufl. 1992, § 549 Rn. 17.

Keine Begründung. Die Begründung müsste wohl wie Theorie A, Arg. 3 ansetzen, also etwa wie folgt lauten: Im Falle der Untervermietung durch den Mieter des Eigentümers muss berücksichtigt werden, dass der Mieter/Untervermieter einen Teil der Nutzungen ja bereits durch den von ihm gezahlten Mietzins vergütet. Dieser Mietzins muss deshalb auf den Erlösherausgabeanspruch angerechnet werden.

## C. (hier sog.) **Theorie der allgemeinen Eingriffskondiktion**

Bei unbefugter Vermietung oder Verpachtung einer fremden Sache ist § 816 I 1 BGB weder unmittelbar noch entsprechend anwendbar. Der nichtberechtigte Vermieter oder Verpächter haftet dem Eigentümer vielmehr – vorbehaltlich eines nach § 818 III BGB relevanten Bereicherungswegfalls – gem. §§ 812 I 1 Fall 2, 818 II BGB auf den objektiven Wert der „Gebrauchsvorteile", die er selbst durch die Vermietung oder Verpachtung der Sache zieht.

**Vertreten von:**
RGZ 105, 408 (409); 106, 109 (111 f.); (in der Tendenz) BGHZ 22, 395 (400); LG Hagen NJW 1947/48, 341 f.; BeckOK BGB/Wendehorst, 61. Ed. 1.2.2022, § 816 Rn. 7; Ellger, Bereicherung durch Eingriff, 2002, S. 406 ff.; Erman/Buck-Heeb, 12. Aufl. 2008, BGB § 812 Rn. 71; Gebauer JURA 1998, 128 ff. (133 f.); (wohl auch) Greiner ZMR 1998, 403; Grüneberg/Sprau BGB § 816 Rn. 4; HK-BGB/Schulze § 816 Rn. 4; iErg Jacoby/von Hinden BGB § 816 Rn. 2; Jauernig/Stadler BGB § 816 Rn. 2; Koch/Wallimann JZ 2016, 342; Kollhosser BB 1973, 820 (822); Kurz, Der Besitz als möglicher Gegenstand der Eingriffskondiktion, 1969, S. 17; jurisPK-BGB/Martinek/Heine § 816 Rn. 7; Larenz/Canaris SchuldR BT II/2 § 69 II 1d, S. 182; Lobinger/Rau StudZR 2005, 579 (584 f.); Loewenheim BereicherungsR S. 101; von Lübtow AcP 150 (1949), 252 (255); Müller SchuldR BT Rn. 2232; MüKoBGB/Lieb, 4. Aufl. 2004, § 812 Rn. 265 ff.; Neumann-Duesberg BB 1965, 729 (730 f.); NK-BGB/von Sachsen Gessaphe § 816 Rn. 7; Planck/Landois BGB § 816 I 2; Prütting/Wegen/Weinreich/Prütting BGB § 812 Rn. 62, § 816 Rn. 4; Reuter/Martinek Ungerechtfertigte Bereicherung, 1983, S. 307 ff., 312 f.; RGRK/Heimann-Trosien BGB § 812 Rn. 69, § 816 Rn. 4, 20; Söllner JuS 1967, 449 (452 f.); Staake Gesetzl. Schuldverhältnisse § 4 Rn. 20; Staudinger/Seufert, 10./11. Aufl. 1975, BGB § 816 Rn. 3b; StudK/Beuthien BGB § 816 I 2a; Theuffel JuS 1997, 886 (887); (wohl auch) Wandt Gesetzl. Schuldverhältnisse § 11 Rn. 37 (Ablehnung von Theorie A und B, aber keine explizite Erwähnung der allgemeinen Eingriffskondiktion); gegen die Lösung über § 816 I 1 BGB auch E. Wolf SchuldR BT § 19 D c 4 und Giesen JURA 1995, 234 (242).

**1. Argument**
Wenn ein Nichtberechtigter eine fremde Sache vermietet oder verpachtet, ist der Tatbestand der allgemeinen Eingriffskondiktion (§ 812 I 1 Fall 2 BGB) erfüllt. Der Nichtberechtigte maßt sich hier unter Missachtung der Güterzuordnung das Gebrauchsrecht des Eigentümers an. Das Vermieten oder Verpachten der Sache ist eine Form der Zueignung des Gebrauchswertes der Sache, nicht anders als die unmittelbare Benutzung der Sache. Der Nichtberechtigte erlangt also durch diese indirekte Form der Nutzung Gebrauchsvorteile. Dieser Erwerb erfolgt auch „auf Kosten" des Eigentümers, und dies sogar dann, wenn die Vermietung oder Verpachtung nicht zu einer feststellbaren Abnutzung der Sache geführt hat und der Eigentümer selbst die Sache gar nicht vermietet oder verpachtet oder sonst erwerbswirtschaftlich genutzt hätte. Dieses Merkmal setzt nun einmal keine Vermögensmehrung aufseiten des Kondiktionsgläubigers voraus. Es reicht vielmehr, dass der betreffende Erwerb des Eingreifers nach der Güterzuordnung dem Kondiktionsgläubiger vorbehalten war, ihm ausschließlich zustand.

**2. Argument**
Die unberechtigte Untervermietung verletzt das Zustimmungsrecht des Eigentümers und greift folglich in dessen Rechtsposition ein. Der erzielte Erlös ist deswegen ungerechtfertigt erlangt und er ist daher über die Eingriffskondiktion abzuschöpfen (Staake).

**3. Argument**
Für eine analoge Anwendung von § 816 I 1 BGB ist kein Raum. Die entsprechende Anwendung einer Norm setzt eine Regelungslücke voraus. Eine solche ist hier jedoch nicht gegeben, da die allgemeine Eingriffskondiktion für ausreichenden Schutz des

Eigentümers sorgt, wenn zwischen dem Eigentümer und dem nichtberechtigten Vermieter bzw. Verpächter keine Vindikationslage besteht.

**4. Argument**
Der nichtberechtigte Vermieter oder Verpächter wird häufig selbst gutgläubig unberechtigter Besitzer sein. Würde man ihn analog § 816 I 1 BGB auf Herausgabe der Miet- oder Pachtzinseinnahmen haften lassen, so würde damit das Haftungsprivileg des § 993 I Hs. 2 BGB unterlaufen; der gutgläubige und unverklagte unrechtmäßige Besitzer soll danach die gezogenen Nutzungen ja gerade ersatzlos behalten dürfen (Nutzungen sind nach § 99 III BGB auch die Miet- oder Pachtzinseinnahmen des unrechtmäßigen Besitzers).

**5. Argument**
Es besteht auch nicht die für den Analogieschluss erforderliche Ähnlichkeit der Interessenlage zwischen § 816 I 1 BGB und dem Fall der unberechtigten Vermietung oder Verpachtung einer fremden Sache. § 816 I 1 BGB will dem ehemaligen Berechtigten einen Ausgleich für den bei ihm eingetretenen endgültigen Rechtsverlust gewähren. In den Fällen der Vermietung oder Verpachtung einer fremden Sache bleibt dem Kondizienten aber die Eigentümerstellung natürlich erhalten. Die Konstellationen sind damit nicht vergleichbar.

**6. Argument**
§ 816 I 1 BGB spricht von der „Verfügung eines Nichtberechtigten, die dem Berechtigten gegenüber wirksam ist“. Die Frage, ob die Vermietung oder Verpachtung einer fremden Sache dem Eigentümer gegenüber wirksam ist, kann aber gar nicht sinnvoll gestellt werden. Der Abschluss des Miet- oder Pachtvertrages durch den Nichtberechtigten begründet nun einmal nur obligatorische Verpflichtungen des Nichtberechtigten selbst, vermindert aber die Rechtsmacht des Eigentümers überhaupt nicht: Der Eigentümer wird dadurch an der Vindikation der Sache nicht gehindert. Auch die nach Abschluss des Miet- oder Pachtvertrages erfolgende Besitzüberlassung an den Mieter bzw. Pächter ändert daran nichts. Die Einräumung des Gebrauchs der Sache in Vollzug des Miet- oder Pachtvertrages ist ja ein rein tatsächlicher Vorgang; die Frage der Wirksamkeit oder Unwirksamkeit kann sich aber nur bei Rechtsgeschäften stellen.

**7. Argument**
Jedes Bedürfnis für einen Rückgriff auf die von den Voraussetzungen her weniger gut passende Regelung des § 816 I 1 BGB entfällt vollends, wenn die Rechtsfolgenanordnung dieser Norm im Verhältnis zur tatbestandsmäßig ohnehin gegebenen allgemeinen Eingriffskondiktion keine Vorteile für den Anspruchsberechtigten bringt. Das aber ist der Fall. Die Rechtsfolgen decken sich, da der Umfang der Herausgabepflicht aus § 816 I 1 BGB analog § 818 II BGB auf den objektiven Wert begrenzt ist (vgl. 12. Problem, Theorien A und B).

**Vertiefung:**
Innerhalb der Theorie der allgemeinen Eingriffskondiktion ist wiederum umstritten, ob dem Eigentümer auch bei unberechtigter Untervermietung ein bereicherungsrechtlicher Vergütungsanspruch aus § 812 I 1 Fall 2 BGB gegen den Hauptmieter zusteht.

Der Eigentümer hat gegen den unbefugt untervermietenden Hauptmieter aus § 812 I 1 Fall 2 BGB einen Anspruch auf den Betrag der Mieterhöhung, die der Hauptmieter dem Eigentümer nach § 553 II BGB als Voraussetzung für die Erteilung der Erlaubnis zur Untervermietung hätte zugestehen müssen (sog. Untermietzuschlag).

**Vertreten von:**
MüKoBGB/Lieb, 4. Aufl. 2004, BGB § 812 Rn. 266; Soergel/Mühl, 11. Aufl. 1985, BGB § 812 Rn. 141; Erman/H.P. Westermann/Buck-Heeb, 12. Aufl. 2008, BGB § 812 Rn. 71; Gebauer JURA 1998, 128 ff.; R. Koch/Wallimann JZ 2016, 342 (345) (nur für Wohnraum, im Übrigen soll eine Pflicht zur Herausgabe des kompletten Mietzinses bestehen); Larenz/Canaris SchuldR BT II/2 § 69 I 2a, S. 173 (allerdings bei Bösgläubigkeit mit der Pflicht zur vollständigen Herausgabe des eingenommenen Untermietzinses); Lobinger/Rau StudZR 2005, 579 (589 f.); Prütting/Wegen/Weinreich/Prütting BGB § 812 Rn. 62; Schlechtriem SchuldR BT Rn. 749 m. Fn. 104; Theuffel JuS 1997, 886 (888); ähnlich Kollhosser BB 1973, 820 (822).

**1. Argument: wie Theorie B III, Arg. 3.**

**2. Argument**
Da die rechtmäßige Untervermietung nach § 553 BGB ein Zusammenwirken von Eigentümer und Mieter voraussetzt, ist nach der rechtlichen Güterzuordnung die Untervermietung beiden zuzuordnen. Diese Gemeinschaftlichkeit führt dazu, dass der Untermietzins auch zwischen beiden aufgeteilt werden muss. Dies entspricht sowohl der Regelung des § 553 II BGB als auch der Billigkeit. Der Mieter mag durch die Untervermietung der Räume etwaige Unbequemlichkeiten und Einschränkungen in Kauf nehmen; der Eigentümer hat dafür in der Regel eine erhöhte Abnutzung der Räume zu tragen.

**3. Argument**
Die allgemeine Eingriffskondiktion ist einschlägig bei Inanspruchnahme einer Nutzungsmöglichkeit, die der Bereicherungsschuldner grundsätzlich nur gegen Zahlung eines Entgelts vom Bereicherungsgläubiger eingeräumt bekommen hätte. Es kommt damit auf die „Entgeltfähigkeit“ der Untervermietung an. Eine hierfür relevante vermögensrechtliche Komponente folgt aus § 553 II BGB. Diese Vorschrift realisiert zudem den Eigentumsschutz des Vermieters: Obwohl der Vermieter keinen Anspruch auf Erhöhung der Miete hat, kann er seine Zustimmung zur Gebrauchsüberlassung verweigern, wenn der Mieter einer Mieterhöhung nach § 553 II BGB nicht zustimmt. Regelungszweck ist es hierbei, den Vermieter in Form des Entgeltzuschlags für eine gegebenenfalls erhöhte Abnutzung durch die Untervermietung zu kompensieren. Da der Mieter bloß in dem so definierten Umfang in die Rechtsposition des Vermieters durch die Untervermietung eingreift, kann er auch nur den aus § 553 II BGB folgenden „Mietzinszuschlag“ schulden (R. Koch/Wallimann).

## D. Ablehnung des Kondiktionsanspruchs

Bei unbefugter Untervermietung hat der Eigentümer gegen den Hauptmieter keinen bereicherungsrechtlichen Ausgleichsanspruch.

**Vertreten von:**
(implizit) BGH NJW 1964, 1853; BGHZ 131, 297 (304 ff.) = NJW 1996, 838; referierend BGH NJW 2002, 60 (61); OLG Celle ZMR 1995, 159 (160); OLG Düsseldorf NJW-RR 1994, 596 f.; OLG Oldenburg ZMR 1994, 507 (508); LG Hildesheim WuM 1990, 341 f.; Althammer SchuldR III BT 2 Rn. 489; Eichel ZJS 2009, 702 (703); Esser/Weyers SchuldR BT II/2 § 50 I 1g; Grüneberg/Weidenkaff BGB § 540 Rn. 14; MüKoBGB/Schwab, 8. Aufl. 2020, § 812 Rn. 300 ff.; Reuter/Martinek Ungerechtfertigte Bereicherung, 1983, S. 310 f.; RGRK/Gelhaar § 549 Rn. 17; Söllner JuS 1967, 449 (453); ferner Mutter MDR 1993, 303 ff.; Soergel/Kummer, 11. Aufl. 1980, BGB § 549 Rn. 22; Wolf/Eckert/Ball, Handbuch des gewerblichen Miet-, Pacht- und Leasingrechts, 9. Aufl. 2004, Rn. 1225 ff.

**1. Argument**
Die Befugnis des Hauptvermieters, die Erteilung der Erlaubnis zur Untervermietung von einer angemessenen Erhöhung des Mietzinses abhängig zu machen, folgt gar nicht aus der Güterzuordnung, sondern ergibt sich aus der durch den Mietvertrag geschaffenen Sonderbeziehung der Parteien. Bei unbefugter Untervermietung sind die Rechtsfolgen deshalb dem Vertragsrecht zu entnehmen. Für eine Eingriffskondiktion ist damit kein Raum.

**2. Argument**
Das Interesse des Eigentümers ist nicht so hoch zu bewerten, dass eine analoge Anwendung des § 816 I 1 BGB gerechtfertigt wäre. Das Gesetz will den Eigentümer bei unberechtigter Untervermietung in anderer Weise als durch finanzielle Sanktionen schützen: § 541 BGB gibt ihm ein Klagerecht auf Unterlassung, § 543 II 1 Nr. 2 aE BGB berechtigt ihn zur fristlosen Kündigung des Mietvertrages.

**Beispiele:**

**1.** Theorie A und B würden einen bereicherungsrechtlichen Erlösherausgabeanspruch des Eigentümers nach oder in Analogie zu § 816 I 1 BGB bejahen; Theorie C würde dagegen einen Wertersatzanspruch aus §§ 812 I 1 Fall 2, 818 II BGB in Höhe des üblichen Mietzinses annehmen. Theorie D würde etwaige Ansprüche verneinen.

**2.** Abwandlung: Das Pfandrecht des G war bei dessen Tod bereits erloschen, da E die Schuld schon zurückgezahlt hatte. – Theorie A und B müssten wieder einen Erlösherausgabeanspruch aus oder entsprechend § 816 I 1 BGB bejahen, wenn dem nicht Konkurrenzgesichtspunkte entgegenstünden. Der Anwendungsbereich des § 816 I 1 BGB würde sich hier nämlich mit dem der §§ 987 ff. BGB überschneiden, da die Mieteinnahmen als mittelbare Sachfrüchte iSv § 99 III BGB zu den Nutzungen gehören und N unrechtmäßiger Besitzer der Maschine ist. Die Wertentscheidungen der §§ 987 ff. BGB verdienen in dieser Konkurrenzsituation wohl den Vorrang (vgl. Staudinger/Gursky, 2013, BGB Vorbem. 44 zu §§ 987 ff.; Staudinger/Thole, 2019, BGB Vorbem zu §§ 987–993 Rn. 118; implizit auch Medicus/Petersen BürgerlR Rn. 717 und Koppensteiner/Kramer Ungerechtfertigte Bereicherung S. 96). Die Vertreter von Theorie C würden den Tatbestand der allgemeinen Eingriffskondiktion (§ 812 I 1 Fall 2 BGB) als erfüllt ansehen, die Norm aber überwiegend wiederum als durch das Eigentümer-Besitzer-Verhältnis verdrängt ansehen. Wenn man dagegen – wie ein Teil des Schrifttums – die Nebenfolgen der Vindikation überhaupt nur auf den von Anfang an unrechtmäßigen Besitzer, nicht aber auch auf einen nicht mehr berechtigten Besitzer anwenden will (vgl. die Nachweise bei Staudinger/Gursky, 2013, BGB Vorbem. 21 zu §§ 987 ff. und Staudinger/Thole, 2019, BGB Vorbem zu §§ 987–993 Rn. 64 ff.), bleibt es bei der Eingriffskondiktion aus § 816 I 1 oder § 812 I 1 Fall 2 BGB.

**3.** B ist Eigentümer eines Hausgrundstücks, dessen Ladenräume er an M vermietet. M vermietet diese zu einem höheren Mietzins an U weiter. Nach dem Ende der Vertragsbeziehungen verlangt B von M Herausgabe des Untermietzinses. – Theorie A würde aus § 816 I 1 BGB einen Anspruch auf einen angemessenen Zuschlag zum vereinbarten Mietzins ableiten; ebenso im Ergebnis, aber mit § 812 I 1 Fall 2 BGB als Anspruchsgrundlage Meinung B III und C. Meinung B I würde dem Eigentümer weitergehend in Analogie zu § 816 I 1 BGB einen Anspruch auf Abführung des gesamten Untermietzinses zusprechen. Meinungen B II und D würden dagegen eine Bereicherungshaftung des Hauptmieters verneinen.

## 12. Problem (§ 816 I 1 BGB)
## Worauf richtet sich der Anspruch aus § 816 I 1 BGB bei einem den objektiven Wert des Verfügungsobjektes übersteigenden Verfügungserlös?

**Beispiel:**

A leiht B sein Mofa, das einen Wert von 150 EUR hat. B veräußert das Mofa für 200 EUR an C, der keinen Anlass hat, an der Eigentümerstellung des B zu zweifeln. Kann A von B Zahlung von 200 EUR verlangen?

**Ausgangspunkt:**

Nach § 816 I 1 BGB hat der Nichtberechtigte das „durch die Verfügung Erlangte" herauszugeben. Hat er die fremde Sache unter dem wahren Wert veräußert, so haftet er aus § 816 I 1 BGB unstreitig nur in Höhe des tatsächlich erzielten Erlöses. Übersteigt hingegen das Entgelt den Wert des veräußerten fremden Gutes, so ist umstritten, ob auch dieser „Übererlös" nach § 816 I 1 BGB herauszugeben ist.

### Problemlösungsansätze

**A.** (hier sog.) **Theorie von der Werthaftung**

Wenn § 816 I 1 BGB den Nichtberechtigten zur Herausgabe des „durch die Verfügung Erlangten" verpflichtet, so ist damit die vom Erwerber an den Nichtberechtigten erbrachte Gegenleistung gemeint. Die Erlösherausgabepflicht ist jedoch nach oben durch den Verkehrswert des weitergegebenen Gegenstandes begrenzt.

**Vertreten von:**
RG JW 1933, 42; AK-BGB/Joerges § 816 Rn. 16; von Caemmerer, FS Lewald, 1953, 447; von Caemmerer, FS Rabel, 1954, 333 (357 ff.); von Caemmerer JR 1959, 462 f.; Chelidonis JURA 2019, 448 (458); Diederichsen JURA 1970, 378 (389); Esser SchuldR, 2. Aufl. 1960, § 196, 2; Fikentscher SchuldR/Heinemann Rn. 1510; Frank JuS 1981, 102 (104); Gebauer JURA 1998, 128 (130 f.); Heck SachenR § 142, 7, S. 426; Jagmann, Wertersatz oder Gewinnhaftung, 1979, S. 149 ff., 253 ff.; Jauernig/Stadler BGB § 816 Rn 8; Jung, RG FG III, 1929, 156; (iErg) Kaehler, Bereicherungsrecht und Vindikation – Allgemeine Prinzipien der Restitution, 1972, S. 62 ff.; Kluckhohn ArchBürgR 41 (1915), 171 (173 ff.); König Ungerechtfertigte Bereicherung S. 170 ff.; Kunkel JW 1933, 43; Larenz SchuldR BT II/1 § 69 IV a; Larenz, FS von Caemmerer 1978, 209 ff.; Loewenheim BereicherungsR, 1. Aufl. 1989, S. 89 f. (117); von Lübtow, Beiträge zur Lehre von der Condictio, 1952, S. 29; Medicus/Lorenz SchuldR BT § 64 Rn. 11; Molitor, Schuldrecht II, 7. Aufl. 1965, Motive zu dem Entwurfe eines BGB, Bd. 2, 1888, § 32 I 4; MüKoBGB/Schwab, 8. Aufl. 2020, § 816 Rn. 44 ff.; Pankow, Der Wertersatz im Bereicherungsrecht, 1972, S. 49 ff.; RGRK/Scheffler, 11. Aufl. 1960, BGB § 816 Anm. 19; Römer AcP 119 (1921), 293 (354); Sack, FS Hubmann, 1985, 373 (382 f.); Schlechtriem ZHR 149, 327 (333 f.); Siber, Schuldrecht, 1931, § 75, S. 1; Soergel/Mühl, 11. Aufl. 1985, BGB § 816 Rn. 29; Staudinger/W. Lorenz, 1999, BGB § 816 Rn. 25; Staudinger/S. Lorenz, 2007, BGB § 816 Rn. 25 (aber differenzierend); StudK/

Beuthien BGB § 816 Anm. I 2d. Ähnlich Ebert ZIP 2002, 2296 (2300). Gegen Theorie B, aber ohne Entscheidung zwischen Theorie A und C Kupisch, FS Niederländer, 1991, 305 ff. Harke SchuldR BT § 10 Rn. 506 kommt zu demselben Ergebnis wie die hiesige Werthaftungstheorie, indem er auf den „Gegenstand des Eingriffs" abstellt, den er durch Vergleich mit § 816 I 2 BGB im Verfügungsobjekt sieht.

**1. Argument**
Der Nichtberechtigte hat nach § 816 I 1 BGB das „durch die Verfügung Erlangte" herauszugeben. Damit ist der Erlös gemeint, den der Nichtberechtigte durch das der Verfügung zugrunde liegende Kausalgeschäft erlangt hat. Die in § 816 I 1 BGB getroffene Rechtsfolgenanordnung ist jedoch unvollständig, und sie bedarf der Ergänzung aus der Wertung des § 818 II BGB: Die Erlösherausgabepflicht darf sich danach nicht auf einen den Wert des Verfügungsobjektes übersteigenden Gewinn erstrecken; sie muss vielmehr durch den objektiven Wert der Sache begrenzt werden. Der Eingriffserfolg ist nur insoweit herauszugeben, als er aus dem Recht des Anspruchstellers stammt. Soweit er dagegen auf die unternehmerische Tätigkeit des Bereicherten zurückzuführen ist, fällt er nicht in den Zuweisungsgehalt des verletzten Rechts. Zugewiesen ist dem Rechtsinhaber nur der von ihm selbst erzielte Gewinn, im Übrigen nur die allgemeine Gewinnerzielungschance. Diese drückt sich aber im zu erstattenden objektiven Verkehrswert mit aus.

**2. Argument**
Nur wenn man den Erlösherausgabeanspruch aus § 816 I 1 BGB nicht auf den „Übergewinn" erstreckt, ergibt sich ein sinnvoll abgestuftes Sanktionensystem. Das BGB kennt die Verpflichtung zur Gewinnherausgabe ansonsten nur bei der Haftung des Geschäftsanmaßers: Wer wissentlich unbefugt ein objektiv fremdes Geschäft besorgt, etwa in Kenntnis der Eigentumslage eine fremde Sache veräußert, hat nach §§ 687 II 1, 681 S. 2, 667 BGB den gesamten Erlös – auch den über den objektiven Wert der Sache hinausgehenden Anteil – herauszugeben. Die sehr engen subjektiven Voraussetzungen dieser Regelung wären aber unverständlich, wenn nach Bereicherungsrecht schon der völlig schuldlos handelnde Nichtberechtigte den gesamten erlangten Gewinn abführen müsste.

**3. Argument**
Wenn man die Erlösherausgabepflicht aus § 816 I 1 BGB auch auf denjenigen Erlösanteil erstreckt, der den Verkehrswert des Verfügungsobjektes übersteigt, so ergeben sich schwer erträgliche Disharmonien zur allgemeinen Eingriffskondiktion. Wenn ein Nichtberechtigter etwa aus fremdem Material eine neue Sache herstellt, an der er nach § 950 BGB Eigentum erwirbt, so haftet er – auch wenn er die Sache anschließend mit hohem Gewinn weiterveräußert – nach §§ 951 I, 812 I 1 Fall 2 BGB doch nur auf den Verkehrswert des „verbrauchten" Materials. Da nun die wirksame Veräußerung einer fremden Sache letztlich nur eine Art „juristischen Verbrauchs" ist, darf die bereicherungsrechtliche Haftung des Eingreifers aus § 816 I 1 BGB nicht weiter gehen als bei einem realen Verbrauch (beispielsweise zum Zwecke der Herstellung einer neuen Sache).

**4. Argument**
Wenn eine Sache zu einem ihren Verkehrswert übersteigenden Preis veräußert wird, so beruht dieser Übererlös weniger auf dem Substanzwert der Sache als auf der be-

sonderen Geschäftstüchtigkeit oder den besonderen Bemühungen des Veräußerers. Es wäre deshalb nicht gerechtfertigt, diesen Mehrerlös automatisch (auch bei völliger Schuldlosigkeit des Eingreifers) dem Berechtigten zugutekommen zu lassen (Larenz).

## B. Schuldbefreiungstheorie

Der Nichtberechtigte muss nach § 816 I 1 BGB „das durch die Verfügung Erlangte" herausgeben. Damit ist der Vorteil gemeint, der in dem Freiwerden von der sich aus dem Kausalgeschäft ergebenden Verpflichtung zur Vornahme der fraglichen Verfügung liegt. Dieser Vorteil kann nicht in Natur, sondern nur wertmäßig herausgegeben werden. Sein Wert ist identisch mit dem Wert des Verfügungsobjektes.

**Vertreten von:**
Bälz, FS Gernhuber, 1993, 1 (32); Becker, Der Anspruch des Eigentümers auf den Erlös aus ungerechtfertigter Verfügung, 1936, S. 32 ff., 65 ff.; Höhn, Die Beeinträchtigung von Rechten durch Verfügungen, 1986, S. 106 ff.; Medicus/Petersen BürgerlR Rn. 723 ff.; von Tuhr, BürgerlR Bd. II/2, 149 f. m. Fn. 49; im Grundsatz auch StudK/Beuthien BGB § 816 Anm. I 2 d, Koppensteiner/Kramer Ungerechtfertigte Bereicherung S. 125 und Reeb BereicherungsR S. 77 f., die diesen Ansatz aber mit einem subjektiven Wertbegriff in § 818 II BGB kombinieren. Anklänge an diese Auffassung auch bei Wieling BereicherungsR § 4 III 1d.

**1. Argument**
§ 816 I 1 BGB ist wörtlich zu nehmen. Erlangt hat der Veräußerer „durch die Verfügung" nicht den Kaufpreis, denn die Kaufpreisforderung hat er durch den Abschluss des Kaufvertrages erlangt, und den Kaufpreis selbst hat er durch eine Leistung des Erwerbers erhalten. „Durch die Verfügung" erlangt der Veräußerer lediglich die Befreiung von seiner Verbindlichkeit aus dem Grundgeschäft. Da diese Befreiung nicht herausgegeben werden kann, muss der Veräußerer nach § 818 II BGB ihren Wert ersetzen. Dieser bestimmt sich nach dem Wert der Sache, auf deren Leistung die Forderung gerichtet war.

**2. Argument**
Diese Interpretation hat den Vorteil, die Systematik des Bereicherungsrechts zu vereinfachen: Der Inhalt der besonderen Eingriffskondiktion bei „Eingriffsverfügungen" wird vollständig dem Inhalt der allgemeinen Eingriffskondiktion angeglichen. Der Nichtberechtigte haftet aus § 816 I 1 BGB bei diesem Normverständnis wie jeder Eingreifer auf den objektiven Wert des Vorteils, den er auf Kosten des Anspruchstellers erlangt hat. Außerdem erübrigt sich bei diesem Verständnis des § 816 I 1 BGB die mit der hL unvermeidlich verbundene befremdliche Annahme, dass hier Geleistetes mithilfe einer Eingriffskondiktion zurückgeholt werden kann, also eine systemwidrige Ausnahme von dem Dogma der Subsidiarität der Eingriffskondiktion gegeben ist. Nur den Kaufpreis, den die hL als Objekt der Eingriffskondiktion ansieht, hat der Nichtberechtigte durch die Leistung eines Dritten erlangt; auf die Schuldbefreiung trifft dies dagegen nicht zu.

## C. Theorie von der Gewinnhaftung

Es ist der erlangte rechtsgeschäftliche Gegenwert schlechthin herauszugeben, also das gesamte *commodum ex negotiatione cum re*.

**Vertreten von:**
RGZ 88, 351 (359); 138, 45 (47) (über § 281 BGB); BGH NJW 1953, 58 f.; BGHZ 29, 157 ff. = BeckRS 1959, 31198289; BGHZ 47, 128 (129) = NJW 1967, 1021; BGHZ 75, 203 (206) = NJW 1980, 178; BGH WM 1975, 1179; OLG Königsberg JW 1920, 399; Achilles/Greiff/Brüggemann BGB § 816 Anm. 3; Althammer Schuldrecht III/2 Rn. 496; BeckOK BGB/Wendehorst, 61. Ed. 1.2.2022, § 816 Rn. 16, 19 (m. Einschr.); Brox/Walker SchuldR BT § 42 Rn. 22; Buck-Heeb Examens-Rep SchuldR BT II § 18 Rn. 397; Canaris NJW 1991, 2513 (2520); Emmerich SchuldR BT § 17 Rn. 27; Enneccerus/Lehmann SchuldR § 225 I 1 (m. Zweifeln); (einschränkend) Erman/Buck-Heeb BGB § 816 Rn. 20; (einschränkend) Esser/Weyers SchuldR BT II/2 § 50 II 2c; Fezer/Obergfell Klausurenkurs SchuldR BT 28. Fall; Fischer, Schadensberechnung im gewerblichen Rechtsschutz, 1961, S. 111; Giesen JURA 1995, 243 (244); (nur iErg) Götzke AcP 173 (1973), 289 (319, 321); Grigoleit/Auer/Kochendörfer SchuldR III Rn. 61; Grüneberg/Sprau BGB § 816 Rn. 10; Gursky SchuldR BT S. 197; Gursky JR 1972, 279 (284); Haines, Bereicherungsansprüche bei Warenzeichenverletzungen und unlauterem Wettbewerb, 1970, S. 118 ff. (121); Harder JuS 1972, 395 (398); Heinemann, Die ungerechtfertigte Bereicherung und der Beitrag des Bereicherten, 1957; Hirsch SchuldR BT § 49 Rn. 1445; HK-BGB/Schulze § 816 Rn. 9; Hüffer JuS 1981, 263 (266); Jakobs, Eingriffserwerb und Vermögensverschiebung in der Lehre von der ungerechtfertigten Bereicherung, 1964, S. 17 ff., 54 ff.; Jauernig/Stadler BGB § 816 Rn. 9; jurisPK-BGB/Martinek/Heine § 816 Rn. 24; Kellmann, Grundsätze der Gewinnhaftung, 1969, S. 137 ff.; Kohler ArchBürgR 35 (1910), 91 (105); Köhler/Lorenz SchuldR II Fall 209; Koppensteiner NJW 1971, 1769 (1772); Koppensteiner/Kramer Ungerechtfertigte Bereicherung S. 121 ff.; Kupisch, FS Niederländer, 1991, 305 ff.; H. Lange NJW 1951, 685 (687); Larenz/Canaris SchuldR BT II/2 § 72 I 2 (m. Einschr.); Leonhard SchuldR BT § 281; Liermann NJW 1951, 156; Linardatos JA 2018, 102 (106); Loewenheim BereicherungsR S. 107 f.; Lopau, Surrogationsansprüche und Bereicherungsrecht, 1971, S. 21 ff.; von Mayr, Der Bereicherungsanspruch des deutschen Bürgerlichen Rechts, 1903, S. 612; Mand/Radke JA 2000, 202 (204); Mestmäcker JZ 1958, 521 (523); Moser, Die Herausgabe des widerrechtlich erzielten Gewinnes, 1940, S. 212 ff.; MüKoBGB/Lieb, 4. Aufl. 2004, § 816 Rn. 30; Müller SchuldR BT Rn. 2237; Musielak JA 2020, 161 (166 f.); Neumann DJZ 1901, 18; Oertmann BGB § 816 Anm. 1; NK-BGB/von Sachsen Gessaphe § 816 Rn. 19; Peifer Gesetzl. Schuldverhältnisse § 10 Rn. 14; Planck/Landois BGB § 816 Anm. IV; Prütting/Wegen/Weinreich/Prütting BGB § 816 Rn. 22; Reeb BereicherungsR S. 76 ff. (100); Reuter/Martinek Ungerechtfertigte Bereicherung, 1983, S. 321 ff.; RGRK/Heimann-Trosien BGB § 816 Rn. 12; Röthel JURA 2021, 844 (847 f.); Rothoeft AcP 166 (1966), 246 (250 ff.); Rümker, Das Tatbestandsmerkmal „ohne rechtlichen Grund" im Bereich der Eingriffskondiktion, 1972, S. 87 ff.; Schäfer SchuldR BT § 34 Rn. 109; Schuler NJW 1962, 1842; (einschränkend) Schulz AcP 105 (1909), 1 (117 ff.); Schellhammer SchuldR Rn. 891; Soergel/Hadding, 13. Aufl. 2011, BGB § 816 Rn. 18; Staudinger/Seufert, 10./11. Aufl. 1975, BGB § 816 Rn. 11b; Staudinger Eckpfeiler/Linardatos Rn. S 48a; Stieve, Der Gegenstand des Bereicherungsanspruchs nach dem BGB, 1899, S. 53 ff.; Thiele SchuldR BT S. 175; Wandt Gesetzl. Schuldverhältnisse § 11 Rn. 37; Weimar MDR 1964, 383; Wendehorst, Anspruch und Ausgleich: Theorie einer Vorteils- und Nachteilsausgleichung im Schuldrecht, 1999, S. 284 (m. Einschr.); O. Werner JuS 1970, 237 (240); Westermann SachenR § 31 IV 3b; einschränkend Wilburg, Die Lehre von der ungerechtfertigten Bereicherung nach österreichischem und deutschem Recht, 1934, S. 126 ff., 128 ff.; Wilburg AcP 163 (1963), 346 (349): Vertei-

lung des Gewinns nach Beitragswerten; Wiedemann, Übertragung und Vererbung von Mitgliedschaftsrechten, 1965, S. 20; (einschränkend) Wieling BereicherungsR § 4 III 1d aa; Wilhelm, Rechtsverletzung und Vermögensentscheidung als Grundlagen und Grenzen des Anspruchs aus ungerechtfertigter Bereicherung, 1973, S. 7; E. Wolf SchuldR BT S. 487.

**1. Argument**
Der Gesetzgeber hat für § 816 I 1 BGB den Erlös als herauszugebende Bereicherung angesehen. Vorbild für die Norm ist der in I 15 § 28 ALR geregelte Anspruch des früheren Eigentümers gegen den redlichen Veräußerer einer fremden Sache (Mot. III, S. 224 = Mugdan III, S. 124). Diese Norm, nach der der Nichtberechtigte den „bei der Veräußerung gezogenen Vorteil" herauszugeben hatte, wurde allgemein so verstanden, dass der erhaltene Gegenwert herauszugeben ist (vgl. Förster/Eccius, Preußisches Privatrecht, 7. Aufl. 1896, Band III, 1896, S. 303 mwN).

**2. Argument**
Der Wortlaut des § 816 I 1 BGB ordnet die Herausgabe des „Erlangten" schlechthin an, ohne auf den Wert des von der Verfügung betroffenen Gegenstandes abzustellen (BGH).

**3. Argument**
§ 818 II BGB lässt sich nicht zur Auslegung des § 816 I 1 BGB heranziehen. Der ersteren Norm liegt die Erwägung zugrunde, dass ein Bereicherungsanspruch bestanden hat und dass der eigentliche Gegenstand dieses Bereicherungsanspruchs nicht herausgegeben werden kann; dann tritt an die Stelle der Herausgabe in Natur als Notbehelf die wertmäßige Herausgabe. § 816 I 1 BGB reagiert aber nicht auf Schwierigkeiten bei der Durchsetzung eines Bereicherungsanspruchs, sondern auf die Entziehung einer bisherigen dinglichen Rechtsposition, insbesondere die Entziehung des Eigentums. Es ist durchaus sinnvoll, dass die Vereitelung eines dinglichen Rechtes zu einem weitergehenden sekundären Rechtsbehelf führt, als er bei einer Störung der in einem Bereicherungsanspruch liegenden (schwachen) obligatorischen Zuweisung gewährt wird.

**4. Argument**
Wird ein normaler (nicht bereicherungsrechtlicher) obligatorischer Anspruch dadurch vereitelt, dass der Verpflichtete den geschuldeten Gegenstand an einen Dritten veräußert, so haftet er nach § 285 BGB auf Herausgabe des *commodum ex negotiatione*; nach fast allgemeiner Auffassung muss er dabei den gesamten Veräußerungserlös einschließlich eines dabei erzielten Gewinns abführen. Es wäre unverständlich, wenn § 816 I 1 BGB als der bei Vereitelung einer dinglichen Rechtsposition gegebene Sekundäranspruch weniger weit ginge als die Surrogathaftung bei Vereitelung eines bloß schuldrechtlichen Anspruchs.

**5. Argument**
Der Berechtigte trägt unstreitig das gesamte Risiko einer „Unter-Wert-Veräußerung". Mit Rücksicht auf diese Risikoverteilung ist es nicht unbillig, dass der Berechtigte auch von einer „Über-Wert-Veräußerung" profitiert.

**6. Argument**
§ 687 II BGB ist auch bei einer bereicherungsrechtlichen Gewinnhaftung nicht überflüssig. Diese Vorschrift zielt gar nicht speziell darauf ab, eine Gewinnhaftung zu schaffen, die sonst nicht gegeben wäre, sondern will die gesamten Ansprüche des Geschäftsherrn bei einer echten Geschäftsführung ohne Auftrag – und damit beispielsweise auch die so weitgehende Schadensersatzhaftung aus § 678 BGB – auch für den Fall der bösgläubigen Eigengeschäftsführung geben (Esser/Weyers).

**7. Argument**
Eine bedenkliche Einebnung der Unterschiede zwischen der Geschäftsanmaßerhaftung einerseits und der Bereicherungshaftung nach § 816 I 1 BGB tritt auch dann nicht ein, wenn man der hM folgt. Die Haftung des gutgläubigen Nichtberechtigten, der eine wirksame Verfügung vorgenommen hat, ist ja schon wegen der Beschränkung auf die verbliebene Bereicherung im Falle der Gutgläubigkeit des Verfügenden wesentlich milder als die strikte Verpflichtung des Geschäftsanmaßers zur Herausgabe des Erlangten. Daran ändert auch der gegenläufige Anspruch des Geschäftsanmaßers aus § 684 S. 2 BGB nichts, da die möglichen Abzugsposten im Rahmen des § 818 III BGB über den Kreis der nach § 684 S. 2 BGB wertsteigernden oder einnahmeerhöhenden Aufwendungen des Nichtberechtigten hinausgehen.

**8. Argument (gegen Theorie B)**
Es geht nicht an, das Erlangte in der Schuldbefreiung zu sehen. Dieser Ansatz müsste nämlich – konsequent durchgehalten – zu einer bereicherungsunabhängigen Wertersatzpflicht führen, während aber § 816 I 1 BGB als echter Bereicherungsanspruch konzipiert ist: Die Verbesserung der Vermögenslage, die in der Befreiung von der Verpflichtung zur Vornahme der fraglichen Verfügung liegt, kann einfach in der Folgezeit nicht mehr entfallen. Sie bliebe beispielsweise auch dann bestehen, wenn der erzielte Veräußerungserlös dem Nichtberechtigten umgehend gestohlen würde. Die Haftung des Veräußerers aus § 816 I 1 BGB in Höhe des Sachwertes müsste selbst dann eingreifen, wenn dieser sich durch formwirksames Schenkungsversprechen zur unentgeltlichen Vornahme der fraglichen Verfügung verpflichtet hatte. Hier würden dann der Erwerber aus § 816 I 2 BGB und der schenkweise verfügende Nichtberechtigte kumulativ haften, während das Gesetz offensichtlich von einer Alternativität dieser beiden Kondiktionstatbestände ausgeht. Schließlich scheitert der Lösungsansatz bei Handgeschäften, bei denen eine auf die Verfügung zurückgehende Schuldbefreiung gar nicht festzustellen ist: Wäre die Verfügung unterblieben, so wäre auch das gleichzeitig abgeschlossene Kausalgeschäft unterblieben.

**9. Argument**
Wer zB eine fremde Sache als Nichtberechtigter veräußert, erlangt durch deren Übereignung keinesfalls nur die Befreiung von seiner Übereignungspflicht aus dem Kaufvertrag, sondern er „erlangt“ genau genommen erst jetzt einen durchsetzbaren und wirtschaftlich be- und verwertbaren Anspruch auf die Gegenleistung. Der Anspruch existierte zwar schon zwischen Kaufvertragsabschluss und Übereignung der Kaufsache, aber er war bisher sowohl wirtschaftlich wertlos als auch juristisch nicht bestandskräftig, da ihm bisher die Einrede des § 320 BGB bzw. die Möglichkeit der Vernichtung im Wege der Rechtsmängelhaftung nach §§ 433 I 2, 435, 437 BGB entgegenstand (Canaris NJW 1991, 2513 (2520)).

**Beispiel:**

Im Ausgangsfall kann A von B Schadensersatz in Höhe von 150 EUR aus § 823 I BGB und aus §§ 275 IV, 280 I, III, 283 BGB verlangen. A steht darüber hinaus ein Anspruch aus § 816 I 1 BGB gegen B zu, da die Verfügung des B nach § 932 BGB wirksam war. Nach den Theorien A und B würde auch dieser Anspruch wiederum nur auf den Betrag von 150 EUR gehen, während nach Theorie C der gesamte Veräußerungserlös in Höhe von 200 EUR geschuldet würde. Wirtschaftlich wirkt sich der Streit für A hier im Ergebnis indes nicht aus, weil ihm auch der Erlösherausgabeanspruch aus §§ 604 IV, 275 IV, 285 BGB zusteht und § 285 BGB (fast) unstreitig den vollen Veräußerungserlös erfasst (BeckOK BGB/Lorenz, 61. Ed. 1.2.2022, § 285 Rn. 15; näher zum Meinungsstreit Lopau, Surrogationsansprüche und Bereicherungsrecht, 1971, S. 15 ff. (noch zu § 281 BGB aF)). Praktische Bedeutung bekommt der Streit, wenn man den Fall dahingehend abwandelt, dass A erst 17-jährig ist und das Mofa entgegen einer Anweisung seiner Eltern verliehen hat.

## 13. Problem (§ 816 I 1 BGB)

## Kann sich der Eigentümer auch bei einer unwirksamen Verfügung eines Nichtberechtigten den Anspruch auf Erlösherausgabe aus § 816 I 1 BGB verschaffen, indem er die Verfügung genehmigt?

**Beispiel:**

A stiehlt E eine Uhr und veräußert sie für 1.000 EUR an den gutgläubigen B, der sie seinerseits für 1.200 EUR an C weiterveräußert. Da der Aufenthaltsort des C unbekannt ist, möchte E auf den von B erzielten Veräußerungserlös in Höhe von 1.200 EUR zugreifen. Geht dies?

**Ausgangspunkt:**

§ 816 I BGB setzt seinem Wortlaut nach die Wirksamkeit der Verfügung eines Nichtberechtigten voraus. Bei Unwirksamkeit der Verfügung hat der Berechtigte sein Recht behalten; er kann es dann auch gegenüber dem „Erwerber" durchsetzen. Im Falle einer an § 935 BGB oder an § 932 II BGB scheiternden Veräußerung einer fremden Sache kann der Eigentümer beispielsweise seinen Vindikationsanspruch gegen den Erwerber geltend machen. Die Durchsetzung dieses Anspruchs kann allerdings daran scheitern, dass der Aufenthaltsort des Erwerbers unbekannt ist, oder daran, dass die Sache in der Zwischenzeit beim Erwerber untergegangen oder ihm wiederum gestohlen worden ist. In derartigen Fällen stellt sich die Frage, ob der Berechtigte die zunächst unwirksame Verfügung durch eine Genehmigung nach § 185 II 1 Fall 1 BGB zu einer wirksamen machen und damit gezielt die Voraussetzungen für einen Erlösherausgabeanspruch gegen den verfügenden Nichtberechtigten schaffen kann.

### Problemlösungsansätze

### A. Ablehnende Auffassung (überholt)

Der Berechtigte hat kein Wahlrecht zwischen Vindikation und Kondiktion; er kann nicht durch Genehmigung der Verfügung die Voraussetzungen des § 816 I 1 BGB schaffen.

**Vertreten von:**
OLG Hamburg OLGE 45, 124 und 126; LZ 1925, 609; JW 1926, 1244 und 1275; Esser SchuldR, 1. Aufl. 1949, § 307, 2 (448); Haymann JherJb 77 (1927), 188 (276 ff.); Haymann LZ 1930, 681; Haymann JW 1931, 1127; Krawielicki JherJb 81 (1931), 257 (258 f.); von Mayr, Der Bereicherungsanspruch des deutschen Bürgerlichen Rechts, 1903, S. 316; Molitor, Schuldrecht II, 7. Aufl. 1965, Motive zu dem Entwurfe eines BGB, Bd. 2, 1888, § 31 II 5; Siber, Schuldrecht, 1931, § 74 IV 1; Siber JherJb 89 (1941), 1 (40 f.); Trabzadah Ausschluss S. 99 ff.; ähnlich auch Heck SachenR § 142, 9, der jedoch § 816 I 1 BGB ohne Genehmigung anwendet; nur für § 816 II BGB: Roth JZ 1972, 150 ff.

**1. Argument**
Nur diese Auffassung wird dem Gesetzeswortlaut des § 816 I BGB gerecht („wirksam ist", nicht „wird"). Im Übrigen würde der verfügende Nichtberechtigte durch die Rückwirkung der Genehmigung (§§ 185 II 1 Fall 1, 184 I BGB) zum Berechtigten. Auch insoweit passt also der Wortlaut des § 816 I 1 BGB nicht auf durch Genehmigung wirksam gewordene Verfügungen.

**2. Argument**
Nach den Gesetzesmaterialien ist § 816 I 1 BGB nur für solche Tatbestände gedacht, in denen der Bereicherte unabhängig von seinem Willen einen Rechtsverlust erleidet. Das ist aber nicht der Fall, wenn er den Rechtsverlust selbst durch eine von ihm erklärte Genehmigung herbeiführt.

**3. Argument**
Wenn die von einem Nichteigentümer vorgenommene Übereignung am Abhandenkommen der Sache oder an der Bösgläubigkeit des Erwerbers scheitert, bedarf es der Anwendung des § 816 I 1 BGB schon deshalb nicht, weil der Eigentümer auf den Erlös mithilfe von §§ 285, 985 BGB zugreifen kann (sehr streitig, vgl. Gursky, 20 Probleme aus dem Eigentümer-Besitzer-Verhältnis, 9. Aufl. 2015, Problem 4). Das hat für den Eigentümer den Vorteil, dass er nicht auf sein Eigentum verzichten muss, sondern die Sache mithilfe der Vindikation zurückholen kann, wenn diese später zufällig wieder auftaucht.

**4. Argument**
Bei Gutgläubigkeit des verfügenden Nichtberechtigten schließt § 687 I BGB eine genehmigungsfähige Geschäftsführung und damit einen Erlösherausgabeanspruch aus §§ 681 S. 2, 670 BGB aus. Damit wäre es aber nicht zu vereinbaren, wenn der Eigentümer auf den bei der Veräußerung seiner Sache erzielten Kaufpreis schon mithilfe des Bereicherungsanspruchs aus § 816 I 1 BGB zugreifen könnte.

**5. Argument**
Wer als Berechtigter in die Verfügung eines Nichtberechtigten einwilligt, den Nichtberechtigten also antizipiert zur Vornahme der Verfügung ermächtigt, kann sicherlich nicht die besondere Eingriffskondiktion aus § 816 I 1 BGB gegen den Nichtberechtigten erheben. Er hat mit seiner Einwilligung eine Leistung an den betreffenden Nichtberechtigten erbracht (Siber) und ist deshalb auf vertragliche Ansprüche gegen den Letzteren bzw. bei Unwirksamkeit des zwischen ihnen geschlossenen Vertrages auf eine Leistungskondiktion beschränkt. Dann ist aber nicht einzusehen, warum dem Berechtigten bei einer nachträglichen Autorisierung des Nichtberechtigten, also bei einer Genehmigung der Verfügung, die Eingriffskondiktion aus § 816 I 1 BGB zustehen soll.

## B. Bejahende Auffassung

Auch bei einer unwirksamen Verfügung eines Nichtberechtigten kann sich der Berechtigte den Erlösherausgabeanspruch aus § 816 I 1 BGB gegen den Nichtberechtigten verschaffen, indem er die Verfügung genehmigt und ihr damit nach §§ 185 II 1 Fall 1, 184 I BGB Wirksamkeit verleiht.

**Vertreten von:**
Siehe unten bei Meinung I, II und III.

**1. Argument**
Da die Genehmigung nach § 184 I BGB auf den Zeitpunkt der Vornahme des Rechtsgeschäfts zurückwirkt, muss die genehmigte Verfügung auch für die Anwendung von § 816 I 1 BGB als von Anfang an wirksam behandelt werden.

**2. Argument**
Es besteht ein praktisches Bedürfnis dafür, dass der Berechtigte sich bei einer zunächst unwirksamen Verfügung des Nichtberechtigten den Erlösherausgabeanspruch aus § 816 I 1 BGB gegen den Verfügenden durch Genehmigung eröffnen kann. Andernfalls wäre der Eigentümer einer gestohlenen Sache, die ein gutgläubiger erster Ankäufer inzwischen weiterveräußert hat und deren Verbleib jetzt nicht mehr festzustellen ist, völlig ohne Schutz. Die ihm verbleibende Vindikationsmöglichkeit wäre für den Eigentümer häufig auch deshalb von geringerem Interesse als ein Erlösherausgabeanspruch, weil die Sache in der Zwischenzeit möglicherweise schon schwer beschädigt oder stark abgenutzt ist. Schützenswerte Interessen des Nichtberechtigten werden durch die Belastung mit der Erlösherausgabepflicht nicht verletzt, da er ohne die Genehmigung der Gewährleistungshaftung seines Abnehmers (§§ 433 I 2, 435, 437 BGB) ausgesetzt wäre, er also den erzielten Kaufpreis nach §§ 437 Nr. 2, 349, 346 I oder §§ 437 Nr. 3, 280 I, III, 285 I 1, 2 BGB ohnehin an seinen Abnehmer hätte zurückerstatten müssen. Von dieser Verpflichtung wird er durch die zur Entstehung des Anspruchs aus § 816 I 1 BGB führende Genehmigung befreit.

**3. Argument**
Es lässt sich nicht einwenden, mit dem Augenblick der Genehmigung höre die Verfügung auf, die eines Nichtberechtigten zu sein. Denn der Begriff der Nichtberechtigung in § 816 BGB und § 185 BGB bedeutet nur, dass der Verfügende *im Zeitpunkt der Verfügung* tatsächlich nicht berechtigt war. Die Verfügung soll im Fall der Genehmigung wirksam sein, obwohl sie von einem Nichtberechtigten vorgenommen worden ist. Die Genehmigung heilt rückwirkend den Mangel der Verfügungsmacht des Nichtberechtigten und verschafft der Verfügung damit nachträglich die ihr bisher von der Rechtsordnung versagte Wirkung gegenüber Dritten, insbesondere zugunsten des Erwerbers. All dies ändert aber nichts daran, dass der Verfügende unbefugt in das Recht des Genehmigenden eingegriffen hat, also im Zeitpunkt der Verfügung Nichtberechtigter war: Die Rückwirkung kann sich eben immer nur auf die Rechtsfolgenanordnung (also die Wirksamkeit der Verfügung), nicht auch auf den Sachverhalt beziehen.

**Vertiefung:**
Innerhalb dieses Lagers ist es streitig, ob der Eigentümer bei der Wahl des Kondiktionsanspruchs aus § 816 I 1 BGB Gefahr läuft, sein Eigentum trotz eventueller Zahlungsunfähigkeit des Nichtberechtigten endgültig zu verlieren. Es stehen sich insoweit im Wesentlichen die drei folgenden Auffassungen gegenüber:

***Meinung I***
Der Erlösherausgabeanspruch aus § 816 I 1 BGB entsteht bei anfänglich unwirksamen Verfügungen eines Nichtberechtigten nur dann, wenn der Berechtigte die Verfügung *vorbehaltlos genehmigt.* Da die Genehmigung materielle Anspruchsvoraussetzung

ist, muss die Klage auf Herausgabe des Verfügungserlöses regelmäßig als konkludente Genehmigung der Verfügung angesehen werden. Diese Deutung setzt allerdings voraus, dass der Berechtigte die Unwirksamkeit der Verfügung kannte oder wenigstens mit ihr gerechnet hat.

**Vertreten von:**
RGZ 106, 44 ff.; 115, 31 (34); BGHZ 56, 131 = NJW 1971, 1452; BGH LM § 816 BGB Nr. 6, 9/10; JZ 1961, 24; WM 1967, 395 (397); NJW 1968, 1326; 1969, 665; DB 1976, 814; Achilles/Greiff/Brüggemann BGB § 816 Anm. 2; Beuthien/Weber Ungerechtfertigte Bereicherung Fall 6, S. 87 f.; von Caemmerer, FS Rabel, 1954, 333 (389) (= GS 215); Diederichsen JURA 1970, 378 (388); iErg Emmerich SchuldR BT § 17 Rn. 24; Freund, Der Eingriff in fremde Rechte, 1902, S. 42 ff.; HK-BGB/Schulze § 816 Rn. 7 (aber auch für Meinung II); iErg Jacoby/von Hinden BGB § 816 Rn. 2; Oertmann BGB § 816 Anm. 1a; Planck/Landois BGB § 816 Anm. 3; Schellhammer SchuldR Rn. 892; von Tuhr BürgerlR Bd. II/1 S. 381; E. Wolf SchuldR BT S. 478 f.

**1. Argument**
Es ist nicht daran vorbeizukommen, dass der Eigentümer sich den Erlösherausgabeanspruch aus § 816 I 1 BGB nur durch die Genehmigung der Verfügung verschaffen kann. Wenn der Eigentümer sich für die Genehmigung entscheidet, muss er die damit verbundene negative Folge des sofortigen Eigentumsverlustes hinnehmen und das Risiko tragen, dass sich der Erlösherausgabeanspruch als undurchsetzbar erweisen könnte.

**2. Argument (gegen Meinung III)**
Da der Anspruch auf den Erlös aus § 816 I 1 BGB erst durch die Genehmigung entsteht, kann er vor Erteilung der Genehmigung auch nicht erfolgreich eingeklagt werden. Nach §§ 257, 258 ZPO ist zwar eine Klage auf eine künftige Leistung, aber nicht aus einem künftigen Anspruch zulässig (Deubner MDR 1958, 197).

**3. Argument**
Meinung III scheitert an der Bedingungsfeindlichkeit der Genehmigung.

**4. Argument**
Der Eigentümer würde treuwidrig handeln, wenn er einerseits vom Nichtberechtigten den Veräußerungserlös beanspruchte, der ihm nur bei Wirksamkeit der Verfügung zustünde, sich andererseits aber vorbehielte, unter Berufung auf die Unwirksamkeit der Verfügung den Besitzer der Sache auf Herausgabe in Anspruch zu nehmen. Schon deshalb muss in der Klage auf Herausgabe des Veräußerungserlöses die Genehmigung des Verfügungsgeschäftes gesehen werden (RG).

***Meinung II***
Der Eigentümer kann vom Nichtberechtigten Herausgabe des Erlangten *Zug um Zug* gegen Genehmigung der Verfügung verlangen. Die Genehmigung wird erst wirksam, wenn der Nichtberechtigte den Erlös herausgibt.

**Vertreten von:**
AK-BGB/Joerges § 816 Rn. 11; Bauernfeind NJW 1961, 109 f.; Dölle, RG FG III, 1929, 22 (33); Enneccerus/Lehmann SchuldR § 225 I 3c; Erman/Buck-Heeb BGB § 816 Rn. 9; Esser/Weyers SchuldR BT II/2 § 50 II 2b; Grüneberg/Sprau BGB § 816

Rn. 7; Hüffer JuS 1981, 263 (266); HK-BGB/Schulze § 816 Rn. 7 (aber auch für Meinung I); Jauernig/Stadler BGB § 816 Rn. 6; jurisPK-BGB/Martinek/Heine § 816 Rn. 18 ff.; Köhler/Lorenz SchuldR II Fall 211; Koppensteiner/Kramer Ungerechtfertigte Bereicherung S. 94; Larenz SchuldR BT II/1 § 69 IV a; Larenz/Canaris SchuldR BT II/2 § 69 II 1c; Leonhard SchuldR BT § 268; Loewenheim BereicherungsR S. 105; Medicus/Lorenz SchuldR BT § 64 Rn. 9 (mit Sympathien für die Lösung über eine auflösende Bedingung); MüKoBGB/Lieb, 4. Aufl. 2004, § 816 Rn. 26; Reeb BereicherungsR S. 76; Reuter/Martinek Ungerechtfertigte Bereicherung, 1983, S. 304 ff.; iErg auch Soergel/Mühl, 11. Aufl. 1985, BGB § 816 Rn. 8; Staudinger/W. Lorenz, 1999, BGB § 816 Rn. 9; Staudinger/S. Lorenz, 2007, BGB § 816 Rn. 9; Staudinger/Linardatos, 2022, BGB § 816 Rn. 31; StudK/Beuthien BGB § 816 Anm. I 2b; Wieling BereicherungsR § 4 III 1d aa.

**1. Argument**
Trotz der formalrechtlichen Bedenken, dass vor dem Vorliegen einer Genehmigung die Anspruchsvoraussetzungen noch nicht gegeben sind, ist diese Lösung mit Rücksicht auf die legitimen Gläubigerinteressen zu befürworten. Denn mit der Genehmigung verliert der Berechtigte sein Eigentum und damit die Möglichkeit, auf den Herausgabeanspruch gegen den jeweiligen Besitzer zurückzugreifen. Sofern der Berechtigte auch den Erlös beim Nichtberechtigten nicht beitreiben kann, ginge er völlig leer aus. Schon deshalb muss eine Lösung gefunden werden, die den Eigentumsverlust nicht vor der Durchsetzung des Erlösherausgabeanspruches eintreten lässt.

Dass keiner der Tatbestände vorliegt, bei denen das Gesetz eine Zug-um-Zug-Verurteilung zulässt, darf keine Rolle spielen. Diese Tatbestände sind nur besondere Ausprägungen des allgemeinen Grundsatzes von Treu und Glauben. Sie erfassen jeweils Situationen, in denen beide Beteiligten Leistungen zu erbringen haben, aber keinem eine Vorleistung zumutbar ist. Die gleiche Interessenlage ist aber auch bei der hier zur Diskussion stehenden Konstellation gegeben: Dem Eigentümer ist es nicht zumutbar, seine „Leistung“ an den Nichtberechtigten (nämlich die Genehmigung, die diesen von Gewährleistungsansprüchen seines Abnehmers befreit) schon vor der Erlösherausgabe zu erbringen. Und ebenso wäre dem Nichtberechtigten die Abführung des Erlöses unzumutbar, wenn er weiterhin dem Rückgriffsanspruch seines Abkäufers ausgesetzt bliebe.

**2. Argument (gegen Meinung I, Arg. 4)**
Dem Eigentümer kann nicht der Vorwurf treuwidrigen Verhaltens gemacht werden, wenn er sich die Genehmigung bis zum Augenblick der Erfüllung seines Kondiktionsanspruchs vorbehält. Durch die Zug-um-Zug-Lösung wird sichergestellt, dass der Eigentümer nur entweder vom Nichtberechtigten den Erlös aus der Verfügung oder vom Erwerber die Sache herausverlangen kann: Sobald er vom Nichtberechtigten den Kaufpreis fordert und erhält, ist die Genehmigung erteilt und der Nichtberechtigte vor Rückgriffsansprüchen seines Abnehmers sicher. Fordert der Eigentümer dagegen vom Berechtigten die Sache heraus, so verzichtet er damit notwendigerweise auf den Kaufpreis, weil darin eine konkludente Verweigerung der Genehmigung liegt. Damit ist den legitimen Interessen des Nichtberechtigten genügt.

**3. Argument**
Die Konstruktion einer auflösenden Bedingung scheitert daran, dass einseitige Rechtsgeschäfte, durch die ein anderer betroffen wird, grundsätzlich auch ohne aus-

drückliche gesetzliche Anordnung bedingungsfeindlich sind (vgl. Flume BGB AT II § 38, 5). Die anerkannte Ausnahme – Bedingungen, deren Eintritt oder Ausfall allein vom Willen des Betroffenen abhängt – wäre hier nicht gegeben: Betroffener in diesem Sinne wäre ja nicht nur der Nichtberechtigte, sondern auch der Erwerber.

**4. Argument**
Wollte man den Erlösherausgabeanspruch schon bei einer Genehmigung, die unter die auflösende Bedingung der Nichtbeitreibbarkeit des Erlöses gestellt ist, zubilligen, so hätte dies die missliche Folge, dass über die Rechtmäßigkeit des Urteils erst der Erfolg der Vollstreckung entschiede. Das aber wäre prozessual höchst bedenklich (H.P. Westermann).

**5. Argument**
Die Konstruktion der auflösenden Bedingung (Meinung III) ist mit dem sachenrechtlichen Publizitätsprinzip unvereinbar: Der Erwerber würde bei Bedingungseintritt das Eigentum wieder verlieren, ohne dass die Rechtsänderung außenstehenden Dritten durch ein sachenrechtliches Publizitätsmittel offengelegt würde.

***Meinung III***
Der Eigentümer kann sich den Erlösherausgabeanspruch aus § 816 I 1 BGB schon dadurch verschaffen, dass er die Verfügung unter der *auflösenden* Bedingung der Nichteinbringbarkeit des Erlöses beim Berechtigten (bzw. der Nichtherausgabe durch diesen) genehmigt.

**Vertreten von:**
Baur/Stürner SachenR § 11 Rn. 36; Gursky SchuldR BT 197; wohl auch Hirsch SchuldR BT § 49 Rn. 1446; Köbl, Das Eigentümer-Besitzer-Verhältnis im Anspruchssystem des BGB, 1971, S. 289; von Lübtow Beiträge S. 67 Fn. 48; Merle AcP 183 (1983), 81 (90 ff.); Staudinger/Seufert, 10./11. Aufl. 1975, BGB § 816 Rn. 4a; weitergehend Wilckens AcP 157 (1958/59), 399 (401 ff.) und Jochem MDR 1975, 176 (182) (auflösende Bedingung, dass der Besitzer ausfindig gemacht wird oder dass der bisherige Eigentümer die Klage auf Herausgabe der Sache erhebt).

**1. Argument**
Es stimmt zwar, dass einseitige, gestaltende Rechtsgeschäfte bedingungsfeindlich sind. Dieser Einwand muss jedoch hinter dem vorrangigen Sicherheitsinteresse des Eigentümers zurücktreten.

**2. Argument**
Den Beteiligten ist der durch die auflösende Bedingung zunächst entstehende Schwebezustand zumutbar, zumal es der nichtberechtigt Verfügende in der Hand hat, durch Herausgabe des Surrogates diesen Schwebezustand zu beenden (Köbl). Für den Erwerber aber entstehen durch den Schwebezustand, den die auflösend bedingte Genehmigung hervorruft, keinerlei Nachteile: Seine Rechtsstellung wird ja auch durch eine nur auflösend bedingte Genehmigung nur verbessert. Selbst wenn die auflösende Bedingung später eintreten sollte, würde sie keine Rückwirkung entfalten können; der Erwerber würde also durch die Genehmigung jedenfalls für den Zeitraum bis zu dem Bedingungseintritt Eigentum erlangt haben und damit für diesen Zeitraum von etwaigen Ansprüchen des Genehmigenden aus §§ 987 ff. BGB freigestellt worden sein.

**3. Argument**
Die Lösung der Zug um Zug gegen Erlösherausgabe zu erteilenden Genehmigung funktioniert schon deshalb nicht, weil spätestens mit Beginn der Zwangsvollstreckung – und nicht erst bei ihrem Erfolg – der titulierte Anspruch gegeben sein muss. Ergibt sich aus dem Urteil, dass der materiellrechtliche Anspruch noch von einer aufschiebenden Bedingung abhängt, so ist der Bedingungseintritt nach § 726 I ZPO vor Erteilung der vollstreckbaren Ausfertigung zu prüfen (Merle).

**4. Argument**
Die Interessenlage ist den gesetzlich geregelten Fällen einer Zug-um-Zug-Verurteilung nicht vergleichbar. Die Regeln über die Erfüllung Zug um Zug dienen nämlich nur dem Schutz des Schuldners, während der von Meinung II vorgeschlagene Zug-um-Zug-Mechanismus bei der Genehmigung der Verfügung eines Nichtberechtigten ausschließlich den Eigentümer als (zukünftigen) Gläubiger des Erlösherausgabeanspruches schützen soll (Merle).

**5. Argument**
Es trifft nicht zu, dass nach der Konstruktion der auflösend bedingten Genehmigung erst der Erfolg der Vollstreckung über die Rechtmäßigkeit des Urteils entschiede. Bis zur fruchtlosen Beendigung der Vollstreckung ist die Bedingung nicht eingetreten, besteht also der titulierte Anspruch noch und ist das Urteil damit rechtmäßig. Mit dem Fehlschlag des Vollstreckungsversuches entfällt der titulierte Anspruch auch nicht mit Rückwirkung, sondern nur *ex nunc*. Bei einem etwaigen späteren erneuten Vollstreckungsversuch könnte der Nichtberechtigte sich mithilfe der Vollstreckungsgegenklage (§ 767 ZPO) wehren (Merle).

**6. Argument (gegen Meinung II, Arg. 5)**
Der Einwand, die Lösung über die auflösende Bedingung verstoße gegen das sachenrechtliche Publizitätsprinzip, trifft nicht zu. Auflösend bedingte Verfügungen über dingliche Rechte sind – abgesehen von § 925 II BGB – anerkanntermaßen zulässig, und bei Bedingungseintritt ergeht dann jeweils die Änderung der dinglichen Rechtslage automatisch, ohne weiteren Publizitätsakt. Es ist nicht einzusehen, weshalb die auflösend bedingte Genehmigung einer unbedingten, aber zustimmungsbedürftigen Verfügung, die doch nur die gleiche Schwebelage wie eine von vornherein auflösend bedingte Verfügung schafft, eine inakzeptable Beeinträchtigung des sachenrechtlichen Publizitätsprinzips bedeuten sollte.

**Beispiele:**

**1.** Im Ausgangsfall könnte Anspruchsgrundlage §§ 985, 285 BGB sein. Zur Streitfrage, ob der Surrogatherausgabeanspruch des § 285 BGB auch zur Verlängerung des Vindikationsanspruchs aus § 985 BGB eingesetzt werden kann, vgl. Band 6 der Examenswichtigen Klausurprobleme, Gursky, Das Eigentümer-Besitzer-Verhältnis, 9. Aufl. 2015, Problem Nr. 4.

E hat gegen B keinen Anspruch aus unechter Geschäftsführung ohne Auftrag (§§ 687 II 1, 681 S. 2, 667 BGB), weil B nicht weiß, dass er ein fremdes Geschäft als eigenes behandelt. Mangels Bösgläubigkeit des B entfällt auch ein Anspruch aus dem Eigentümer-Besitzer-Verhältnis (§§ 990 I, 989 BGB).

Jedoch kommt § 816 I 1 BGB als Anspruchsgrundlage in Betracht. Nach Theorie A scheitert dieser Anspruch daran, dass die Verfügung des Nichtberechtigten unwirksam war. Die verschiedenen Varianten der Theorie B geben dem E jeweils die Möglichkeit, sich einen Erlösherausgabeanspruch gegen den Nichtberechtigten selbst durch eine Genehmigung der zunächst unwirksamen Verfügung zu eröffnen; sie unterscheiden sich darin, zu welchem Zeitpunkt die Genehmigung erteilt werden muss und ob sie bedingt sein kann.

**2.** D hat der Firma F einen Posten Leder gestohlen und an den gutgläubigen X veräußert, der das Leder seinerseits an verschiedene Abnehmer veräußerte, die dieses dann weiterverarbeiteten. F verlangt von X Herausgabe der Verkaufserlöse (Fall nach BGHZ 56, 131 ff. = NJW 1971, 1452).

Anspruchsgrundlage sind auch hier wieder §§ 816 I 1, 185 II 1 Fall 1 BGB. Die Besonderheit dieses Falles liegt darin, dass F bei Klageerhebung nicht mehr Eigentümerin des Leders ist, weil dieses in der Zwischenzeit von den Abnehmern des X zu neuen Sachen weiterverarbeitet worden ist (§ 950 BGB). Nach bisher hM setzt eine wirksame Genehmigung grundsätzlich voraus, dass die Verfügungsmacht des Genehmigenden noch im Augenblick der Genehmigung besteht (arg. 184 II BGB). Die Praxis und die an Zulauf gewinnende Gegenauffassung begnügt sich jedoch bei § 816 I 1 BGB damit, dass die Verfügungsmacht des Genehmigenden im Augenblick der Verfügung des Nichtberechtigten bestanden hat und zudem auch noch beim Untergang der Sache (bzw. bei ihrer Verarbeitung zu einer neuen Sache) gegeben war (BGHZ 56, 131 (135); Pfister JZ 1969, 623 ff.; Medicus/Lorenz SchuldR BT § 64 Rn. 8; Staudinger Eckpfeiler/Linardatos Rn. S 48). Dieser Lösung ist beizupflichten, da Gegeninteressen eines Dritten nicht ersichtlich sind. Somit hat F gegen X nach den verschiedenen Varianten der Theorie B einen Anspruch auf Wertersatz.

## 14. Problem (§ 816 I 1 BGB)
## Welchen Inhalt hat der Anspruch aus § 816 I 1 BGB bei der Verpfändung fremder Sachen?

### Beispiel:

N ist im Grundbuch als Eigentümer eines Grundstücks eingetragen, das in Wirklichkeit dem E gehört. Im Vertrauen auf seine Eigentümerstellung bestellt der N seiner Bank an diesem Grundstück eine Hypothek zur Sicherung einer Darlehensforderung in Höhe von 50.000 EUR nebst 7% Zinsen. Nachdem sich die Unrichtigkeit des Grundbuches herausgestellt hat, möchte E wissen, welche Rechte ihm gegenüber der Bank und N zustehen.

### Ausgangspunkt:

Die Anwendung des § 816 I 1 BGB bereitet besondere Schwierigkeiten, wenn die wirksame Verfügung des Nichtberechtigten in der Bestellung eines Pfandrechts oder Grundpfandrechts besteht. In diesen Fällen erhält der verfügende Nichtberechtigte nämlich keine Gegenleistung im engeren Sinne, keinen Veräußerungserlös. Andererseits liegt es auf der Hand, dass die Belastung der fremden Sache für ihn regelmäßig von Vorteil sein wird: Er hat dadurch vielleicht die entsprechende Belastung einer anderen, eigenen Sache erspart. Denkbar ist auch, dass er gar keine andere geeignete Sicherheit hätte bieten können und deshalb den erhofften Kredit entweder gar nicht erhalten oder doch nur zu sehr viel ungünstigeren Bedingungen bekommen hätte. Wenn die betreffende Sicherheit erst nachträglich bestellt worden ist, hat er vielleicht nur auf diesem Wege eine ihm schon angedrohte Kündigung des aufgenommenen Darlehens verhindern können. Hat der Nichtberechtigte, wie regelmäßig durch die von ihm vorgenommene Belastung des fremden Grundstücks, profitiert, verlangt das Bereicherungsausgleichsprinzip, dass ihm der erlangte Vorteil wieder entzogen wird. Man könnte natürlich stattdessen auch daran denken, die Bestellung der dinglichen Sicherheit als unentgeltliche Verfügung iSv § 816 I 2 BGB zu beurteilen und damit einen Bereicherungsanspruch gegen den Sicherungsnehmer (Pfandgläubiger; Grundpfandgläubiger) zu ermöglichen. Die letztere Lösung verbietet sich aber schon deshalb, weil damit jedenfalls im Ergebnis der gutgläubige Erwerb der betreffenden dinglichen Sicherungsrechte ausgeschaltet und die Kreditwirtschaft gefährdet würde. Es bleibt damit doch nur der Weg über § 816 I 1 BGB. Dabei ist nun äußerst problematisch, worin denn hier eigentlich der Anknüpfungspunkt dieses Kondiktionsanspruchs, das „durch die Verfügung Erlangte", gesehen werden kann.

### Problemlösungsansätze

### A. Kondiktion der Darlehensvaluta

Falls ein Nichtberechtigter zur Sicherung einer Darlehensforderung seines Gläubigers an diesen wirksam eine fremde bewegliche Sache verpfändet oder ein fremdes Grundstück mit einem Grundpfandrecht belastet, schuldet er dem Eigentümer der verpfändeten Sache aus § 816 I 1 BGB die Herausgabe der Darlehensvaluta, dies allerdings nur gegen Befreiung von seiner Darlehensschuld. Im Falle einer Grundschuldbestellung muss er darüber hinaus seinen aus der Sicherungsabrede folgenden Anspruch auf Rückübertragung der Grundschuld bei Nichteintritt des Sicherungsfalles abtreten.

**Vertreten von:**
RGZ 158, 40 (47 f.); F. Schulz AcP 105 (1909), 1 (357); von Tuhr BürgerlR II/2 S. 179 Fn. 29; im Wesentlichen auch Reuter/Martinek Ungerechtfertigte Bereicherung S. 297 ff., die den Anspruch auf Herausgabe der Darlehensvaluta aber nicht von einer Zug um Zug zu bewirkenden Befreiung von der Darlehensschuld abhängig machen; der Nichtberechtigte soll nach ihnen auch die von ihm weiterhin zu zahlenden Darlehenszinsen nicht von der Herausgabepflicht absetzen können.

**1. Argument**
Der Nichtberechtigte hätte ohne die Verpfändung der fremden Sache die Darlehensvaluta nicht erhalten; das Darlehenskapital stellt damit iSv § 816 I 1 BGB das „durch die Verfügung Erlangte" dar. Die Herausgabepflicht des Nichtberechtigten aus dieser Vorschrift steht jedoch im Falle seiner Gutgläubigkeit noch unter dem Vorbehalt des § 818 III BGB, und seine Bereicherung wird durch die im ursächlichen Zusammenhang mit dem Darlehensempfang entstandene Rückzahlungsverpflichtung gegenüber dem Darlehensgläubiger gemindert.

**2. Argument**
Der Surrogationsgedanke versagt in den Fällen der Verpfändung fremder Sachen. Der Kondiktionsanspruch kann hier nur die Funktion haben, den betroffenen Eigentümer soweit als möglich vor der Gefahr einer Verwertung seiner Sache und damit ihres endgültigen Verlustes zu bewahren und ihm die dingliche Rechtsmacht, die ihm der Nichtberechtigte durch die wirksame Pfandrechts- oder Grundpfandrechtsbestellung zugunsten seines Gläubigers entzogen hat, zurück zu verschaffen. Diese Aufgaben kann der Bereicherungsanspruch aus § 816 I 1 BGB aber nur dann adäquat erfüllen, wenn er den Nichtberechtigten zur Weiterleitung der empfangenen Darlehensvaluta an den betroffenen Eigentümer verpflichtet. Dieser ist dann jedenfalls in der Lage, die Verwertung der Sicherheit durch rechtzeitige Rückzahlung des Darlehens zu verhindern, und er kann seine Sache bei Einverständnis des Gläubigers dann mit dem erlangten Geld auch schon vorzeitig enthaften.

**3. Argument**
Dem berechtigten Sicherungsinteresse des Nichtberechtigten kann dadurch Genüge getan werden, dass man ihm die *facultas alternativa* einräumt, den Anspruch auf Herausgabe der Darlehensvaluta durch Sicherheitsleistung abzuwehren (Lieb).

**4. Argument (gegen Theorie B)**
Der Anspruch aus § 816 I 1 BGB darf nicht von vornherein auf die Stellung einer Sicherheitsleistung beschränkt werden, denn diese Lösung wäre mit dem Wortlaut der Norm schlechterdings nicht zu vereinbaren. Eine Sicherheitsleistung ist etwas ganz anderes als die in § 816 I 1 BGB angeordnete Herausgabe des durch die Verfügung Erlangten.

**5. Argument**
Wenn jemand als Sicherheit für ein erwartetes und dann auch tatsächlich gegebenes Darlehen eine dingliche Sicherheit bestellt, so liegt in dieser Verfügung bei wirtschaft-

lich-praktischer Betrachtungsweise sehr wohl eine Gegenleistung für die Darlehensvaluta (Lieb).

**6. Argument (gegen Theorie C)**
Indem der Nichtberechtigte eine fremde Sache als Sicherungsmittel benutzt, usurpiert er zuweisungswidrig eine fremde Rechtsposition. Der Rechtsgüterschutz verlangt hier – ganz unabhängig von einem Verschulden des Eingreifers – eine Korrektur dieser fortdauernden zuweisungswidrigen Usurpation, also die Beseitigung der Belastung. Wer den Bereicherungsausgleich bis zur Pfandverwertung verneint, benachteiligt den betroffenen Eigentümer in unzumutbarer Weise (Reuter/Martinek).

**7. Argument**
Der Umstand, dass der Nichtberechtigte bei dieser Lösung trotz Abführung der Darlehensvaluta an den Eigentümer die Darlehenszinsen tragen muss, macht die Lösung für den Nichtberechtigten nicht unzumutbar. Er hat sich durch die unbefugte Verfügung über fremdes Eigentum selbst in diese missliche Situation hineinmanövriert. Außerdem hat er ohnehin die Möglichkeit, die gesicherte Darlehensforderung vorzeitig zu erfüllen, dadurch die Belastung wieder zu beseitigen und auf diese Weise dem Kondiktionsanspruch des Eigentümers die tatbestandsmäßige Grundlage zu nehmen (Lieb).

**Hinweis:**
Nach Lieb und Reuter/Martinek soll diese Lösung auch dann gelten, wenn der Nichtberechtigte die dingliche Sicherheit für die Darlehensschuld eines Dritten bestellt hat. Zur Begründung: Die Verpflichtung des Nichtberechtigten zur Abführung der Darlehensvaluta an den Eigentümer der belasteten Sache passt auch dann, wenn die Verfügung für die Darlehensaufnahme eines Dritten erfolgt. Die Sachlage muss hier nämlich so angesehen werden, als hätte der verfügende Nichtberechtigte die Darlehensvaluta selbst erhalten und dann an den Dritten weitergeleitet, ohne sich selbst auf § 818 III BGB berufen zu können. Dem Nichtberechtigten ist die Zahlungspflicht zuzumuten, weil er ja ohnehin mit der Verpfändung der fraglichen Sache ein eigenes (potenzielles) Vermögensopfer zu erbringen glaubte (Lieb).

## B. Anspruch auf Beseitigung der Belastung

In den Fällen der wirksamen Verpfändung fremder Sachen kann der betroffene Eigentümer aus § 816 I 1 BGB nur verlangen, dass der Nichtberechtigte die Belastung beseitigt, indem er entweder das Pfand auslöst oder dem Gläubiger eine andere Sicherheit bietet und ihn damit zur Freigabe veranlasst. Ist der Gläubiger, der in beiden Fällen mitwirken müsste, weder mit der vorzeitigen Kreditrückzahlung noch mit einer Auswechselung der Sicherheit einverstanden, so muss der Nichtberechtigte stattdessen dem betroffenen Eigentümer durch Bankbürgschaft oder in anderer geeigneter Weise Sicherheit leisten. Wenn es zur Verwertung der Sicherheit gekommen ist, hat der bisherige Eigentümer Anspruch auf Wertersatz für die dadurch beim Nichtberechtigten eingetretene Schuldbefreiung. – Wenn der Nichtberechtigte das Pfandrecht oder Grundpfandrecht für die Schuld eines Dritten bestellt hat, so wird er in aller Regel nicht bereichert sein. Dann haftet an seiner Stelle der Dritte aus § 816 I 2 BGB auf Beseitigung der Belastung oder gegebenenfalls auf Sicherheitsleistung.

**Vertreten von:**
von Caemmerer, FS H. Lewald, 1953, 443 ff. (451 ff.); Schuler NJW 1962, 1842 (1843) und 2332 f.; Pütz NJW 1962, 2332; Köbl, Das Eigentümer-Besitzer-Verhältnis im Anspruchssystem des BGB, 1971, S. 285 f.; MüKoBGB/Wacke, 4. Aufl. 2004, § 894 Rn. 36; MüKoBGB/Kohler, 8. Aufl. 2020, § 894 Rn. 48; Westermann/Gursky/Eickmann SachenR § 72 II 1a; ähnlich Schlechtriem, Symposium König, 1984, S. 68.

**1. Argument**
§ 816 I 1 BGB kann in den Fällen der Verpfändung fremder Sachen nur mit Modifikationen angewandt werden. Die hier ausgesprochene Rechtsfolgenanordnung passt für diese Konstellation nämlich nicht: Der Nichtberechtigte wird durch den Eingriff zwar durchaus bereichert, aber es gibt kein Surrogat, das die Bereicherung repräsentiert. Insbesondere kann die Darlehensvaluta nicht als „durch die Verfügung erlangt" angesehen werden. Die Verpfändung ist vielleicht Voraussetzung für die Darlehensgewährung, aber jedenfalls nicht Gegenleistung für diese. Das Entgelt für die Kreditgewährung besteht vielmehr ausschließlich in der übernommenen Zinszahlungspflicht (von Caemmerer).

**2. Argument**
Die Bereicherung des Nichtberechtigten besteht in diesen Fällen darin, dass er die belastete Sache fortdauernd als Sicherungsmittel oder Kreditunterlage nutzt. Für dieses atypische Kondiktionsobjekt muss die geeignete Form des Bereicherungsausgleichs aus der Natur der Sache entwickelt werden. Die angemessenste – aber nicht gegen den Willen des Darlehensgläubigers/Pfandgläubigers zu verwirklichende Form der Herausgabe der Bereicherung – besteht darin, dass der Nichtberechtigte die Belastung selbst beseitigt.

**3. Argument**
Falls sich die Belastung nicht vorzeitig beseitigen lässt, weil der Gläubiger sich weder auf eine vorzeitige Kreditrückzahlung noch auf eine Auswechselung der Sicherheit einlässt, ist an sich eine wertmäßige Herausgabe der erlangten Bereicherung geboten (§ 818 II BGB). Diese scheitert jedoch daran, dass die Disposition über eine Kreditunterlage keinen Tauschwert hat. Die Lösung kann dann nur darin bestehen, dass der Nichtberechtigte dem betroffenen Eigentümer eine angemessene Sicherheit dafür leistet, dass es infolge rechtzeitiger Rückzahlung des Darlehens nicht zur Verwertung der Sache kommen wird. Dagegen darf der Nichtberechtigte auch in solchen Fällen, in denen er die Belastung nicht sofort beseitigen kann, keinesfalls schlechthin zur Herausgabe der Darlehensvaluta an den Eigentümer verpflichtet werden. Damit würde dem Nichtberechtigten nämlich das Risiko aufgebürdet, den Darlehensbetrag nochmals an den Darlehensgläubiger zahlen zu müssen, weil der Eigentümer ihn für andere Zwecke als zur Ablösung des Pfandrechts bzw. Grundpfandrechts eingesetzt hat.

**4. Argument (gegen Theorie A)**
Mit der Abführung der Darlehensvaluta erhält der Berechtigte zu viel. Auf Kosten des Kondiktionsgläubigers erlangt hat er nur die Benutzung der fremden Sache als Kreditunterlage: Die immer noch fortdauernde Inanspruchnahme der Sache als Kreditunterlage gibt er aber gleichsam in Natur heraus, wenn er die Belastung beseitigt. Zu mehr kann er nicht verpflichtet sein. Im Übrigen wäre die Lösung des RG auch völlig unpraktikabel, weil der Kondiktionsgläubiger den Anspruchsgegner ohne das

Einverständnis des Darlehensgebers von der Darlehensforderung vor deren Fälligkeit ja gar nicht befreien kann (arg. § 488 III 3 und §§ 414, 415 BGB).

**5. Argument (gegen Theorie A)**
Wenn man dem Eigentümer der Pfandsache mit dem RG einen Anspruch auf Auskehrung der Darlehensvaluta gegen Übernahme der Darlehensschuld gewährt, stellt man ihn im Ergebnis so, als hätte er das betreffende Darlehen selbst aufgenommen. Dies wird aber vielfach den Interessen des betroffenen Eigentümers gar nicht entsprechen, weil er einen derartigen Finanzierungsbedarf gegenwärtig nicht hat.

## C. Verneinung der Anspruchsvoraussetzungen (überholt)

Wenn ein Nichtberechtigter eine fremde Sache wirksam zugunsten eines Gläubigers mit einem Pfandrecht oder Grundpfandrecht belastet, so haftet er bis zur Pfandverwertung nicht aus § 816 I 1 BGB.

**Vertreten von:**
Hachenburg, Vorträge über das Bürgerliche Gesetzbuch, 2. Aufl. 1900, S. 175.

**Argument**
Durch die Verpfändung der fremden Sache erlangt der verfügende Nichtberechtigte zunächst überhaupt nichts. Insbesondere kann die Darlehenssumme nicht als Entgelt oder Gegenwert für die Bestellung des Sicherungsrechtes angesehen werden; die Gegenleistung für die zeitweise Überlassung des Darlehenskapitals besteht nun einmal ausschließlich in der Zinszahlung. Solange das vom Nichtberechtigten bestellte dingliche Verwertungsrecht nicht ausgeübt worden ist, kommt deshalb eine Haftung des Nichtberechtigten aus § 816 I 1 BGB nicht in Betracht. Mit der Pfandverwertung oder der Vollstreckung aus dem Grundpfandrecht erlangt der Nichtberechtigte dann in Höhe des Nettoerlöses die Befreiung von der gesicherten Darlehensschuld. Den Wert dieser Schuldbefreiung hat er nunmehr nach § 816 I 1 BGB an den betroffenen Eigentümer herauszugeben.

## D. Theorie der Haftungsvergütung

Der Nichtberechtigte erlangt durch die Verpfändung einer fremden Sache den Vorteil, der in der Möglichkeit der Aufnahme eines dinglich gesicherten Kredits liegt. Für diesen Vorteil muss er eine angemessene „Haftungsvergütung" zahlen, für deren Bemessung man sich an den üblichen Avalprovisionen der Kreditinstitute orientieren kann. Dieser Haftungsvergütungsanspruch des Eigentümers steht zudem noch unter dem Vorbehalt des § 818 III BGB, entfällt also bei einer unwirtschaftlichen Verwendung des Darlehenskapitals durch den Nichtberechtigten. Im Falle einer Grundschuldbestellung ist der verfügende Nichtberechtigte nach § 816 I 1 BGB darüber hinaus auch gehalten, seinen Rückübertragungsanspruch aus der Sicherungsabrede an den Bereicherungsgläubiger abzutreten.

**Vertreten von:**
Canaris NJW 1991, 2512 (2519 f.); Canaris JA 1992, 272 (276 ff.); Larenz/Canaris SchuldR BT II/2 § 72 III 4c; Schlechtriem SchuldR BT Rn. 805; im Ansatz ähnlich MüKoBGB/Schwab, 8. Aufl. 2020, § 818 Rn. 75; auch Erman/Buck-Heeb BGB § 816

Rn. 19, die aber annimmt, dass die Wertersatzpflicht den Betrag der Darlehensvaluta erreichen kann, wenn der Nichtberechtigte das fragliche Darlehen ohne die Bestellung dieser Sicherheit keinesfalls erhalten hätte.

**1. Argument**

Durch die Bestellung eines Pfandrechts oder Grundpfandrechts an einer fremden Sache erlangt der Nichtberechtigte die Nutzung dieser Sache als Sicherungsmittel und Kreditunterlage; er erhält mit anderen Worten hierdurch die Möglichkeit zur Aufnahme eines Kredits zu den bei Stellung einer dinglichen Sicherheit günstigeren Bedingungen. Da dieser Vorteil von ihm nicht in Natur herausgegeben werden kann, muss der Nichtberechtigte dem Eigentümer nach §§ 816 I 1, 818 II BGB wenigstens den Wert des Vorteils vergüten. Nun ist der Marktwert dieses Vorteils kaum zu ermitteln, da eine gewerbliche Stellung dinglicher Sicherheiten für Schulden Dritter nicht üblich ist. Daran scheitert die Anwendung von § 818 II BGB jedoch nicht; wo ein Marktpreis des zu bewertenden Vorteils nicht existiert, ist nämlich ein angemessenes Entgelt zu zahlen. Als Orientierung für dieses angemessene Entgelt bietet sich die übliche Vergütung (Avalprovision) für eine – der dinglichen Absicherung für den Gläubiger ja gleichkommende – Bankbürgschaft an.

**2. Argument (gegen Theorie A)**

Wenn der gutgläubige Nichtberechtigte die Darlehensvaluta an den Eigentümer abführen müsste, ohne die weiterhin von ihm zu zahlenden Darlehenszinsen abziehen zu können, so würde er damit gezwungen, sein „Stammvermögen“ anzugreifen. Er stünde damit im Ergebnis schlechter, als er gestanden hätte, wenn der kondiktionsbegründende Vorgang nicht geschehen wäre. Das aber wäre ein eklatanter Verstoß gegen den obersten Grundsatz des Bereicherungsrechts, nämlich das Prinzip, dass der gutgläubige Kondiktionsschuldner durch die Erfüllung des Kondiktionsanspruchs nicht ärmer werden darf, als er ohne den kondiktionsbegründenden Erwerb wäre. Dieser Einwand gilt auch für die Lösung des Reichsgerichts (Theorie A): Selbst wenn der Nichtberechtigte nur Zug um Zug gegen Befreiung von der Darlehensrückzahlungspflicht die Darlehenssumme an den Kondiktionsgläubiger herausgeben müsste, so wäre er doch zu einem Griff in die eigene Tasche gezwungen: Er würde das Darlehenskapital in aller Regel nicht mehr bar zur Verfügung haben und müsste sich deshalb vorzeitig und unerwartet anderweitig – teurere – Liquidität beschaffen.

**3. Argument (gegen Theorie B)**

Das letztere Bedenken ist auch der Lösung von Caemmerers entgegenzuhalten. Wenn man den gutgläubigen Eingreifer über § 816 I 1 BGB zur Enthaftung des Pfandobjektes verpflichtet, so mutet man ihm damit zwangsläufig Einbußen an seinem Stammvermögen zu. Die Verpflichtung zur Beseitigung der Belastung würde im Übrigen auf eine Schadensbeseitigung in Natur, nicht auf eine Abschöpfung der beim Kondiktionsschuldner noch vorhandenen Bereicherung hinauslaufen.

**4. Argument (gegen Theorie A)**

Selbst wenn man in der Verpfändung oder Grundpfandrechtsbestellung eine Gegenleistung für die Auszahlung der Darlehensvaluta erblicken wollte, so wäre dies jedenfalls nicht die einzige Gegenleistung. Primäres Entgelt für die zeitweise Überlassung des Darlehenskapitals wäre auch dann natürlich die Zinszahlung. Schon deshalb könnte diese Betrachtungsweise nicht zu einem Anspruch auf Herausgabe der gesamten Darlehensvaluta führen. Der Anteil der Sicherheitsbestellung an dem angenommenen Austauschverhältnis wäre aber nicht zu berechnen.

## E. (hier sog.) Theorie des doppelten Kondiktionsgegenstandes

Wenn ein Nichtberechtigter eine fremde Sache zur Sicherung eines Kredits mit einem Pfandrecht (oder Grundpfandrecht) belastet, schuldet er nach § 816 I 1 BGB primär die Auslösung der Sache aus der Pfandhaftung. Falls die Beseitigung der Belastung aus im Verhältnis zum Kreditgeber liegenden Gründen nicht möglich ist, ist sekundärer Inhalt des Bereicherungsanspruchs die Herausgabe der Darlehensvaluta. Diese kann der Eigentümer der verpfändeten Sache allerdings nur verlangen, wenn er sich seinerseits gegenüber dem Nichtberechtigten durch eine Erfüllungsübernahmevereinbarung iSv § 329 BGB zur rechtzeitigen Befreiung des Letzteren von der Darlehensrückzahlungspflicht verpflichtet und eine taugliche Bürgschaft stellt.

**Vertreten von:**
Flume, GS Knobbe-Keuk, 1997, 111 (134); Jakobs, lucrum ex negotiatione, 1993, 129 ff. (133 f.).

**1. Argument**
Durch die Verpfändung der fremden Sache hat der Nichtberechtigte diese Sache als Kreditsicherheit (oder genauer: den Vorteil aus ihrem Einsatz zur Sicherung des aufgenommenen Darlehens) erlangt. In Natur kann dieses Erlangte nur durch die Auslösung des Pfandes herausgegeben werden.

**2. Argument**
Falls eine sofortige Rückzahlung des Kredits und damit eine Auslösung der Pfandsache wegen der Verzinslichkeit des Darlehens und der fehlenden Mitwirkungsbereitschaft des Kreditgebers scheitert, muss an die Stelle des nicht herausgebbaren primären Erlangten nach § 816 I 1 iVm § 818 I BGB das herausgegeben werden, was infolge der Belastung noch im Vermögen des Nichtberechtigten ist. Das ist der Vorteil, der im Empfang der Darlehensvaluta liegt. Dieser Vorteil wird allerdings durch die mit ihm verbundene Rückzahlungspflicht gemindert. Auch die Herausgabe der Darlehensvaluta schuldete der Nichtberechtigte deshalb an sich nur gegen gleichzeitige Befreiung von der Rückzahlungspflicht.

**3. Argument**
An dem Umstand, dass eine sofortige Befreiung von der Darlehensrückzahlungspflicht nicht möglich ist, darf die Durchführung des Bereicherungsausgleichs aber nicht scheitern, wenn die Fortexistenz dieser Rückzahlungspflicht auf andere Weise im Vermögen des Nichtberechtigten neutralisiert werden kann. Das ist aber der Fall, wenn der Eigentümer Zug um Zug gegen die Herausgabe der Darlehensvaluta sich gegenüber dem Nichtberechtigten zur Erfüllung von dessen Darlehensrückzahlungspflicht verpflichtet und diese Erfüllungsübernahme zudem durch eine taugliche Bürgschaft sichert.

**4. Argument**
Erst wenn der Eigentümer hierzu nicht bereit oder imstande ist, ist die Herausgabe der Bereicherung iSv § 818 II BGB ausgeschlossen. Jedenfalls wenn der Nichtberech-

tigte bei der Belastung gutgläubig war, darf aus § 818 II nicht die Verpflichtung zur Zahlung einer Avalprovision abgeleitet werden. Denn das wäre mit § 818 III BGB unvereinbar. (Und im Falle der Bösgläubigkeit wäre diese Rechtsfolge wegen der dann ohnehin gegebenen weitergehenden Schadensersatzhaftung uninteressant.)

### F. (hier sog.) **Modifizierte Theorie des doppelten Kondiktionsgegenstandes**

Wer als Sicherheit für ein aufgenommenes Darlehen eine fremde Sache verpfändet oder mit einem Grundpfandrecht belastet, schuldet dem Eigentümer der Sache aus § 816 I 1 BGB in erster Linie eine Vergütung für die verbesserten Darlehenskonditionen, die er infolge der Bestellung der Sicherheit erhalten hat. Wenn feststeht, dass er das Darlehen ohne die Stellung dieser Sicherheit überhaupt nicht erhalten hätte, schuldet er stattdessen die Überlassung der konkreten Nutzungsmöglichkeit, allerdings nur gegen Befreiung von der Zins- und Tilgungsverbindlichkeit. Dabei reicht bei entsprechender Sicherung (durch Bankbürgschaft oder dergleichen) auch eine Befreiung im Innenverhältnis, also eine bloße Erfüllungsübernahme. Der Vergütungspflicht für verbesserte Darlehenskonditionen kann der Nichtberechtigte entgehen, wenn er den Darlehensgeber – etwa durch Stellung einer anderen geeigneten Sicherheit – zur Freigabe der verpfändeten fremden Sache veranlasst.

**Vertreten von:**
Altmeppen, Disponibilität des Rechtsscheins, 1993, S. 269 ff.

**1. Argument**
Es spricht eine tatsächliche Vermutung dafür, dass der Darlehensnehmer die Möglichkeit zur zeitlich befristeten Nutzung des Darlehenskapitals ohne die Stellung der fraglichen Sicherheit nur zu schlechteren Bedingungen erhalten hätte. Dieser grundsätzlich schätzbare Vorteil der besseren Darlehenskonditionen ist dasjenige, was der Nichtberechtigte durch die Verpfändung der fremden Sache erlangt. Er muss deshalb jedenfalls das primäre Kondiktionsobjekt sein.

**2. Argument**
Dieser Weg versagt allerdings, wenn feststeht, dass der Darlehensnehmer nach banküblichen Gepflogenheiten das Darlehen ohne die Sicherheit überhaupt nicht, also auch nicht zu konkret feststellbaren ungünstigeren Bedingungen erhalten hätte. Hier kann die Herausgabe des vom Nichtberechtigten Erlangten nur dadurch geschehen, dass dieser dem Sacheigentümer und Kondiktionsgläubiger die Möglichkeit zur zeitlich befristeten Nutzung der Darlehenssumme verschafft. Dies geschieht durch Herausgabe der Darlehensvaluta Zug um Zug gegen Befreiung von der Zins- und Tilgungspflicht, die ihrerseits erst den Inhalt der konkreten Nutzungsmöglichkeit beschreibt.

**3. Argument: wie Theorie E, Arg. 3.**

**Beispiele:**

**1.** Im Ausgangsfall ist die Bestellung der Hypothek trotz der Nichtberechtigung des N nach § 892 BGB wirksam. E kann deshalb nicht einfach mit dem Grundbuchberichtigungsanspruch aus § 894 BGB gegen die Bank vorgehen. Auch ein Anspruch auf „Herausgabe“ der Hypothek aus § 816 I 2 BGB kommt nicht in Betracht: Da

Realkredite zinsgünstiger als ungesicherte Kredite ausfallen, liegt ein Gegenopfer der Bank jedenfalls in dem zu unterstellenden Zinsnachlass. Falls N schuldlos von seinem Eigentum ausgegangen ist, kommt auch ein Schadensersatzanspruch wegen fahrlässiger Eigentumsverletzung aus § 823 I BGB oder analog §§ 990 I, 989 BGB nicht in Betracht. Damit bleibt nur ein Bereicherungsanspruch aus § 816 I 1 BGB gegenüber N übrig. Nach Theorie C wäre dieser zu verneinen, da es noch nicht zur Befriedigung des Gläubigers aus der Hypothek gekommen ist. Nach Theorie A müsste N die erlangte Darlehensvaluta Zug um Zug gegen Befreiung von der Darlehensschuld an E herausgeben. Nach Theorie B wäre N primär zur Beseitigung der Hypothek, hilfsweise zur Sicherheitsleistung verpflichtet. Nach Theorie D schuldet N eine angemessene Haftungsvergütung, deren Höhe sich an den Kosten einer entsprechend hohen Bankbürgschaft orientiert. Nach Theorie F hätte N primär einen Geldbetrag in Höhe der Zinsmehrausgaben zu zahlen, welche er infolge der bei Stellung einer Sicherheit günstigeren Darlehensbedingungen erspart hat. Nur wenn feststeht, dass N ohne die Verpfändung der fremden Sache das Darlehen überhaupt nicht erhalten hätte, müsste er das Darlehenskapital gegen Befreiung von der Zins- und Tilgungspflicht an den Kondiktionsgläubiger herausgeben. Nach Theorie E schuldete N primär die Auslösung der Pfandsache, ersatzweise die Herausgabe der Darlehenssumme gegen Befreiung von der Darlehensschuld. Als Befreiung von den Pflichten aus dem Darlehensvertrag genügt dabei nach Theorie E und F eine durch eine taugliche Bürgschaft gesicherte Erfüllungsübernahme.

**2.** Abwandlung: N hat das Grundstück für ein von seinem Freund F aufgenommenes Darlehen belastet. Hier würde nur die von Lieb und Reuter/Martinek vertretene Variante der Theorie A einen Anspruch des E gegen N auf Zahlung des Darlehensbetrages geben; nach den anderen Auffassungen könnte N von E nach § 816 I 2 BGB „Herausgabe" der Hypothek (dh Verzicht auf diese, § 1168 BGB) verlangen.

# 4. Kapitel. Inhalt des Bereicherungsanspruchs

## 15. Problem (§ 818 I, II BGB)

## Muss der Kondiktionsschuldner, der die rechtsgrundlos erlangte Sache mit Gewinn weiterveräußert, dem Kondiktionsgläubiger den gesamten Veräußerungserlös herausgeben oder nur den objektiven Wert der Sache erstatten?

### Beispiel:

Beim Tode des E findet sich ein Testament, das seinen Sohn S zum Alleinerben bestimmt und dem N durch Vermächtnis ein Gemälde im Wert von 10.000 EUR zuwendet. S übereignet das Gemälde daraufhin an N, der es bald schon für 15.000 EUR an einen Sammler veräußert. Nunmehr findet sich ein jüngeres Testament des E, das wiederum den S zum Alleinerben einsetzt, aber das Vermächtnis für N nicht enthält. Welchen Inhalt hat hier die dem S gegen N zustehende Leistungskondiktion?

### Ausgangspunkt:

Während die §§ 812–817, 822 BGB die einzelnen kondiktionsrechtlichen Anspruchsgrundlagen enthalten, treffen die §§ 818–820 BGB nähere Aussagen über Inhalt und Umfang dieser Ansprüche. Die Rechtsfolgenanordnungen der Kondiktionstatbestände stehen also jeweils noch unter dem Vorbehalt, dass sich nicht noch etwas anderes aus den §§ 818–820 BGB ergibt. In den letzteren Normen ist auch die Antwort auf die Frage zu suchen, wie sich der Inhalt des Kondiktionsanspruchs verändert, wenn der Schuldner die herauszugebende Sache rechtsgrundlos weiterveräußert oder gegen eine andere eintauscht. Die Vorgaben des Gesetzes sind insoweit allerdings nicht ganz deutlich. Es ist deshalb streitig, ob diese Konstellation unter § 818 I oder unter § 818 II BGB fällt, ob der Bereicherungsschuldner also anstelle des bisherigen Kondiktionsobjektes das rechtsgeschäftlich erlangte Surrogat (dh den Veräußerungserlös bzw. das Tauschobjekt) herauszugeben hat oder ob er nun nach § 818 II BGB Wertersatz schuldet. Der Sache nach geht es hier wieder – wie bereits bei dem unter Nr. 12 behandelten Streit über den Inhalt des § 816 I 1 BGB – um die Alternative Gewinnhaftung oder Wertersatz.

### Problemlösungsansätze

### A. Gewinnhaftung aus § 818 I BGB

Wenn der Kondiktionsschuldner die rechtsgrundlos erlangte Sache weiterveräußert, haftet er dem Gläubiger nicht nach § 818 II BGB auf Wertersatz, sondern nach § 818 I Fall 2 BGB auf Herausgabe des Veräußerungserlöses.

**Vertreten von:**
Esser SchuldR 2, 4. Aufl. 1971, § 105 I 1b, c; (einschränkend) Esser/Weyers SchuldR BT II/2 § 51 I 3d; H.A. Fischer, FS Zitelmann, 1913, 1 (32 ff.); Jakobs, lucrum ex

negotiatione, 1993, S. 101 ff. (118 f.); H. Lange NJW 1951, 685 (687); MüKoBGB/Lieb, 4. Aufl. 2004, § 818 Rn. 31; (aber Begrenzung durch eine im nichtigen gegenseitigen Vertrag vereinbarte Gegenleistung des Kondizienten unter dem Gesichtspunkt des *venire contra factum proprium*); E. Wolf SchuldR BT S. 486 ff.

**1. Argument**
§ 818 I BGB erstreckt die Herausgabepflicht des Bereicherungsschuldners auf gewisse Surrogate des ursprünglichen Kondiktionsgegenstandes: nämlich einmal auf einen etwaigen Ersatz für die Zerstörung, Beschädigung oder Entziehung des primären Kondiktionsobjekts, zum anderen auf dasjenige, was der Kondiktionsschuldner „aufgrund eines erlangten Rechts" (dh in bestimmungsgemäßer Ausübung des Rechts) erwirbt. Das in anderen Surrogationsnormen – wie §§ 1418 II Nr. 3, 1473 I, 1638 II BGB – mitgenannte rechtsgeschäftliche Surrogat wird hier nicht erwähnt. Die Formulierung des § 818 I BGB lässt sich aber auch als unvollkommene und deshalb im Wege der Auslegung zu korrigierende Fassung eines allgemeineren Rechtsgedankens – nämlich der Einbeziehung aller Surrogate in den Bereicherungsausgleich – verstehen. Das Bereicherungsausgleichsprinzip verlangt, dass die gesamte beim Empfänger infolge des Kondiktionstatbestands eingetretene und noch vorhandene Vermögensmehrung abgeschöpft wird. Das ist aber nur möglich, wenn die Herausgabepflicht auch auf einen Gewinn erstreckt wird, den der Anspruchsgegner durch Weiterveräußerung des primären Kondiktionsobjekts erzielt hat. Andernfalls verbliebe dem Kondiktionsgegner mit der Differenz zwischen dem erzielten Kaufpreis und dem niedrigeren objektiven Wert der Sache ein Teil der Bereicherung.

**2. Argument**
Die Einbeziehung des *commodum ex negotiatione* in die nach § 818 I BGB herauszugebenden Surrogate ist vor allem auch deshalb dringend geboten, weil sich andernfalls eine grob unbillige Risikoverteilung ergäbe: Den Gläubiger träfe (wegen § 818 III BGB) das volle Verlustrisiko aus einer etwaigen Veräußerung unter Wert, die Gewinnchance aber bliebe ihm vorenthalten. Der Gleichlauf von Risiko und Gewinnchance ist demgegenüber ein allgemeines und unmittelbar einleuchtendes Gebot der Gerechtigkeit (*cuius est periculum eius et commodum esse debet*).

**3. Argument**
Die Ausdehnung der Bereicherungshaftung auf den vom Kondiktionsschuldner bei der Veräußerung des Kondiktionsobjektes erzielten Gewinn ist insbesondere unabweisbar, wenn man § 816 I 1 BGB mit der hM im Sinne einer Gewinnhaftung interpretiert (s. Problem 12). Es gibt keinen vernünftigen Grund, bei dem einen Kondiktionstatbestand eine Gewinnhaftung anzunehmen, bei allen anderen aber abzulehnen. Die Beschränkung des Gewinnentzuges auf den Fall des § 816 I 1 BGB lässt sich auch nicht damit rechtfertigen, dass die vom Anspruchsgegner veräußerte Sache bei § 816 I 1 BGB dem Anspruchsteller noch dinglich zugewiesen war, während in den anderen Fällen nur eine obligatorische Zuweisung vereitelt worden ist. Die fortdauernde Eigentümerstellung des Kondiktionsgläubigers trotz rechtsgrundloser Weggabe der Sache beruht ja auf dem Abstraktionsprinzip, dessen Sinn sich im Verhältnis des Erwerbers zu Dritten erschöpft; im Verhältnis zum Leistenden darf der rechtsgrundlos zum Eigentümer gewordene Leistungsempfänger nicht besser gestellt werden als ein Nichtberechtigter (Jakobs).

**4. Argument**
Dass die enge – das *commodum ex negotiatione* nicht mit einbeziehende – Interpretation des § 818 I BGB systemwidrig ist, zeigt sich insbesondere bei der Leistungskondiktion: Diese ist ein Störkorrektiv des Rechts der Güterbewegungen und damit dem gesetzlichen Rückgewährschuldverhältnis aus Rücktritt eng verwandt. Beim Rücktritt muss der Rückgewährpflichtige nach hM im Falle einer obligationswidrigen Weiterveräußerung der an sich zurückzugewährenden Sache auf Verlangen der anderen Seite den gesamten Veräußerungserlös herausgeben; das ergibt sich aus § 285 BGB; Ersatzvorteil im Sinne dieser Vorschrift ist anerkanntermaßen auch das für den geschuldeten Gegenstand erzielte Veräußerungsentgelt.

**Hinweis:**
Ob der § 285 BGB im Rahmen von Rückgewährschuldverhältnissen im geltenden Schuldrecht anwendbar ist, ist umstritten. Während gute Gründe dagegen sprechen (Linardatos/Russmann JURA 2013, 861 ff.), geht die hM weiterhin von der Anwendbarkeit des § 285 BGB aus (BGH NJW 2015, 1748 Rn. 21; S. Lorenz NJW 2015, 1725).

**5. Argument (gegen Theorie C, Arg. 1)**
Der Wortlaut des § 818 I BGB darf nicht überbewertet werden. Schließlich findet sich auch in der Parallelnorm des § 285 BGB kein Hinweis auf den rechtsgeschäftlichen Gegenwert. Dennoch geht die ganz hM hier davon aus, dass diese Norm auch rechtsgeschäftliche Surrogate des bisher geschuldeten Leistungsgegenstandes erfassen will. Was die Argumentation mit §§ 1418 II Nr. 3, 1473 I, 1638 II BGB anbelangt, so geht diese fehl: Die betreffenden Normen verlangen jeweils Rechtsgeschäfte, die sich auf eine bestimmte Vermögensmasse beziehen. Der für eine solche „Beziehungssurrogation" erforderliche subjektive Zusammenhang kann im Bereicherungsrecht ohnehin nicht in Betracht kommen.

**6. Argument (gegen Theorie C, Arg. 4)**
Falls man auch das *commodum ex negotiatione* unter § 818 I BGB subsumiert, läuft der Kondiktionsgläubiger in der Tat Gefahr, statt des Wertes des primären Bereicherungsgegenstandes nur einen für ihn nutzlosen Tauschgegenstand zu erhalten. Darin liegt aber keine ins Gewicht fallende Schlechterstellung: Bei Gutgläubigkeit des Kondiktionsgegners trägt der Bereicherungsgläubiger nach § 818 III BGB das Verlustrisiko insgesamt; und bei Bösgläubigkeit des Anspruchsgegners stehen ihm ohnehin andere Anspruchsgrundlagen zur Verfügung (Esser/Weyers).

**7. Argument (gegen Theorie C)**
Die Tatsache, dass die Gesetzesverfasser den Bereicherungsausgleich nicht auf rechtsgeschäftliche Surrogate des ursprünglichen Kondiktionsobjektes ausdehnen wollten, ist irrelevant. Die Verfasser des BGB wollten auch in der Parallelnorm des § 281 BGB aF das *commodum ex negotiatione* nicht einbeziehen, und daran hatte sich die ganz hM in den ersten Jahrzehnten nach Inkrafttreten des BGB auch gehalten. Erst im Anschluss an die 1932 ergangene Entscheidung RGZ 138, 45 hat sich die Auffassung durchgesetzt, dass auch das rechtsgeschäftliche Surrogat des ursprünglichen Leistungsgegenstandes unter § 281 BGB aF (jetzt: § 285 BGB) fällt. Durch diese heute sicherlich nicht mehr korrigierbare Neuinterpretation hat sich aber eine Systemänderung ergeben, welche die Verfasser des BGB nicht vorhersehen konnten. Der Systemzusammenhang muss unter diesen Umständen ein größeres Gewicht für die Auslegung des § 818 I BGB haben als die Normintentionen der Gesetzesverfasser.

## B. Gewinnhaftung aus § 818 II BGB

Wenn der Kondiktionsschuldner die rechtsgrundlos erlangte Sache weiterveräußert, haftet er dem Kondiktionsgläubiger zwar nicht nach § 818 I BGB, wohl aber nach § 818 II BGB auf Herausgabe des Veräußerungserlöses.

**Vertreten von:**
Koppensteiner NJW 1971, 1769 (1771); Koppensteiner/Kramer Ungerechtfertigte Bereicherung, 1983, S. 158, 164; ähnlich Erman/Buck-Heeb BGB § 818 Rn. 14, 18 und Reeb BereicherungsR S. 95 f.; iErg auch Wieling BereicherungsR § 5 I 3a.

**1. Argument**
Der vom Bereicherungsschuldner durch Veräußerung des Kondiktionsobjektes erzielte Gewinn muss in der Tat aus den bei Theorie A, Arg. 2, 3 genannten Gründen dem Kondiktionsgläubiger zustehen. Der korrekte Weg dafür ist jedoch nicht die ausdehnende Auslegung des § 818 I BGB, sondern der Einbau des Veräußerungsgewinns in den Wertbegriff des § 818 II BGB. Die Lösung über § 818 I BGB würde nämlich in solchen Fällen zu Unzuträglichkeiten führen, in denen der Schuldner die rechtsgrundlos erlangte Sache gegen eine andere eingetauscht hat. Der Kondiktionsgläubiger würde bei Anwendung des Surrogationsprinzips häufig einen Gegenstand erhalten, an dem ihm gar nicht gelegen ist.

**2. Argument**
Mit „Wert" iSv § 818 II BGB ist nicht eine objektive Größe, sondern die Mehrung des gesamten Empfängervermögens gemeint (konkret-individueller Wertbegriff). Der Wert des weiterveräußerten Kondiktionsobjektes für den Kondiktionsschuldner ist unter dieser Prämisse grundsätzlich identisch mit dem von ihm erzielten Kaufpreis. (Anders nur, wenn er unter Wert veräußert hat und durch die Erfüllung mit der rechtsgrundlos erworbenen Sache die Übereignung einer anderen eigenen Sache erspart hat: Dann liegt der Wert in dieser Ersparnis.)

**3. Argument**
Dieses Verständnis des Begriffes „Wert" in § 818 II BGB hat den Vorteil, dass damit gleichzeitig die rechtspolitisch angemessene Gewinnhaftung des Eingreifers auch in den Fällen des Ge- oder Verbrauchens fremder Rechtsobjekte ermöglicht wird und dass man auf diesem Wege auch zu einer angemessenen Behandlung der Fälle der aufgedrängten Bereicherung (s. Problem 18) gelangt.

## C. Wertersatztheorie

Wenn ein gutgläubig-unverklagter Kondiktionsschuldner die rechtsgrundlos erlangte Sache weiterveräußert, erstreckt sich seine Haftung nicht nach § 818 I Fall 2 BGB auf Herausgabe des Veräußerungserlöses. Er haftet vielmehr nach § 818 II, III BGB auf Wertersatz im Rahmen seiner fortdauernden Bereicherung. Unterlag der Kondiktionsschuldner allerdings im Zeitpunkt der Weiterveräußerung des ursprünglichen Kondiktionsobjektes bereits der verschärften Haftung aus § 819 I oder § 818 IV BGB, so hat er auf Verlangen des Kondizierenden statt der Wertersatzleistung den erzielten Veräußerungserlös abzuführen.

**Vertreten von:**
RGZ 86, 343 (347); 101, 389 (391); 108, 120 (121); 133, 283 (287); BGHZ 24, 106 (110) = NJW 1957, 1026; BGHZ 75, 203 (206) = NJW 1980, 178; BGHZ 112, 288 (294 f.) = BeckRS 1990, 1908; BGHZ 112, 376 (380) = NJW 1991, 917; BGH NJW 2004, 1314; AK-BGB/Joerges § 818 Rn. 39; Althammer Schuldrecht III BT 2 Rn. 531; BeckOK BGB/Wendehorst, 61. Ed. 1.2.2022, § 818 Rn. 9; Buck-Heeb Examens-Rep SchuldR BT II § 19 Rn. 414, 421; Canaris, FS W. Lorenz, 1991, 19 (55); Canaris, FS Medicus, 1999, 25 (35 ff.); Cosack/Mitteis BürgerlR I § 234 I 1a, S. 808; Crome, System des deutschen Bürgerlichen Rechts, 2. Bd. 1902, § 323 II 1c Fn. 37, S. 1008; Ebbecke Recht 1912, 749; Eckert SchuldR BT Rn. 1530; Enneccerus/Lehmann SchuldR § 227 I 3; Fikentscher SchuldR/Heinemann Rn. 1514 ff.; Frank JuS 1981, 102 (104); Furtner MDR 1961, 649 f.; Giesen JURA 1995, 281 (282); Grüneberg/Sprau BGB § 818 Rn. 15; Goldmann/Lilienthal § 229 I 3 und Fn. 8; Gursky SchuldR BT 200; Heck SachenR § 143, 4, S. 430; Hedemann § 61 VI 3b, S. 339; HK-BGB/Schulze § 818 Rn. 7; Jacoby/von Hinden BGB § 818 Rn. 4; Jauernig/Stadler BGB § 818 Rn. 11, 14; jurisPK-BGB/Martinek/Heine § 818 Rn. 17; Köhler/Lorenz SchuldR II Fall 218; König Ungerechtfertigte Bereicherung S. 69; Kress SchuldR AT, § 17, 3b, S. 370; Larenz SchuldR BT II/1 § 70 I; Larenz/Canaris SchuldR BT II/2 § 72 III 3a–d (wonach allerdings bei der Bestimmung des nach § 818 II BGB zu ersetzenden Wertes „aufgrund einer konkreten ex-post-Betrachtung die in dem Kondiktionsgegenstand angelegten Gewinnchancen berücksichtigt werden“ müssen); Leonhard SchuldR BT § 281, S. 531; Loewenheim BereicherungsR S. 138, 140; von Mayr, Der Bereicherungsanspruch des deutschen Bürgerlichen Rechts, 1903, S. 612; Medicus SchuldR BT, 14. Aufl. 2007, Rn. 676 (zweifelnd); Medicus/Lorenz SchuldR BT § 67 Rn. 10, 12; Mestmäcker JZ 1958, 521 (523); Müller SchuldR BT Rn. 2052; Planck/Landois BGB § 818 Anm. 3a; Prütting/Wegen/Weinreich/Prütting BGB § 818 Rn. 8; Reuter/Martinek Ungerechtfertigte Bereicherung, 1983, S. 550 ff.; Soergel/Mühl, 11. Aufl. 1985, BGB § 818 Rn. 28, 33; Staake Gesetzl. Schuldverhältnisse § 6 Rn. 11; Stieve, Der Gegenstand des Bereicherungsanspruchs nach dem BGB, 1899, S. 81 ff.; Staudinger/W. Lorenz, 1999, BGB § 818 Rn. 27; Staudinger/S. Lorenz, 2007, BGB § 818 Rn. 27; StudK/Beuthien BGB § 818 Anm. 3; Wandt Gesetzl. Schuldverhältnisse § 12 Rn. 8, 11.

**1. Argument**
Gegen die Ausdehnung des § 818 I BGB auf das *commodum ex negotiatione* spricht schon der Wortlaut der Vorschrift: Diese ordnet die Surrogation nun einmal nur für zwei Anwendungsfälle des *commodum ex re* an; der vom Bereicherungsschuldner durch die Veräußerung des herauszugebenden Gegenstandes erzielte rechtsgeschäftliche Gegenwert wird nicht erwähnt. Dass dieses Schweigen ein beredtes ist, zeigt ein Vergleich mit anderen Surrogationstatbeständen. In §§ 1418 II Nr. 3, 1473 I und 1638 II BGB etwa beginnt das Gesetz mit ähnlichen Formulierungen wie in § 818 I BGB und fügt dann jeweils das rechtsgeschäftlich erlangte Surrogat hinzu. Diese Ergänzung wäre unverständlich, wenn der Wortlaut des § 818 I BGB aus gesetzgeberischer Sicht das *lucrum ex negotiatione* einschließen würde (Reuter/Martinek).

**2. Argument**
Gegen die Einbeziehung des rechtsgeschäftlichen Gegenwerts in die Regelung des § 818 I BGB spricht vor allem der Wille des historischen Gesetzgebers. Die zweite Kommission hat die Regelung der schuldrechtlichen Surrogation bei Bereicherungsansprüchen ganz bewusst auf die Fälle des *commodum ex re* beschränkt; was der

Kondiktionsgegner „durch willkürliche Verfügung über den erlangten Gegenstand“ erworben hat, sollte nicht erfasst werden (Prot. II 709).

**3. Argument (gegen Theorie A, Arg. 4)**
Die Parallele zum Rückgewährschuldverhältnis aus Rücktritt passt schon deshalb nicht, weil die Entscheidung über die Ausklammerung des *lucrum ex negotiatione* aus dem Bereicherungsausgleich ohnehin nur für den gutgläubig-unverklagten Kondiktionsschuldner gilt. Verschärft haftende Bereicherungsschuldner sind im Falle einer Veräußerung des Kondiktionsobjektes aus §§ 818 IV, 285 BGB zur Herausgabe des rechtsgeschäftlichen Entgelts verpflichtet. Der gutgläubige Kondiktionsschuldner steht aber ohnehin schon wegen § 818 III BGB wesentlich günstiger als ein aus anderen Gründen zur Rückgewähr verpflichteter Schuldner. Zu dieser privilegierten Stellung passt es durchaus, wenn bei ihm im Gegensatz zu sonstigen Schuldnern der Gewinn aus einer Weiterveräußerung des Leistungsgegenstandes nicht abgeschöpft wird.

**4. Argument**
Es liegt auch im Interesse des Kondiktionsgläubigers, die Regelung des § 818 I BGB nicht auf durch Rechtsgeschäft erlangte Surrogate auszudehnen. In den allermeisten Fällen würde das *commodum ex negotiatione* ohnehin nicht oder jedenfalls nicht nennenswert mehr wert sein als der ursprüngliche Bereicherungsgegenstand. Die Einbeziehung der durch Rechtsgeschäft erlangten Surrogate würde aber dazu führen, dass der Kondiktionsgläubiger bei tauschweiser Weitergabe des ursprünglich Erlangten nicht dessen Wert, sondern ein Tauschobjekt erhielte, mit dem er vielleicht gar nichts anfangen kann.

**5. Argument (gegen Theorie B)**
Dass der (gutgläubig-unverklagte) Kondiktionsschuldner einen bei der Weitergabe des Kondiktionsobjektes erzielten Gewinn herausgeben muss, lässt sich auch nicht aus § 818 II BGB ableiten. Diese Vorschrift verpflichtet den Kondiktionsschuldner (unter anderem) bei Verlust des primären Kondiktionsgegenstandes zum Wertersatz. Mit „Wert“ ist hier nach ganz herrschender und zutreffender Auffassung der Verkehrswert gemeint, nicht – wie Theorie B annimmt – die auf den kondiktionsbegründenden Erwerb zurückgehende Vermehrung des Empfängervermögens. Bewertungsobjekt ist nach der zutreffenden Fassung der Norm isoliert das „Erlangte“, während die Auswirkung dieses Erwerbs im Vermögen des Empfängers überhaupt erst durch § 818 III BGB angesprochen wird, der die Haftung auf die noch (im Zeitpunkt der Haftungsverschärfung) vorhandene „Bereicherung“ begrenzt. Diese isolierende Betrachtungsweise, die zugleich einen objektiven Bewertungsmaßstab impliziert, wird erzwungen durch die doppelte Aufgabe, die diese Norm im Rahmen der Gesamtregelung des Umfangs der Kondiktionshaftung zu erfüllen hat: Für die milde Haftung des gutgläubig-unverklagten Kondiktionsschuldners legt § 818 II BGB nur die Obergrenze der Wertersatzhaftung fest, deren Umfang sich im Übrigen nach § 818 III BGB allein an der jeweils noch vorhandenen Bereicherung orientiert. Für den von vornherein bösgläubigen Empfänger eines nichtgegenständlichen oder aus sonstigen Gründen nicht in Natur restituierbaren Vorteils legt § 818 II Fall 1 BGB dagegen abschließend den Umfang der verschärften Haftung fest. Beide Funktionen kann § 818 II BGB überhaupt nur erfüllen, wenn der „Wert“ seinerseits objektiv isoliert, ohne Berücksichtigung der besonderen Verhältnisse beim Empfänger, festgestellt

wird. Die Anhänger des konkret-individuellen Wertbegriffs können beispielsweise die Haftung des bösgläubigen Empfängers nichtgegenständlicher Vorteile auf den objektiven Wert überhaupt nur durch Rückgriff auf § 242 BGB begründen (vgl. Koppensteiner/Kramer Ungerechtfertigte Bereicherung S. 164).

**6. Argument**

Falls der Bereicherungsschuldner die herauszugebende Sache noch nach Eintritt der Haftungsverschärfung veräußert hat, haftet er in diesem Zeitpunkt bereits gem. § 818 IV bzw. §§ 819 I, 818 IV BGB „nach den allgemeinen Vorschriften". Dem Schuldner werden damit die besonderen Privilegien genommen, die ihm nach Bereicherungsrecht zukamen, und er wird damit so gestellt wie Schuldner, deren Verpflichtung sich aus anderen Rechtsgründen ergibt. Damit muss jetzt auch die für schuldrechtliche Ansprüche aller Art geltende Regelung des § 285 BGB zur Anwendung kommen.

**7. Argument**

Die Ausdehnung des § 818 I BGB auf das rechtsgeschäftliche Surrogat lässt sich auch nicht mit der Parallele zu § 816 I 1 BGB begründen, der nach hM dem von der Verfügung eines Nichtberechtigten Betroffenen einen Anspruch auf den vollen rechtsgeschäftlichen Gegenwert gibt. In den Fällen der Weiterveräußerung einer rechtsgrundlos übereigneten Sache durch den Kondiktionsschuldner verliert der Kondiktionsgläubiger nur seinen bisherigen (auf Rückübereignung gerichteten) schuldrechtlichen Anspruch; in den Fällen des § 816 I 1 BGB verliert dagegen der bisher Berechtigte das Eigentum an der Sache, über die der Nichtberechtigte verfügt. Dingliche Rechtspositionen werden aber durchweg stärker geschützt als schuldrechtliche. Deshalb passt es, dass der frühere Eigentümer im Fall des § 816 I 1 BGB den vollen Veräußerungserlös erhält, auch soweit dieser über den objektiven Wert hinausgeht, der Gläubiger des durch Weiterveräußerung vereitelten bereicherungsrechtlichen Herausgabeanspruchs dagegen nur Ersatz des objektiven Wertes des bisherigen Kondiktionsobjektes verlangen kann (Canaris).

**Beispiele:**

**1.** Nach Theorie A hat sich der ursprünglich auf Rückübereignung des Bildes gerichtete Kondiktionsanspruch des S mit dessen Weiterveräußerung durch N nach § 818 I BGB in einen Anspruch auf Herausgabe des Veräußerungserlöses in Höhe von 15.000 EUR umgewandelt: Dieser Anspruch wäre zunächst auf die Herausgabe der konkret erlangten Geldzeichen gerichtet gewesen, dann aber infolge deren Vermischung mit anderen Geldzeichen oder infolge ihrer Einzahlung auf ein Konto nach § 951 bzw. § 818 II BGB in eine Geldsummenschuld gleicher Höhe übergegangen. Nach Theorie B schuldet N ebenfalls einen Betrag von 15.000 EUR; es handelt sich hierbei von Anfang an um eine Geldsummenschuld. Nach Theorie C hat N dagegen nur 10.000 EUR als Wertersatz an S zu leisten.

**2.** Abwandlung: N wusste zufällig bereits bei der Entgegennahme des Gemäldes, dass E in einem jüngeren Testament das zu seinen Gunsten ausgesetzte Vermächtnis nicht wiederholt hatte. Da N in diesem Falle bei Leistungsempfang bösgläubig war, würde auch Theorie C hier (über §§ 819 I, 818 IV, 285 BGB) dem S einen Anspruch in Höhe von 15.000 EUR zusprechen.

## 16. Problem (§ 818 II BGB)
## Auf welchen Zeitpunkt kommt es für die Wertermittlung nach § 818 II BGB an?

### Beispiel:

A übereignet an B zur Erfüllung einer vermeintlichen Vermächtnisforderung ein Bild im Wert von 10.000 EUR. Da der Maler plötzlich „in" ist, steigt der Wert des Gemäldes in der Folgezeit kontinuierlich an. Nach zwei Jahren, als der Wert bereits 15.000 EUR beträgt, veräußert B das Gemälde an einen Dritten; die Höhe des dabei erzielten Kaufpreises ist nicht bekannt. Wiederum zwei Jahre später, als der Wert des Gemäldes bereits 20.000 EUR beträgt, erhebt A gegen B Klage auf Wertersatz in dieser Höhe. In der letzten mündlichen Verhandlung erweitert er die Klage auf den nunmehrigen Wert von 25.000 EUR. Ist die Klage ganz oder teilweise begründet?

### Ausgangspunkt:

Nach § 818 II BGB muss der ungerechtfertigt Bereicherte das Erlangte ersetzen, sofern dieses nicht herausgegeben werden kann. Das Ausgangsbeispiel zeigt, dass der Umfang der Wertersatzschuld davon abhängt, welcher Zeitpunkt für die Errechnung des zu ersetzenden Wertes maßgeblich ist.

Bei der Frage nach dem maßgebenden Bewertungszeitpunkt werden zumeist mehrere Fallgruppen unterschieden. Unproblematisch ist der Zeitpunkt der Wertermittlung in allen Fällen, in denen es um die rechtsgrundlose Erlangung nichtgegenständlicher Vorteile (Dienstleistungen, Gebrauchsvorteile) geht, deren Herausgabe in Natur „wegen der Beschaffenheit des Erlangten nicht möglich" ist (§ 818 II Fall 1 BGB). Hier kommt nach der Natur der Sache nur eine Bewertung im Zeitpunkt des rechtsgrundlosen Erwerbs in Betracht. Davon zu unterscheiden sind die Fälle des § 818 II Fall 2 BGB, in denen das Kondiktionsobjekt zunächst in Natur herausgegeben werden konnte, später dann aber aus dem Vermögen des Kondiktionsschuldners ausgeschieden ist und deshalb von ihm nicht mehr herausgegeben werden kann (rechtsgrundlose Übereignung von Sachen oder rechtsgrundlose Übertragung von Rechten, die später vom Kondiktionsschuldner weiterübereignet bzw. weiterübertragen werden). Diese Konstellation, bei der mehrere Bewertungszeitpunkte denkbar sind, wird unter A. behandelt. Davon zu unterscheiden sind die Einbaufälle, also Sachverhalte, in denen es um den bereicherungsrechtlichen Ausgleich für einen nach § 946 BGB eingetretenen Rechtsverlust (§ 951 I 1 BGB) geht. Diese werden unter B. behandelt.

### Problemlösungsansätze

### A. Sachkondiktionen

#### I. (hier sog.) **Theorie des Zeitpunkts der Kondiktionsentstehung**

Für die Wertermittlung ist der Zeitpunkt der Entstehung des Kondiktionsanspruches maßgeblich. Die Wertermittlung hat also grundsätzlich für den Augenblick des (vollständigen) rechtsgrundlosen Erwerbs der Sache zu erfolgen, bei der *condictio ob causam finitam* dagegen im Zeitpunkt des Wegfalls des Rechtsgrundes und bei der *con-*

*dictio ob rem* in dem Zeitpunkt, in dem sich die Verfehlung des Leistungszwecks herausstellt.

**Vertreten von:**
RGZ 101, 389 (391); 119, 332 (336); RG JW 1925, 465; BGHZ 5, 197 (200) = NJW 1952, 697; BGHZ 10, 171 (180) = NJW 1953, 1466; BGHZ 35, 356 (358) = NJW 1961, 2205; BGH NJW 1962, 580 (581); 1963, 1299 (1301); WM 1966, 369 (370); Achilles/Greiff/Brüggemann BGB § 818 Anm. 2; Crome, System des deutschen Bürgerlichen Rechts, 2. Bd. 1902, § 323 II 1d; Diederichsen JURA 1970, 378 (397); HK-BGB/Schulze § 818 Rn. 8; Jauernig/Stadler BGB § 818 Rn. 17; jurisPK-BGB/Martinek/Heine § 818 Rn. 46; von Mayr, Der Bereicherungsanspruch des deutschen Bürgerlichen Rechts, 1903, S. 607 f.; Ordemann, Die Haftungsbeschränkung des Bereicherungsschuldners (§ 818 Abs. 3 BGB), 1956, S. 110; Pankow, Der Wertersatz im Bereicherungsrecht, 1972, S. 89 ff.; Peifer Gesetzl. Schuldverhältnisse § 8 Rn. 14; Planck/Landois BGB § 818 Anm. 4a; Reiner JZ 2002, 300 (302); RGRK/Heimann-Trosien BGB § 818 Rn. 19; Soergel/Mühl, 11. Aufl. 1985, BGB § 818 Rn. 35; Staudinger/Seufert, 10./11. Aufl. 1975, BGB § 818 Rn. 25; Staudinger Eckpfeiler/Linardatos Rn. S 81a; StudK/Beuthien BGB § 818 Anm. 4b; Warneyer, 1. Aufl. 1908, BGB § 818 Anm. II.

**1. Argument**
Wertsteigerungen, die ein aus einem fremden Vermögen einmal erlangter Gegenstand im Vermögen des Bereicherten erfährt, sind nicht „aus“ dem Vermögen, sondern „mit“ dem Vermögen des Entreicherten erzielt. Sie fallen deshalb nicht unter das Ausgleichsgebot einer rechtsgrundlosen Vermögensverschiebung und können die Höhe des Wertersatzes nach § 818 II BGB nicht beeinflussen.

**2. Argument**
Im Wege eines *argumentum e contrario* aus § 818 I Fall 2 BGB lässt sich schließen, dass § 818 II BGB nicht die Wertsteigerung abschöpfen will, die der rechtsgrundlos erlangte Gegenstand erst im Vermögen des Kondiktionsschuldners erfahren hat. Die Regel des § 818 II BGB, wonach bei Unmöglichkeit der Herausgabe Wertersatz zu leisten ist, wird durchbrochen durch die Ausnahmebestimmung des § 818 I BGB, nach der nur dann etwas anderes gilt, wenn der Bereicherungsschuldner einen Ersatz für die Zerstörung, Beschädigung oder Entziehung des erlangten Gegenstandes erwirbt. In diesem Falle ist nicht Wertersatz zu leisten, sondern das *commodum ex re* herauszugeben. Der Ersatz für die Zerstörung oder Entziehung der herauszugebenden Sache, den der Kondiktionsschuldner erhält, wird sich aber regelmäßig auf den vollen Wert des Kondiktionsobjektes belaufen. Damit profitiert der Kondiktionsgläubiger also im Anwendungsbereich der Ausnahmeregelung des § 818 I BGB von der Wertsteigerung des Kondiktionsobjektes, die nach der rechtsgrundlosen Übereignung an den Kondiktionsschuldner eingetreten ist. Dann kann aber außerhalb dieser Ausnahmeregelung, im Bereich des Wertersatzes nach § 818 II BGB, nicht das gleiche gelten. Die Sonderregelung des § 818 I Fall 2 BGB wäre weitgehend überflüssig, wenn der Kondiktionsschuldner auch bei Streichung dieser Norm schon nach § 818 II BGB statt des Sachwertes im Augenblick der rechtsgrundlosen Übereignung den höheren Wert der Sache im Augenblick ihres (durch eine Schadensersatzforderung oder Versicherungsleistung ausgeglichenen) Verlustes ersetzen müsste, also die erst nach dem rechtsgrundlosen Erwerb eingetretene Wertsteigerung nicht ausgeklammert bliebe.

**3. Argument (gegen Theorie III und IV)**
Zeitpunkte, die nach der Umwandlung des auf Herausgabe gerichteten bereicherungsrechtlichen Primäranspruchs in einen sekundären Wertersatzanspruch liegen, kommen erst recht nicht in Betracht. Die Höhe der Wertersatzpflicht muss bereits im Augenblick der Entstehung des Wertersatzanspruches ermittelbar sein. Es geht deshalb nicht an, die Wertersatzpflicht auf einen zukünftigen Bemessungszeitpunkt auszurichten.

**4. Argument**
Nach § 818 III BGB trägt der Entreicherte das Risiko der Wertminderung zwischen Vermögensverschiebung und Rechtshängigkeit. Dann muss aber für die Anwendung von § 818 II BGB auf den Wert des Erlangten im Zeitpunkt des rechtsgrundlosen Erwerbs abgestellt werden. Andernfalls würde die nachträgliche Wertminderung sowohl über § 818 III BGB als auch über § 818 II BGB erfasst.

## II. (hier sog.) **Theorie des Zeitpunkts der Entstehung des Wertersatzanspruchs**

Für die Wertermittlung ist der Zeitpunkt maßgeblich, in dem sich der Anspruch auf Herausgabe des Erlangten in den Anspruch auf Wertersatz umwandelt.

**Vertreten von:**
BGHZ 168, 220 (236 ff.) = NJW 2006, 2847; AK-BGB/Joerges § 818 Rn. 51; AnwK/von Plehwe, 2004, BGB § 951 Rn. 16; BeckOK BGB/Wendehorst, 61. Ed. 1.2.2022, § 818 Rn. 33; Ebbecke Recht 1912, 750; Erman/Buck-Heeb BGB § 818 Rn. 21; Esser SchuldR, 2. Aufl.1960, § 198, 5; Furtner MDR 1961, 649 (650); Grigoleit/Auer/Kochendörfer SchuldR III Rn. 135; Gursky SchuldR BT S. 200; König Gutachten S. 1544; Koppensteiner NJW 1971, 588 (591 f.); Larenz/Canaris SchuldR BT II/2 § 72 III 5a–f; MüKoBGB/Lieb, 4. Aufl. 2004, § 818 Rn. 58; Oertmann BGB § 818 Anm. 2e (maßgeblich der Augenblick vor dem Unmöglichwerden der Naturalherausgabe); Pinger MDR 1972, 187 ff.; Prütting/Wegen/Weinreich/Prütting BGB § 818 Rn. 14; Reuter/Martinek Ungerechtfertigte Bereicherung, 1983, S. 570; RGRK/Scheffler, 11. Aufl. 1960, BGB Vorbem. 46 vor § 812; Römer AcP 119 (1921), 293 (348); Staake Gesetzl. Schuldverhältnisse § 6 Rn. 30; Staudinger/W. Lorenz, 1999, BGB § 818 Rn. 31 und Staudinger/S. Lorenz, 2007, BGB § 818 Rn. 31 (m. Einschr.); Staudinger Eckpfeiler/Auer, 2020, Rn. S 81; Wandt Gesetzl. Schuldverhältnisse § 12 Rn. 13; Weiss NJW 2022, 1343 (1347); Wendehorst, Anspruch und Ausgleich: Theorie einer Vorteils- und Nachteilsausgleichung im Schuldrecht, 1999, S. 232 f.; E. Wolf SchuldR BT S. 491.

**1. Argument**
Der Wertersatzanspruch ist die sekundäre Erscheinungsform des Kondiktionsanspruchs. Der rechtsgrundlos erlangte Gegenstand bleibt, solange er unterscheidbar im Vermögen des Kondiktionsschuldners vorhanden ist und in Natur herausgegeben werden kann, dem Vermögen des Bereicherungsgläubigers schuldrechtlich zugewiesen. Hat sich der Wert zwischenzeitlich erhöht und tritt nunmehr an die Stelle des Gegenstandes der Wertersatz, so muss das wirtschaftliche Ergebnis des Wertausgleichs nach § 818 II BGB dem entsprechen, was dem Entreicherten bei der Herausgabe des Gegenstandes gem. § 812 I BGB zugutegekommen wäre.

**2. Argument**
Dem Bereicherungsgläubiger kommt bei einer gegenständlichen Restitution des Erlangten auch die inzwischen eingetretene Wertsteigerung zugute. Dasselbe muss gelten, wenn der erlangte Gegenstand aus dem Vermögen des Kondiktionsschuldners ausscheidet und die bisherige Sachkondiktion deshalb in eine Wertkondiktion übergeht. Die seit dem rechtsgrundlosen Erwerb eingetretene (nicht auf Verbesserungsmaßnahmen des Schuldners zurückführbare, sondern sich aus der allgemeinen Preisentwicklung derartiger Sachen ergebende) Wertsteigerung der Sache hatte der Gläubiger bereits „verdient". Sie darf ihm nicht rückwirkend entzogen werden (Reuter/Martinek), denn andernfalls würde der Empfänger dadurch begünstigt, dass er – aus welchem Grunde auch immer – den primären Kondiktionsgegenstand nicht mehr herausgeben kann (Pinger).

**3. Argument**
Wenn man schlechthin auf den Wert beim rechtsgrundlosen Erwerb abheben wollte, so würden dem gutgläubigen Kondiktionsschuldner wertsteigernde Maßnahmen doppelt gut gebracht: Wenn dieser etwa die rechtsgrundlos erlangte Sache, die bei ihrem Erwerb 1.000 EUR wert war, für weitere 1.000 EUR reparieren lässt und sie anschließend für 2.000 EUR veräußert, darf er jedenfalls die von ihm gemachten Verwendungen nach § 818 III BGB vom herauszugebenden Wert abziehen. Das aber setzt voraus, dass der Wert in einem Zeitpunkt ermittelt wird, der nach der Verwendungsvornahme liegt. Würde man auf den Wert beim rechtsgrundlosen Erwerb abstellen, so würde in dem gerade genannten Beispiel die Wertersatzpflicht vollständig an § 818 III BGB scheitern und dies, obwohl der Kondiktionsschuldner immer noch in Höhe von 1.000 EUR bereichert ist (Furtner).

**4. Argument**
Für die Wertermittlung nach dem Zeitpunkt der Entstehung des Wertersatzanspruches spricht die Funktion des § 818 II BGB. Diese Norm begründet praktisch eine Vermutung dafür, dass das Erlangte nur dem Gegenstand nach, nicht aber dem Wert nach aus dem Vermögen des Empfängers ausgeschieden ist. Oder anders ausgedrückt: Es wird vermutet, dass der Empfänger bei der Weitergabe des Erlangten einen adäquaten Gegenwert erhalten hat. Es ist dann Sache des Anspruchsgegners, den Nachweis zu führen, dass dies nicht der Fall gewesen ist, also seine fortdauernde Bereicherung geringer ist als der Wert des Erlangten im Zeitpunkt der Weitergabe. Diese Vermutung für eine fortdauernde Bereicherung in Höhe des Sachwertes macht aber nur Sinn, wenn für § 818 II BGB der Wert des Erlangten im Zeitpunkt seines Ausscheidens aus dem Vermögen des Kondiktionsschuldners zugrunde gelegt wird. Der Umstand, dass Sachen dieser Art im Zeitpunkt des rechtsgrundlosen Erwerbs doch sehr viel mehr wert waren oder dass ihr Preis später, bis zum Zeitpunkt der Rechtshängigkeit der Klage oder bis zur letzten mündlichen Verhandlung, stark angestiegen ist, hat mit dem vom Kondiktionsschuldner wahrscheinlich erzielten Preis gar nichts zu tun.

**5. Argument (gegen Theorie III und IV)**
Wertveränderungen des ursprünglichen Kondiktionsgegenstandes, die nach dessen Ausscheiden aus dem Vermögen des Schuldners eingetreten sind, können sich auf das Vermögen des Letzteren gar nicht positiv auswirken und müssen schon deshalb für den Umfang des Bereicherungsanspruchs unerheblich sein (Koppensteiner).

**6. Argument (gegen Theorie I, Arg. 2)**
Der Umstand, dass § 818 I BGB das *commodum ex negotiatione* ausklammert, spricht nicht dafür, dass nur der Wert zur Zeit des rechtsgrundlosen Erwerbs maßgeblich sein kann. Die Beschränkung des Surrogationsprinzips in § 818 I BGB auf die *commoda ex re* erfolgte nicht im Interesse des Kondiktionsschuldners, also um diesem die zwischen rechtsgrundlosem Erwerb und späterer Weiterveräußerung eingetretene Wertsteigerung des Kondiktionsobjektes zu belassen, sondern allein im Interesse des Bereicherungsgläubigers, nämlich damit dieser in Tauschfällen nicht auf ein für ihn unbrauchbares Tauschobjekt verwiesen wird (Reuter/Martinek).

**7. Argument (gegen Theorie IV)**
Der Zeitpunkt der letzten mündlichen Verhandlung kommt schon deshalb für die Bemessung des Wertersatzes nicht in Betracht, weil sich schon ab Rechtshängigkeit die Haftung nach den allgemeinen Vorschriften richtet und der Umfang des Wertersatzanspruchs damit fixiert ist.

**8. Argument (gegen Theorie IV)**
Die allgemeine Billigkeitsüberlegung, dass dem Kondiktionsgläubiger neben den Wertminderungsrisiken auch die Wertzuwachschancen zugeteilt werden müssten, ist abzulehnen. Dass der Kondiktionsgläubiger die Wertminderungsrisiken im Verhältnis zum gutgläubigen Kondiktionsschuldner in einem so großen Umfang zu tragen hat, liegt daran, dass die Kondiktionshaftung lediglich eine Zustandshaftung ist (Pinger).

**9. Argument (gegen Theorie I, Arg. 4)**
Dass der Kondiktionsgläubiger das Risiko einer Wertminderung des Kondiktionsobjektes trägt, solange sich dieses noch beim Kondiktionsschuldner befindet, hat mit § 818 III BGB nichts zu tun. Es ergibt sich vielmehr daraus, dass der Kondiktionsschuldner nicht einen bestimmten Wert schuldet, sondern die Herausgabe des rechtsgrundlos erlangten Gegenstandes. Der Herausgabeanspruch ist ein gleitender Anspruch; er erfasst den herauszugebenden Gegenstand in seinem jeweiligen Zustand und Wert.

## III. (hier sog.) **Theorie des Zeitpunkts des Eintritts der Haftungsverschärfung**

Maßgebend ist der Zeitpunkt, in dem der Kondiktionsanspruch rechtshängig wird (§ 818 IV BGB) oder in dem der Kondiktionsschuldner die Kenntnis von der Rechtsgrundlosigkeit seines Erwerbs erlangt (§ 819 I BGB).

**Vertreten von:**
Esser SchuldR 2, 3. Aufl. 1969, § 105 III 2b (offengelassen in der 4. Aufl. 1971, § 105 I 2). Auch Jakobs, Eingriffserwerb und Vermögensverschiebung in der Lehre von der ungerechtfertigten Bereicherung, 1964, S. 142 wird vielfach für diese Auffassung angeführt, aber zu Unrecht. Bei Esser findet sich keine Begründung. Denkbare Argumente wären die folgenden:

**1. Argument**
Die Höhe des Bereicherungsanspruchs wird durch den Eintritt der Rechtshängigkeit oder das Bösgläubigwerden des Kondiktionsschuldners fixiert. Wertminderungen oder Wertsteigerungen können sich jetzt nicht mehr auswirken (von Reuter/Martinek

Ungerechtfertigte Bereicherung, 1983, S. 570 und Koppensteiner NJW 1971, 588 (590) unterstellte Argumentation).

**2. Argument**
Der Zeitpunkt, in dem die Umwandlung des primären Herausgabeanspruchs in den Wertersatzanspruch eintrat, wird häufig dem Kondiktionsgläubiger nicht bekannt sein. Die Orientierung am Zeitpunkt der Rechtshängigkeit erspart dem Gläubiger den schwierigen Nachweis, dass etwa die Veräußerung des Kondiktionsobjektes durch den Anspruchsgegner zu einem ganz bestimmten Zeitpunkt erfolgt ist.

**3. Argument**
Wenn der Kondiktionsschuldner die rechtsgrundlos erlangte Sache mit viel Glück über Wert veräußert hat, bis zur Rechtshängigkeit des Kondiktionsanspruches dann aber der Marktwert derartiger Sachen auf den vom Kondiktionsschuldner erzielten Betrag angestiegen ist, so besteht kein Anlass, den Bereicherungsanspruch auf den seinerzeitigen Wert des primären Kondiktionsobjektes und damit auf einen bloßen Teil der effektiven Bereicherung des Kondiktionsschuldners zu beschränken.

## IV. (hier sog.) **Theorie des Zeitpunkts der letzten mündlichen Verhandlung**

In § 818 II BGB ist der Wert im Zeitpunkt der letzten mündlichen Verhandlung bzw. bei der Erfüllung des Anspruchs gemeint.

**Vertreten von:**
Esser/Weyers SchuldR BT II, 5. Aufl. 1980, § 51 I 3b aE; Koppensteiner NJW 1971, 588 (591); Koppensteiner/Kramer Ungerechtfertigte Bereicherung, 1983, S. 178; H. Lange NJW 1951, 685 (688); Molitor, Schuldrecht II, 7. Aufl. 1965, Motive zu dem Entwurfe eines BGB, Bd. 2, 1888, § 32 I 4; Pinger MDR 1972, 187 (189).

**1. Argument**
Da der Kondiktionsgläubiger nach § 818 III BGB das Risiko der Entreicherung des Schuldners trägt, muss ihm auf der anderen Seite auch ein eventueller Vermögenszuwachs infolge einer Wertsteigerung des Kondiktionsgegenstandes zugutekommen. Das aber lässt sich nur erreichen, wenn im Rahmen von § 818 II BGB die Wertermittlung auf den spätestmöglichen Zeitpunkt bezogen wird. Diese Interpretation führt dazu, dass der Bereicherte wirklich die gesamte bei ihm noch vorhandene Bereicherung herauszugeben hat. Dies ist die positive Ergänzung des Grundsatzes, dass der Bereicherungsausgleich keinesfalls zu einer Schädigung des Schuldners führen darf.

**2. Argument**
Die Ermittlung der Wertersatzschuld kann sich nicht am Entstehungszeitpunkt orientieren. Sie ist nämlich auch nach ihrer Entstehung veränderlich, da sie gem. § 818 III BGB wegfallen kann.

**3. Argument (gegen Theorie III)**
Auch mit dem Eintritt der Haftungsverschärfung wird die Wertersatzpflicht nicht endgültig festgelegt. Es besteht beispielsweise kein Grund, warum nach diesem Zeitpunkt eintretende Wertsteigerungen nicht zugunsten des Gläubigers berücksichtigt werden sollten. Der Zeitpunkt der Rechtshängigkeit ist nur entscheidend für die Frage

der Wertminderung. Werteinbußen nach Eintritt der Rechtshängigkeit können den Kondiktionsschuldner nur entlasten, wenn sie auf Umständen beruhen, die er nicht verschuldet hat (§§ 818 IV, 292 I, 990, 989 BGB).

**4. Argument (gegen Theorie III und Theorie II, Arg. 7)**
Die in § 818 IV BGB in Bezug genommenen allgemeinen Vorschriften enthalten keine Regeln, welche die Berücksichtigung einer Wertsteigerung nach Rechtshängigkeit ausschließen würden.

## B. Wertermittlung in den Einbaufällen

### I. (hier sog.) Theorie des Zeitpunkts der Kondiktionsentstehung

Für die Wertermittlung ist der Zeitpunkt der Anspruchsentstehung maßgeblich.

**Vertreten von:**
RGZ 130, 310 (313); AnwK/von Plehwe, 2004, § 951 Rn. 16; Baur/Stürner SachenR § 53c III 2a Rn. 32; RGRK/Pikart BGB § 951 Rn. 31; Erman/Hefermehl, 10. Aufl. 2000, BGB § 951 Rn. 13; Grüneberg/Herrler BGB § 951 Rn. 16; (für den Bereich der Eingriffskondiktion) Larenz/Canaris SchuldR BT II/2 § 72 III 5c; von Maydell, Geldschuld und Geldwert, 1974, S. 351; Müller SachenR Rn. 2639; Staudinger/Gursky/Wiegand, 2017, BGB § 951 Rn. 35; Staudinger/K. Schmidt, 1997, BGB Vorbem. D 53 zu § 244; StudK/M. Wolf § 951 Anm. 4c; Westermann/Gursky/Eickmann SachenR § 54, 9, 11; Wieling SachenR I § 11 II 5a aa (m. Einschr.); M. Wolf SachenR, 19. Aufl. 2003, Rn. 618.

Beim Bereicherungsausgleich für ein auf fremdem Boden errichtetes Gebäude stellen die Anhänger dieser Auffassung grundsätzlich auf den Zeitpunkt der Fertigstellung ab: RGZ 130, 310 (313); BGH NJW 1954, 265 (266); BGHZ 17, 236 (239 f.) = NJW 1955, 1106; NJW 1962, 2293; WM 1963, 135; 1966, 277 (279); 1973, 71 (73); wohl auch Brehm/Berger SachenR § 28 Rn. 39; NK-BGB/Mauch § 951 Rn. 15; RGRK/Pikart BGB § 951 Rn. 24; RGRK/Heimann-Trosien BGB § 818 Rn. 19; Staudinger/W. Lorenz, 1999, BGB § 818 Rn. 31 und Staudinger/S. Lorenz, 2007, BGB § 818 Rn. 31 (m. Einschr.); Soergel/Mühl BGB § 951 Rn. 17; Erman/Ebbing BGB § 951 Rn. 15; Feiler Aufgedrängte Bereicherung S. 107 f. m. umfangr. Nachw.; Diederichsen JURA 1970, 378 (396 f.)).

Für den Zeitpunkt der Wiedererlangung des bebauten Grundstücks durch den Eigentümer dagegen Klauser NJW 1958, 47 (48); 1965, 513 (517 f.); Larenz/Canaris SchuldR BT II/2 § 72 III 5d; MüKoBGB/Lieb, 4. Aufl. 2004, § 818 Rn. 59; RGRK/Pikart BGB § 951 Rn. 24; Westermann SachenR, 5. Aufl. 1966, § 54, 5c; Wieling SachenR I § 11 II 5a aa; M. Wolf JZ 1966, 467 (469) Fn. 27.

**1. Argument**
In den Einbaufällen entsteht der Wertersatzanspruch (aus §§ 951 I 1, 812 I 1 Fall 2 BGB) mit Eintritt der Rechtsänderung. Nach diesem Zeitpunkt muss sich hier – genauso wie etwa in den Fällen der rechtsgrundlosen Erlangung nichtgegenständlicher Vorteile und in den sonstigen Fällen, in denen der Bereicherungsanspruch von vornherein nach § 818 I Fall 1 BGB auf Wertersatz gerichtet ist – die Wertermittlung richten. Der Umstand, dass der Kondizierende auch noch ein Wegnahmerecht ausüben

könnte, sodass das Erlangte dem Vermögen des Empfängers noch nicht notwendigerweise endgültig inkorporiert ist, ändert daran nichts: Sobald Wertersatz verlangt wird, muss davon ausgegangen werden, dass das Wegnahmerecht nicht ausgeübt werden wird.

**2. Argument**
Da der Bereicherungsvorgang mit dem Eintritt der Rechtsänderung abgeschlossen ist und das erlangte Eigentum natürlich die Zuweisung aller Verwertungschancen impliziert, besteht keine Möglichkeit, eine nachträgliche Wertsteigerung der eingebauten Sachen noch dem früheren Eigentümer zugutekommen zu lassen (Staudinger/K. Schmidt).

**3. Argument**
Auch in den Einbaufällen ist nicht einzusehen, warum man dem Kläger die Möglichkeit geben sollte, durch eine verzögerte Geltendmachung seines Wertersatzanspruchs noch inzwischen eintretende Steigerungen des Verkehrswertes mitzunehmen.

## II. (hier sog.) Theorie des Zeitpunktes des Eintritts der Haftungsverschärfung

Wie A., Theorie III.

## III. (hier sog.) Theorie des Zeitpunktes der letzten mündlichen Verhandlung

Für die Wertermittlung ist der Zeitpunkt der letzten mündlichen Verhandlung bzw. der Anspruchserfüllung maßgeblich.

**Vertreten von:**
Götz, Der Vergütungsanspruch gemäß § 951 Abs. 1 S. 1 BGB, 1975, S. 188 ff.; Koppensteiner NJW 1971, 588 (592 f.); Koppensteiner/Kramer Ungerechtfertigte Bereicherung S. 178; J. Kohler, Die gestörte Rückabwicklung gescheiterter Austauschverträge, 1989, S. 88 f. m. Fn. 68; H. Lange NJW 1951, 685 (688); Larenz/Canaris SchuldR BT II/2 § 72 III 5d, S. 284 f. (nur für Aufwendungskondiktion); MüKoBGB/Quack, 3. Aufl. 1997, § 951 Rn. 18; Reuter/Martinek Ungerechtfertigte Bereicherung, 1983, S. 574 ff.; Soergel/Henssler, 13. Aufl. 2002, BGB § 951 Rn. 20.

**1. Argument**
Von allen anderen Bereicherungstatbeständen unterscheiden sich die Einbaufälle dadurch, dass die Wertersatzpflicht entsteht, ohne dass das gegenständliche Substrat der Bereicherung aus dem Vermögen des Kondiktionsschuldners ausscheidet: Der erlangte Gegenstand, den § 946 BGB dinglich dem Kondiktionsschuldner zuweist, verbleibt in dessen Vermögen. Damit kommen dem Kondiktionsschuldner notwendigerweise alle weiteren Wertsteigerungen dieses Gegenstandes zugute. Inter partes ist die Zuweisung der Gewinnchance an den Kondiktionsschuldner aber erst dann gerechtfertigt, wenn der Schuldner den ihm zugeflossenen Vermögensvorteil ausgeglichen, dh die geschuldete Wertersatzleistung an den Kondiktionsgläubiger erbracht hat. Erst von diesem Augenblick an steht dem Schuldner das Erlangte nicht nur dinglich, sondern auch schuldrechtlich zu. Aus diesem Grunde muss die Wertermittlung auf den spätestmöglichen Zeitpunkt – eben den der letzten mündlichen Verhandlung bzw. den der Anspruchserfüllung – verschoben werden.

**2. Argument (gegen Theorie B I, Arg. 3)**
Auch wenn man als Bewertungszeitpunkt den der letzten mündlichen Verhandlung nimmt, ist die Gefahr, dass der Kondiktionsgläubiger aus Spekulationsgründen die Geltendmachung des Verwendungsersatzanspruchs hinauszögern könnte, denkbar gering. Unzuträglichkeiten für den Kondiktionsschuldner erwachsen aus einer solchen verzögerten Geltendmachung ohnehin nicht, zumal er jederzeit durch freiwillige Erfüllung des Anspruchs für klare Verhältnisse sorgen kann (MüKoBGB/Lieb).

**Hinweis:**
Für die Fälle der Gebäudeerrichtung auf fremdem Boden so wie der Vornahme wertsteigernder Umbauten durch einen Mieter oder Pächter wird ein weiterer Zeitpunkt für die Wertbemessung diskutiert. Nach einer verbreiteten Auffassung soll der Vergütungsanspruch aus § 951 BGB in diesen Fällen im Zeitpunkt der Wiedererlangung des Grundstücks durch den Grundstückseigentümer entstehen, weil dieser überhaupt erst durch die Rückgabe in den Genuss des Gebäudes bzw. der Umbauten gelange; dementsprechend soll dann dieser Zeitpunkt auch für die Wertermittlung maßgeblich sein (so beispielsweise Klauser NJW 1958, 47 (48); 1965, 513 (517); M. Wolf JZ 1966, 467 (469) Fn. 27; dagegen Feiler Aufgedrängte Bereicherung S. 108 f.). Andere wollen – unter Berufung auf die Wertung des § 996 BGB – jedenfalls dann auf den Zeitpunkt der Rückerlangung des Grundstücks abstellen, wenn dieser vor der letzten mündlichen Verhandlung bzw. der Zahlung des Kondiktionsschuldners liegt (Larenz/Canaris SchuldR BT II/2 § 72 III 5d, S. 285; MüKoBGB/Lieb, 4. Aufl. 2004, § 818 Rn. 59).

**Beispiele:**

**1.** Im Ausgangsfall könnte man zunächst prüfen, ob sich der Kondiktionsanspruch bei der Weiterveräußerung nach § 818 I BGB in einen Anspruch auf Herausgabe des Veräußerungserlöses umgewandelt hat (vgl. Problem 15). Das würde den A hier allerdings vor Schwierigkeiten stellen, da er die Höhe des von B erzielten Kaufpreises nicht nachweisen kann. Wenn man mit der hM annimmt, dass § 818 I BGB nicht für rechtsgeschäftliche Surrogate gilt, kommt stattdessen § 818 II BGB zur Anwendung. Damit stellt sich die Frage nach dem maßgeblichen Bewertungszeitraum. Nach Theorie A I wäre von einem Wert von 10.000 EUR auszugehen; Theorie A II würde als Wert 15.000 EUR ansetzen, Theorie A III 20.000 EUR und Theorie A IV 25.000 EUR. Zu berücksichtigen ist allerdings, dass A die Verurteilung zu einer Geldzahlung in Höhe des jeweiligen Wertansatzes verhindern kann, indem er den Nachweis dafür erbringt, dass seine fortdauernde Bereicherung niedriger ist. Zu diesem Zwecke würde der Nachweis genügen, dass der von ihm erzielte Kaufpreis niedriger war als der für § 818 II BGB maßgebliche Wert.

**2.** Der Bauherr B hat bei der Errichtung seines Eigenheimes eine 200 Jahre alte Eingangstür eingebaut, die er zum angemessenen Preis von 3.000 EUR erworben hatte. Nach zwei Jahren erfährt er, dass die Tür dem E gestohlen war; zu diesem Zeitpunkt war diese bereits 4.000 EUR wert. Nach einem halben Jahr Bedenkzeit entschließt sich B, den geschuldeten Wertersatz an E zu leisten. Mittlerweile ist der Wert der Tür auf 4.500 EUR gestiegen. Was muss B zahlen?

Die Tür ist nach §§ 94 II, I, 946 BGB mit dem Einbau zum wesentlichen Bestandteil des Grundstücks des B geworden. E hat deshalb nach §§ 951 I, 812 I 1 Fall 2 BGB einen Anspruch auf Wertersatz. B schuldet nach Theorie B I 3.000 EUR, nach Theorie B II 4.000 EUR und nach Theorie B III 4.500 EUR.

## 17. Problem (§§ 812 I 1, 818 II, III, IV, 819 BGB)
## Was ist das „Erlangte" beim Ge- und Verbrauch fremder Sachen und welchen Inhalt hat der daran anknüpfende Bereicherungsanspruch?

### Beispiel:

Der N beerbt überraschend einen entfernten Onkel, der in einer ihm gehörenden Villa an einem See gelebt hat. In einem auf dem Grundstück stehenden Schuppen findet N ein großes Motorboot vor. In der Überzeugung, dass dies zum Nachlass gehört, nimmt er es sofort in Gebrauch und begibt sich auf eine vierwöchige Urlaubsreise durch deutsche Binnengewässer. Anschließend wird er davon informiert, dass das Motorboot in Wirklichkeit dem B gehört, einem im Ausland tätigen Bekannten seines Onkels, der es wegen seiner längeren Abwesenheit dem O in Verwahrung gegeben hatte. B verlangt nun von N ein angemessenes Entgelt für die vierwöchige Benutzung des Bootes, das er nach den von den Bootsverleihfirmen üblicherweise verlangten Mietzinsen berechnet. N wendet ein, er habe durch den Gebrauch des Bootes nichts erspart. Wenn er das Boot nicht vorgefunden hätte, hätte er eine Radtour unternommen.

### Ausgangspunkt:

Die erste Voraussetzung eines Kondiktionsanspruchs besteht darin, dass der Kondiktionsschuldner „etwas erlangt" haben muss. Erstaunlicherweise ist aber gerade die Frage, was das Gesetz mit diesen Worten zum Ausdruck bringen will, bis heute nicht abschließend geklärt. Einig ist man sich nur darüber, dass als „erlangtes Etwas" und damit als Kondiktionsgegenstand sowohl der Erwerb von Rechten, Anwartschaften und sonstigen vorteilhaften „Rechts"-Positionen als auch die Befreiung von Schulden und dinglichen Lasten in Betracht kommen. Immer noch sehr umstritten ist dagegen, worin das Kondiktionsobjekt in solchen Fällen zu sehen ist, in denen jemand rechtsgrundlos fremde Dienstleistungen in Anspruch nimmt oder unberechtigterweise fremde Sachen ge- oder verbraucht.

### Problemlösungsansätze

#### A. (hier sog.) Ersparnistheorie

Wenn jemand rechtsgrundlos fremde Dienstleistungen in Anspruch nimmt oder unbefugt fremde Sachen ge- oder verbraucht, ist Anknüpfungspunkt des Bereicherungsausgleichs die dadurch erzielte Ersparnis anderweitiger Ausgaben. Hat der Empfänger durch die Ausnutzung der fremden Arbeitskraft oder durch den Ge- oder Verbrauch der fremden Sache keine anderweitigen Ausgaben erspart, ist eine bereicherungsrechtliche Vergütungspflicht jedenfalls bei Gutgläubigkeit des Empfängers nicht zu begründen.

**Vertreten von:**
BGHZ 20, 345 (354 f.) = NJW 1956, 1554; (im Grundsatz auch) BGHZ 55, 128 (131) = NJW 1971, 609 (aber mit Anklängen an Theorie C auf S. 133 ff.); Enneccerus/Lehmann SchuldR § 221 I 4; Esser SchuldR 2, 4. Aufl. 1971, § 101 III 3; Jakobs, Eingriffserwerb und Vermögensverschiebung in der Lehre von der ungerechtfertigten

Bereicherung, 1964, S. 54 (147 ff.); RGRK/Heimann-Trosien BGB § 812 Rn. 9, 13; G.H. Roth, FS Küchenhoff, 1972, 371 (380).

Bei RG LZ 1917, 921 (922); RG HRR 1936 Nr. 461; BGHZ 14, 7 (9) = NJW 1954, 1194; BGHZ 20, 270 (275) = NJW 1956, 1276; Heck SachenR § 141, S. 3; Kurz, Der Besitz als möglicher Gegenstand der Eingriffskondiktion, 1969, S. 59; Planck/Landois BGB § 812 Anm. 1e ist nicht ersichtlich, ob sie Theorie A oder B folgen.

**1. Argument**
Die Verfasser des BGB haben sich bei der Schaffung des geltenden Bereicherungsrechts stark an die herrschende gemeinrechtliche Doktrin angelehnt. Danach machte es aber gerade das Wesen der Kondiktionstatbestände aus, dass sie die beim Schuldner eingetretene Bereicherung, also die auf den haftungsbegründenden Erwerb zurückführbare Vermehrung seines Vermögens, abschöpfen wollten. Diese mithilfe einer Differenzhypothese zu ermittelnde Vermögensmehrung bildete danach den eigentlichen Kondiktionsgegenstand. Genauso muss aber auch das geltende Recht verstanden werden; auch die heutigen Bereicherungsansprüche sind vermögensorientiert, zielen auf den Entzug der beim Empfänger eingetretenen und noch vorhandenen Bereicherung ab. Mit den Worten „etwas erlangt“ in § 812 I 1 BGB bezeichnet das Gesetz nichts anderes als die anfängliche Bereicherung. Der Empfänger ist überhaupt nur dann bereichert, wenn bei ihm eine echte Vermögensmehrung eingetreten ist, die allerdings auch in einer Ersparnis bestehen kann. (Aus § 818 III BGB lässt sich dabei schließen, dass als erlangt nur der Überschuss anzusehen ist, der sich ergibt, wenn von dem Empfangenen das dafür Hingegebene und die darauf ruhenden Lasten abgezogen werden.)

**2. Argument**
Auch wenn jemand rechtsgrundlos Dienstleistungen eines anderen erhält oder unbefugt fremde Sachen ge- oder verbraucht, bleibt danach Anknüpfungspunkt die eingetretene Bereicherung. Nur wenn die Vermögenslage des potenziellen Kondiktionsschuldners durch diese Vorgänge verbessert worden ist, hat er iSv § 812 I 1 BGB eine Bereicherung erlangt; nur dann kann er auch nach Bereicherungsrecht haften. Die Bereicherung wird in derartigen Fällen regelmäßig darin liegen, dass der Kondiktionsschuldner durch den Erhalt der Dienste bzw. den Ge- oder Verbrauch der fremden Sache anderweitige Ausgaben erspart hat.

**3. Argument**
Voraussetzung ist freilich, dass es sich um eine echte Ersparnis handelt. Eine solche ist nur gegeben, wenn davon ausgegangen werden kann, dass der Empfänger ohne den betreffenden (haftungsbegründenden) Vorgang derartige Dienste oder Gebrauchsvorteile von dritter Seite gegen Entgelt erworben hätte. Wenn der potenzielle Kondiktionsschuldner bei Kenntnis des Umstandes, keinen Anspruch auf die fraglichen Dienste des Kondizierenden oder auf den Ge- oder Verbrauch der betreffenden Sache zu haben, solche Ausgaben nicht gemacht, sondern sich anderweitig beholfen hätte, dann darf eine Ersparnis nicht im Widerspruch dazu fingiert werden.

**4. Argument (gegen Theorie C)**
Der Gebrauch einer fremden Sache ist nur ein Vorgang, nicht aber selbst ein vermögenswertes Gut. Bereicherungsrechtliche Relevanz kann dieser Vorgang erst durch seine Auswirkungen auf das Vermögen des Empfängers erlangen (Jakobs).

**Vertiefung:**
Die Anhänger der Ersparnistheorie sind sich nicht einig in der Frage, wie die Haftung des Bösgläubigen aussieht:

***Meinung I***
Wer rechtsgrundlos fremde Dienste entgegennimmt oder fremde Sachen ge- oder verbraucht, haftet auch im Falle der Bösgläubigkeit nur in Höhe seiner etwaigen Ersparnis.

**Vertreten von:**
G. H. Roth, FS Küchenhoff, 1972, 371 (380).

**Begründung**
Die Bestimmung des Haftungsumfanges des bösgläubigen Kondiktionsschuldners kann nach der Regelungsstruktur der §§ 812 ff. BGB erst erfolgen, wenn die Tatbestandsvoraussetzungen eines Anspruchs nach den §§ 812–817, 822 BGB erfüllt sind. Wenn es an der Ersparnis fehlt, hat der Betreffende aber gar keine Bereicherung erlangt, an die ein Kondiktionsanspruch anknüpfen könnte.

***Meinung II***
Der Bösgläubige haftet ohne Rücksicht auf eine etwaige Ersparnis auf das übliche Entgelt.

**Vertreten von:**
Jakobs, Eingriffserwerb und Vermögensverschiebung in der Lehre von der ungerechtfertigten Bereicherung, 1964, S. 4, 147 ff.; Esser/Weyers SchuldR BT II, 5. Aufl. 1980, § 51 I 3d.

**Begründung**
Wer in Kenntnis der Rechtsgrundlosigkeit fremde Dienste entgegennimmt oder fremde Sachen ge- oder verbraucht, darf sich nach Treu und Glauben nicht darauf berufen, dass er sich die betreffenden Vorteile gegen Geld nicht beschafft haben würde. Eine solche Verteidigung wäre ein unzulässiger Selbstwiderspruch.

### B. (hier sog.) **Normative Ersparnistheorie**

Eine kondizierbare Ersparnis liegt immer dann vor, wenn der Bereicherungsschuldner bei ordnungsgemäßem Vorgehen für den Gebrauch oder Verbrauch der fremden Sache ein Entgelt hätte zahlen müssen.

**Vertreten von:**
RGZ 97, 310 (311 f.); RG JW 1932, 1044; BGHZ 20, 345 (355) = NJW 1956, 1554; BGHZ 22, 395 (400); 26, 349 (352) = NJW 1958, 827; BGHZ 38, 356 (369); BGH NJW 1979, 2205 (2206) (betreffend einen Eingriff in das Recht am eigenen Bild); BayObLG NJW 1965, 973 (974); OLG Köln, Urt. v. 9.12.1959, mitgeteilt bei Staudacher NJW 1961, 1907; A. Blomeyer MDR 1957, 153 (154); Erman/Seiler, 5. Aufl. 1972, BGB § 812 Rn. 7; Kellmann NJW 1971, 862 (865); Knütel JR 1971, 293 (294); (iErg) von Mayr, Der Bereicherungsanspruch des deutschen Bürgerlichen Rechts, 1903, S. 604; RGRK/Scheffler, 11. Aufl. 1960, BGB § 812 Anm. 14; Schauhoff, Die Berei-

cherungshaftung wegen der Nutzung rechtsgrundlos erlangten Geldes, 1992, S. 63; Staudinger/Seufert, 10./11. Aufl. 1975, BGB § 812 Rn. 13–13d.

**1. Argument: wie Theorie A, Arg. 1.**

**2. Argument**
Wer sich in Kenntnis des fehlenden Rechtsgrundes einen nichtgegenständlichen Vorteil verschafft, ohne hierdurch andere Ausgaben zu ersparen, hat trotzdem etwas erlangt. „Konstruieren" lässt sich dieses Ergebnis mithilfe einer Normativierung des Ersparnisgedankens. Eine kondizierbare Ersparnis liegt danach immer vor, wenn der Bereicherungsschuldner bei ordnungsgemäßem Vorgehen für den Gebrauch oder Verbrauch der fremden Sache an den Eigentümer ein angemessenes Entgelt hätte zahlen müssen. Der Einwand, dass er ein derartiges Entgelt an den Eigentümer keinesfalls bezahlt, sondern sich anderweitig beholfen haben würde, soll dem Eingreifer abgeschnitten sein, da er sich an der von ihm selbst geschaffenen Sachlage festhalten lassen muss.

### C. (hier sog.) **Vorteilstheorie**

Das Erlangte besteht in dem vom Kondiktionsschuldner genossenen nichtgegenständlichen Vorteil selbst, also im Verbrauch oder Gebrauch der fremden Sache oder der Entgegennahme der fremden Dienste, nicht erst in der Auswirkung dieses Vorteils auf das Vermögen des Kondiktionsschuldners. Die Ausgabenersparnis spielt nur als Berechnungsfaktor der Bereicherung des Kondiktionsschuldners eine (wichtige) Rolle.

**Vertreten von:**
BGHZ 196, 285 = NJW 2013, 2021; BGH NJW 2017, 2997 Rn. 27; Althammer Schuldrecht SchuldR III BT 2 Rn. 400, 523; Batsch, Vermögensverschiebung und Bereicherungsherausgabe in den Fällen unbefugten Gebrauchens bzw. Nutzens von Gegenständen, 1968, S. 113 f.; Batsch NJW 1969, 1743 (1744); Berg JuS 1962, 73 (75); Beuthien RdA 1969, 161 (165); Brox/Walker SchuldR BT § 43 Rn. 5; Büsching, Der Anwendungsbereich der Eingriffskondiktion im Wettbewerbsrecht, 1992, S. 139; von Caemmerer, FS Rabel, 1954, 381 (= GS 257 f.); Canaris JZ 1971, 560 (561); Canaris, FS W. Lorenz, 1991, 19 (48 ff.); Dörner SchuldR II S. 26; Ebert, Bereicherungsausgleich im Wettbewerbs- und Immaterialgüterrecht, 2001, S. 31 ff.; Eckert SchuldR BT Rn. 1560; Ellger, Bereicherung durch Eingriff, 2002, S. 885 ff.; Erman/Buck-Heeb BGB § 818 Rn. 25 ff.; Esser/Weyers SchuldR BT II/2 § 51 I 3b, S. 100; Fenn, Die Mitarbeit in den Diensten Familienangehöriger, 1970, S. 233; Fikentscher/Heinemann SchuldR Rn. 1440; Futter JuS 1974, 379 (382); Giesen JURA 1995, 169 (172); Goetzke AcP 173 (1973), 289 (311); Gursky SchuldR BT 184 (200); Gursky NJW 1969, 2183 ff.; Gursky JR 1972, 279 (281 ff.); Harder NJW 1990, 857 (862 f.); wohl auch HK-BGB/Schulze § 812 Rn. 4; Horst, Querverbindungen zwischen Aufopferungsanspruch und Gefährdungshaftung, 1966, S. 96 ff.; Jagmann, Wertersatz oder Gewinnhaftung, 1979, S. 132 ff.; Jauernig/Stadler BGB § 812 Rn. 8, § 818 Rn. 2, 5; jurisPK-BGB/Martinek/Heine § 812 Rn. 21; Kleinheyer JZ 1961, 473 (474) (mit der Annahme, im Falle des Verbrauchs einer fremden Sache sei die Sachsubstanz erlangt); Köhler/Lorenz SchuldR II Fall 216; Koller, FS Canaris, 1998, 151 (167) Fn. 62; Koppensteiner NJW 1971, 1769 (1774); Koppensteiner/Kramer Ungerechtfertigte Berei-

cherung, 1983, S. 117 ff.; Larenz SchuldR BT II/1 § 68 II, § 70 II; Larenz/Canaris SchuldR BT II/2 §§ 71 I 2a, 73 I 5, II 5a–c (mit Zugeständnissen an Theorie B über den Einwand des Rechtsmissbrauchs); Loewenheim BereicherungsR S. 22, 131 ff.; von Lübtow Beiträge S. 34 (59); Medicus NJW 1970, 665 (666); Medicus FamRZ 1971, 250 (251); Medicus/Petersen BürgerlR Rn. 719; Medicus/Lorenz SchuldR BT § 67 Rn. 5, 7; Mestmäcker JZ 1958, 521 (524); MüKoBGB/Lieb, 4. Aufl. 2004, § 812 Rn. 359; Neumann-Duesberg BB 1965, 729 (730); Ostendorf, Die Be- und Entreicherung beim ungerechtfertigten Verbrauch und Gebrauch von Gegenständen und Leistungen, 1972, S. 30 ff. (96 ff.); Ostendorf BB 1973, 822 (824 f.); Ostendorf JuS 1974, 447 f. nur für die Eingriffskondiktion; Pankow, Der Wertersatz im Bereicherungsrecht, 1972, S. 49 ff.; Pawlowski JuS 1967, 302 (305) Fn. 25; Pinger MDR 1972, 101 (102 f.); Peifer Gesetzl. Schuldverhältnisse § 8 Rn. 10; Rengier AcP 177 (1977), 418 (444 f.); Röthel SchuldR BT/2 Kap. 3 Rn. 26; Rümker, Das Tatbestandsmerkmal „ohne rechtlichen Grund" im Bereich der Eingriffskondiktion, 1972, S. 98 ff.; Sack, FS Hubmann, 1985, 373 (380); Schäfer SchuldR BT § 34 Rn. 8; Schlechtriem Symposium König, 1984, 67 (81); Soergel/Mühl, 11. Aufl. 1985, BGB § 818 Rn. 30–32; Staudinger/W. Lorenz, 1999, BGB § 812 Rn. 72; Staudinger/S. Lorenz, 2007, BGB § 812 Rn. 72; Teichmann JuS 1972, 247 (249); Thiele SchuldR BT S. 197; Wieling/Finkenauer Fälle SchuldR BT Fall 13 (für rechtsgrundlose Dienstleistungen); Wilburg, Die Lehre von der ungerechtfertigten Bereicherung nach österreichischem und deutschem Recht, 1934, S. 133 f.; E. Wolf SchuldR BT S. 424; J. Wolf, Der Stand der Bereicherungslehre und ihre Neubegründung, 1980, S. 54; im Ansatz auch Reuter/Martinek Ungerechtfertigte Bereicherung, 1983, S. 535 ff. für die Eingriffsfälle (anstelle des erlangten nichtgegenständlichen Vorteils soll aber auch die Ersparnis des Kondiktionsschuldners als Kondiktionsobjekt in Betracht kommen, wenn diese größer ist als der objektive Wert des Erlangten).

**Hinweis:**
Für den Bereich der Leistungskondiktion sieht eine verbreitete Auffassung das Erlangte bereits in der Zurverfügungstellung von Diensten oder der verschafften Nutzungs- oder Gebrauchsmöglichkeit (s. unten Theorie D).

**1. Argument**
Das „erlangte Etwas" iSv § 812 I 1 BGB muss von der „Bereicherung" iSv § 818 III BGB unterschieden werden. Kondiktionsobjekt – also Anknüpfungspunkt der Herausgabe- oder Wertersatzpflicht – ist das Erlangte; die Bereicherung, also die auf den rechtsgrundlosen Erwerb zurückführbare Vermehrung des Empfängervermögens, wird lediglich in § 818 III BGB zur Begrenzung der Herausgabe oder Wertersatzpflicht eingesetzt. Die abstrakte Vermögensdifferenz der „Bereicherung" kann als solche weder geleistet noch unmittelbar „auf Kosten" eines anderen erworben werden. Geleistet oder durch Eingriff erworben wird immer ein konkreter Vorteil, der gegenständlicher oder nichtgegenständlicher Art sein kann. Schon aus diesem Grund kann auch bei rechtsgrundlosen Dienstleistungen oder bei unbefugtem Ge- oder Verbrauch fremder Sachen das Erlangte nur in den entgegengenommenen Diensten bzw. in dem Gebrauchsvorteil selbst gesehen werden.

**2. Argument**
Mit dem Wortlaut des Gesetzes lässt sich diese Sichtweise durchaus vereinbaren. Die einzige Voraussetzung des „erlangten Etwas", die sich dem Gesetz unmittelbar ent-

nehmen lässt, besteht darin, dass es entweder in Natur restituierbar (§§ 812–817, 822 BGB) oder aber in Geld bewertbar (§ 818 II BGB) sein muss. Der Vorteil des Gebrauchs oder Verbrauchs fremder Sachen kann zwar genauso wenig wie empfangene Arbeitsleistungen in Natur herausgegeben werden; diese Vorteile lassen sich aber, jedenfalls im Normalfall, durchaus in Geld bewerten. Der Geldwert von (tatsächlich, wenn auch unberechtigt) gezogenen Gebrauchsvorteilen wird bereits vom Gesetz in den §§ 818 I, 987 ff. BGB iVm § 100 BGB vorausgesetzt.

**3. Argument**
Eine Ausgabenersparnis des Kondiktionsschuldners setzt bereits rein begrifflich voraus, dass dieser etwas anderes erlangt hat, wofür er andernfalls hätte Ausgaben machen müssen. Die Ausgabenersparnis ist immer nur „die mittelbare Folge, der Reflex eines unmittelbar und primär erlangten ‚Etwas' auf die gesamte Vermögenslage" des Kondiktionsschuldners (Batsch). Es macht deshalb keinen Sinn, dass erst dieser Reflex das „erlangte Etwas" iSv § 812 BGB sein soll.

**4. Argument**
Bei der Ersparnis handelt es sich um eine Erscheinungsform (oder einen Berechnungsfaktor) der Bereicherung, also der auf den rechtsgrundlosen Erwerb zurückführbaren Vermögensmehrung beim Vorteilsempfänger. Damit kann sie nur im Rahmen des § 818 III BGB von Bedeutung sein.

**5. Argument (gegen Theorie D)**
Die Beweisführung, wonach das Erlangte in der bloßen Gebrauchsmöglichkeit besteht, beruht auf einer Begriffsvertauschung (quaternio terminorum). Denn das Recht (!) zum Gebrauch einer Sache wird mit der rein faktischen Möglichkeit gleichgesetzt, rechtswidrig (!) eine fremde Sache zu gebrauchen.

**6. Argument (gegen Theorie D)**
Wenn man bei nichtigen Gebrauchsüberlassungsverträgen das vom Mieter oder Pächter Erlangte in bloßen Gebrauchsmöglichkeiten sieht, so müsste etwa ein bösgläubiger Mieter oder Pächter schlechthin auf den Wert dieses nicht in Natur herausgebbaren Kondiktionsobjektes haften, auch wenn er die Mietsache gar nicht in Gebrauch nimmt. Bei nichtigen Kaufverträgen dagegen würde ein bösgläubiger Käufer nach §§ 819 I, 818 IV, 292, 987 BGB nur für die tatsächlich gezogenen Gebrauchsvorteile haften. Diese Ungleichbehandlung ist nicht zu rechtfertigen (Canaris).

**7. Argument (gegen Theorie D)**
Die Herausgabepflicht des Bereicherten darf keinesfalls zu einer Verminderung seines Vermögens über den wirklichen Betrag der Bereicherung hinaus führen. Zweck des Bereicherungsrechts ist es nämlich, eine tatsächlich erlangte rechtsgrundlose Bereicherung abzuschöpfen und sie demjenigen zuzuführen, dem sie nach der Rechtsordnung gebührt. Damit unvereinbar wäre es, nur auf etwaige Möglichkeiten und nicht auf Tatsachen abzustellen (BGH).

**Ergänzung:**
Die Vertreter dieser Theorie sind sich nicht darüber einig, welche konkreten Rechtsfolgen sich für gutgläubige und bösgläubige Bereicherungsschuldner aus diesem Ansatz ergeben. Es lassen sich hierzu als Untergruppen der Theorie C fünf Meinungen feststellen.

*Meinung I*
Wer gutgläubig ohne Rechtsgrund nichtgegenständliche Vorteile in Anspruch genommen hat, haftet nur im Rahmen seiner auf diesen Vorteilsempfang zurückgehenden Vermögensmehrung. Fehlt es an einer fortdauernden Bereicherung, weil der Empfänger weder einen positiven Arbeitserfolg erlangt noch anderweitige Ausgaben erspart hat, ist der Empfänger nach Bereicherungsrecht nicht zu einer Vergütung verpflichtet. Hat der Empfänger die nichtgegenständlichen Vorteile dagegen bösgläubig in Anspruch genommen, haftet er auf den objektiven Wert.

**Vertreten von:**
OLG Hamm NJW 1966, 2357 (2358); Beuthien/Weber Ungerechtfertigte Bereicherung Fall 4, S. 57 ff.; Büsching, Der Anwendungsbereich der Eingriffskondiktion im Wettbewerbsrecht, 1992, S. 144 f.; Canaris JZ 1971, 560 (561); Dörner SchuldR II S. 26 f., 29; Fikentscher SchuldR/Heinemann Rn. 1440; Goetzke AcP 173 (1973), 289 (316); Gursky SchuldR BT S. 184 f., 200, 204; Horst, Querverbindungen zwischen Aufopferungsanspruch und Gefährdungshaftung, 1966, S. 96 ff.; Jagmann, Wertersatz oder Gewinnhaftung, 1979, S. 134; Koller DB 1974, 2389 bei Fn. 57; Larenz SchuldR BT II/1 § 68 II; Larenz, FS von Caemmerer, 1978, 224; Pawlowski JuS 1967, 302 (305) Fn. 25; Pinger MDR 1972, 101 (102 f.); Soergel/Mühl, 11. Aufl. 1985, BGB § 818 Rn. 32; Teichmann JuS 1972, 247 (249); Wieling/Finkenauer Fälle SchuldR BT Fall 13; im Ansatz auch Rengier AcP 177 (1977), 418 (444 f.).

**1. Argument**
Die sich aus §§ 812 I 1, 818 II Fall 1 BGB ergebende Verpflichtung zur wertmäßigen Herausgabe des erlangten nichtgegenständlichen Vorteils steht nach § 818 III BGB noch unter dem Vorbehalt einer fortdauernden Bereicherung. An einer solchen Bereicherung des Empfängers fehlt es aber, wenn der Genuss des nichtgegenständlichen Vorteils keinerlei positive Auswirkungen auf sein Vermögen gehabt, ihm insbesondere keine anderweitigen Ausgaben erspart hat.

**2. Argument (gegen Theorie B)**
Wenn man auch den gutgläubigen unbefugten Benutzer einer fremden Sache schlechthin auf den objektiven Wert der erlangten Gebrauchsvorteile haften ließe, weil er bei ordnungsgemäßem Vorgehen ein angemessenes Entgelt für die Gebrauchserlaubnis hätte entrichten müssen und eine entsprechende Ausgabe also erspart habe, käme man in vielen Fällen zu einer Wertersatzpflicht bei rein fiktiver Ersparnis. Der gutgläubige Eingreifer würde eben bei Kenntnis der Tatsache, dass ihm kein Recht zur Benutzung der betreffenden Sache zustand oder dass er keinen Anspruch auf die betreffenden Dienste hatte, keinen Dienst- oder Mietvertrag abgeschlossen, sondern sich ohne nachteilige Folgen für sein Vermögen anderweitig beholfen haben. Die Normativierung des Ersparnisgedankens führt also zu einer bereicherungsrechtlichen Vergütungspflicht des gutgläubigen Kondiktionsschuldners, der gar nicht bereichert ist. Damit ist aber der Rahmen des geltenden Kondiktionsrechts verlassen. Es liegt ein eklatanter Verstoß gegen den vom BGH mit Recht so oft beschworenen „obersten Grundsatz des Bereicherungsrechts" vor, dass die Restitutionspflicht des gutgläubigen Kondiktionsschuldners niemals zu einer Verminderung seines Vermögens über den Betrag der wirklichen Bereicherung hinaus führen darf, den Kondiktionsschuldner also nicht schlechter stellen darf als er ohne Eintritt des Kondiktionstatbestandes stünde.

**3. Argument (gegen Meinung C III)**
Es kommt nicht darauf an, ob ein erlangter Vorteil nachträglich wieder wegfallen kann, denn § 818 III BGB spricht nicht vom Wegfall des Erlangten, sondern von dem davon zu unterscheidenden Wegfall der Bereicherung. § 818 III BGB schließt die Haftung aus, wenn der Kondiktionsschuldner bei Eintritt der Haftungsverschärfung nicht mehr bereichert ist. Der Gesetzgeber hatte bei dieser Formulierung offenbar nur die Möglichkeit im Auge, dass eine ursprünglich vorhandene Bereicherung nachträglich entfällt. Es liegt aber auf der Hand, dass § 818 III BGB die Wertersatzhaftung des gutgläubigen Empfängers auch dort ausschließen muss, wo der rechtsgrundlose Erwerb – wie hier – von vornherein nicht zu einer messbaren Bereicherung des Empfängers geführt hat. Ob man darin eine unmittelbare Heranziehung oder eine entsprechende Anwendung (im Sinne eines *argumentum a fortiori*) sehen will, ist weitgehend Geschmackssache.

**Hinweis:**
Ein Teil der hier unter Meinung I. zusammengefassten Autoren argumentiert an dieser Stelle abweichend: Canaris, Lieb und Larenz heben darauf ab, dass die erlangten nichtgegenständlichen Vorteile ihrer Natur nach vorübergehend sind und sich notwendigerweise mit ihrer Inanspruchnahme verbrauchen.

**4. Argument**
Im Falle der Bösgläubigkeit des Empfängers rechtsgrundloser nichtgegenständlicher Vorteile führen §§ 819 I, 818 IV BGB zwingend zur Ersatzpflicht in Höhe des objektiven Wertes. Wenn dort auf die allgemeinen Vorschriften verwiesen wird, so bedeutet das primär, dass der Empfänger nicht mehr das Haftungsprivileg des § 818 III BGB genießen soll: Es bleibt damit bei der sich aus § 818 II Fall 1 BGB ergebenden Rechtsfolge. Und der hiernach zu ersetzende Wert ist nach zutreffender und ganz hM der objektive Wert oder Verkehrswert, also der Preis, der durchschnittlich für die Verschaffung dieses Vorteils zu entrichten gewesen wäre.

**5. Argument**
Da die Haftung des bösgläubigen Empfängers bereicherungsunabhängig ausgestaltet ist, kann es keine Rolle spielen, ob der rechtsgrundlose Erwerb zunächst eine Bereicherung ausgelöst hat, die dann aber später wieder entfallen ist, oder ob er von vornherein keine positiven Auswirkungen auf das Vermögen des Empfängers gehabt hat. Dass der bösgläubige Empfänger ohne Rücksicht auf eine etwaige Bereicherung auf ein angemessenes Entgelt für die wissentlich rechtsgrundlos in Anspruch genommenen nichtgegenständlichen Vorteile haftet, ist rechtspolitisch durchaus angemessen. Andernfalls würde sich nämlich eine empfindliche Haftungslücke auftun. Wer etwa eine fremde Sache in Gebrauch nehmen wollte, die er sich wegen seiner Vermögenslage nie hätte mieten können, könnte dies dann – sofern er nur übersieht, dass dem Eigentümer durch den *furtum usus* kein Schaden entstehen kann –, in dem ruhigen Bewusstsein tun, nach Rückgabe der Sache keinerlei rechtlichen Sanktionen ausgesetzt zu sein.

**6. Argument**
Für die bereicherungsunabhängige Wertersatzpflicht des bösgläubigen Empfängers von Diensten oder Gebrauchsvorteilen spricht auch die Parallelregelung in § 346 S. 2 BGB aF bzw. § 346 II 1 Nr. 1 BGB. Nach § 346 S. 2 BGB aF mussten im Falle der

Ausübung eines vertraglich vorbehaltenen Rücktritts die Vertragsparteien einander für geleistete Dienste sowie für die Überlassung der Benutzung einer Sache grundsätzlich den Wert vergüten, weil sie von vornherein mit der Rückgewährpflicht rechnen mussten. § 346 II 1 Nr. 1 BGB hat diese Regelung auf alle Konstellationen ausgedehnt, in denen die Leistung der anderen Vertragspartei im Rücktrittsfalle schon nach der Natur des Erlangten nicht als solche zurückgewährt werden kann. Damit bleibt es jedenfalls auch nach geltendem Schuldrecht dabei, dass die Vertragsparteien im Falle der Ausübung eines vertraglich vorbehaltenen Rücktrittsrechts einander für geleistete Dienste sowie für die Überlassung der Benutzung einer Sache Wertersatz leisten müssen, auch wenn sie nur in geringerem Umfang oder überhaupt nicht mehr dadurch bereichert sind. Dann darf eine Vertragspartei, die genau weiß, dass der Vertrag von vornherein unwirksam ist, nicht besser stehen.

**7. Argument (gegen Meinung C II, Arg. 2)**
Der Einwand, wertlose Sachen könnten nicht kondiziert werden, wenn man § 818 III BGB auch bei von Anfang an fehlender Bereicherung anwenden wolle, verkennt den unterschiedlichen Wirkungsmechanismus des § 818 III BGB in den Fällen der bereicherungsrechtlichen Naturalrestitution einerseits und des bereicherungsrechtlichen Wertersatzes andererseits. Nur die auf Wertersatz gerichteten Kondiktionsansprüche werden durch § 818 III BGB automatisch auf die Höhe der jeweils noch vorhandenen Bereicherung begrenzt und entfallen damit, wenn keine Bereicherung vorhanden ist. Auf Herausgabe in Natur gerichtete Bereicherungsansprüche werden dagegen durch § 818 III BGB ohnehin nie blockiert; sie werden bloß dahingehend eingeschränkt, dass der Kondiktionsschuldner nur Zug um Zug gegen Erstattung eines Geldbetrages in Höhe seines Bereicherungswegfalls zur Herausgabe verpflichtet ist. Da § 818 III BGB die bereicherungsrechtliche Naturalrestitution als solche auch bei völligem Bereicherungswegfall nicht beseitigt, steht diese Vorschrift der Herausgabe des Erlangten in Natur selbstverständlich auch dann nicht entgegen, wenn das Erlangte infolge Wertlosigkeit das Vermögen des Empfängers von Anfang an nicht vermehrt hat.

***Meinung II***
Gleiche Differenzierung wie Meinung I, aber anders begründet: Die Begrenzung der Haftung des Gutgläubigen auf die etwaige Ersparnis soll sich aus § 818 II BGB, die ersparnisunabhängige Haftung des Bösgläubigen auf den objektiven Wert der in Anspruch genommenen nichtgegenständlichen Vorteile aus dem Verbot widersprüchlichen Verhaltens und aus einer Parallelwertung zu § 346 S. 2 BGB aF = § 346 II 1 Fall 1 BGB (s. oben Meinung I, Arg. 6) ergeben.

**Vertreten von:**
Koppensteiner NJW 1971, 1769 (1774 f.); Koppensteiner/Kramer Ungerechtfertigte Bereicherung S. 117 ff., 169 f.; zum Teil auch StudK/Beuthien BGB § 818 Anm. 4a (der aber die ersparnisunabhängige Haftung des Bösgläubigen aus §§ 819, 818 IV BGB ableitet).

**1. Argument**
§ 818 II BGB liegt kein objektiver, sondern ein subjektiver (oder genauer: konkret-individueller) Wertbegriff zugrunde. Mit dem „Wert" der rechtsgrundlos erlangten Sachnutzungen oder Dienste ist in § 818 II Fall 1 BGB dasjenige gemeint, was das

nichtrestitutionsfähige Erlangte für das Vermögen gerade des Schuldners konkret bedeutet. Wenn der rechtsgrundlose Erwerb derartiger Vorteile beim Empfänger nicht zu einer Ersparnis oder einem sonstigen bleibenden Vermögensvorteil führt, ist ihr Wert mit Null anzusetzen.

**2. Argument (gegen Meinung C I, Arg. 3)**
Das vorgeschlagene *argumentum a fortiori* aus § 818 III BGB würde implizieren, dass jeder Bereicherungsanspruch gegen einen gutgläubigen Empfänger eine anfängliche „Bereicherung", also eine effektive Vermehrung von dessen Vermögen voraussetzt. Dann könnten aber völlig wertlose Sachen (wie zB private Briefe oder eine schriftliche Ehrenerklärung) nicht kondiziert werden, da ihr Erwerb das Vermögen des Empfängers ja nie vermehrt hat. Das wäre rechtspolitisch verfehlt. Es empfiehlt sich deshalb, die Lösung nicht aus § 818 III BGB, sondern aus § 818 II BGB abzuleiten.

**3. Argument**
Wer fremde Dienste in Anspruch nimmt oder Sachen gebraucht, ohne dafür zahlen zu wollen, spekuliert auf die Ersparnis eigener Vermögenswerte. Diesen Erfolg darf ihm das Recht nicht bestätigen. § 818 IV BGB führt mit seiner Verweisung auf die allgemeinen Vorschriften allerdings nur zu einer eventuellen Schadensersatzpflicht des Schuldners; die Vorschrift gestattet es nicht, eine Vermögensmehrung zu fingieren. Die ersparnisunabhängige Haftung des Bösgläubigen folgt jedoch aus dem Verbot des *venire contra factum proprium* (§ 242 BGB). Nachdem der Kondiktionsschuldner wissentlich unberechtigt nichtgegenständliche Vorteile genossen hat, darf er sich nicht darauf berufen, dass er sich derartige Vorteile auf ordnungsgemäßem Wege (also gegen ein vertraglich vereinbartes Entgelt) nicht beschafft haben würde.

***Meinung III***
Beim Bereicherungsausgleich für rechtsgrundlos erlangte Dienste oder Gebrauchsvorteile ist ein späterer Wegfall der Bereicherung begrifflich ausgeschlossen. Auch der gutgläubige Empfänger haftet damit immer auf Ersatz des objektiven Wertes nach § 818 II BGB.

**Vertreten von:**
OLG Nürnberg als Vorinstanz zu BGHZ 55, 128 ff. = NJW 1971, 609; Batsch NJW 1969, 1743 (1744 f.); Berg JuS 1962, 73 (75); Beuthien RdA 1969, 161 (167) (m. Einschr. auf S. 173); (m. Einschr.) Emmerich SchuldR BT § 19 Rn. 10; Feiler Aufgedrängte Bereicherung S. 21 f.; Fenn, Die Mitarbeit in den Diensten Familienangehöriger, 1970, S. 233; Harder NJW 1990, 857 (863); Kleinheyer JZ 1961, 475 (478); Medicus NJW 1970, 665 (666); Mestmäcker JZ 1958, 521 (524); (ähnlich) Staudinger/W. Lorenz, 1999, BGB § 818 Rn. 28; Staudinger/S. Lorenz, 2007, BGB § 818 Rn. 28; E. Wolf SchuldR BT S. 495 m. Fn. 238; früher auch Lieb, Die Ehegattenmitarbeit im Spannungsfeld zwischen Rechtsgeschäft, Bereicherungsausgleich und gesetzlichem Güterstand, 1970, S. 97.

**1. Argument**
Durch die Ausübung des Gebrauchs einer fremden Sache werden die Gebrauchsvorteile nicht in einer die Anwendung des § 818 III BGB ermöglichenden Weise ersatzlos vernichtet, sondern gerade dadurch erst erlangt, nämlich ihrem Inhalt nach bestimmungsgemäß dem Vermögen des Kondiktionsschuldners endgültig einverleibt.

**2. Argument**
Wenn § 818 III BGB davon spricht, Bereicherungsansprüche seien ausgeschlossen, soweit der Empfänger „nicht mehr bereichert“ ist, so folgt daraus eindeutig, dass nur nachträgliche Ereignisse gemeint sind.

**3. Argument**
Aber selbst wenn man sich darüber hinwegsetzen wollte, könnte sich der Kondiktionsschuldner wegen des durch die Ausübung bedingten Untergangs des Gebrauchs bzw. Nutzungsvorteils nicht auf § 818 III BGB berufen. Da er bewusst den Vermögenswert der Nutzung seinem Vermögen einverleibt hat, muss er auch das Entreicherungsrisiko tragen (Restriktion des § 818 III BGB aus dem Gesichtspunkt der Belastung des Kondiktionsschuldners mit den Folgen eigener vermögensmäßiger Entscheidungen).

*Meinung IV*
Auch der gutgläubige Kondiktionsschuldner haftet trotz fehlender Ersparnis auf den objektiven Wert der erlangten Dienste oder Gebrauchsvorteile, da die Bereicherung iSv § 818 III BGB normativ bestimmt werden muss.

**Vertreten von:**
Jauernig/Schlechtriem, 10. Aufl. 2003, BGB § 818 Rn. 22 f. und Jauernig/Stadler BGB § 818 Rn. 22 f. (für den Bereich der Eingriffskondiktion).

**Begründung**
Da der Schuldner nun einmal in eine fremde Rechtsposition eingegriffen hat, darf er sich nicht darauf berufen, er hätte sich auch anders behelfen können; an dem von ihm geschaffenen Zustand muss er sich festhalten lassen.

*Meinung V*
Auch der bösgläubige Empfänger nichtgegenständlicher Vorteile haftet nur im Umfang seiner noch vorhandenen Bereicherung, also praktisch nur bei einer entsprechenden Ersparnis.

**Vertreten von:**
Erman/H. P. Westermann, 10. Aufl. 2000, BGB § 819 Rn. 5; Erman/Buck-Heeb BGB § 819 Rn. 5.

**1. Argument**
Der bösgläubige Empfänger nichtgegenständlicher Vorteile haftet nach §§ 819 I, 818 IV, II BGB auf den Wert der Vorteile. Der Wert ist aber subjektiv, nach den individuellen Verhältnissen des Empfängers zu bestimmen. Wenn der Empfänger dadurch keine anderen Ausgaben erspart hat, war der erlangte Vorteil für ihn wertlos.

**2. Argument**
Auch die Bösgläubigkeit des Empfängers rechtfertigt es nicht, einen Wert des Erlangten zu fingieren.

## D. (hier sog.) **Möglichkeitstheorie**

Bei unwirksamen Gebrauchsüberlassungsverträgen besteht das vom Mieter oder Pächter erlangte Kondiktionsobjekt in der Möglichkeit des Gebrauchs oder der sonstigen Nutzung der überlassenen Sache; entsprechend ist bei rechtsgrundlosen Dienstleistungen das erlangte Etwas in der Dispositionsmöglichkeit über die zur Verfügung gestellte fremde Arbeitskraft zu sehen. Die gleiche Betrachtungsweise ist im Bereich der Eingriffskondiktion angebracht.

**Vertreten von:**
Batsch NJW 1972, 611; Beuthien RdA 1969, 161 (165); Emmerich SchuldR BT § 16 Rn. 10 (für die Gebrauchsüberlassungsfälle, nicht für Dienstleistungen); Fervers/Gsell NJW 2013, 3607 (m. Einschr.); Kohler, Die gestörte Rückabwicklung gescheiterter Austauschverträge, 1989, S. 313 ff.; König Gutachten S. 64; Lieb, Die Ehegattenmitarbeit im Spannungsfeld zwischen Rechtsgeschäft, Bereicherungsausgleich und gesetzlichem Güterstand, 1970, S. 86 ff.; Lieb NJW 1971, 1289 ff.; Müller SchuldR BT Rn. 1976 (für die Leistungskondiktion); MüKoBGB/Lieb, 4. Aufl. 2004, § 812 Rn. 359 f. (nur für Gebrauchsüberlassungen); Ostendorf, Die Be- und Entreicherung beim ungerechtfertigten Verbrauch und Gebrauch von Gegenständen und Leistungen, 1972, S. 25, 30 ff., 58; Ostendorf BB 1973, 822 (824 ff.); Ostendorf JuS 1974, 447 (448); Raisch, FS Weber, 1975, 337 (340); Reeb BereicherungsR S. 9 f., 11, 120 ff.; Reeb JuS 1972, 390 (393 f.); 1973, 92; 1973, 769 ff.; 1974, 513 (516 ff.); Reuter/Martinek Ungerechtfertigte Bereicherung, 1983, S. 531 f. (für die Gebrauchsüberlassungsfälle); Reuter/Martinek Ungerechtfertigte Bereicherung S. 229 ff. (Gebrauchs- sowie Darlehensüberlassungsfälle); Riehm JuS 2018, 170 (172); Törl, Die bereicherungsrechtliche Behandlung nichtgegenständlicher Vermögensvorteile, 1977, S. 100 ff.; Wandt Gesetzl. Schuldverhältnisse § 12 Rn. 6; (für die Leistungskondiktion) Wieling BereicherungsR § 2 III c; Wieling/Finkenauer Fälle SchuldR BT Fall 14 (nur für Gebrauchsüberlassungen).

**1. Argument**
Bei vertraglichen Gebrauchsüberlassungen ist Leistungsgegenstand die eingeräumte Nutzungsmöglichkeit, nicht erst der Gebrauch, den der Empfänger von dieser Möglichkeit macht. Da Leistungsgegenstand und erlangtes Etwas iSv § 812 BGB identisch sein müssen, muss bei Unwirksamkeit des Vertrages die Nutzungsmöglichkeit den Anknüpfungspunkt der bereicherungsrechtlichen Wertersatzpflicht bilden (MüKoBGB/Lieb).

**2. Argument**
Dass Gebrauch und Verwendungsmöglichkeit selbstständige Vermögenswerte darstellen, beweist schon die Tatsache, dass diese bloßen Nutzungsmöglichkeiten Gegenstand selbstständiger entgeltlicher Verträge sein können.

**3. Argument**
Hat der Bereicherungsschuldner eine eigenständige Vermögensentscheidung getroffen, sich eine bestimmte Nutzungsmöglichkeit zu verschaffen und scheitert der Vertrag aus Gründen, die davon unabhängig sind, so ist es sachgerecht, ihn an dieser Nutzungsentscheidung festzuhalten, soweit es um die Rückabwicklung von Leistungen geht, die der Bereicherungsgläubiger auf Grundlage dieser Nutzungsentscheidung erbracht hat. Denn auch bei störungsfreier Abwicklung eines (gedachten) wirksamen

Alternativvertrags hätte er das Risiko einer persönlichen Nutzungsverhinderung getragen (Fervers/Gsell).

**4. Argument**
In den Eingriffsfällen okkupiert und realisiert der Schuldner durch den Eingriff die dem Gläubiger vorbehaltene Nutzungsmöglichkeit. Indem er diese für seine Zwecke dienlich macht, „erlangt" er sie iSv § 812 BGB.

**Ergänzung:**
Diese Auffassung führt bei der Leistungskondiktion unter Umständen zu Abweichungen von Theorie C, da sie im Rahmen von § 818 II Fall 1 BGB die erlangte Nutzungsmöglichkeit, nicht die konkret gezogenen Nutzungen bewerten will. In den Eingriffsfällen ergeben sich derartige Unterschiede nicht, da auch Theorie D trotz der abweichenden Terminologie nur die wirklich gezogenen Nutzungen berücksichtigen will. Was den weiteren Inhalt der Haftung angeht, können hier prinzipiell die gleichen Varianten wie bei Theorie C auftauchen. Es finden sich die folgenden:

***Meinung I***
Der Gutgläubige haftet (soweit nicht die besonderen Grundsätze über den Bereicherungsausgleich im gegenseitigen Vertrag entgegenstehen) wegen § 818 III BGB nur in Höhe seiner etwaigen Ersparnis. Der Bösgläubige haftet dagegen nach §§ 819 I, 818 IV, II BGB auf den objektiven Wert der erlangten Nutzungsmöglichkeit (entsprechend Theorie C I).

**Vertreten von:**
MüKoBGB/Lieb, 4. Aufl. 2004, § 812 Rn. 359 ff.; Reeb BereicherungsR S. 9 f., 11, 120 ff.; Reeb JuS 1974, 513 (516 f.).

***Meinung II***
Auch der gutgläubige Kondiktionsschuldner haftet in den Gebrauchs- oder Nutzungsfällen auf den objektiven Wert der erlangten, nicht gegenständlichen Vorteile (entsprechend Theorie C III).

**Vertreten von:**
Batsch NJW 1972, 611

**Argument**
Wie Theorie C III.

**Beispiele:**

**1.** Im Ausgangsfall wären zunächst Ansprüche aus dem Eigentümer-Besitzer-Verhältnis zu prüfen, da dieses als abschließende Spezialregelung das allgemeine Bereicherungsrecht verdrängt. Nutzungsherausgabeansprüche aus den §§ 987 ff. BGB iVm § 100 BGB scheiden aber offensichtlich aus, da N berechtigter Besitzer ist; nach §§ 1922, 1967 BGB ist er nämlich in die Rechte und Pflichten seines Onkels aus dem mit B geschlossenen Verwahrungsvertrag eingetreten. Damit kommt also ein Wertersatzanspruch aus Eingriffskondiktion, §§ 812 I 1 Fall 2, 818 II BGB, in Betracht. Nach Theorie A und C I, II und V sowie nach Theorie D I scheitert dieser im Ergebnis daran, dass N durch den Gebrauch des Motorbootes nichts erspart hat und deshalb nicht bereichert ist. Nach Theorie B und Theorie C IV haftet er auf den objektiven Wert der gezogenen Gebrauchsvorteile, weil er sich so behandeln lassen muss, als ob er die Anmietung eines Motorbootes erspart hätte. Theorie C III und Theorie D II kommen ebenfalls zu einer Haftung auf den objektiven Wert der gezogenen Gebrauchsvorteile, begründen dies aber damit, dass ein Bereicherungswegfall bei nichtgegenständlichen Vorteilen begrifflich ausgeschlossen ist.

**2.** Der 19-jährige Student S arbeitet in den Semesterferien als Aushilfskraft auf dem Münchener Flughafen. Er beschließt, diese Gelegenheit zu einem Schwarzflug nach Hamburg auszunutzen. Nach dem Ende seiner letzten Schicht gelingt es ihm in der Tat, unbemerkt eine nach Hamburg fliegende Linienmaschine der Lufthansa zu besteigen und dort unkontrolliert vom Flughafen zu gelangen. Das Ganze kommt heraus, weil er leichtsinnig einem Angestellten der Lufthansa davon erzählt. Die Lufthansa verlangt nun von ihm den regulären Flugpreis. A wendet ein, der Flug sei für ihn reiner Luxus gewesen; zum regulären Flugpreis würde er ihn nie unternommen haben.

Hier hat S durch die erschlichene Beförderungsleistung keinen bleibenden Vermögensvorteil erlangt, insbesondere auch keine anderen Ausgaben erspart, die er andernfalls nach Lage der Dinge gemacht hätte. Eine Ersparnis des S lässt sich unter diesem Gesichtspunkt nur dann bejahen, wenn man darauf abstellt, dass S bei ordnungsgemäßem Vorgehen ein Entgelt für die Beförderung hätte bezahlen müssen. Damit würden hier Theorie C V und Theorie D II die Haftung an der fehlenden echten Ersparnis des S scheitern lassen. Alle anderen Auffassungen würden dagegen eine bereicherungsunabhängige Haftung auf den objektiven Wert der erlangten Beförderungsleistung annehmen.

## 18. Problem
## Welchen Beschränkungen unterliegt der Bereicherungsausgleich für dem Empfänger aufgedrängte Verwendungen?

### Beispiel:

E vermietet sein Hausgrundstück für zehn Jahre an M. M errichtet darauf nach kurzer Zeit ohne Absprache mit dem Eigentümer/Vermieter eine Garage. Er hat dabei von vornherein nicht vor, die Garage bei Ablauf des Mietvertrages wieder zu entfernen. Bei Vertragsende verlangt M vom Eigentümer E einen Ausgleich in Höhe der durch den Garagenbau bewirkten Wertsteigerung des Grundstücks.

### Ausgangspunkt:

Die Fälle der Verwendungskondiktion sind dadurch gekennzeichnet, dass der Anspruchsteller im eigenen Interesse Material und/oder Arbeitskraft zur „Verbesserung" einer Sache einsetzt, die nicht ihm selbst, sondern einem Dritten gehört. Typische Anwendungsfälle bilden der Bau auf fremdem Boden (wenn der Bauherr nur obligatorisch berechtigter Fremdbesitzer des Grundstückes ist) oder wertsteigernde Investitionen eines Mieters oder Pächters. Hier steht dem Verwendenden regelmäßig kein Anspruch auf vollen Verwendungsersatz nach §§ 539 I, 683 S. 1 BGB (bei einem Pächter iVm § 581 II BGB) zu. Wohl aber ist – jedenfalls nach ganz hM – dem Grunde nach eine Verwendungskondiktion aus §§ 539 I, 684 S. 1, 812 I 1 Fall 2, 818 II, III BGB gegeben. Es ist offensichtlich, dass der Grundstückseigentümer hier durch die Gebäudeerrichtung bzw. die wertsteigernden Ein- oder Umbauten objektiv einen Vermögensvorteil erlangt hat. Andererseits ist zu berücksichtigen, dass der Eigentümer diesen Vorteil wahrscheinlich gar nicht erwerben wollte, ihn jedenfalls aber nicht durch Rechtsgeschäft bei dem betreffenden Fremdbesitzer „bestellt" hat. Hinzu kommt der Umstand, dass die dem Eigentümer „aufgedrängte" Bereicherung von diesem gar nicht in Natur herausgegeben, sondern nur durch eine Geldzahlung ausgeglichen werden könnte. Eine Wertersatzpflicht des objektiv bereicherten Grundstückseigentümers müsste aber zwangsläufig dessen „Dispositionsfreiheit" beeinträchtigen, dh sein Recht, selbstständig und eigenverantwortlich seine Vermögensangelegenheiten wahrzunehmen und insbesondere auch darüber zu entscheiden, ob und von wem er eine bestimmte Leistung gegen Entgelt erwerben will. Der Eigentümer müsste zur Erfüllung der Wertersatzpflicht entweder vorhandene liquide Mittel einsetzen, die er für die Befriedigung anderer und für ihn wichtigerer Bedürfnisse verwenden wollte, oder er müsste Kredite aufnehmen und damit wieder seinen zukünftigen Handlungsspielraum einengen, oder er müsste zur Verschaffung der erforderlichen Barmittel Bestandteile seines Vermögens – unter Umständen gerade die verbesserte Sache selbst – veräußern. Ob unter diesen Umständen überhaupt ein Bereicherungsausgleich stattfinden darf und wie er bejahendenfalls ausgestaltet werden muss, ist außerordentlich umstritten. Dabei werden vielfach mehrere Lösungsansätze miteinander kombiniert, weil die Autoren keinen der bisher vorgeschlagenen Lösungswege für sich allein als befriedigend ansehen. Im Folgenden wird nur auf die wichtigsten Konstruktionsversuche eingegangen.

## Problemlösungsansätze

### A. (hier sog.) Einrede der Beseitigungspflicht

Dem bereicherten Sacheigentümer steht häufig aus § 546 I BGB wegen vertraglicher Pflichtverletzung und aus § 823 I BGB jeweils iVm § 249 I BGB sowie – jedenfalls nach hM – aus § 1004 I BGB gegen den bisherigen berechtigten Besitzer ein Anspruch auf gegenständliche Beseitigung des Verwendungserfolges zu, den dieser geschaffen hat. Wenn er diesen Beseitigungsanspruch geltend macht, blockiert er damit die Verwendungskondiktion des Besitzers.

**Vertreten von:**
RGZ 131, 335 (336 f.); BGH LM § 1004 Nr. 14; NJW 1965, 816; WM 1966, 765 (766); OLG Celle MDR 1954, 294 (295); Auffermann, Der Bereicherungsanspruch beim Bauen auf fremdem Boden, 1933, S. 36; Baur/Stürner SachenR § 53 Rn. 33; F. Baur AcP 160 (1961), 465 (492 f.); Degenhart JuS 1963, 314 (319) Fn. 24; Diederichsen JURA 1970, 378 (399); Dießelhorst, Die Natur der Sache als außergesetzliche Rechtsquelle, 1968, S. 119; Erman/Hefermehl, 10. Aufl. 2000, BGB § 951 Rn. 16; Feiler Aufgedrängte Bereicherung S. 59 ff., 115; Grüneberg/Herrler BGB § 951 Rn. 19; Huber JuS 1970, 515 (517 f.); Jauernig/Stadler BGB § 812 Rn. 81; (einschränkend) Klauser NJW 1958, 47 (48); Köbl, Das Eigentümer-Besitzer-Verhältnis im Anspruchssystem des BGB, 1971, S. 70 ff.; Koppensteiner/Kramer Ungerechtfertigte Bereicherung, 1983, S. 167; Medicus/Petersen BürgerlR Rn. 899; Oertmann JW 1931, 1552; (einschränkend) Pinger, Funktion und dogmatische Einordnung des Eigentümer-Besitzer-Verhältnisses, 1973, S. 113 ff.; Schwab/Prütting SachenR § 39 IV 2 Rn. 472; Prütting/Wegen/Weinreich/Scherer, 2006, BGB § 951 Rn. 16; RGRK/Johannsen, 11. Aufl. 1959, BGB § 951 Bem. 24; RGRK/Pikart BGB § 951 Rn. 39; Schreiber SachenR, 3. Aufl. 2000, Rn. 190; Soergel/Henssler, 13. Aufl. 2002, BGB § 951 Rn. 17, 23; Soergel/Mühl, 11. Aufl. 1985, BGB § 812 Rn. 162; Spyridakis, Zur Problematik der Sachbestandteile, 1966, S. 112, 121 f.; Staudinger/W. Lorenz, 1999, BGB Vorbem. 43 zu §§ 812 ff.; Staudinger/S. Lorenz, 2007, BGB Vorbem zu §§ 812 ff. Rn. 43; StudK/M. Wolf BGB § 951 Anm. 4a; Tückmantel, Die Problematik einer Ausgleichspflicht für unerwünschten Vermögenszuwachs, 1971, S. 6 f., 45 ff.; Wernecke, Abwehr und Ausgleich „aufgedrängter Bereicherungen" im Bürgerlichen Recht, 2003, S. 191 ff., 216 ff., 610 ff.; Westermann SachenR § 33 VII 1; § 54, 1; M. Wolf JZ 1966, 467 (472); M. Wolf JZ 1966, 467 (472); M. Wolff, Der Bau auf fremdem Boden, 1900, S. 65 ff.; Wolff/Raiser SachenR § 74 I 5.

**Hinweis:**
Unterschiedliche Auffassungen bestehen bei den Anhängern dieses Lösungsansatzes in der Frage, ob es zum Ausschluss des Bereicherungsanspruchs genügt, dass der Bereicherte ein Recht auf die Beseitigung des gegenständlichen Verwendungserfolgs gegenüber dem Verwendenden hat und darauf verweist oder ob er dieses Recht auch ernsthaft geltend machen und eventuell sogar im Klagewege durchsetzen muss.

**1. Argument**
Ein berechtigter Fremdbesitzer, der unbefugt auf dem Grundstück ein Gebäude errichtet oder sonstige wertsteigernde Ein- oder Umbauten vornimmt und anschließend eine Vergütung aus §§ 539 I, 684 S. 1, 812 I 1 Fall 2, 818 II, III BGB (oder aus §§ 951 I, 812 I 1 Fall 2 BGB) verlangt, hält die Voraussetzungen seines Vergütungs-

anspruchs nur dadurch aufrecht, dass er die ihm dem Eigentümer gegenüber obliegende Rechtspflicht zur Beseitigung verletzt. Unter solchen Umständen einen Vergütungsanspruch geltend zu machen, ist jedenfalls dann rechtsmissbräuchlich, wenn der Grundstückseigentümer die Beseitigung des Verwendungserfolges nicht nur zu verlangen berechtigt ist, sondern auch tatsächlich verlangt (M. Wolff).

**2. Argument**
Eine Eigentumsstörung iSv § 1004 I BGB kann auch darin liegen, dass ein einmal geschehener Eingriff selbstständig weiterwirkt. Das ist bei einem gegen den Willen des Grundstückseigentümers errichteten Gebäude oder bei sonstigen gegen seinen Willen vorgenommenen baulichen Veränderungen immer der Fall. Daran ändert auch der Umstand nichts, dass die vom berechtigten Besitzer geschaffene Einrichtung nach § 946 I BGB in das Eigentum des Bereicherungsschuldners übergegangen ist. Dass dieser Umstand der Anwendung des § 1004 BGB nicht entgegenstehen kann, wird evident, wenn man von der *Ex-post*-Beurteilung der Störung einmal abgeht und stattdessen auf den Unterlassungsanspruch bei nur drohendem Eingriff abstellt. Es liegt auf der Hand, dass der Eigentümer sich gegen die drohende Gebäudeerrichtung oder den drohenden Einbau irgendwelcher Einrichtungen auch dann mithilfe der negatorischen Unterlassungsklage wehren können muss, wenn die betreffenden Maßnahmen den Wert seines Grundstücks erhöhen würden.

## B. (hier sog.) **Theorie der Einrede der Wegnahmemöglichkeit**

Der durch Eigentumsübergang nach §§ 946, 947 II BGB bereicherte Eigentümer der Hauptsache kann den Wertersatzanspruch aus § 951 I BGB dadurch abwenden, dass er dem verlierenden Teil die Wegnahme des mit seinem Eigentum verbundenen Materials gestattet oder ihn auf sein ohnehin bestehendes Wegnahmerecht verweist.

**Hinweis:**
Diese Theorie versagt, wenn die Verwendung in einer Veränderung der Sache durch Einsatz von Arbeitskraft liegt.

**Vertreten von:**
BGHZ 23, 61 (65) = NJW 1957, 460; BGH WM 1972, 389 (391); BGH LM § 951 BGB Nr. 14; AnwK/von Plehwe, 2004, BGB § 951 Rn. 13; Eichler, Institutionen des Sachenrechts, Bd. II/1, 1957, S. 85; Eichler JuS 1965, 479 (481); Erman/Hefermehl, 10. Aufl. 2000, BGB § 951 Rn. 16; Esser SchuldR 2, 4. Aufl. 1971, § 104 I 4; Grüneberg/Herrler BGB § 951 Rn. 20; Jakobs, Eingriffserwerb und Vermögensverschiebung in der Lehre von der ungerechtfertigten Bereicherung, 1964, S. 174; Jakobs AcP 167 (1967), 350 (374 ff.); Jauernig/Stadler BGB § 812 Rn. 81; Klauser NJW 1958, 47 (48); Larenz/Canaris SchuldR BT II/2 § 72 IV 3e (neben einem anderen Ansatz, vgl. Theorie E); NK-BGB/Mauch § 951 Rn. 16; Prütting/Wegen/Weinreich/Scherer, 2006, BGB § 951 Rn. 16 (m. Einschr.); RGRK/Heimann-Trosien BGB § 812 Rn. 52; Schuler NJW 1965, 1842 (1843 f.); Tobias AcP 94 (1903), 371 (456 f.)

**Hinweis:**
Die Rspr. und Teile des Schrifttums stützen sich auf eine Analogie zu § 1001 S. 2 BGB, während andere Autoren eine entsprechende Restriktion des § 951 I BGB bevorzugen.

**1. Argument**
Der Gesetzgeber hat bei der Schaffung des § 951 I BGB nur an die Möglichkeit gedacht, dass der bereicherte Eigentümer der Hauptsache selbst die Verbindung vollzieht (Mugdan, Die gesammten Materialien zum BGB für das Deutsche Reich, Bd. II, 1889, Bd. III, S. 201, 647 f.), nicht aber an den Fall, dass die Verbindung gegen den Willen des Eigentümers der Hauptsache vorgenommen wird.

**2. Argument**
§ 951 I 2 BGB will nur den bereicherten Hauptsacheneigentümer selbst vor dem Verlangen nach Rückgabe in Natur schützen, ihm aber nicht gegen seinen Willen etwas aufdrängen. Es muss deshalb dem bereicherten Eigentümer freistehen, seine Bereicherung durch Wiederabtrennung und Rückgabe der mit seiner Sache verbundenen Gegenstände selbst zu beseitigen und diese anschließend in Natur herauszugeben. Bei einem solchen Vorgehen würde der bereicherte Eigentümer der Hauptsache allerdings die Abtrennungskosten tragen müssen. Das wiederum würde § 818 III BGB widersprechen, wonach der Kondiktionsschuldner durch die Herausgabe der Bereicherung keinen Schaden erleiden darf. Schon deshalb muss er den entreicherten früheren Sacheigentümer auf die Wegnahme verweisen können, wenn die Abtrennung für ihn mit Kosten verbunden wäre (Jakobs).

**3. Argument**
Zumindest in den Fällen, in denen dem bereicherten Grundstückseigentümer ein Bauwerk aufgedrängt werden sollte, das er nur unter erheblichen weiteren Kosten zu einem Ertragswert umgestalten könnte, muss der Eigentümer die Möglichkeit haben, sich der bereicherungsrechtlichen Vergütungspflicht durch Verweisung auf die Möglichkeit der Wiederherstellung des alten Zustandes zu erwehren. In entsprechender Anwendung von § 1001 S. 2 BGB muss der bereicherte Grundstückseigentümer in diesem Falle dazu befugt sein, die Zahlung durch die Gestattung der Wegnahme zu ersetzen und dies einredeweise gegenüber einem Klagebegehren geltend zu machen (BGH).

## C. (hier sog.) **Theorie der subjektiven Einstellung des Verwendenden**

Einige Autoren differenzieren nach der subjektiven Einstellung des Verwendenden. Sie nehmen jeweils einen Kondiktionsausschlussgrund an, der an eine bestimmte missbilligte subjektive Einstellung des potenziellen Kondizierenden anknüpft. Dabei werden jedoch unterschiedliche Kriterien zugrunde gelegt. Es lassen sich hierzu vier verschiedene Untermeinungen feststellen.

***Meinung I***
Ein Ersatzanspruch ist nur gegeben, wenn der Verwendende bei Vornahme der Verwendung in einem Irrtum (zB über die mutmaßliche Dauer der vertraglichen Überlassung, über die Eigentumsverhältnisse, über die Möglichkeit eines späteren Eigentumserwerbs) befangen gewesen war. Bei irrtumsfreier Vornahme der Verwendung ist ein Anspruch ausgeschlossen.

**Vertreten von:**
(andeutungsweise) von Caemmerer, FS Rabel, 1954, 367 (= GS 384); (wohl auch) Degenhart JuS 1963, 314 (320) Fn. 24; Klauser, Bereicherung wider Willen, 1955,

S. 43 ff.; Klauser NJW 1965, 513 (514 f.); Wilburg, Die Lehre von der ungerechtfertigten Bereicherung nach österreichischem und deutschem Recht, 1934, S. 119.

**1. Argument**
Der auch in fremden Rechtsordnungen geltende Grundsatz, dass derjenige keinen Rechtsschutz verdient, der sich freiwillig und ohne Irrtum im eigenen Interesse eines Rechtsgutes begibt, findet in §§ 814, 815 BGB und in § 996 BGB seinen Ausdruck. Dieser Grundsatz ist verallgemeinerungsfähig; er muss insbesondere auf die Verwendungskondiktion übertragen werden.

**2. Argument**
Wer weiß, dass die Sache ihm nicht gehört, macht die den Eigentümer bereichernden Verwendungen auf eigenes Risiko. Es besteht kein Anlass, ihn mit einem bereicherungsrechtlichen Vergütungsanspruch zu belohnen.

**3. Argument**
Bei freiwillig und irrtumsfrei vorgenommenen Verwendungen kann nicht davon die Rede sein, dass der Erwerb des Eigentümers der durch die Verwendungen verbesserten Sache im Widerspruch zum Zuwendungsgehalt des vom Verwendenden aufgeopferten Eigentums steht.

*Meinung II*
Ein Bereicherungsanspruch steht nur demjenigen zu, der die Verwendungen mit Fremdgeschäftsführungswillen für den Eigentümer vorgenommen hat. Wurden die Verwendungen allein im eigenen Interesse des Verwendenden gemacht, so entfällt ein Bereicherungsanspruch.

**Vertreten von:**
Dießelhorst, Die Natur der Sache als außergesetzliche Rechtsquelle, 1968, S. 119 Fn. 69; Scheyhing AcP 157 (1958/59), 371 (389 f.); Schindler AcP 165 (1965), 499 (514).

**Begründung**
Der Ausschluss des Bereicherungsausgleichs für solche Verwendungen, die der Verwendende allein in seinem eigenen Interesse macht, ist mit einer analogen Anwendung des § 814 BGB zu begründen. Diese Norm schließt die Leistungskondiktion aus, wenn der Anspruchsteller zur Erfüllung einer angeblichen Verbindlichkeit geleistet hat, aber genau wusste, dass diese Verbindlichkeit gar nicht existiert. Ein solches Verhalten wird von § 814 BGB als ein schlüssiger Verzicht auf die Möglichkeit der Rückforderung mithilfe des Bereicherungsrechts gewertet. In ganz ähnlicher Weise muss die eigennützige, die Interessen des Eigentümers nicht berücksichtigende Verwendungsvornahme durch einen berechtigten Fremdbesitzer als konkludenter Verzicht auf eine bereicherungsrechtliche Vergütung gewertet werden.

*Meinung III*
Ein Bereicherungsausgleich für die dem bereicherten Eigentümer unwillkommenen Verwendungen entfällt, wenn die Verwendungsvornahme eine unbefugte Einmischung in den Rechtskreis des Eigentümers enthält und der Anspruchsteller dies auch erkannt hat oder bei gehöriger Sorgfalt jedenfalls hätte erkennen können.

**Vertreten von:**
Baur/Stürner SachenR § 53c Rn. 33 (unter c); Brehm/Berger SachenR § 28 Rn. 45; M. Wolf JZ 1966, 467 (468 ff.); Prütting/Wegen/Weinreich/Scherer, 2006, BGB § 951 Rn. 16; ähnlich Willoweit, FS Wahl, 1973, 285 ff.; ähnlich auch E. Wolff SchuldR BT S. 492 ff. (der aber den Bereicherungsanspruch schon bei objektiv unrechtmäßiger Bereicherungsaufdrängung entfallen lässt).

**1. Argument**
Ein (echter) Geschäftsführer ohne Auftrag darf bei willens- oder interessewidriger Geschäftsführungsübernahme keinen höheren Aufwendungsersatz erhalten, als er bei berechtigter Geschäftsführungsübernahme bekommen würde. Auch für den Aufwendungsersatzanspruch aus §§ 684 S. 1, 818 II BGB muss deshalb die Einschränkung gelten, dass nur für solche Aufwendungen Ersatz beansprucht werden kann, die der Geschäftsführer schuldlos für erforderlich gehalten hat. Verschuldet ist die Annahme der Erforderlichkeit der Aufwendungen aber auch dann, wenn der Geschäftsführer schuldhaft übersehen hat, dass seine Einmischung in den Rechtskreis des Geschäftsherrn diesem unlieb oder nicht nützlich und deshalb insgesamt unbefugt ist. Diese aus § 670 BGB abzuleitende Einschränkung der Aufwendungskondiktion des unberechtigten Geschäftsführers ohne Auftrag passt zu der Regelung, die § 996 BGB für die Verwendungen eines bösgläubigen Besitzers trifft. Aus beiden Normen zusammen lässt sich als gemeinsamer Grundgedanke ableiten, dass Ersatzansprüche für Verwendungen oder Aufwendungen entfallen, wenn der Anspruchsteller bei ihrer Vornahme unbefugt in den Rechtskreis des Anspruchsgegners eingegriffen hat und wenn er dies bei ordnungsgemäßer Sorgfalt auch hätte erkennen können (der insoweit strengere subjektive Maßstab des § 996 BGB – grobe Fahrlässigkeit – beruht auf der besonderen Schutzwürdigkeit des gutgläubig-unverklagten unberechtigten Besitzers und ist deshalb nicht verallgemeinerungsfähig).

**2. Argument**
Gegen diese Lösung spricht auch nicht der Umstand, dass § 814 BGB den Kondiktionsanspruch erst bei positiver Kenntnis ausschließt. Die Regelung des § 814 BGB hat mit der Problematik der aufgedrängten Bereicherung nämlich gar nichts zu tun: Diese stellt sich nur, wenn der Empfänger für einen rechtsgrundlos erlangten Vorteil, den er nicht haben wollte, Wertersatz leisten soll; § 814 BGB schließt aber auch auf Hingabe in Natur gerichtete Bereicherungsansprüche aus. In Wirklichkeit ist diese Regelung nur eine spezielle Ausprägung des Verbots widersprüchlichen Verhaltens.

***Meinung IV***
Wer wissentlich rechtsgrundlos eine fremde Sache werterhöhend verbessert und deren Eigentümer damit einen von diesem nicht rechtsgeschäftlich erbetenen und nicht in Natur herausgebbaren Vermögensvorteil aufdrängt, erlangt dadurch keinen Kondiktionsanspruch gegen den bereicherten Sacheigentümer. Er hat lediglich ein Wegnahmerecht, das der Bereicherte durch eine Entschädigungsleistung in Höhe des wirtschaftlichen Wertes des Wegnahmerechts abwenden kann.

**Vertreten von:**
BeckOGK/Schermaier, 1.9.2022, BGB § 951 Rn. 41; Staudinger/Gursky/Wiegand, 2017, BGB § 951 Rn. 53 ff.; Staudinger/Heinze, 2020, BGB § 951 Rn. 53 ff.; Westermann/Gursky/Eickmann SachenR § 54 Rn. 12 ff.

**1. Argument**
Der Konflikt zwischen Bereicherungsausgleich und Freiheitsschutz wird in den §§ 812 ff. BGB überhaupt nicht angesprochen. Die Lösung kann deshalb nur von den außerhalb des technischen Bereicherungsrechts angesiedelten Verwendungsersatznormen ausgehen.

**2. Argument**
Die Verwendungsersatzregeln für berechtigte Fremdbesitzer verweisen (zumindest) für nicht-notwendige Verwendungen auf die GoA-Grundsätze (§§ 539 I, 601 I 1, 1049 I, 1216 S. 1 BGB). Damit können entgegen der hM nur die Aufwendungsersatzansprüche aus berechtigter GoA gemeint sein. Wäre auch die Aufwendungskondiktion § 684 S. 1 BGB gemeint, so brächte die Verweisung kaum eine Einschränkung und wäre somit weitgehend funktionslos.

**3. Argument**
Bei dieser Deutung bieten sich die §§ 539 I, 601 II 1, 1049 I, 1216 S. 1 BGB zusammen mit § 687 II 2 BGB und § 996 BGB als Grundlage für eine Gesamtanalogie an. Wer wissentlich rechtsgrundlos eine fremde Sache werterhöhend verbessert und deren Eigentümer damit einen von ihm nicht rechtsgeschäftlich erbetenen und nicht in Natur herausgebbaren Vermögensvorteil aufdrängt, erlangt dadurch keinen Kondiktionsanspruch gegen den bereicherten Sacheigentümer, sondern lediglich ein Wegnahmerecht (Letzteres aus § 951 II 2 BGB oder in Analogie zu §§ 539 II, 601 II 2, 1049 II BGB, 1216 S. 2 BGB).

**4. Argument**
Theorie A befriedigt schon deshalb nicht, weil Gegenansprüche des bereicherten Eigentümers auf Rückgängigmachung der werterhöhenden Maßnahme nur sehr selten bestehen werden. Aus § 1004 I 1 BGB lässt sich ein solcher Anspruch richtiger Ansicht nach nicht herleiten, weil das fertiggestellte Gebäude nur die gegenwärtige Auswirkung eines bereits in der Vergangenheit abgeschlossenen Eingriffs, nicht aber selbst eine fortdauernde Eigentumsbeeinträchtigung darstellt. Schadensersatzansprüche werden meist daran scheitern, dass die werterhöhende Baumaßnahme als solche – also wenn man von der damit eventuell verbundenen Vergütungspflicht einmal absieht – gar keinen Nachteil für den Kondiktionsschuldner bedeutet. Und selbst wenn der Eigentümer ein Interesse an der Wiederherstellung des alten Zustandes seines Grundstücks haben sollte, so würde seinem Verlangen nach Naturalrestitution doch wohl meist § 251 II BGB entgegenstehen.

**5. Argument**
Für die Lösung von Theorie B ist keinerlei gesetzliche Grundlage ersichtlich: Auch die behauptete Analogie zu § 1001 S. 2 BGB kann eine Befugnis des Eigentümers, die Verwendungskondiktion durch die Gestattung der Wegnahme auszuschalten, nicht rechtfertigen. Nach § 1001 S. 2 BGB muss der Eigentümer, um der persönlichen Haftung für Verwendungen des unrechtmäßigen Besitzers zu entgehen, nämlich die gesamte durch die Verwendung erhaltene oder verbesserte Sache dem Verwendungsersatzberechtigten zur Verwertung (§ 1003 BGB) herausgeben. E kann den Anspruchsteller also gerade nicht auf die bloße Wegnahme des Verwendungserfolges verweisen.

**6. Argument**
Gegen Theorie C I ist zu betonen, dass die §§ 814, 815 BGB einerseits und § 996 BGB andererseits keinen gemeinsamen Grundgedanken haben. Nur bei § 996 BGB geht es um die Problematik einer Vergütungspflicht für eine aufgedrängte Bereicherung; die §§ 814, 815 BGB schließen die Rückforderung der Leistung nicht wegen einer Bereicherungsaufdrängung aus – der Empfänger hat die Leistung ja angenommen –, sondern weil die Rückforderung in der gegebenen Situation einen unerträglichen Selbstwiderspruch bedeuten würde. Theorie C II kann schon deshalb nicht befriedigen, weil die Annahme eines Verzichts auf einen bereicherungsrechtlichen Vergütungsanspruch gekünstelt wäre. Theorie C III basiert auf einer verfehlten Interpretation der GoA-Normen; aus § 670 BGB lässt sich für die Aufwendungskondiktion des nichtberechtigten Geschäftsführers ohne Auftrag (§ 684 S. 1 BGB) nichts entnehmen.

**7. Argument**
Eine Beschränkung des Bereicherungsanspruchs auf den effektiven Nutzen, den der bereicherte Sacheigentümer (durch Veräußerung, Vermietung usw) aus der Verbesserung seiner Sache zieht oder doch in zumutbarer Weise ziehen könnte (Theorie D), führt zu unlösbaren technischen Schwierigkeiten. Der finanzielle Nutzen, den der bereicherte Sacheigentümer in Zukunft aus der werterhöhenden Verbesserung seiner Sache ziehen wird, lässt sich nicht mit genügender Sicherheit prognostizieren. Die Lösung eines zunächst nur latenten Bereicherungsanspruchs, der erst durch die späteren Verwertungsakte ausgefüllt wird, vermeidet zwar diese Schwierigkeit, ist aber äußerst impraktikabel und vor allem mit der in §§ 819, 818 IV BGB vorgesehenen Haftungsfixierung schwer zu vereinbaren.

**8. Argument**
Die für die Fälle aufgedrängter Bereicherung postulierte Anspruchsbemessung nach dem subjektiven Nutzen des Empfängers lässt sich aus dem Gesetz nicht ableiten. Der Gesetzgeber hat nun einmal den Inhalt des Bereicherungsausgleichs für alle Kondiktionstatbestände einheitlich ausgestaltet. Den Begriffen „Wert" in § 818 II BGB und „bereichert" in § 818 III BGB darf deshalb nicht für bestimmte Bereicherungsvorgänge ein besonderer, vom Normalfall abweichender Bedeutungsgehalt unterlegt werden.

**9. Argument**
Theorie D würde einen schwer zu rechtfertigenden Wertungswiderspruch zu § 996 BGB entstehen lassen. Ein Grundstücksmieter oder -pächter, der ohne Absprache mit dem Eigentümer auf dem Miet- oder Pachtgrundstück Investitionen vornimmt, weiß natürlich, dass er dem Eigentümer damit eine „Leistung" aufdrängt. Er ist damit genauso qualifiziert schutzunwürdig wie der wissentlich unrechtmäßige Besitzer, an dem sich § 996 BGB vorwiegend orientiert. Bei wissentlicher Bereicherungsaufdrängung ist die Ausgleichsversagung auch in rechtspolitischer Hinsicht die einzig angemessene Lösung: Eine Rechtsordnung, deren Ziel die möglichst weitgehende Garantie der persönlichen Freiheit ist und die deshalb die Parteiautonomie zur Grundlage des Privatrechts erhebt, muss auch durch entsprechende Mechanismen dafür Sorge tragen, dass dem Individuum dieser Freiheitsraum nicht von Dritten sanktionslos entzogen werden kann. Sie darf es also nicht ermöglichen, dass jemand einem anderen eine nicht in Natur restituierbare „Leistung" wissentlich gegen dessen Willen auf-

drängen und sich dabei von vornherein ausrechnen kann, dass ihm der Empfänger den aufgedrängten Vorteil kraft Gesetzes vergüten muss. Da im Falle einer solchen wissentlichen Bereicherungsaufdrängung keinerlei schutzwürdige Restitutionsinteressen des Anspruchstellers ersichtlich sind, kann die Antwort der Rechtsordnung auf diesen Versuch einseitiger Fremdbestimmung nur in der Versagung jeden Ausgleichs bestehen.

## D. (hier sog.) **Theorie der konkret-individuellen Bereicherungsfeststellung**

Der zu leistende Wertersatz richtet sich nicht nach dem objektiven Wertzuwachs der Sache, auf welche die Verwendungen gemacht worden sind, sondern nach dem konkreten *subjektiven* Nutzen, den gerade der Sacheigentümer nach seinen individuellen Verhältnissen und Vermögensdispositionen aus der Verbesserung seiner Sache zieht oder doch zumutbarerweise ziehen könnte.

**Vertreten von:**
OLG Stuttgart WürttJb 28, 28; Baurecht 1972, 388; OLG Hamburg ZMR 2004, 137 (138 f.); OLGR Köln 2006, 478 (479 f.); OVG Münster OVGE 25, 286 (294); OLG Dresden BeckRS 2013, 19334; BeckOK BGB/Wendehorst, 61. Ed. 1.2.2022, § 818 Rn. 150; Beuthien/Weber Ungerechtfertigte Bereicherung S. 83; Emmerich, Das Verhältnis der Nebenfolgen der Vindikation zu anderen Ansprüchen, 1966, S. 150 ff.; Emmerich SchuldR BT § 17 Rn. 32, § 19 Rn. 11; Erman/H.P. Westermann/Buck-Heeb, 12. Aufl. 2008, BGB § 814 Rn. 6; Esser SchuldR 2, 4. Aufl. 1971, § 104 I 4; Esser/Weyers SchuldR BT II/2 § 51 I 4e; Feiler Aufgedrängte Bereicherung S. 98 ff.; Fikentscher/Heinemann SchuldR Rn. 1521; Gerhardt MobiliarsachenR S. 133 f.; Giesen JURA 1995, 234 (242); Götz, Der Vergütungsanspruch gemäß § 951 Abs. 1 S. 1 BGB, 1975, S. 186 f.; Goetzke AcP 173 (1973), 289 ff.; Grüneberg/Herrler BGB § 951 Rn. 21; Haas AcP 176 (1976), 1 (23 ff.); Hagen, FS Larenz, 1973, 867 (881 ff.); Honsell/Wieling, Fälle mit Lösungen zum Besonderen Schuldrecht, 3. Aufl. 1996, S. 74; Huber JuS 1970, 515 (518); Jauernig/Stadler BGB § 812 Rn. 81; Klauser NJW 1958, 47 (48); Klauser NJW 1965, 513 (516); Klauser, Bereicherung wider Willen, 1955, S. 48, 58; Kohler, Die gestörte Rückabwicklung gescheiterter Austauschverträge, 1989, S. 486; Koller DB 1974, 2389; Koppensteiner NJW 1971, 1769 (1771); Koppensteiner/Kramer Ungerechtfertigte Bereicherung S. 168; Larenz SchuldR BT II/1 § 70 II; Larenz, FS von Caemmerer, 1978, 209 f. (222 ff.); (nur gegenüber bösgläubigen Kondizienten) Larenz/Canaris SchuldR BT II/2 § 72 IV 3a, b; Loewenheim BereicherungsR S. 121; Medicus/Petersen BürgerlR Rn. 899; MüKoBGB/Lieb, 4. Aufl. 2004, § 812 Rn. 313 ff.; MüKoBGB/Schwab, 8. Aufl. 2020, § 818 Rn. 228; Ostendorf, Die Be- und Entreicherung beim ungerechtfertigten Verbrauch und Gebrauch von Gegenständen und Leistungen, 1972, S. 80 ff.; Pankow, Der Wertersatz im Bereicherungsrecht, 1972, S. 61 ff., 73 ff.; Pinger, Funktion und dogmatische Einordnung des Eigentümer-Besitzer-Verhältnisses, 1973, S. 123 ff.; Pinger MDR 1972, 187 (189); Prütting/Wegen/Weinreich/Prütting BGB § 818 Rn. 13; Prütting SachenR § 39 IV 3 Rn. 472; Reuter/Martinek Ungerechtfertigte Bereicherung, 1983, S. 546 f.; Reimer, Die aufgedrängte Bereicherung, 1990, S. 68 f.; von Rittberg, Die aufgedrängte Bereicherung, 1969, S. 115 ff., 132, 138 f.; Schapp/Schur, Sachenrecht, 3. Aufl. 2002, Rn. 258 f.; Schlechtriem, Restitution und Bereicherungsausgleich in Europa: eine rechtsvergleichende Darstellung, Bd. I, 2000, S. 42; StudK/M. Wolf BGB § 951 Anm. 4d; wohl auch Staake Gesetzl. Schuldverhältnisse § 6 Rn. 50; (iErg) Thöne JuS 2019,

193 (198); Wendehorst, Anspruch und Ausgleich: Theorie einer Vorteils- und Nachteilsausgleichung im Schuldrecht, 1999, S. 306 ff.; Westermann SachenR § 54, 5c; Wieling SachenR I § 11 II 5a aa m. Fn. 162; Wieling/Finkenauer Fälle SchuldR BT Fall 10; Wilhelm, Rechtsverletzung und Vermögensentscheidung als Grundlagen und Grenzen des Anspruchs aus ungerechtfertigter Bereicherung, 1978, S. 85 Fn. 86; Wilhelm SachenR Rn. 1106 ff. (mit erheblichen Einschränkungen).

**Hinweis:**
Im Einzelnen ist dabei sehr streitig, ob die Beschränkung des Anspruchsumfangs aus § 818 II BGB (so etwa Esser/Weyers SchuldR BT II/2 § 51; Feiler Aufgedrängte Bereicherung S. 98) oder § 818 III BGB (dafür insbesondere Larenz/Canaris SchuldR BT II/2 § 72 IV; vgl. auch MüKoBGB/Schwab, 8. Aufl. 2020, § 818 Rn. 228) herzuleiten ist. Darüber hinaus ist streitig, ob der Bereicherungsausgleich durch eine einmalige Zahlung in Höhe des abgezinsten Betrages des zu erwartenden zukünftigen Nutzens erfolgen soll oder ob der Bereicherungsausgleich erst in dem Moment und in dem Umfang geschuldet wird, in dem der konkrete Nutzen tatsächlich anfällt (zB also in Höhe der monatlich anfallenden Mietmehreinnahmen)).

**1. Argument**
Dass die bereicherungsrechtliche Vergütungspflicht für den aufgedrängten Vermögenszuwachs auf den vom Empfänger tatsächlich realisierten oder doch jedenfalls in zumutbarer Weise zu realisierenden wirtschaftlichen Nutzen beschränkt werden muss, beruht auf dem Grundgedanken des § 818 III BGB. Nach diesem „obersten Grundsatz des Bereicherungsrechts" darf die Herausgabe- oder Wertersatzpflicht des gutgläubig unverklagten Empfängers nicht über den Rahmen der bei Eintritt der Haftungsverschärfung noch vorhandenen Bereicherung hinausgehen, diesen also nicht zu einem „Griff in die eigene Tasche" zwingen. Der Kondiktionsschuldner wäre aber auch dann nach Durchführung des Bereicherungsausgleichs ärmer als er ohne den Bereicherungsvorgang wäre, wenn er die ihm aufgezwungene „Verbesserung" seiner Sache in Höhe der dadurch bewirkten Wertsteigerung der Sache vergüten müsste, obwohl er diese Wertsteigerung weder durch Verkauf der Sache zu realisieren gedenkt noch in sonstiger Weise (zB durch erhöhte Mieteinnahmen) aus der Wertsteigerung einen pekuniären Nutzen ziehen wird.

**2. Argument**
Wenn man bei der Ermittlung der fortdauernden Bereicherung alle Vermögensposten objektiv bewertet, muss man zu dem Ergebnis kommen, dass der Kondiktionsschuldner in Höhe der vom Kondiktionsgläubiger bewirkten Steigerung des Verkehrswertes seiner Sache auch „bereichert" ist. Eine solche gleichsam „mechanische" Bereicherungsermittlung wird aber der Schutzfunktion des § 818 III BGB nicht gerecht. Eine theoretische Wertsteigerung seiner Sache, die der Eigentümer nicht durch Veräußerung oder Vermietung oder in sonstiger Weise zu Geld zu machen gedenkt und deren Realisierung ihm auch gar nicht zumutbar ist, bildet keine echte Bereicherung, die ohne Schmälerung des ureigenen Vermögens des Empfängers abgeschöpft werden könnte.

**3. Argument**
Wenn man bei der Verwendungskondiktion den Umfang der Vergütungspflicht auf den vom Schuldner realisierten oder doch zumindest realisierbaren konkreten Nut-

zen beschränkt, bedeutet das natürlich eine Bevorzugung der Schuldnerinteressen vor den Interessen des Kondiktionsgläubigers. Das aber ist durchaus systemgerecht: Die §§ 812 ff. BGB enthalten nun einmal *Be-* und nicht *Ent*reicherungsrecht (Lieb).

**4. Argument**
Eine Differenzierung nach der Gut- oder Bösgläubigkeit des Anspruchstellers im Zeitpunkt der Verwendungsvornahme ist nicht angebracht, da die Maßgeblichkeit des Irrtums nach § 814 BGB nun einmal auf den Fall der Leistungskondiktion wegen Erfüllung einer Nichtschuld beschränkt ist (Erman/H.P. Westermann/Buck-Heeb).

**5. Argument (gegen Theorie C, Meinung IV)**
Die vorgeschlagene Gesamtanalogie beruht auf einem unzutreffenden Verständnis der Verwendungsersatzregelungen für berechtigte Fremdbesitzer. Die dort ausgesprochenen Verweisungen auf die GoA-Grundsätze umfassen jeweils durchaus auch § 684 S. 1 BGB. Den Verfassern des BGB war selbstverständlich bewusst, dass eine Verweisung auf das Recht der GoA für den Fall der unberechtigten GoA eine Weiterverweisung ins Bereicherungsrecht impliziert.

### E. (hier sog.) **Kombinationstheorie**

Die Ansätze der Theorien C und D müssen miteinander kombiniert werden. Bei Gutgläubigkeit des Kondiktionsgläubigers findet der Bereicherungsausgleich auch im Falle einer Bereicherungsaufdrängung unmodifiziert statt; der Kondiktionsschuldner muss auch den noch nicht realisierten Vermögenszuwachs in voller Höhe vergüten. Bei Bösgläubigkeit des Kondiktionsgläubigers greift jedoch eine (ungeschriebene) Kondiktionssperre ein: Der durch Vornahme von Verwendungen Bereicherte braucht hier den ihm aufgedrängten Vermögenszuwachs nur zu ersetzen, wenn und soweit er ihn realisiert hat. Diese Sperre entfällt allerdings, wenn und soweit dem Bereicherungsschuldner die Realisierung des Vermögenszuwachses zuzumuten ist. (Bösgläubigkeit bedeutet in diesem Zusammenhang grundsätzlich die Kenntnis der Unbefugtheit des eigenen Handelns. Bei Verwendungen eines berechtigten Fremdbesitzers greift die Kondiktionssperre allerdings schon ein, wenn dieser schuldhaft übersieht, dass seine Aufwendungen zur Verbesserung der Sache durch das Besitzrechtsverhältnis nicht gedeckt sind).

**Vertreten von:**
Larenz/Canaris SchuldR BT II/2 72 IV; Canaris JZ 1996, 344 (345 f.).

**1. Argument**
Das geltende Recht enthält keine zureichenden Ansätze dafür, die Dispositionsfreiheit und die Vermögensstruktur des Bereicherten auch dann zu schützen, wenn der andere Teil, der ihm durch die Verwendungsvornahme einen nicht in Natur herausgabefähigen Vermögenszuwachs aufgedrängt hat, gutgläubig war.

**2. Argument**
Gegenüber dem bösgläubigen Kondiktionsgläubiger muss grundsätzlich eine Kondiktionssperre gegeben sein. Dafür spricht insbesondere der Umkehrschluss aus § 996 BGB, der dem bösgläubigen Besitzer bei nicht notwendigen, aber objektivwertsteigernden Verwendungen jeden Ersatz versagt. Diese Entscheidung darf nicht

durch den Rückgriff auf einen häufig konkurrierenden und (nahezu oder völlig) inhaltsgleichen Anspruch aus §§ 812, 818 II BGB konterkariert werden.

**3. Argument**
Die Kondiktionssperre bei Bösgläubigkeit desjenigen, der die wertsteigernde Verwendung vorgenommen hat, wird vor allem auch durch die Wertung des § 818 III nahegelegt. Diese Vorschrift will den Bereicherungsschuldner vor Einbußen an seinem „Stammvermögen" bewahren. Dann darf er aber auch nicht durch die Belastung mit einer Vergütungspflicht dazu gezwungen werden, andere Bestandteile seines Stammvermögens zu versilbern, um sich die nötigen Geldmittel zu verschaffen.

**4. Argument**
Anders ist die Situation, wenn der Bereicherte die aufgedrängte Vermögensmehrung durch Veräußerung oder Vermietung oder ähnliches realisiert hat. Der Kondiktionssperre bedarf es insoweit nicht, weil der Kondiktionsschuldner durch die bloße Verpflichtung, die bereits realisierte Vermögensmehrung abzuführen, weder zum Rückgriff auf Liquiditätsreserven noch zur Kreditaufnahme gezwungen wird und auch nicht in seiner Dispositionsfreiheit hinsichtlich der Sache selbst beeinträchtigt wird.

**5. Argument**
Für diese Lösung spricht auch die Regelung des § 687 II 2 BGB. Danach erhält selbst der wissentlich unbefugte Geschäftsanmaßer für seine Aufwendungen einen bereicherungsrechtlichen Ausgleich, wenn der Geschäftsherr ihn nach § 687 II 1 BGB wie einen echten Geschäftsführer ohne Auftrag in Anspruch nimmt, also insbesondere von ihm die Herausgabe der durch die Geschäftsbesorgung erzielten Einnahmen verlangt. Das ist sinnvoll, denn der Geschäftsherr realisiert durch die Geltendmachung des Anspruchs aus § 687 II 1 BGB notwendigerweise den Erfolg der vom Geschäftsanmaßer gemachten Aufwendungen. Es wäre ein klarer Wertungswiderspruch, wenn außerhalb der Sonderregelung des § 687 II 2 BGB der Bereicherungsausgleich für einen wissentlich unbefugt aufgedrängten, aber vom Bereicherten schon realisierten Vermögenszuwachs versagt bliebe.

**6. Argument**
Den Bereicherungsschuldner kann nach Treu und Glauben eine Pflicht oder Obliegenheit zur Realisierung des Vermögenszuwachses treffen. Zur Konkretisierung der sich insoweit aus § 242 BGB ergebenden Anforderungen kann auf § 254 II 1 Alt. 2 BGB zurückgegriffen werden. Wenn sogar der Geschädigte seine Planungen zum Zwecke der Schadensabwendung oder -minderung ändern muss, dann ist Entsprechendes auch und erst recht dem Bereicherten zumutbar.

**7. Argument (gegen Theorie D)**
Wenn man bei nichtigen Gebrauchsüberlassungsverträgen das vom Mieter oder Pächter Erlangte in bloßen Gebrauchsmöglichkeiten sieht, so müsste etwa ein bösgläubiger Mieter oder Pächter schlechthin auf den Wert dieses nicht in Natur herausgebbaren Kondiktionsobjektes haften, auch wenn er die Mietsache gar nicht in Gebrauch nimmt. Bei nichtigen Kaufverträgen dagegen würde ein bösgläubiger Käufer nach §§ 819 I, 818 IV, 292, 987 BGB nur für die tatsächlich gezogenen Gebrauchsvorteile haften. Diese Ungleichbehandlung ist nicht zu rechtfertigen (Canaris).

**Beispiele:**

**1.** Im Ausgangsfall würden Theorien D und E einen Bereicherungsanspruch aus §§ 539 I, 684 S. 1, 812 I 1 Fall 2, 818 II, III BGB dem Grunde nach bejahen, weil es dem bereicherten Eigentümer zumutbar sein dürfte, die ihm aufgedrängte Garage zu vermieten und auf diese Weise die von M herbeigeführte Wertsteigerung seines Grundstücks zumindest teilweise zu realisieren. Dabei ist es innerhalb dieses Lagers im Einzelnen streitig, ob die Steigerung des „subjektiven Ertragswertes" des Grundstücks durch eine einmalige Zahlung auszugleichen ist oder ob die laufenden Mieteinnahmen abzuführen sind. Nach Theorie A könnte E den Vergütungsanspruch dadurch abwehren, dass er nach § 546 I BGB Beseitigung der Garage verlangt (die hM versteht unter Rückgabe iSv § 546 I BGB die „Rückgabe im ordnungsgemäßen Zustand"; § 546 I BGB enthält also bei diesem Normverständnis auch einen Anspruch des Vermieters auf Beseitigung der vom Mieter an der Mietsache unbefugt vorgenommenen Veränderungen). Nach Theorie B könnte E den Bereicherungsanspruch dadurch blockieren, dass er den M auf die Möglichkeit der „Wegnahme" der Garage verweist. Nach den verschiedenen Varianten von Theorie C würde die Verwendungskondiktion des M an dessen subjektiver Einstellung scheitern.

**2.** Abwandlung: M hat die Garage aus Material errichtet, das er dem Baustoffhändler B gestohlen hat. Der Letztere verlangt nun von E Wertersatz für das verbaute Material nach §§ 951 I, 812 I 1 Fall 2 BGB. Hier kämen Theorien A, B und D zum gleichen Ergebnis wie im Ausgangsfall. (Für Theorie A wäre das allerdings nicht zwingend, da sich der Beseitigungsanspruch gegen eine andere Person als gegen den Kondiktionsgläubiger richtet. Bassenge betont, dass bei dieser Konstellation erst die vollzogene Beseitigung den Bereicherungsanspruch nach § 818 III BGB untergehen lässt.) Nach den verschiedenen Varianten von Theorie C käme hier ein Kondiktionsausschluss wegen der subjektiven Einstellung des Kondiktionsgläubigers nicht in Betracht, da dieser am Bereicherungsvorgang genauso wenig wie der Kondiktionsschuldner beteiligt gewesen ist. Ausgeschlossen wäre nach Theorie C nur eine Verwendungskondiktion des M wegen der bei der Errichtung der Garage aufgewandten Arbeit. Nach Theorie E wäre der letztere Anspruch allenfalls vorläufig, nämlich bis zur Realisierung der Wertsteigerung, ausgeschlossen.

## 19. Problem (§ 818 III BGB) Wie gestaltet sich der Bereicherungsausgleich bei einem unwirksamen gegenseitigen Vertrag?

**Beispiel:**

V verkauft K einen gebrauchten Pkw für 7.000 EUR und versichert dabei wahrheitswidrig, der Wagen habe keinen Unfall gehabt. Am Tage nach der Auslieferung verunglückt K ohne Verschulden. Die Wertminderung des Pkw infolge des Unfalls beträgt 1.000 EUR. Nunmehr ficht K den Kaufvertrag an. Der Pkw hatte im Zeitpunkt der Übergabe einen objektiven Wert von 7.000 EUR.

**Ausgangspunkt:**

Die Rückabwicklung eines unwirksamen gegenseitigen Vertrages ist immer dann problematisch, wenn die Leistung der einen Seite (oder zumindest ihr Gegenwert) beim Empfänger noch vorhanden ist, die Gegenleistung beim Vertragspartner aber beschädigt wurde oder untergegangen ist. Die in der Frühzeit des BGB herrschende ältere (oder strenge) Zweikondiktionentheorie (Oertmann BGB § 818 Anm. 3a und Oertmann JW 1918, 132; von Tuhr BürgerlR II/1 S. 358 und DJZ 1916, 582 (583 f.)) nahm an, dass jeder Partner eines nichtigen gegenseitigen Vertrages das Risiko eines Bereicherungswegfalls bei seinem Partner, oder anders ausgedrückt: das Rückholrisiko für die von ihm erbrachte Leistung trägt. Nach dieser Konzeption sollte nämlich jeder Partei des beiderseits ganz oder wenigstens teilweise erfüllten nichtigen gegenseitigen Vertrages ein selbstständiger und von dem gegenläufigen Bereicherungsanspruch des Partners unabhängiger Kondiktionsanspruch zustehen. Bei der Frage der Bereicherung des Empfängers sollte dabei der Umstand, dass dieser seinerseits auch eine Leistung erbracht hat, keine Berücksichtigung finden. Der Empfänger sollte deshalb das Erlangte auch dann in voller Höhe herausgeben müssen, wenn seine Gegenleistung beim Vertragspartner durch Zufall, grobe Nachlässigkeit oder Willkür untergegangen oder entwertet worden war.

Es setzte sich aber schon bald die Überzeugung durch, dass die sich aus diesem Ansatz ergebende Risikoverteilung sachlich unangemessen ist. Rechtsprechung und das überwiegende Schrifttum schlossen sich deshalb der mit der Zweikondiktionentheorie konkurrierenden Saldotheorie an. Diese nahm ihren Ausgangspunkt von einem differenztheoretischen Bereicherungsbegriff, nach dem die „Bereicherung" in dem Überschuss aller mit dem Erwerb verbundenen Vorteile über die dadurch adäquat verursachten Vermögensnachteile besteht. Dieser Ansatz legte es nahe, bei der Differenzbildung die für den Erwerb erbrachte Gegenleistung unter die Passiva einzureihen. Zieht man aber auf beiden Seiten den Wert der Gegenleistung von dem des Empfangenen ab, so kann sich natürlich nur für eine Seite ein Überschuss, eine Bereicherung errechnen. Nach der ursprünglichen Fassung der Saldotheorie konnte sich bei beiderseits erfüllten nichtigen gegenseitigen Verträgen daher überhaupt nur für eine Partei – nämlich die, deren Leistung mehr wert war als die der anderen – ein Kondiktionsanspruch ergeben. Gleichsam als willkommener Nebeneffekt dieser Deutung des Bereicherungsbegriffes ergab sich eine der Lösung der Zweikondiktionentheorie exakt entgegengesetzte Risikoverteilung: Jede Vertragspartei des beiderseits erfüllten nichtigen gegenseitigen Vertrages trägt nach der Saldotheorie – bis zur

Höhe des Wertes der eigenen Leistung – die Gefahr des Untergangs der empfangenen Leistung. Wenn etwa beim Käufer der Kaufgegenstand untergegangen ist, so kann er nur noch den Teil des Kaufpreises kondizieren, der den Wert der Kaufsache übersteigt; in Höhe des Sachwertes ist der Verkäufer von vornherein nicht bereichert.

In der Folgezeit haben beide Theorien – teilweise schwer identifizierbare – Veränderungen durchgemacht. Bei der Saldotheorie wurde zunächst die begriffsjuristische Ableitung aus dem differenztheoretischen Bereicherungsverständnis zugunsten einer materiellen Begründung aus dem Schädigungsverbot des § 818 III BGB aufgegeben (was wiederum dazu führte, dass nach dem neueren Verständnis der Saldotheorie beide Vertragsparteien kondizieren können, solange die ausgetauschten Leistungen jeweils noch beim Empfänger vorhanden sind). Man erkannte zudem, dass die Saldotheorie nicht zulasten von geschäftsunfähigen oder beschränkt geschäftsfähigen Empfängern angewandt werden darf. Außerdem versuchte man aus dem Gedanken des „faktischen Synallagmas" eine neue Begründung der Saldotheorie zu entwickeln. Schließlich wurde vorgeschlagen, den Ansatz der Saldotheorie mit dem Gefahrtragungsmodell des Rücktrittsrechts zu verbinden, um so eine differenzierende, zwischen den Positionen der traditionellen Saldotheorie einerseits und der Zweikondiktionentheorie andererseits liegende Risikoverteilung zu erreichen.

Die strenge Zweikondiktionentheorie hat nur noch wenige Vertreter (zuletzt wohl Schäfer SchuldR BT § 34 Rn. 131 und E. Wolf SchuldR BT S. 497 ff.). Es überwiegen zunehmend neuere Spielarten der Zweikondiktionentheorie, die den Grundsatz zweier voneinander unabhängiger Kondiktionsansprüche mit einer restriktiven Handhabung des § 818 III BGB verbinden oder einen Verlust des eigenen Kondiktionsanspruchs bei verschuldeter Unfähigkeit zur Herausgabe des Erlangten annehmen.

Da der gegenwärtige Diskussionsstand extrem unübersichtlich ist und die konkurrierenden Konzeptionen sich überschneiden oder oft nur in Nuancen unterscheiden, muss sich die folgende Darstellung auf die – insbesondere für das Studium – wichtigsten Positionen beschränken. Der interessante Lösungsversuch von J. Kohler (Die gestörte Rückabwicklung gescheiterter Austauschverträge, 1989) konnte wegen seiner Komplexität nicht berücksichtigt werden.

**Sachliche sowie zeitliche Einordnung:**
Die Darstellung des Meinungsstandes zur vorliegenden Problematik wird dadurch erschwert, dass verschiedene Theorien auf Wertungen des Rücktrittsrechts aufbauen, das aber durch das am 1.1.2002 in Kraft getretene Schuldrechtsmodernisierungsgesetz erheblich verändert worden ist. Insoweit besteht bei diesen Theorien erheblicher Anpassungsbedarf. Soweit die Art der erforderlichen Korrektur geradezu auf der Hand liegt, ist sie hier selbstständig vorgenommen worden, sofern neuere Äußerungen der Anhänger der betreffenden Konzeption nicht erfolgt sind. Das bedeutet aber natürlich, dass die unter „Vertreten von" zitierten Literaturstimmen nicht exakt die Version vertreten, die hier als nunmehr wohl angebrachte Fassung dargestellt wird.

## Problemlösungsansätze

### A. Die verschiedenen Spielarten der neueren Zweikondiktionentheorie

Bei einem beiderseits (zumindest teilweise) erfüllten nichtigen gegenseitigen Vertrag bestehen zwei gegenläufige Bereicherungsansprüche, die voneinander unabhängig sind. Dieser Ansatz bedeutet jedoch nicht, dass jede Vertragspartei uneingeschränkt das Risiko einer Entreicherung der anderen tragen müsste. Eine angemessene Risikoverteilung zwischen den Parteien lässt sich vielmehr durch eine Restriktion des § 818 III BGB bzw. die Annahme einer Kondiktionssperre bei verschuldetem Verlust des Empfangenen erreichen.

**Vertreten von:**
Siehe bei den einzelnen Untergruppierungen dieser Theorie (Meinungen I–V); ferner Esser/Weyers SchuldR BT II/2 § 51 II 3b.

Hier folgen zunächst diejenigen Begründungen, die von allen oder jedenfalls fast allen Varianten der neueren Zweikondiktionentheorie vorgebracht werden könnten.

**1. Argument**
Die Saldotheorie wird zu Unrecht aus § 818 III BGB bzw. dem Begriff der Bereicherung abgeleitet: Die vom Empfänger erbrachte Gegenleistung ist als solche gar keine Nebenfolge seines rechtsgrundlosen Erwerbs, sondern wie die Leistung des Kondizierenden Folge des zuvor geschlossenen nichtigen gegenseitigen Vertrages; sie kann deshalb auch nicht dem Indebite-Erwerb zugerechnet und als Bereicherungsminderungsposten angesetzt werden. Das zeigt sich insbesondere in den Vorleistungsfällen. Für den Vorleistenden kann der noch gar nicht erfolgte Erwerb natürlich nicht das auslösende Motiv für die eigene Leistungserbringung sein.

**2. Argument**
Wenn eine solche Betrachtungsweise aber doch angebracht wäre, dann müsste sie sich auch zulasten etwa eines geschäftsunfähigen Kondizierenden auswirken. Das besondere Schutzbedürfnis eines solchen Empfängers hat nun einmal mit dem Umfang der Bereicherung seines Vertragspartners gar nichts zu tun.

**3. Argument**
Die Anhänger der Saldotheorie stellen den behaupteten Kausalnexus von Leistung und uneinbringlicher Gegenleistung selbst infrage, denn sie nehmen gleichzeitig an, dass der an einen anderen als den Kondizierenden gezahlte Erwerbspreis nicht bereicherungsmindernd wirkt.

**4. Argument**
Mit der Saldierung der beiderseitigen Leistungen wird zwischen ihnen ein rechtlicher Zusammenhang konstruiert, der bei Unwirksamkeit des Vertrages gerade nicht existiert (E. Wolf). Da der nichtige Vertrag rechtlich unbeachtlich ist, fehlt es an einem einheitlichen Entstehungsgrund für die beiderseitigen Erwerbsvorgänge. Damit stehen diese beiden Erwerbsvorgänge unverbunden nebeneinander.

**5. Argument**
Die Saldotheorie setzt an der falschen Stelle an. Sie fragt nämlich nach der Bereicherung, anstatt offen die entscheidende Sachfrage zu stellen, wer im nichtigen Austauschvertrag die Gefahr der Zufallsentreicherung trägt und wie – als Folge dieser Grundentscheidung – die Risikoverteilung erfolgt, wenn die Bereicherung einseitig aus Gründen wegfällt, die einem oder beiden Beteiligten als Verschulden oder sonstige Verantwortung zuzurechnen sind (Beuthien).

**6. Argument**
Das Bild vom Saldo kann nicht erklären, warum nicht stets saldiert wird, sondern die Saldierung erst einsetzen soll, wenn einer der Beteiligten zur Rückleistung außerstande ist (Beuthien).

**7. Argument**
Das Gleichgewichtsprinzip des § 326 I 1 BGB passt nicht für die Rückabwicklung eines unwirksamen gegenseitigen Vertrages. § 326 BGB regelt die Gefahrtragung in einem wirksamen, aber zumindest von einer Seite noch nicht erfüllten gegenseitigen Vertrag. Der betreffende Vertragspartner kennt hier seine Leistungspflicht, die er freiwillig übernommen hat, und weiß, dass er die versprochene Leistung noch erbringen muss, um die Gegenleistung zu erhalten oder behalten zu können. Der gutgläubige Partner eines unwirksamen gegenseitigen Vertrages rechnet dagegen nicht mit seiner Rückleistungspflicht, die ihn deshalb unfreiwillig trifft. Die Saldotheorie belastet ihn daher mit einem Risiko, auf das er sich nicht einstellen konnte. Die Interessenlage des Bereicherungsschuldners entspricht also gerade nicht der bei einem wirksamen gegenseitigen Vertrag, sondern eher derjenigen des Rücktrittsschuldners (Beuthien/Weber).

**8. Argument**
Die Saldotheorie versagt, wenn auch das dingliche Erfüllungsgeschäft der einen Vertragspartei unwirksam ist. Der Verkäufer etwa könnte den geleisteten Besitz der Kaufsache auch dann mithilfe der Vindikation zurückfordern, wenn er selbst zur Rückgabe der empfangenen Kaufpreisleistung des Käufers nicht imstande ist, weil dieser ihm gestohlen worden ist oder weil er ihn verschwendet hat. Sobald der Vindikationsgegner aber die empfangene Sache weiterveräußert oder verarbeitet oder durch Einbau zum wesentlichen Bestandteil einer anderen macht, der Vindikationsanspruch also in einen Bereicherungsanspruch (aus § 816 I 1 BGB oder §§ 951 I, 812 I 1 Fall 2 BGB) übergeht, müsste die Saldotheorie zur Anwendung kommen. Der beim Verkäufer eingetretene Verlust des Kaufpreises würde also jetzt automatisch zu einer entsprechenden Minderung seines Bereicherungsanspruchs führen. Oder anders ausgedrückt: Der Käufer könnte durch Weiterveräußerung, Verarbeitung oder Einbau der empfangenen Sache die Gefahr einer Entreicherung des Verkäufers auf diesen zurückverlagern. Dieses befremdliche Ergebnis wird vermieden, wenn man mit der neueren Zweikondiktionentheorie annimmt, dass der Verkäufer infolge einer Restriktion des § 818 III BGB trotz eingetretener Entreicherung zum Wertersatz in Höhe der erhaltenen Kaufpreiszahlung verpflichtet bleibt.

***Meinung I (Theorie der vermögensmäßigen Entscheidung)***
Beim nichtigen gegenseitigen Vertrag kann ein Verlust des rechtsgrundlos Geleisteten beim Empfänger nicht dazu führen, dass dessen Bereicherung unter die von ihm willentlich – wenn auch nichtig – versprochene Gegenleistung absinkt. Der Empfänger haftet bei einem solchen Verlust (also zB bei Diebstahl, Zerstörung, schenkweiser Weitergabe oder Weiterveräußerung der unwirksam gekauften Sache unter Wert) bis zur Obergrenze der vertraglich zugesagten Gegenleistung schlechthin auf Wertersatz; Bemessungszeitpunkt ist dabei der Zeitpunkt des Empfangs. All dies gilt unabhängig davon, ob er die versprochene Gegenleistung bereits erbracht hat. Ist das der Fall gewesen, so steht ihm ein selbstständiger Bereicherungsanspruch gegen seinen Vertragspartner zu.

Die versprochene Gegenleistung ist jedoch irrelevant für den Bereicherungsanspruch – mit der Folge, dass die Bereicherung mit dem ersatzlosen Verlust des Indebite-Erwerbs entfällt – wenn der Empfänger arglistig getäuscht worden ist oder den Vertrag berechtigterweise wegen Irrtums angefochten hat oder nicht voll geschäftsfähig ist. Ausnahmsweise ist aber auch bei einem Täuschungsopfer der Verlust des empfangenen Leistungsobjektes nicht als Bereicherungswegfall zu werten, wenn dieser darauf beruht, dass der Anfechtungsberechtigte das Erlangte in besonderer (riskanter) Weise verwendet hat; der Kondiktionsschuldner hat dann wiederum nach § 818 II BGB Wertersatz zu leisten. Ebenso, wenn die Verschlechterung oder der Wegfall der Sache auch beim Verkäufer und ohne Ausgleich für diesen Verlust eingetreten wäre.

**Vertreten von:**
Enneccerus/Lehmann SchuldR § 227 III 7; Fezer/Obergfell Klausurenkurs SchuldR BT 30. Fall; Flume, FS Niedermeyer, 1953, 103 ff. (151 ff.); Flume NJW 1970, 1161 (1163 f.); Flume AcP 194 (1994), 427 ff.; Flume JZ 2002, 321 ff.; Lehmann, FS Nipperdey, 1955, 31 ff. (38); Lieb NJW 1971, 1289 (1293); Wilhelm, Rechtsverletzung und Vermögensentscheidung als Grundlagen und Grenzen des Anspruchs aus ungerechtfertigter Bereicherung, 1978, S. 62 ff.; teilweise auch Reeb BereicherungsR S. 116 ff., 123 ff. (der allerdings in Übereinstimmung mit der Saldotheorie bei gleichartigen Bereicherungsansprüchen eine automatische Verrechnung annimmt) sowie Huber JuS 1972, 439 (444).

**1. Argument**
Der Bereicherungsanspruch ist nicht konkret an dem vom Bereicherungsschuldner Erlangten, sondern abstrakt am Vermögen des Empfängers orientiert. Eigentliches Kondiktionsobjekt ist die bei diesem eingetretene Bereicherung. Die Herausgabe- oder Wertersatzpflicht mindert sich – jedenfalls vor Eintritt der Haftungsverschärfung – durch jeden relevanten Bereicherungswegfall. Ob ein relevanter Bereicherungswegfall gegeben ist, lässt sich aber nur klären, wenn man danach unterscheidet, ob der beim Empfänger eingetretene Verlust dem rechtsgrundlosen Erwerb oder aber dem sonstigen (ureigenen) Vermögen des Erwerbers zuzurechnen ist. Die letztere Gestaltung ist immer dann anzunehmen, wenn der beim Kondiktionsschuldner eingetretene Verlust die Folge des Vermögensgebahrens des Kondiktionsschuldners ist, also die Konsequenz einer willentlichen und zurechenbaren „vermögenswirksamen Entscheidung“ des Letzteren. Der Bereicherungsgläubiger trägt die Gefahr der Entreicherung des Bereicherungsschuldners damit nicht allgemein für die Person des Bereicherungsschuldners und deren Entscheidungen, sondern nur für die der Bereicherung selbst zurechenbare Entreicherung (Flume).

**2. Argument**
Eine solche die Verlustzurechnung für den Gläubiger begrenzende vermögenswirksame Entscheidung hat der Kondiktionsschuldner bereits mit dem Abschluss des gegenseitigen Vertrages getroffen. Wenn jemand mit seinem Willen einen gegenseitigen Vertrag schließt, so fällt er damit – auch wenn der Vertrag nichtig ist – die vermögensmäßige Entscheidung, dass er statt des Vermögenswerts seiner Gegenleistung die ihm zu erbringende Leistung haben will. Die Konsequenzen dieser Entscheidung muss er tragen, denn er ist es, der die Entscheidung gefällt hat (Flume).

**3. Argument**
Da der Erwerber beim entgeltlichen Erwerb *sine causa* bewusst sein Vermögen in Höhe der versprochenen oder erbrachten Gegenleistung für das Haben der Leistung seines Vertragspartners einsetzt, muss ein Verlust, der durch einen „zufälligen“ Untergang des erlangten Leistungsobjektes eintritt, jedenfalls bis zur Höhe der Gegenleistung der Person des Empfängers und nicht der erlangten Bereicherung zugerechnet werden. Die Entscheidung für den entgeltlichen Erwerb der Leistung des Vertragspartners impliziert nun einmal auch die Bereitschaft, das Schicksal des erworbenen Leistungsobjektes als sein Vermögensrisiko auf sich zu nehmen.

**4. Argument**
Für den Ausschluss des Entreicherungseinwandes ist es unerheblich, ob der Kondiktionsschuldner seine Gegenleistung bereits erbracht hat. Denn die vermögensmäßige Entscheidung, auf die es ankommt, trifft der Erwerber bereits mit der Vereinbarung der Gegenleistung. Schon mit dieser Vereinbarung setzt er sein Vermögen in Höhe der Gegenleistung für die zu erlangende Leistung ein, nicht erst dadurch, dass er die Gegenleistung wirklich erbringt (Flume).

Die vom Empfänger getroffene vermögensmäßige Entscheidung für den entgeltlichen Erwerb der Leistung seines Vertragspartners kann den Inhalt des Bereicherungsausgleichs allerdings nicht beeinflussen, wenn sie dem Empfänger nicht zugerechnet werden kann. Letzteres ist vor allem bei fehlender oder beschränkter Geschäftsfähigkeit des Empfängers der Fall, aber auch wenn er vom Leistenden arglistig getäuscht wurde oder wenn er den Vertrag berechtigtermaßen wegen Irrtums angefochten hat.

**5. Argument**
Wenn der betrogene Käufer die Kaufsache für einen besonderen (riskanten) Zweck einsetzt – etwa mit dem gekauften Auto am allgemeinen Straßenverkehr teilnimmt – und sich die mit diesem Einsatz verbundene Gefahr realisiert, so ist die Zerstörung oder Beschädigung des Erlangten der Person des Anfechtungsberechtigten und nicht dem Indebite-Erwerb zuzurechnen. Der Verlust beruht hier auf einer (vom Abschluss des gegenseitigen Vertrages ganz unabhängigen weiteren) vermögensmäßigen Entscheidung des Anfechtungsberechtigten, das erhaltene Leistungsobjekt als Bestandteil seines Vermögens einer besonderen Gefahr auszusetzen, ohne sich durch den Abschluss einer Vollkaskoversicherung abzusichern (Flume).

***Meinung II***
Bei entgeltlichem Erwerb *sine causa* haftet der Empfänger auch bei einem zwischenzeitlichen Wegfall der Bereicherung grundsätzlich bis zur Höhe der erbrachten oder jedenfalls im unwirksamen Vertrag versprochenen Gegenleistung auf Wertersatz (Restriktion des § 818 III BGB). Dies gilt jedoch nicht bei einem vom Empfänger nicht verschuldeten Untergang des Erlangten; hier wird der Kondiktionsschuldner ersatzlos frei.

**Vertreten von:**
MüKoBGB/Lieb, 4. Aufl. 2004, § 818 Rn. 114 ff., 123 ff., 130 ff., 134 f.; ähnlich auch Rengier AcP 177 (1977), 418 (438 ff.); Meyer, Bereicherungsausgleich in Dreiecksverhältnissen, 1979, S. 38 ff., 46 f.

**1. Argument**
Im Grundsatz ist den Erwägungen von Flume (Theorie A I) zuzustimmen. Der Abschluss des (unwirksamen) gegenseitigen Vertrages ist als bewusste Risikoübernahme zu werten, die eine Verteidigung mithilfe des Entreicherungseinwandes grundsätzlich ausschließt; insoweit ist eine Restriktion des § 818 III BGB geboten. Bei entgeltlichem Erwerb *sine causa* führt deshalb ein Verlust oder eine Verschlechterung des Erlangten in der Regel zu einer bereicherungsunabhängigen (aber durch den Wert der vom Empfänger erbrachten oder versprochenen Gegenleistung begrenzten) Wertersatzpflicht aus § 818 II BGB.

**2. Argument**
Da die Leistungskondiktion eine ähnliche Aufgabe wie die anderen Störkorrektive des Rechts der Güterbewegung und insbesondere die Rückgewähransprüche aus Rücktritt hat, ergibt sich ein Harmonisierungsbedarf. Der gutgläubige Kondiktionsschuldner darf – auch wenn er für die rechtsgrundlose Leistung seines Vertragspartners ein Entgelt versprochen oder erbracht hat – nicht schlechter stehen als ein Rücktrittsberechtigter. Dieser hätte schon nach altem Recht – also vor Inkrafttreten des Schuldrechtmodernisierungsgesetzes 2002 (SMG) – bei zufälligem Untergang des erhaltenen Leistungsgegenstandes den bei ihm eingetretenen Verlust auf den Vertragspartner abwälzen können: Er wäre nämlich bei zufälligem Untergang des erhaltenen Gegenstandes nach § 350 BGB aF nicht an der Ausübung des Rücktrittsrechts und der anschließenden Rückforderung seiner eigenen Leistung gehindert gewesen, würde aber selbst (analog §§ 327 S. 2, 818 III BGB aF) oder *e contrario* §§ 989, 347 S. 1 BGB aF nicht gehaftet haben. Das am 1.1.2002 mit dem SMG in Kraft getretene Rücktrittsrecht stellt den kraft Gesetzes Rücktrittsberechtigten eher noch günstiger: Dieser könnte die eigene Leistung im Falle der Ausübung des Rücktrittsrechts selbst dann ohne den Preis einer Wertersatzpflicht nach § 346 I, II, III 1 Nr. 1 BGB zurückverlangen, wenn er den Untergang der empfangenen Leistung leicht fahrlässig, aber ohne Unterschreitung der eigenüblichen Sorgfalt herbeigeführt, hat (§§ 346 III 1 Nr. 3, 277 BGB). Dementsprechend muss auch die eigene bereicherungsrechtliche Wertersatzpflicht weiterhin jedenfalls dann ausgeschlossen sein, wenn er den Untergang oder Verlust der Leistung des anderen Vertragsteils nicht verschuldet hat. Genauer: Die durch die Restriktion des § 818 III BGB gewonnene Wertersatzpflicht muss entfallen, wenn die Unfähigkeit des Kondizierenden zur unversehrten Rückgabe nicht auf einer Unterschreitung der eigenüblichen Sorgfalt beruht.

**Ergänzung:**
Die Vertreter dieser Auffassung hatten das aus § 350 BGB aF abgeleitete Privileg in einem wesentlichen Punkt einschränken und damit die von ihnen postulierte Wertersatzpflicht des selbst kondizierenden Vertragspartners beim Untergang der empfangenen Leistung ausweiten wollen: Als Verschulden iSv § 351 BGB aF analog sollte nicht nur ein sorgfaltswidriges Verhalten des Kondizierenden, sondern jedes zurechenbare Verhalten qualifiziert werden, das die Gefahr des Untergangs oder der Verschlechterung mit sich bringt. Begründet wurde dies damit, dass § 350 BGB aF bei Zugrundelegung der üblichen Abgrenzung von Zufall und Verschulden rechtspolitisch bedenklich wäre. Dieser Ansatz dürfte angesichts der jetzt geltenden Rücktrittsregeln nicht haltbar sein, da nach § 346 I, II, III 1 Nr. 3 BGB die Belastung des Rücktrittsberechtigten mit der Wertersatzpflicht wegen Untergangs der empfangenen Leistung nicht mehr bei „Verschulden“ schlechthin, sondern erst bei

einem qualifizierten Verschulden – Verstoß gegen die eigenübliche Sorgfalt – einsetzt.

*Meinung III*
Bei einem entgeltlichen rechtsgrundlosen Erwerb haftet der Empfänger für Untergang, Verlust oder Beschädigung des Erlangten entgegen § 818 III BGB auf Wertersatz, wenn die betreffende Bereicherungsminderung auf einem Verstoß des Kondiktionsschuldners gegen die in eigenen Angelegenheiten erforderliche Sorgfalt zurückzuführen ist. Dies gilt unabhängig davon, ob er seine eigene Leistung bereits erbracht hat. Bei Zufallsentreicherung kann der Empfänger seinerseits nur kondizieren, wenn sein Vertragspartner die Nichtigkeit des Geschäfts zu vertreten hat oder wenn er selbst für die empfangene, aber jetzt nicht mehr restituierbare Leistung seines Vertragspartners Wertersatz leistet.

**Vertreten von:**
Dießelhorst, Die Natur der Sache als außergesetzliche Rechtsquelle, 1968, S. 50 ff., 202 ff.; Dießelhorst JZ 1970, 418 f.

**1. Argument**
Die Verfasser des BGB sind bei der Formulierung des § 818 III BGB einer Fehlanschauung unterlegen. Sie haben übersehen, dass die dort ausgesprochene entlastende Wirkung des Bereicherungswegfalls für den nichtigen gegenseitigen Vertrag nicht passt. Das in § 818 III BGB geschützte Vertrauen des Empfängers auf die Endgültigkeit seines Erwerbs muss in diesem Falle nämlich mit der Überzeugung verbunden sein, für den Erwerb die versprochene Gegenleistung erbringen zu müssen bzw. die bereits erbrachte nicht zurückfordern zu können. Der Empfänger wird unter diesen Umständen überprivilegiert, wenn er für einen von ihm durch Nachlässigkeit oder gar vorsätzlich herbeigeführten Verlust des Erlangten nicht haften sollte, obwohl er seinerseits entgegen seiner Erwartung die bereits erbrachte Gegenleistung zurückerhält oder die versprochene nicht zu erbringen braucht. Der Gesichtspunkt des Vertrauensschutzes rechtfertigt es mithin nicht, die Haftung eines Bereicherungsschuldners, der eine Leistung auf einen nichtigen Austauschvertrag empfangen hat, unter den Betrag der von ihm eingesetzten Gegenleistung herabsinken zu lassen. Vielmehr erscheint es unter recht verstandener Berücksichtigung des Gesetzes gerecht, ihn haften zu lassen, sofern und soweit er durch ein Verhalten, das ein „Verschulden gegen sich selbst" darstellt, seine Bereicherung unter den Betrag der von ihm eingesetzten Gegenleistung herabminderte.

**2. Argument**
Im Falle der Zufallsentreicherung einer Vertragspartei wäre es jedenfalls dann, wenn der Grund für die Unwirksamkeit des Vertrages in ihrer Sphäre liegt, unangemessen, wenn sie die eigene Leistung kondizieren könnte, ohne ihrerseits für die empfangene und nicht mehr vorhandene Leistung der anderen Partei Wertersatz zu leisten.

**3. Argument**
Der Gutglaubensschutzgedanke, der § 818 III BGB zugrunde liegt, rechtfertigt es nicht, dass selbst ein arglistig getäuschter Geschäftspartner trotz verschuldeter Entreicherung enthaftet wäre: Sein guter Glaube würde ja die Endgültigkeit des von ihm erbrachten Vermögensopfers einschließen. Da er die eigene Leistung wider Er-

warten zurückbekommt, ist es nur angebracht, dass er bis zur Höhe der von ihm erbrachten Gegenleistung auf Wertersatz haftet, wenn seine Entreicherung auf einem Verstoß gegen die Sorgfalt in eigenen Angelegenheiten beruht.

*Meinung IV (Lehre vom bereicherungsrechtlichen Rückleistungssynallagma)*
Mit der Zweikondiktionentheorie ist von zwei sich gegenüberstehenden Bereicherungsansprüchen auszugehen, die allerdings in ähnlicher Weise wie im gegenseitigen Vertrag miteinander synallagmatisch verknüpft sind. Die Rückgewähr erfolgt in Analogie zu §§ 348, 320 BGB grundsätzlich Zug um Zug. Die Rückforderung wird nicht dadurch ausgeschlossen, dass der Gegenstand, den der jeweilige Kondizierende seinerseits empfangen hat, bei diesem durch Zufall untergegangen ist. Wohl aber ist die Rückforderung der eigenen Leistung ausgeschlossen, wenn der Anspruchsteller eine wesentliche Verschlechterung, den Untergang oder den Verlust des empfangenen Leistungsgegenstandes verschuldet hat. Verschuldet bedeutet dabei zurechenbare Unachtsamkeit in eigenen Angelegenheiten; eine vertragsgemäße (wenn auch riskante) Benutzung ist nicht verschuldet. Der verschuldete Untergang der empfangenen Leistung schließt die Kondiktion der eigenen Leistung auch dann aus, wenn die Letztere wertvoller war als die erhaltene; ferner auch dann, wenn der potenzielle Kondizient den Vertrag wegen arglistiger Täuschung angefochten hat.

**Vertreten von:**
Beuthien JURA 1979, 532 (534 f.); Beuthien/Weber Ungerechtfertigte Bereicherung S. 6 ff. (insbesondere S. 8); StudK/Beuthien BGB § 818 Anm. 5d.

Diese Meinung beruht entscheidend auf den Wertungen der §§ 350, 351 BGB aF. Sie lässt sich nach der weitgehenden Veränderung des Rücktrittsrechts im Zuge der Schuldrechtsreform durch das SMG nicht mehr aufrechterhalten. Die Streichung des Rücktrittsausschlussgrundes des verschuldeten Untergangs der empfangenen Leistung und der Übergang zu einer grundsätzlichen Wertersatzpflicht der jeweiligen Partei des Rückgewährschuldverhältnisses, die die erhaltene Leistung der anderen Partei nicht unversehrt zurückgeben kann, bei gleichzeitiger Privilegierung des kraft Gesetzes Rücktrittsberechtigten schließt die einfache Zweiteilung nach verschuldetem und unverschuldetem Untergang des vom potenziellen Kondizienten empfangenen Leistungsobjekts aus. Das gleiche gilt für den völligen Ausschluss der Kondiktionsmöglichkeit auch bei Höherwertigkeit der eigenen Leistung.

Eine Neufassung, die den Grundansatz dieser Position, nämlich den Versuch einer Harmonisierung des Bereicherungsausgleichs im nichtigen gegenseitigen Vertrag mit der Rückabwicklung nach Rücktrittsrecht aufrechtzuerhalten versucht, unternimmt die nachfolgende Meinung V.

*Meinung V (modernisierte Lehre vom bereicherungsrechtlichen Rückleistungssynallagma)*
Mit der Zweikondiktionentheorie ist von zwei sich gegenüberstehenden Bereicherungsansprüchen auszugehen, die allerdings in ähnlicher Weise wie im gegenseitigen Vertrag miteinander synallagmatisch verknüpft sind. Die Rückgewähr erfolgt in Analogie zu §§ 348, 320 BGB grundsätzlich Zug um Zug. Ist nur einer der beiden Vertragspartner für den Unwirksamkeitsgrund allein verantwortlich, so kann der andere die von ihm erbrachte Leistung auch dann ohne Belastung mit einer Wertersatzpflicht kondizieren, wenn das Leistungsobjekt, das er erhalten hat, bei ihm durch Zufall oder

jedenfalls nicht infolge einer Unterschreitung der eigenüblichen Sorgfalt untergegangen ist (§ 346 I, II, III 1 Nr. 3 BGB analog). In allen anderen Fällen ist die Kondiktion nach Untergang der empfangenen Leistung beim Kondiktionswilligen nur eröffnet, wenn er seinem Vertragspartner Zug um Zug den Wert der jetzt nicht mehr herausgebbaren Leistung erstattet (§§ 348, 320, 346 I, II BGB analog).

**Vertreten von:**
Lorenz/Riehm, Lehrbuch zum neuen Schuldrecht, 2002, Rn. 432; Däubler, BGB kompakt, 2. Aufl. 2003, Kap. 17 Rn. 73a; Bockholt AcP 206 (2006), 768 (785 ff., 789 ff.); im Wesentlichen auch Dörner SchuldR II S. 51 (ohne Stellungnahme zur Relevanz der Verantwortung für den Unwirksamkeitsgrund).

**1. Argument**
Nach der Wertung des § 818 III BGB muss jeder Bereicherungsgläubiger die Gefahr einer Entreicherung seines Schuldners tragen; er trägt mit anderen Worten das Rückholrisiko. Diese Risikoverteilung kehrt die Saldotheorie für die Rückabwicklung nichtiger gegenseitiger Verträge um, da sie die Befugnis zur Geltendmachung eines Kondiktionsanspruchs von der Fähigkeit zur Rückgabe der empfangenen Leistung abhängig macht. Die für den einseitigen Bereicherungsanspruch getroffene Risikoverteilung darf aber im fehlgeschlagenen gegenseitigen Vertragsverhältnis nur dann umgekehrt werden, wenn es dafür einen zwingenden Grund gibt. Der bloße Umstand der synallagmatischen Verknüpfung der beiderseitigen Leistungen liefert diesen zwingenden Grund noch nicht, wie die differenzierende Lösung beim nahe verwandten Rückgewährschuldverhältnis aus gesetzlichem Rücktritt zeigt. Hier gibt es sowohl Fälle, bei denen der Rücktrittsberechtigte durch die Ausübung des Rücktrittsrechts den bei ihm eingetretenen Verlust auf den Rücktrittsgegner abwälzen kann (insbesondere nach § 346 III 1 Nr. 3 BGB), wie auch solche, bei denen er den Rücktritt mit einer Wertersatzpflicht für die bei ihm untergegangene Leistung des Rücktrittsgegners erkauft (§ 346 I, II BGB).

**2. Argument**
Beim gesetzlichen Rücktritt ist der Rücktrittsgegner immer für den Rücktritt verantwortlich, denn dieser setzt nach § 323 I BGB eine objektive Pflichtwidrigkeit voraus. Der Rücktrittsberechtigte, der nicht mehr bereichert ist, kann aber den bei ihm eingetretenen Verlust durch die Ausübung des Rücktrittsrechts nur dann auf den Rücktrittsgegner verlagern, wenn er den Untergang der empfangenen Leistung nicht im Sinne einer Unterschreitung der eigenüblichen Sorgfalt verschuldet hat (§ 346 III 1 Nr. 3 BGB). Diese gesetzgeberische Wertentscheidung muss auch im Bereicherungsrecht respektiert werden, weil andernfalls ein schwerer Wertungswiderspruch entstünde, der die Kohärenz des Systems gefährden würde. Die Kondiktionsmöglichkeit des Vertragspartners, der die empfangene Leistung nicht mehr hat, ist deshalb nur dann ohne gleichzeitige Erstattung des Wertes dieser Leistung gegeben, wenn zwei Momente zusammenkommen: Der Nichtigkeitsgrund muss *erstens* dem Erbringer der untergegangenen Leistung – wie etwa bei einer von ihm begangenen arglistigen Täuschung des anderen Teils oder bei einem zu seinem Vorteil abgeschlossenen wucherähnlichen Vertrag – zurechenbar sein. Und *zweitens* darf der Untergang der Leistung nicht auf schwerem Verschulden des Empfängers oder auf einer Unterschreitung der eigenüblichen Sorgfalt beruhen (§ 346 III 1 Nr. 3 BGB analog iVm § 277 BGB).

**3 Argument**
Hat der Kondiktionswillige den Untergang der Vertragsleistung des anderen Teils grob fahrlässig oder infolge Nichteinhaltung der eigenüblichen Sorgfalt herbeigeführt, muss er den dadurch eingetretenen Verlust auch bei Unwirksamkeit des Vertrages und deshalb bereicherungsrechtlicher Abwicklung tragen. Er kann dann seinen Kondiktionsanspruch nur um den Preis gleichzeitiger Wertersatzleistung an den Kondiktionsgegner durchsetzen (§§ 348, 320, 346 I, II BGB analog). Gleiches muss gelten, wenn der Unwirksamkeitsgrund dem Kondiktionsgegner nicht zurechenbar ist, etwa weil er – wie beim Dissens – „neutraler“ Art ist oder aber – wie im Falle der Irrtumsanfechtung – in der Sphäre des Kondizierenden liegt.

**4. Argument**
Nur durch die Übernahme der differenzierenden Lösung des neuen Rücktrittsfolgenrechts ins Bereicherungsrecht wird einerseits sichergestellt, dass der arglistig getäuschte und deshalb anfechtende Käufer nicht schlechter steht als im Falle des Rücktritts wegen Sachmangels, zum anderen aber den berechtigten Interessen des Kondiktionsgegners Rechnung getragen.

***Meinung VI (strenge Analogie zum Rücktrittsrecht)***
Mit der Zweikondiktionentheorie ist von zwei sich gegenüberstehenden Bereicherungsansprüchen auszugehen, die allerdings in ähnlicher Weise wie im gegenseitigen Vertrag selbst miteinander synallagmatisch verknüpft sind. Die Rückgewähr erfolgt in Analogie zu §§ 348, 320 BGB grundsätzlich Zug um Zug. Jede Partei kann die eigene Leistung auch dann zurückfordern, wenn sie ihrerseits zur unversehrten Herausgabe der empfangenen Leistung nicht in der Lage ist. Sie unterliegt dann aber einem selbstständigen Wertersatzanspruch des anderen Teils analog § 346 II 1 Nr. 3 BGB, sofern sie das Leistungshindernis durch Unterschreitung der eigenüblichen Sorgfalt herbeigeführt hat (§ 346 III 1 Nr. 3 BGB analog). Das Privileg des § 346 III 1 Nr. 3 BGB – wonach die Wertersatzpflicht erst bei einem solchen qualifizierten Verschulden einsetzt – kommt grundsätzlich beiden Vertragsparteien zugute. Es ist dafür auch nicht entscheidend, wer für die Unwirksamkeit verantwortlich ist. Nur in solchen Fällen, in denen bei unterstellter Wirksamkeit des Vertrages (nur) einer der Vertragsparteien ein gesetzliches Rücktrittsrecht zustünde, gilt das Erfordernis des qualifizierten Verschuldens ausschließlich für sie, nicht auch für den Vertragspartner.

**Vertreten von:**
Schwab/Witt/Schwab, Examenswissen zum neuen Schuldrecht, 2. Aufl. 2003, S. 382 ff.; MüKoBGB/Schwab, 8. Aufl. 2020, § 818 Rn. 283 ff.; iErg auch Reuter/Martinek Ungerechtfertigte Bereicherung S. 389 ff., obgleich mit teils abweichenden Ergebnissen.

**1. Argument**
Eine generelle systematische Harmonisierung der bereicherungsrechtlichen Rückabwicklung im gescheiterten Austauschvertrag mit den Rücktrittsregeln wird durch die enge Verwandtschaft der beiden Rückabwicklungsinstrumente und speziell durch § 346 III 2 BGB nahegelegt. Dabei muss die bereicherungsrechtliche Behandlung an die neueren und inhaltlich überzeugenderen Rücktrittsregeln angepasst werden.

**2. Argument**
Der kondiktionswillige Vertragspartner, der die empfangene Leistung nicht mehr unversehrt herausgeben kann, verdient das Privileg des § 346 III 1 Nr. 3 BGB grundsätzlich auch dann, wenn er für den Unwirksamkeitsgrund verantwortlich ist. Die Nichtigkeit kraft Gesetzes trifft ihn auch dann ebenso überraschend wie den Rücktrittsberechtigten die Kenntnis von einem gesetzlichen Rücktrittsgrund.

**3. Argument**
Wenn bei nichtigem oder angefochtenem Kaufvertrag außerdem auch noch ein Sachmangel gegeben ist, darf der Verkäufer nicht besser stehen als er bei Wirksamkeit des Vertrages stünde. Dann würde der Käufer zurücktreten und der Verkäufer müsste den erhaltenen Kaufpreis selbst dann nach § 346 I, II 1 Nr. 3, *e contrario* III 1. Nr. 3 BGB zurückerstatten, wenn ihm dieser ohne jedes Verschulden seinerseits gestohlen worden ist.

## B. Traditionelle Saldotheorie

Bei einem beiderseits (zumindest teilweise) erfüllten gegenseitigen Vertrag trägt jede Partei bis zur Höhe des Wertes der von ihr selbst erbrachten Leistung im Sinne einer Risikozurechnung nach „Sphären" die Gefahr des Untergangs oder Verlustes des von ihr erlangten Leistungsgegenstandes oder des sonstigen Fortfalls ihrer Gesamtvermögensbereicherung. Das bedeutet:

- Ist bei einer der Parteien die erhaltene Leistung ganz oder teilweise ersatzlos weggefallen, so schmälert dieser Verlust automatisch auch den eigenen, gegenläufigen Kondiktionsanspruch dieser Partei. Ist dieser auf eine Geldzahlung gerichtet, so reduziert er sich entsprechend.
- War hingegen der Kondiktionsanspruch des Empfängers der untergegangenen Leistung auf Herausgabe in Natur gerichtet, schwächt er sich zu einem Anspruch auf Herausgabe Zug um Zug gegen Wertersatz für die untergegangene Leistung ab.

In beiden Fällen wird der beim Kondiktionsschuldner eingetretene vollständige oder teilweise Verlust seiner eigenen Leistungskondiktion als Minderung seiner eigenen Bereicherung behandelt. Das faktische Synallagma der ausgetauschten Leistungen wirkt sich aber auch dann aus, wenn beide Leistungen beim jeweiligen Empfänger noch unversehrt vorhanden sind. Jede Seite kann dann nicht schlechthin Herausgabe der von ihr erbrachten Leistung, sondern nur Herausgabe Zug um Zug gegen Rückgabe der Leistung, die sie selbst erhalten hat, verlangen.

**Vertreten von:**
RGZ 54, 137 (141); 60, 284 (291); 86, 343 (344 f.); 94, 253 (254); 105, 29 (31); 129, 307 (310); 135, 374 (377); 137, 324 (336); 139, 208 (211); 140, 156 (161); BGHZ 1, 75 (81) = NJW 1951, 270; BGHZ 9, 333 (335) = NJW 1953, 1020; BGHZ 53, 144 (146) = NJW 1970, 656; BGHZ 57, 137 (146 ff.) = NJW 1972, 36; BGHZ 72, 252 (254) = NJW 1979, 160; BGHZ 116, 251 = NJW 1992, 1037; BGHZ 145, 52 (55) = NJW 2000, 3064; BGHZ 146, 298 (306 ff.) = NJW 2001, 1127; BGHZ 147, 152 (157 f.) = NJW 2001, 1863; BGH NJW 1963, 1870; 1999, 1181; 1999, 2890 (2891); 2000, 3652; 2001, 1127 (1129 f.); WM 2002, 971 (973) mwN; NJW 2005, 884 (887); KGR 2003, 133 (136); OLGR Frankfurt a.M. 2002, 171 (172); OLGR München 2002, 346 (347); A. Blomeyer AcP 154 (1955), 527 (534 ff.); Berg NJW 1981, 2337 (2338 f.); Berg JuS

1981, 179 (181); Ebert, Bereicherungsausgleich im Wettbewerbs- und Immaterialgüterrecht, 2001, S. 145 ff.; Erman/Seiler, 5. Aufl. 1972, BGB § 818 Anm. 6 B a cc; Esser SchuldR 2, 4. Aufl. 1971, § 105 II 2; Gursky SchuldR BT S. 202 f.; Müller SchuldR BT Rn. 2063 ff.; Peifer Gesetzl. Schuldverhältnisse § 8 Rn. 20 f. (allerdings mit Anklängen an Theorie D); Planck/Landois BGB § 818 Anm. 5e; RGRK/Heimann-Trosien BGB § 812 Rn. 61; Schellhammer SchuldR 19. Teil Rn. 905; Schwabe SchuldR II Fall 6; Soergel/Mühl, 11. Aufl. 1985, BGB § 818 Rn. 81 ff.; Staudinger/Seufert, 10./11. Aufl. 1975, BGB § 818 Rn. 45; Weintraud, Die Saldotheorie, 1931, passim; iErg ebenso für „neutrale" Nichtigkeitsgründe wie Dissens oder Formmangel auch Staudinger/W. Lorenz, 1999, BGB § 818 Rn. 41.

**1. Argument**

Die Saldotheorie ist nichts anderes als die konsequente Anwendung der Wertung des § 818 III BGB bei der Rückabwicklung eines beiderseits erfüllten gegenseitigen Vertrages. Wenn etwa bei einem nichtigen Kaufvertrag der Käufer auf Rückzahlung des Kaufpreises klagt, dann muss bei der Ermittlung der Bereicherung des Verkäufers zwangsläufig auch der Umstand berücksichtigt werden, dass dieser ebenfalls eine Leistung erbracht hat und diese nun infolge ihres ersatzlosen Untergangs beim Kläger nicht mehr zurückbekommt. Jedenfalls in den Fällen, in denen die Leistungen Zug um Zug ausgetauscht worden sind oder der Käufer gar vorgeleistet hat, ist es offensichtlich, dass die Übereignung der Kaufsache ohne die Zahlung des Kaufpreises nicht erfolgt wäre, also die Kaufpreiszahlung *conditio sine qua non* für die Leistung des Verkäufers war. Und diese Leistungserbringung führt wiederum beim Verkäufer jedenfalls in dem Moment zu einer entsprechenden Vermögenseinbuße, wo die Möglichkeit des Verkäufers, die erbrachte Leistung mittels seines Kondiktionsanspruchs in Natur oder wertmäßig zurückzuholen, an § 818 III BGB scheitert. Hier ist also der Verlust der eigenen Leistung eine Nebenfolge des Erwerbs der Kaufpreiszahlung und muss schon deshalb als eine bereicherungsmindernde Vermögenseinbuße angesehen werden. Aber auch in den Fällen, in denen der Verkäufer den Vertrag schon vor der Kaufpreiszahlung erfüllt hat, hängt die Weggabe der eigenen Leistung so eng mit der erwarteten und dann auch tatsächlich erfolgten Kaufpreiszahlung zusammen, dass sie rechtlich wie deren Folge behandelt werden muss: Für eine wirtschaftliche Betrachtungsweise hat der Verkäufer nicht isoliert den Kaufpreis erhalten, sondern einen Leistungsaustausch durchgeführt. Bereichert ist bei einem beiderseitig erfüllten gegenseitigen Vertrag jede Seite deshalb nicht schlechthin um die erhaltene Leistung, sondern nur um den bei diesem Leistungsaustausch etwa erzielten Gewinn – also nur, wenn die weggegebene und jetzt nicht mehr zurückholbare eigene Leistung wertmäßig hinter der vom Vertragspartner erbrachten Leistung zurückblieb.

**2. Argument**

Selbst wenn man aber die Ursächlichkeit der Verknüpfung von Leistung und uneinbringlicher Gegenleistung und damit die Ableitung der Saldotheorie aus § 818 III BGB bestreiten wollte, müsste die Saldotheorie gleichwohl als eine geglückte richterliche Rechtsfortbildung akzeptiert werden. Die entscheidende Legitimationsbasis für diese Rechtsfortbildung bietet die Anschauungslücke des Gesetzgebers, der die Unterschiedlichkeit der Interessenkonstellationen bei einseitigen Kondiktionen und bei der Rückabwicklung gegenseitiger Verträge nicht erkannt hat. Die Saldotheorie entwickelt die Lösung für die vom Gesetzgeber als solche nicht erkannte Sonderproblematik des Bereicherungsausgleichs im beiderseits erfüllten gegenseitigen Vertrag aus der „Natur der Sache".

**3. Argument**
Die Saldotheorie trägt dem auch bei Nichtigkeit des beiderseits erfüllten Vertrages gegebenen „faktischen Synallagma" sachgerecht Rechnung. Sie verlängert nämlich das Gleichgewichtsprinzip des § 326 I BGB – ohne Leistung keine Gegenleistung – konsequent in das Stadium der Rückabwicklung, indem sie hier ein analoges Gleichgewichtsprinzip statuiert: „ohne Rückgabe des Erhaltenen keine Kondiktion des Weggegebenen".

**4. Argument**
Dass eine Saldierung erst stattfindet, wenn einer der Beteiligten zur Rückleistung außerstande ist, erklärt sich daraus, dass nach heutigem Verständnis der Saldotheorie nicht schon die Gegenleistung des Beklagten, sondern erst der Verlust von dessen eigenem Kondiktionsanspruch zur Entreicherung des Beklagten führt.

**5. Argument**
Dass die Saldotheorie der einseitig vorleistenden Partei eines unwirksamen gegenseitigen Vertrages das Entreicherungsrisiko nicht abnehmen kann, spricht nicht gegen die Saldotheorie. Diese Konsequenz ergibt sich nämlich aus der in der Vorleistung liegenden Lockerung des Synallagmas, die hier auf die Rückabwicklung nach Bereicherungsrecht durchschlägt. Sie kann deshalb hingenommen werden (Larenz).

**Ergänzungen der traditionellen Saldotheorie:**
Die Anhänger der Saldotheorie sind sich heute darüber einig, dass vorrangige Wertungen für bestimmte Konstellationen eine Rückkehr zur strengen Zweikondiktionentheorie erzwingen können. So darf nach einhelliger Meinung die Saldotheorie nicht zulasten von geschäftsunfähigen oder beschränkt geschäftsfähigen Personen angewandt werden (vgl. BGHZ 126, 105 = NJW 1994, 2021). Uneinigkeit besteht jedoch darüber, ob eine entsprechende Ausnahme auch für die Opfer einer arglistigen Täuschung (§ 123 BGB) gemacht werden muss.

*Meinung I*
Die Saldotheorie darf nicht zulasten eines arglistig Getäuschten angewandt werden. Der Käufer etwa, der den Kaufvertrag zu Recht wegen arglistiger Täuschung angefochten hat, hat einen Bereicherungsanspruch auf Rückgewähr des Kaufpreises auch dann, wenn die Kaufsache bei ihm untergegangen oder beschädigt worden ist und er sie daher nicht oder nur noch in entwertetem Zustand herausgeben kann. Wenn allerdings der Käufer den Untergang der Kaufsache verschuldet hat, kann ihm nach Treu und Glauben die Kondiktion des Kaufpreises jedenfalls teilweise verwehrt sein. Dies ist insbesondere der Fall, wenn die Täuschung nur einen wenig bedeutsamen Punkt betraf und das Verschulden des Käufers für den Untergang schwerwiegend ist, übt der Käufer den ihm durch die Anfechtung des Kaufvertrages zugefallenen Kondiktionsanspruch möglicherweise im Übermaß, also unzulässig aus, wenn er den vollen Kaufpreis zurückverlangt. Die Täuschungshandlung und das Verschulden des Käufers hinsichtlich der Wertminderung müssen mithin gegeneinander abgewogen werden.

**Vertreten von:**
BGHZ 53, 144 = NJW 1970, 656; BGHZ 57, 137 (149) = NJW 1972, 36; BGH NJW 2009, 1266; OLG Karlsruhe NJW-RR 1992, 1144; OLG Köln NJW-RR 1999, 884; Deimel JA 2001, 177 (179); Grigoleit/Auer/Kochendörfer SchuldR III Rn. 149;

Grüneberg/Sprau BGB § 818 Rn. 49; Gursky SchuldR BT S. 203; Hirsch SchuldR BT § 51 Rn. 1492; Jacoby/von Hinden BGB § 818 Rn. 12; Jauernig/Stadler BGB § 818 Rn. 43; Staudinger/Dilcher, 12. Aufl. 1980, BGB § 123 Rn. 42; Schwabe SchuldR II Fall 6.

**Ergänzung:**
Nach BGH NJW 2001, 1127 (1130) Ls. 3 findet die Saldotheorie aus Billigkeitsgründen (s. Arg. 1) zum Nachteil der durch ein wucherähnliches und nach § 138 I BGB sittenwidriges Geschäft benachteiligten Partei ebenfalls keine Anwendung, mit der Begründung, der Übervorteilte müsse vor einem Missbrauch der Vertragsfreiheit geschützt werden. Dieser Schutz bestünde nicht, wenn die Position der übervorteilten Partei durch eine mit der Saldotheorie verbundene Einschränkung des § 818 III BGB geschwächt wäre.

**1. Argument**
Die Saldotheorie ist eine aus Billigkeitsgründen vorgenommene Gesetzeskorrektur. Sie kann daher nicht angewandt werden, wenn die Bevorzugung des Bereicherungsschuldners, welche die Saldotheorie mit sich bringt, mit der Billigkeit nicht mehr zu vereinbaren ist, wie im Falle der arglistigen Täuschung durch den Bereicherungsschuldner. Falls der betrogene Käufer nicht angefochten, sondern beispielsweise den Weg des Rücktritts gewählt hätte, würde er nach § 346 III 1 Nr. 3 BGB iVm §§ 433 I 2, 434, 437 Nr. 2 Fall 1, 440, 346 I, II BGB genauso wenig wie bei Wahl des Schadensersatzes statt der Leistung (§§ 433 I 2, 434, 437 Nr. 3 Fall 1, 440, 281 I, III, V, 346 I, II, III 1 Nr. 3 BGB) das Risiko einer unverschuldeten Zerstörung oder schweren Beschädigung des Pkw getragen haben. Es wäre ein schwerer Wertungswiderspruch, wenn man anders entscheiden wollte, nur weil der Käufer den Weg der Anfechtung mit anschließender Kondiktion des Kaufpreises wählt.

**2. Argument**
Bei Anwendung der Saldotheorie kann der jeweilige Beklagte den Verlust des eigenen Kondiktionsanspruchs durch die beim Kläger eingetretene Entreicherung gegenüber der Leistungskondiktion des Klägers als Bereicherungsminderung geltend machen. Das bedeutet aber, dass nur derjenige Vertragspartner sich auf die für ihn günstige Rechtsfolge der Saldotheorie berufen kann, der im Zeitpunkt des Untergangs seiner Leistung beim Gegner noch der milden bereicherungsrechtlichen Normalhaftung des § 818 III BGB unterlag. Der arglistig täuschende Vertragspartner haftet aber nach §§ 819 I, 142 II, 818 IV BGB von Anfang an verschärft.

**3. Argument**
Der Umstand, dass die Saldotheorie nicht zur Anwendung kommt, bedeutet noch nicht, dass der getäuschte Käufer auch in solchen Fällen, in denen er den Untergang der Kaufsache schuldhaft herbeigeführt hat, immer den vollen Kaufpreis kondizieren kann. Denn dann kann in dem Verlangen nach vollständiger Kaufpreisrückzahlung unter Umständen ein Verstoß gegen Treu und Glauben (§ 242 BGB) liegen.

***Meinung II***
Auch wer seinen Vertragspartner arglistig getäuscht hat, kann sich auf die Saldotheorie berufen.

**Vertreten von:**
Soergel/Mühl, 11. Aufl. 1985, BGB § 818 Rn. 90; Jauernig/Schlechtriem, 9. Aufl. 1999, BGB § 818 Rn. 45; Mossler, Bereicherung aus Leistung und Gegenleistung, 2006, S. 158. Denkbare Argumentation wie Theorie C Arg. 4, 5; Mossler argumentiert zudem mit der Gefahr von unsachgerechten Ergebnissen in der Insolvenz des Täuschenden oder des Getäuschten.

***Meinung III***
Im Falle der arglistigen Täuschung des Kondiktionswilligen durch den Vertragspartner kann bei anschließendem Untergang der Leistung des Täuschenden beim Empfänger nur dann die Saldotheorie angewendet werden, wenn der Getäuschte den Untergang schuldhaft herbeigeführt hat. Andernfalls kommt die Zweikondiktionentheorie zur Anwendung; es kann also der Getäuschte die eigene Leistung zurückfordern, ohne die empfangene vergüten zu müssen.

**Vertreten von:**
Brox/Walker SchuldR BT § 43 Rn. 15; Emmerich SchuldR BT § 19 Rn. 27 ff.; Staake Gesetzl. Schuldverhältnisse § 6 Rn. 69.

**Argument**
Auch für die gebotene Einschränkung der Saldotheorie empfiehlt sich die differenzierte Lösung des Rücktrittsfolgenrechts. Der getäuschte Vertragspartner kann die eigene Leistung nicht (oder nur gegen Wertersatz für die empfangene) kondizieren, wenn er den Untergang der Letzteren (qualifiziert) verschuldet, nämlich durch Unterschreitung der eigenüblichen Sorgfalt herbeigeführt hat. Wo diese Voraussetzung nicht gegeben ist, der Verlust also durch Zufall eingetreten (oder vom Kondizienten jedenfalls nur leicht fahrlässig und ohne Unterschreitung der eigenüblichen Sorgfalt herbeigeführt wurde), darf der Getäuschte im Falle der Anfechtung nicht schlechter gestellt werden, als er im Falle der Wahl des Rücktritts stünde. Hier – und nur hier – ist deshalb die ausnahmsweise Anwendung der Zweikondiktionentheorie geboten, die dem getäuschten Vertragspartner die Kondiktion seiner eigenen Leistung trotz Unfähigkeit zur Rückgabe der empfangenen ermöglicht.

## C. Modifizierte Saldotheorie

Bei einem beiderseits erfüllten gegenseitigen Vertrag kann jede Partei die von ihr erbrachte Leistung auch dann noch (ohne Abzug) kondizieren, wenn die Leistung der anderen Partei bei ihr durch Zufall untergegangen ist und der gegenläufige Kondiktionsanspruch der anderen Partei deshalb an § 818 III BGB scheitert. Die Rückforderung ist nur dann ausgeschlossen oder auf den Mehrwert der eigenen Leistung beschränkt, wenn der Anspruchsteller den Untergang der Leistung, die er erhalten hat, qualifiziert schuldhaft – nämlich unter Verstoß gegen die eigenübliche Sorgfalt (§ 277 BGB) – herbeigeführt hat. Diese Risikoverteilung gilt auch, wenn der Empfänger der untergegangenen Leistung das Opfer einer arglistigen Täuschung der anderen Vertragspartei ist.

**Vertreten von:**
LG Lüneburg NJW 1989, 1097 f.; Büdenbender AcP 200 (2000), 627 (678 ff.); von Caemmerer, 1. FS Larenz, 1973, 634 ff. (638); Dörner SchuldR II S. 51 ff., 54, 58 f.;

Fikentscher SchuldR/Heinemann Rn. 1522 ff.; Grunewald, FS Hadding, 2004, 33 (37 ff.) (mit Korrektur bei Vorleistung); Larenz SchuldR BT II/1 § 70 III; Reinking/Eggert, Der Autokauf, 9. Aufl. 2005, Rn. 1739; iErg Reinking/Eggert, Der Autokauf, 14. Aufl. 2020, Rn. 4554 ff. (allerdings im Wesentlichen mit Blick auf die schadensersatzrechtliche Abwicklung) und Rn. 4593; Rengier AcP 177 (1977), 418 (438); (wohl auch) Schlechtriem SchuldR BT Rn. 797; Staudinger/W. Lorenz, 1999, BGB § 818 Rn. 43 ff. (nur für die Fälle der arglistigen Täuschung); Thiele SchuldR BT S. 190; Wandt Gesetzl. Schuldverhältnisse § 12 Rn. 39 f.; ferner Reuter/Martinek Ungerechtfertigte Bereicherung, 1983, S. 597 ff.

**1. Argument**
Die Saldotheorie muss sich vorwiegend in kaufrechtlichen Sachverhalten bewähren. Hier hat der Käufer häufig die Wahl zwischen Anfechtung einerseits und Rücktritt andererseits. Das macht es notwendig, die Rückabwicklung nach Bereicherungsrecht (infolge Anfechtung) und die im Falle des Rücktritts stattfindende Rückabwicklung aufeinander abzustimmen, damit Wertungswidersprüche vermieden werden. Die Nichtigkeit des schuldrechtlichen Vertrages rechtfertigt für sich allein genommen noch keine grundlegende andere Risikoverteilung als sie bei Abwicklung nach Rücktrittsregeln besteht (W. Lorenz). Die Harmonisierung der beiden Abwicklungsmechanismen kann dabei nur in einer Angleichung der bereicherungsrechtlichen Rückabwicklungsregeln an die Konzeption des Rücktrittsrechts bestehen: Für die Einzelheiten der bereicherungsrechtlichen Rückabwicklung von gegenseitigen Verträgen fehlt es an einer klaren Wertungsvorgabe, weil der Gesetzgeber sich infolge einer Anschauungslücke nur an einseitigen Kondiktionsansprüchen orientiert hat.

**2. Argument**
Die bereicherungsrechtliche Rückabwicklung muss schon deshalb an die Risikoverteilung des Rücktrittsrechts angeglichen werden, weil andernfalls beispielsweise der arglistig getäuschte Käufer durch die für Laien naheliegende Wahl der Anfechtung den Vorteil des § 346 III 1 Nr. 3 BGB verlieren würde; das Anfechtungsrecht würde zu einer Falle für den Anfechtungsberechtigten führen.

**3. Argument**
Die Harmonisierung der bereicherungsrechtlichen Rückabwicklung mit dem Rücktrittsrecht bedeutet, dass die Saldotheorie durch eine analoge Anwendung von § 346 III 1 Nr. 3 BGB korrigiert werden muss. Wenn der Rücktrittsberechtigte trotz unverschuldeten Verlustes der empfangenen Leistung die eigene Leistung zurückfordern darf, ohne den Wert der empfangenen Leistung vergüten zu müssen, darf auch beim beiderseitig erfüllten nichtigen Vertrag die Vertragspartei, bei der die empfangene Leistung des Vertragspartners durch Zufall untergegangen ist, nicht durch eine damit verbundene Wertersatzpflicht gegenüber dem Vertragspartner von einer Kondiktion der von ihr erbrachten Leistung abgeschreckt werden. Die Wertung des § 346 III 1 Nr. 3 BGB erzwingt also die Nichtanwendung der Saldotheorie im Falle des unverschuldeten Untergangs der empfangenen Leistung beim Kondizienten. Für den Fall des vom Kläger qualifiziert verschuldeten Verlustes der empfangenen Leistung bestätigt dagegen der Umkehrschluss aus § 346 III 1 Nr. 3 BGB nur die Entscheidung der Saldotheorie: Der Empfänger der untergegangenen Leistung kann – infolge des Abzugs des Wertes der untergegangenen Leistung oder infolge der Verpflichtung, gleichzeitig mit der Rückforderung den Wert der untergegangenen Leis-

tung anzubieten – im Ergebnis nur den etwaigen Mehrwert der eigenen Leistung kondizieren (Larenz).

**4. Argument**
Die sich aus den Wertungen des Rücktrittsfolgenrechts ergebende Risikoverteilung muss auch dann maßgebend sein, wenn der Empfänger der untergegangenen Leistung das Opfer einer arglistigen Täuschung seines Vertragspartners war. Hat er den Untergang der empfangenen Leistung verschuldet, so muss es bei der Anwendung der Saldotheorie bleiben; er kann also im Ergebnis nur den etwaigen Mehrwert der eigenen Leistung zurückverlangen. Die Auswirkungen der arglistigen Täuschung müssen auf den auf ihr aufbauenden Schadensersatzanspruch beschränkt bleiben (W. Lorenz).

**5. Argument**
Auch der Umstand, dass der arglistig täuschende Verkäufer seinerseits nach § 819 I BGB der verschärften Bereicherungshaftung unterliegt, ändert nichts daran, dass zulasten des getäuschten Käufers die Saldotheorie eingreift: Die Bösgläubigkeit des Verkäufers führt nur dazu, dass dieser sich in der Rolle des Kondiktionsschuldners nicht auf den Fortfall seiner Bereicherung berufen könnte; für die Anrechnung seiner (untergegangenen) Gegenleistung auf den Kondiktionsanspruch seines Vertragspartners besagt sie nichts (Larenz). Oder anders formuliert: Der bösgläubige oder verklagte Bereicherungsschuldner muss nur das Risiko des Untergangs der empfangenen Leistung tragen. Es fehlt jedoch an einer inneren Rechtfertigung, ihn vom Eintritt der Bösgläubigkeit oder Rechtshängigkeit an das Risiko für die von ihm erbrachte eigene Leistung tragen zu lassen, die sich im Gefahrenbereich seines Vertragspartners befindet und auf deren Schicksal er deshalb gar keinen Einfluss nehmen kann (Tiedtke).

**Hinweis:**
Für die Reichweite der Saldotheorie war nach der ursprünglichen Fassung dieser Konzeption letztlich entscheidend, wie der Begriff des Verschuldens in § 351 BGB aF interpretiert wurde. Das war aber innerhalb dieses Lagers durchaus umstritten: Für eine sehr weite Interpretation, die praktisch jedes risikoerhöhende Verhalten oder jede für den Untergang kausale eigene Disposition des Bereicherten als Verschulden wertet, hatten sich beispielsweise von Caemmerer, Larenz, W. Lorenz und Rengier ausgesprochen. Die Saldotheorie wäre bei diesem Verständnis des § 351 BGB aF praktisch nur in den Fällen eines Untergangs infolge höherer Gewalt unanwendbar gewesen. Andere Autoren (etwa Fezer) wollten dagegen als „Verschulden" im Sinne dieser Vorschrift nur ein Verschulden gegen sich selbst, also eine im Hinblick auf das eigene Interesse unangemessene Behandlung der erlangten Sache werten; bei letzterer Deutung wäre die Saldotheorie in einem sehr viel weiteren Umfang zurückgedrängt worden.

## D. Theorie der Gegenleistungskondiktion (auch modifizierte Zweikondiktionentheorie)

Bei der Rückabwicklung eines nichtigen gegenseitigen Vertrages sind die gegenläufigen Bereicherungsansprüche analog § 348 BGB Zug um Zug zu erfüllen. Das Problem der Berücksichtigung der untergegangenen Gegenleistung wird dabei nicht durch eine erweiterte Anwendung des § 818 III BGB aufseiten des Leistenden, sondern umgekehrt durch eine Reduktion des § 818 III BGB aufseiten des Empfängers der entwerteten Leistung erzielt: Der Entreicherungseinwand bleibt bei der Rückabwicklung gegenseitiger Verträge bis zur Höhe der eigenen Gegenleistung des jeweiligen Leistungsempfängers außer Anwendung. Bei Sachuntergang ist dementsprechend in dieser Höhe Wertersatz gem. § 818 II BGB geschuldet. Übersteigt die vom Gläubiger an den Empfänger erbrachte Leistung den Wert der Empfängerleistung, so haftet der Empfänger bis zur Höhe der eigenen Leistung und kann sich im Übrigen auf § 818 III BGB berufen. Eine Wertersatzhaftung scheidet aus, wenn der betreffende Vertragspartner nicht voll geschäftsfähig war oder von einem *falsus procurator* vertreten worden ist; in diesen Fällen bleibt es wegen vorrangiger Wertungen bei der Anwendung des § 818 III BGB.

In Abstimmung mit den Wertungen des Rücktrittsrechts (§ 346 BGB) gilt nach manchen Stimmen im Schrifttum hierbei eine wichtige *Konkretisierung* (zur Erinnerung: Larenz/Canaris haben ihre Theorie entwickelt, bevor 2002 das Schuldrecht modernisiert wurde und § 346 III 1 Nr. 3 BGB in Kraft trat): Ist der Nichtigkeitsgrund, der gesetzlichen Rücktrittsrechten ähnelt, vom Bereicherungsgläubiger zu verantworten (zB arglistige Täuschung), so kommt eine teleologische Reduktion des § 818 III BGB nur dann in Betracht, wenn der Bereicherungsschuldner den Untergang zu vertreten hat (vgl. § 346 III 1 Nr. 3 BGB); im Übrigen bleibt es bei solchen Nichtigkeitsgründen und zufälligem Sachuntergang uneingeschränkt bei § 818 III BGB.

**Vertreten von:**
Canaris, FS W. Lorenz, 1992, 19 ff.; Grigoleit/Auer/Kochendörfer SchuldR III Rn. 151 ff.; Larenz/Canaris SchuldR BT II/2 § 73 III (S. 325 f., 337); Medicus/Lorenz SchuldR BT § 68 Rn. 11 ff.; Staudinger Eckpfeiler/Linardatos Rn. S 88; im Grunde auch BeckOK BGB/Wendehorst, 61. Ed. 1.2.2022, § 818 Rn. 123 ff. sowie MüKo-BGB/Schwab, 8. Aufl. 2020, § 818 Rn. 283 ff., der jedoch der hiesigen Konkretisierung widerspricht (vgl. daher insoweit auch Theorie A VI).

**1. Argument**
§ 818 III BGB schützt das Vertrauen des Kondiktionsschuldners auf die Endgültigkeit seines Erwerbs. Dieser Glaube umfasst aber bei gegenseitigen Verträgen notwendigerweise auch die Überzeugung, die eigene Leistung endgültig verloren zu haben oder jedenfalls noch erbringen zu müssen. Der Leistungsempfänger muss also davon ausgehen, dass die Verwendung des Leistungsgegenstandes in der eigenen Risikosphäre von der Aufbringung der Gegenleistung abhängt. Die schlichte Anwendung des § 818 III BGB würde den selbst zur Kondiktion der eigenen Leistung berechtigten Vertragspartner, der den ersatzlosen Untergang oder Verlust der empfangenen Leistung verschuldet hat, besserstellen als er erwarten konnte. Dafür besteht kein Anlass. § 818 III BGB bedarf deshalb für den Bereicherungsausgleich im gegenseitigen Vertrag einer Restriktion, die eine Überprivilegierung verhindert: Der Betreffende muss – bis zur Opfergrenze des Wertes der eigenen Leistung – bereicherungsunabhängig haften.

**2. Argument**
Der rücktrittsberechtigte Käufer verliert wegen der mit dem Rücktritt für ihn entstehenden Wertersatzpflicht aus § 346 I, II BGB die Möglichkeit, den bei ihm eingetretenen Verlust auf den Verkäufer zu verlagern, wenn er den Untergang der Kaufsache verschuldet hat (§ 346 III 1 Nr. 3 BGB e contrario). Damit wäre es nicht zu vereinbaren, wenn der Verkäufer bei Nichtigkeit des Kaufvertrages sogar das Risiko

eines vom Käufer verschuldeten Untergangs der Kaufsache trüge. Ein solches sinnwidriges Ergebnis wird vermieden, wenn man dem Käufer nicht das Privileg des § 818 III BGB gewährt, sondern ihn einer bereicherungsunabhängigen Wertersatzpflicht unterwirft.

**3. Argument**
Die bereicherungsunabhängige Wertersatzpflicht muss durch den Wert der vom Empfänger im nichtigen Vertrag versprochenen oder erbrachten Gegenleistung begrenzt sein. Da der Käufer nur vom Verlust des Kaufpreises ausging, ist auch nur bis zur Höhe dieses ohnehin erwarteten Verlustes das Privileg des § 818 III BGB unverdient. War die beim Empfänger untergegangene Leistung mehr wert als dessen eigene Leistung, muss dieser sich wegen der Wertdifferenz auf § 818 III BGB berufen dürfen.

**4. Argument**
Da der Verlust der eigenen Leistung die Opfergrenze für den gutgläubigen Kondiktionsschuldner bildet, muss diesem ausnahmsweise der Einwand des § 818 III BGB erhalten bleiben, sofern dieser auch zugunsten des anderen Teils eingreift.

**5. Argument**
Der Bereicherungsschuldner darf auch im gegenseitigen Vertrag nicht mit dem Risiko einer durch Zufall eintretenden Entreicherung belastet werden. Das zeigt zum einen die Parallele zum Privileg des § 346 III 1 Nr. 3 BGB (vgl. § 350 BGB aF), zum anderen aber auch die Regelung der verschärften Haftung des Bereicherungsschuldners. Der gutgläubige Bereicherungsschuldner kann und muss zwar bei einem rechtsgrundlosen entgeltlichen Erwerb gleichsam als „partiell bösgläubig“ behandelt und damit einer bereicherungsunabhängigen Wertersatzpflicht unterworfen werden. Er darf damit aber keinesfalls schlechter gestellt werden als der tatsächlich bösgläubige Empfänger einer einseitigen Leistung. Der Letztere würde aber nach §§ 819 I, 818 IV, 292, 989 BGB nur für Verschulden haften und nicht das Zufallsrisiko tragen. Von einem Verschulden des Empfängers muss deshalb auch die bereicherungsunabhängige Wertersatzpflicht bei einem rechtsgrundlosen entgeltlichen Erwerb abhängig gemacht werden.

**6. Argument**
§ 346 III 1 Nr. 3 BGB lässt die Wertersatzpflicht des Rücktrittsberechtigten nicht nur bei zufälligem Untergang der empfangenen Leistung entfallen, sondern auch dann, wenn dieser Verlust auf einem leicht fahrlässigen, aber nicht als Unterschreitung der eigenüblichen Sorgfalt (§ 277 BGB) qualifizierbaren Verhalten des Rücktrittsberechtigten beruht. Dieser Aspekt des Rücktrittsfolgenrechts sollte nicht ins Bereicherungsrecht übertragen werden. Diese weitere Begünstigung des Rücktrittsberechtigten ist rechtspolitisch problematisch. Sie beruht jedenfalls auf der hier notwendigerweise gegebenen objektiven Pflichtverletzung des anderen Teils, die bei unwirksamen gegenseitigen Verträgen regelmäßig kein Gegenstück hat. Hier dürfte deshalb die Orientierung an der verschärften Bereicherungshaftung, die schon leichteste Fahrlässigkeit genügen lässt, sachgerechter sein.

**7. Argument**
Die Wertersatzhaftung bei verschuldetem Untergang des empfangenen Gegenstandes ist auch dann angebracht, wenn der Empfänger das Opfer einer arglistigen Täuschung

des Leistenden geworden ist, sich in seiner Entreicherung indes nicht gerade das Risiko verwirklicht, vor dem ihn § 123 BGB schützen will.

**8. Argument**
Die bereicherungsunabhängige, aber durch den Wert der eigenen Leistung begrenzte Wertersatzhaftung für verschuldeten Untergang der empfangenen Sache ist auch in den Fällen einer einseitigen Vorleistung angebracht. Auch hier trifft die Erwägung zu, dass der Erwerber keines Vertrauensschutzes bedarf, soweit er selbst von einer Vergütungspflicht ausging.

**Beispiele:**

**1.** Im Ausgangsfall kann K nach allen Spielarten der Theorie A von V Rückzahlung des Kaufpreises in Höhe von 7.000 EUR verlangen.

V seinerseits kann nach Theorie A I von K zusätzlich zur Rückgabe des Autos auch 1.000 EUR Wertersatz für die Beschädigung verlangen (§ 818 II BGB). Theorie A II hätte ursprünglich unter Berufung auf § 351 BGB aF und einen weiten Verschuldensbegriff genauso entschieden, müsste heute aber – konsequent fortentwickelt – wegen § 346 III 1 Nr. 3 BGB wohl gegenteilig entscheiden. Theorie A III würde eine Wertersatzhaftung des K verneinen, da der Unfall nicht auf einer vorwerfbaren Unvorsichtigkeit in eigener Angelegenheit beruht. Theorie A IV ist überholt. Die Theorien A V und VI würden eine Wertersatzleistung des K für die Verschlechterung des Autos ebenfalls wegen § 346 III 1 Nr. 3 BGB nicht zur Voraussetzung der eigenen Kondiktionsbefugnis des K erheben; der Rückgriff auf die Wertung des § 346 III 1 Nr. 3 BGB ist nach Theorie A V möglich, weil V für den Unwirksamkeitsgrund allein verantwortlich ist. Theorie B II wendet die Saldotheorie an mit der Folge, dass die Wertminderung des Autos in Höhe von 1.000 EUR bei der Ermittlung der Bereicherung des V als Abzugsposten berücksichtigt werden muss: K kann also von V nur 6.000 EUR zurückverlangen, Zug um Zug gegen Rückgabe des Kraftfahrzeugs. Theorie B I würde dagegen hier eine Ausnahme von der Saldotheorie machen und deshalb die Grundsätze der strengen Zweikondiktionentheorie anwenden: K könnte danach den vollen Kaufpreis, V nur den beschädigten Wagen kondizieren. Theorie B III würde genauso entscheiden, weil K den Untergang der Leistung des V nicht verschuldet hat. Für die ursprüngliche Fassung von Theorie C wäre es darauf angekommen, ob man den Untergang des Kraftfahrzeugs schon deshalb als verschuldet ansehen kann, weil K das Auto den Risiken des Straßenverkehrs ausgesetzt hat. Wenn man das verneint hätte, wäre eine bereicherungsrechtliche Wertersatzhaftung des K zu verneinen gewesen; K seinerseits hätte den Kaufpreis Zug um Zug gegen Rückgabe des beschädigten Kraftfahrzeugs zurückverlangen können. Wenn man dagegen das Verschulden des K bejaht hätte, so wäre K zusätzlich aus § 818 II BGB zum Ersatz für die Wertminderung verpflichtet gewesen. Die Differenzierung muss jetzt anders aussehen. Nach der Wertung des § 346 III 1 Nr. 3 BGB schadet dem K nur eine Unterschreitung der eigenüblichen Sorgfalt. Diese kann aber in der bloßen Benutzung des Kraftfahrzeugs nicht liegen. K kann also nach der konsequent fortentwickelten Theorie C den Kaufpreis Zug um Zug gegen Rückgabe des Fahrzeugs kondizieren, ohne zusätzlich Wertersatz für die Beschädigung des Fahrzeugs leisten zu müssen. Nach der ursprünglichen Fassung von Theorie D hätte K wiederum zusätzlich zur Rückgabe des beschädigten Kraftfahrzeugs einen Ausgleich für die Wertminderung in

Höhe von 1.000 EUR geschuldet, weil er den Wegfall der eigenen Bereicherung verschuldet hat; das Verschulden wird hier darin gesehen, dass er das Auto ohne Abschluss einer Vollkaskoversicherung den Gefahren des Straßenverkehrs aussetzt (s. Larenz/Canaris SchuldR BT II/2 § 73 III 4c). Die zusätzliche Wertersatzpflicht ist aber wegen § 346 III 1 Nr. 3 BGB heute schwer zu begründen.

**2.** Abwandlung: Der Pkw, dessen Wert im Augenblick der Übergabe 5.000 EUR betrug, wird zerstört, weil K betrunken gegen einen Baum fährt.

Hier hat K nach Theorie A I, II und III einen Anspruch auf Rückzahlung des gesamten Kaufpreises in Höhe von 7.000 EUR, V gegen K dagegen einen Bereicherungsanspruch auf Wertersatz in Höhe von 5.000 EUR. Nach der überholten Theorie A IV sollte K zwar wegen § 818 III BGB nur auf Herausgabe des Schrottwagens haften, wäre aber wegen der von ihm verschuldeten Zerstörung des empfangenen Leistungsobjekts nicht zur Kondiktion des Kaufpreises befugt gewesen; er hätte also nach dieser Ansicht nicht einmal den Mehrwert seiner Leistung (2.000 EUR) zurückerhalten. Nach Theorie A V und VI kann K Rückzahlung des Kaufpreises verlangen, ist aber einem gegenläufigen Wertersatzanspruch des V in Höhe von 5.000 EUR ausgesetzt. Nach Theorie B II kommt die unmodifizierte Saldotheorie zur Anwendung, wird also die untergegangene Leistung des V bei diesem als Bereicherungsminderung berücksichtigt, sodass K nur noch 2.000 EUR verlangen kann. Nach Theorie B I würden hier grundsätzlich dagegen die Regeln der strengen Zweikondiktionentheorie greifen: K könnte danach den vollen Kaufpreis zurückfordern, V dagegen nur das Schrottfahrzeug kondizieren. Der Käufer würde jedoch gegen Treu und Glauben verstoßen, wenn er trotz der grob fahrlässigen Herbeiführung des Unfalls den Kaufpreis in voller Höhe zurückverlangen würde. Bei insoweit gebotener Abwägung wäre allerdings auch der Unterschied der beiden Verschuldensformen (vorsätzliche Täuschung gegen grobe Fahrlässigkeit des K) zu berücksichtigen. Die Anspruchskürzung aus Billigkeitsgründen könnte unter diesen Umständen wohl allenfalls 1/3 des wirklichen Kraftfahrzeugwertes im Zeitpunkt der Übergabe ausmachen. Nach Theorie C bleibt es bei der Anwendung der Saldotheorie, weil K den Untergang der Leistung seines Vertragspartners grob fahrlässig herbeigeführt hat; K kann deshalb – wie nach Theorie B II – nur den Mehrwert seiner eigenen Leistung kondizieren. Nach Theorie D behält K die Möglichkeit der Kondiktion des gezahlten Kaufpreises in Höhe von 7.000 EUR, muss aber andererseits für den von ihm grob fahrlässig herbeigeführten Untergang der Leistung des V Wertersatz in Höhe von 5.000 EUR leisten (die Begrenzung des Wertersatzes durch den Wert der eigenen Leistung des Schuldners kommt dabei nicht zum Tragen, weil die Leistung des K ja höher war als die des V).

## 20. Problem (§ 819 I BGB) Genügt die Kenntnis des Minderjährigen selbst für die Haftungsverschärfung nach § 819 I BGB?

**Beispiel:**

Der 17-jährige A leiht sich von seinem gleichaltrigen Freund F ein Moped, um damit eine 14-tägige Ferienreise zu unternehmen, die er ursprünglich als Fahrradtour geplant hatte. Er weiß genau, dass die Eltern des F damit nicht einverstanden sein werden und deshalb nichts merken dürfen. Seinen eigenen Eltern erzählt er, dass die Eltern des F einverstanden seien. Während der Abwesenheit des A bemerken die Eltern des F das Fehlen des Mopeds und bekommen heraus, wo dieses geblieben ist. Nach der Rückkehr des A verlangen sie nun im Namen des F von A eine angemessene Vergütung für die Benutzung des Mopeds.

**Ausgangspunkt:**

Die Haftung des Kondiktionsschuldners verschärft sich nach § 819 BGB I iVm § 818 IV BGB erheblich, wenn er bei Erwerb des Kondiktionsobjektes bereits positive Kenntnis vom Fehlen des Rechtsgrundes hatte oder diese Kenntnis nachträglich erlangt. Vom Augenblick der Kenntniserlangung an haftet er nämlich „nach den allgemeinen Vorschriften". Hinter dieser etwas dunklen Verweisung verbergen sich zwei unterschiedliche Haftungsfälle: War der Kondiktionsanspruch im Zeitpunkt der Kenntniserlangung noch auf Herausgabe des Erlangten in Natur gerichtet, so gilt § 292 BGB mit der Weiterverweisung auf die §§ 987 und 989 BGB. Danach haftet der Schuldner für den Schaden, der durch eine von ihm verschuldete Verschlechterung oder eine von ihm verschuldete Unmöglichkeit der Herausgabe entsteht. Ihn trifft darüber hinaus im Rahmen von § 987 II BGB unter Umständen auch eine Verpflichtung zur Herausgabe schuldhaft nicht gezogener Nutzungen. War der Bereicherungsanspruch seinem Inhalt nach im Zeitpunkt der Kenntniserlangung aber bereits auf Wertersatz gerichtet, so bedeutet die Verweisung auf die allgemeinen Vorschriften neben der Verzinsungspflicht nach § 291 BGB vor allem die Nichtanwendung des Haftungsprivilegs aus § 818 III BGB. Der Umfang der Wertersatzpflicht wird also im Zeitpunkt der Haftungsverschärfung fixiert. Was die Voraussetzungen des § 819 I BGB betrifft, so bestehen zunächst gewisse Unklarheiten darüber, welche Anforderungen an den Nachweis der Kenntnis zu stellen sind (vgl. Reuter/Martinek Ungerechtfertigte Bereicherung S. 445 ff.). Darüber hinaus halten einige Autoren die von §§ 990 I, 932 II BGB abweichende Fassung der Unredlichkeit bei der Eingriffskondiktion nicht für sachgerecht und lassen den Schuldner bei dieser bereits dann haften, wenn er in grob fahrlässiger Unkenntnis seines Mangels im Recht in die Gläubigerposition eingegriffen hat (Wilhelm, Rechtsverletzung und Vermögensentscheidung als Grundlagen und Grenzen des Anspruchs aus ungerechtfertigter Bereicherung, 1978, 188 Fn. 421; Koppensteiner/Kramer Ungerechtfertigte Bereicherung 143 f.; zu Recht hiergegen aber die hM, vgl. Reuter/Martinek Ungerechtfertigte Bereicherung S. 647 f.).

Die wichtigste Streitfrage im Rahmen des § 819 I BGB betrifft aber die Voraussetzungen der verschärften Haftung eines beschränkt Geschäftsfähigen.

## Problemlösungsansätze

### A. (hier sog.) **Irrelevanztheorie**

Die eigene Kenntnis des Minderjährigen von der Rechtsgrundlosigkeit seines Erwerbs ist für die Frage der Haftungsverschärfung generell irrelevant. Die gesteigerte Kondiktionshaftung nach § 819 I BGB tritt erst ein, wenn der gesetzliche Vertreter des beschränkt Geschäftsfähigen den Mangel des rechtlichen Grundes kennt.

**Vertreten von:**
RG JW 1917, 465; KG FamRZ 1964, 518 (519); OLG Nürnberg WM 1990, 307; BeckOK BGB/Wendehorst, 61. Ed. 1.2.2022, § 819 Rn. 8; Beitzke AcP 172 (1972), 240 (253 f.); Brox/Walker SchuldR BT § 43 Rn. 19; Canaris JZ 1971, 560 (562 f.); (im Grundsatz) Ebel JA 1982, 373 ff. (526 ff.) (der aber im Bereich der Eingriffskondiktion die eigene Kenntnis des deliktsfähigen Minderjährigen genügen lassen will, wenn der gesetzliche Vertreter dem Eingriff zugestimmt hat); Emmerich SchuldR BT § 19 Rn. 33; Enneccerus/Lehmann SchuldR § 227 V 1b; Esser/Weyers SchuldR BT II/2 § 51 III 1a; Fischer/Henle/Pätzold BGB § 819 Anm. 3; Giesen JURA 1995, 281 (287); Harder NJW 1990, 857 (864); Köhler/Lorenz SchuldR II Fall 217; Larenz/Canaris SchuldR BT II/2 § 73 II 2a; Lehmann/Hübner, Allgemeiner Teil des BGB, 16. Aufl. 1966, § 28 III 2a; Loewenheim BereicherungsR S. 161 ff.; von Lübtow, Schenkungen der Eltern an ihre minderjährigen Kinder und der Vorbehalt dinglicher Rechte, 1949, S. 97; Medicus FamRZ 1971, 250 (251); Metzler NJW 1971, 690; Müller SchuldR BT Rn. 2102a; MüKoBGB/Lieb, 4. Aufl. 2004, § 819 Rn. 7; Pinger MDR 1972, 101 (103) Fn. 40; Planck/Landois BGB § 819 Anm. I 2; Reeb BereicherungsR S. 127; Reeb JuS 1974, 513 (519); Reuter/Martinek Ungerechtfertigte Bereicherung, 1983, S. 654 ff.; Reuter/Martinek Ungerechtfertigte Bereicherung S. 461 ff.; RGRK/Scheffler, 11. Aufl. 1960, BGB § 819 Anm. 3; (wohl auch) Röthel JURA 2016, 260 (262); Staake Gesetzl. Schuldverhältnisse § 6 Rn. 80; Staudinger/W. Lorenz, 1999, BGB § 819 Rn. 10; Staudinger/S. Lorenz, 2007, BGB § 819 Rn. 10; Wacke JuS 1978, 80 (84) Fn. 21; Wieling/Finkenauer Fälle SchuldR BT Fall 13; E. Wolf SchuldR BT S. 504. KG NJW 1998, 2911 betont die Irrelevanz der eigenen Kenntnis des Minderjährigen, entscheidet aber nicht zwischen Theorie A und C.

**1. Argument**
Wenn man die verschärfte Kondiktionshaftung des Minderjährigen schon bei dessen eigener Kenntnis von der Rechtsgrundlosigkeit eintreten lassen wollte, würde der Schutzzweck der §§ 106 ff. BGB weitgehend vereitelt. Der Minderjährige wäre zwar auch dann noch gegen Übervorteilung geschützt, da er nach § 818 II BGB nur den „objektiven Wert" der empfangenen Leistung und nicht einen vielleicht überhöhten Preis zahlen müsste; er könnte aber durch die Annahme der Leistung seines Vertragspartners den gesetzlichen Vertreter immer „vor vollendete Tatsachen" stellen (Pawlowski). Bei von Minderjährigen abgeschlossenen Miet- oder Beförderungsverträgen etwa würde die Unwirksamkeit des Vertrages praktisch ohne Konsequenzen bleiben, weil dem Minderjährigen die vom Gesetz gerade nicht anerkannte Vergütungspflicht aus dem unwirksamen Vertrag auf dem Umweg über die verschärfte Bereicherungshaftung dann doch wieder auferlegt würde.

**2. Argument**
Die verschärfte Bereicherungshaftung würde bedeuten, dass dem Minderjährigen hinsichtlich der rechtsgrundlos erlangten Gegenstände die Sorgfaltspflichten eines Fremd-

verwalters auferlegt würden. Da aber die Zuständigkeit für die Verwaltung des Vermögens des Minderjährigen ausschließlich beim gesetzlichen Vertreter liegt, kann auch nur dessen Kenntnis die sich aus einem wissentlich rechtsgrundlosen Erwerb ergebenden besonderen Obliegenheiten auslösen. Es wäre ein Selbstwiderspruch der Rechtsordnung, wenn sie den Minderjährigen wegen *seiner* Bösgläubigkeit mit Obliegenheiten und Pflichten im Hinblick auf bestehende Bestandteile seines Vermögens belasten würde, obwohl sie ihm doch durch die Normen des allgemeinen Teils und des Familienrechts einen eigenständigen Einfluss auf diese Verwaltung verwehrt (Reuter/Martinek).

**3. Argument**
§ 819 I BGB verweist auf die Rechtshängigkeit (§ 818 IV BGB), die durch Klageerhebung begründet wird (§ 263 I ZPO). Böser Glaube und Rechtshängigkeit führen also zu genau der gleichen Haftungsverschärfung. Die Rechtshängigkeit einer Klage gegen einen Minderjährigen kann aber nur dadurch begründet werden, dass die Klage dem gesetzlichen Vertreter des Minderjährigen zugestellt wird (§ 171 I ZPO). Die schärfere Haftung bei Rechtshängigkeit erklärt sich daraus, dass der Beklagte gewarnt ist und außerdem die Möglichkeit hat, die mit der Klage herausverlangte Sache sofort zurückzugeben und sich dadurch zu entlasten. Deshalb kommt es bei einem minderjährigen Beklagten allein darauf an, dass sein gesetzlicher Vertreter nach der an ihn erfolgten Zustellung die Rückgabe veranlassen kann. So wie es bei der Herbeiführung der Rechtshängigkeit auf die Zustellung an den gesetzlichen Vertreter ankommt, muss es aber auch bei der nach § 819 I BGB der Rechtshängigkeit gleichwertigen Kenntnis von der Rechtsgrundlosigkeit auf die Person des gesetzlichen Vertreters ankommen (Metzler).

**4. Argument (gegen Theorie C)**
Eine unterschiedliche Bewertung der Kenntnis des minderjährigen Empfängers im Falle von Leistungskondiktion einerseits und Eingriffskondiktion andererseits findet im Gesetz keine Stütze. Der Gesetzeswortlaut des § 819 I BGB bezieht sich in gleicher Weise auf alle Kondiktionen. Außerdem zeigt der Flugreisefall (BGHZ 55, 128 = NJW 1971, 609), dass es Grenzfälle gibt, bei denen es sich überhaupt nicht entscheiden lässt, ob eine Eingriffskondiktion oder eine Leistungskondiktion gegeben ist.

**5. Argument (gegen Theorie C)**
Für die Fälle der Eingriffskondiktion liefert das Gesetz an anderer Stelle einen deutlichen Hinweis dafür, dass auch dort die eigene Kenntnis des Minderjährigen (von der Unbefugtheit seines Eingriffs und damit der Rechtsgrundlosigkeit seines Erwerbs) irrelevant sein muss. Die wissentlich unbefugte Vorteilsverschaffung durch Eingriff in eine fremde, absolut geschützte Rechtsposition wird in aller Regel zugleich eine Geschäftsanmaßung iSv § 687 II BGB beinhalten. Der wissentlich unberechtigte Eigengeschäftsführer haftet nach § 687 II 1 BGB grundsätzlich noch schärfer als der bösgläubige Bereicherungsschuldner. Ein minderjähriger Geschäftsanmaßer wird jedoch durch die Verweisung auf § 682 BGB privilegiert; er soll nur nach Bereicherungsgrundsätzen haften. Und das heißt: nach den Grundsätzen der milden, bereicherungsrechtlichen Normalhaftung, denn wenn man in dieser Verweisung auf das Bereicherungsrecht eine Bezugnahme auch auf § 819 BGB sehen wollte, so würde das Privileg, das § 682 BGB gewähren will, zumindest für den Fall des § 687 II BGB weitgehend wieder hinfällig (Canaris). Es wäre befremdlich, wenn der wissentlich unbefugte Eingriff den Minderjährigen einer intensiveren Haftung aussetzen sollte als

die zumeist gleichfalls gegebene wissentlich unbefugte Führung eines objektiv fremden Geschäfts, wo doch die Letztere von der Rechtsordnung prinzipiell als der schwerwiegendere und sanktionswürdigere Übergriff in einen fremden Zuständigkeitsbereich angesehen wird.

**6. Argument**
Würde man die eigene Kenntnis des deliktsfähigen Minderjährigen für die Auslösung der Haftungsverschärfung genügen lassen, so würde man der gesetzgeberischen Motivation der §§ 106 ff. BGB nicht genügend Rechnung tragen. Diese Vorschriften wollen den Minderjährigen auch vor seinem eigenen Leichtsinn, also seiner Neigung zum Nachgeben gegenüber Wunschvorstellungen ohne Rücksicht auf die Folgen, schützen. Diesen Schutz kann aber die analoge Anwendung von § 828 III BGB nicht leisten. § 828 III BGB verlangt nun einmal nur die „zur Erkenntnis der Verantwortlichkeit erforderliche Einsicht". Die Fähigkeit (Reife) des Jugendlichen, sich entsprechend seiner einsehbaren Verantwortlichkeit auch zu verhalten, wird nicht verlangt.

**7. Argument (gegen Theorie D)**
Wenn man für den Eintritt der Haftungsverschärfung zusätzlich zur Deliktsfähigkeit noch verlangt, dass der Minderjährige im Zusammenhang mit dem rechtsgrundlosen Erwerb wirklich ein Delikt (so Gitter) oder ein vorsätzliches Delikt (so der BGH) begangen haben muss, so postuliert man neben der Deliktsfähigkeit und der Geschäftsfähigkeit einen weiteren, dem Gesetz unbekannten Verantwortlichkeitsmaßstab (Medicus). Eine derartige Neuerung würde aber über die Grenzen der zulässigen Rechtsfortbildung praeter legem hinausgehen und bedürfte einer Einführung durch den Gesetzgeber.

**8. Argument (gegen Theorie D)**
Eine Differenzierung danach, ob zusätzlich ein Delikt gegeben ist, wäre wenig sachgemäß. Oft ist es reiner Zufall, ob der vorsätzliche Eingriff zugleich auch eine unerlaubte Handlung darstellt (Medicus).

**9. Argument (gegen Theorie D)**
Die These, der Schutzgedanke der §§ 106 ff. BGB finde seine Grenze im Recht der unerlaubten Handlungen, rechtfertigt es nicht, Deliktsrecht und Bereicherungsrecht zu vermengen. Es geht nicht an, unter Berufung auf Wertungen des Deliktsrechts die Voraussetzungen einer *schadensunabhängigen* (nämlich kondiktionsrechtlichen) Vergütungspflicht für rechtsgrundlos erlangte Vorteile abzuschwächen.

**10. Argument (gegen Theorie D)**
§ 828 III BGB rechnet dem Minderjährigen bei konkreter Einsichtsfähigkeit die von ihm begangenen Delikte zu, während die §§ 106 ff. BGB ihn generell vor einer Inanspruchnahme aus rechtlich nachteiligen Rechtsgeschäften bewahren. Diese Absenkung der Zurechenbarkeitsvoraussetzungen für die deliktischen Schadensersatzpflichten hängt damit zusammen, dass die §§ 823 ff. BGB das Vorliegen eines Schadens verlangen. Die Aussicht auf einen Schadenseintritt ist nämlich bis zu einem gewissen Grad geeignet, potenzielle Deliktstäter von einer unerlaubten Handlung abzuschrecken. Schon deshalb geht es nicht an, die verschärfte Kondiktionshaftung des Minderjährigen auch dort zu bejahen, wo dem Kondiktionsgläubiger – für den minderjährigen Schuldner erkennbar – gar kein Schaden entstehen konnte (Canaris).

**11. Argument (gegen Theorie B, Arg. 5)**
Die Argumentation mit § 990 BGB führt nicht weiter, da die Frage der Relevanz des eigenen bösen Glaubens des Minderjährigen dort genauso umstritten ist und dabei im Wesentlichen die gleichen Positionen vertreten werden wie zu § 819 BGB.

**12. Argument**
Die Maßgeblichkeit des Maßstabs der Deliktsfähigkeit kann nicht damit begründet werden, dass die volle Haftung über §§ 819 I, 818 IV BGB gegebenenfalls zu einer Schadensersatzpflicht führt. Hier geht es ja um eine Heranziehung des § 828 III BGB bei der vorgelagerten Frage, ob eine solche verschärfte Haftung überhaupt Platz greift (Schilken).

### B. (hier sog.) Deliktsfähigkeitstheorie

Der die Rechtsgrundlosigkeit seines Erwerbs kennende beschränkt Geschäftsfähige haftet verschärft, wenn er deliktsfähig iSv § 828 III BGB ist.

**Vertreten von:**
KG OLGE 20, 249 (250); OLG Düsseldorf NJW-RR 1991, 1027 f.; Batsch NJW 1972, 611 (614); Beuthien/Weber Ungerechtfertigte Bereicherung S. 62 ff.; Boehmer MDR 1959, 705 (706); Dießelhorst, Die Natur der Sache als außergesetzliche Rechtsquelle, 1968, S. 196 f.; Enneccerus/Nipperdey, Allgemeiner Teil des Bürgerlichen Rechts, 15. Bearb. 1960, § 151 II 1a Fn. 7; Erman/Seiler, 5. Aufl. 1972, BGB § 819 Rn. 4; Kellmann NJW 1971, 862 (865); Lassen ArchBürgR 40 (1914), 286 (294); Oertmann BGB § 819 Anm. 3; von Tuhr BürgerlR Bd. II 1 S. 364 f.; Weimar MDR 1968, 378 (379); Weintraud, Die Saldotheorie, 1931, S. 97; M. Wolf in Athenäum-Zivilrecht I, 1972, S. 118; ähnlich Schilken, Wissenszurechnung im Zivilrecht, 1983, S. 295 ff. (der die eigene Kenntnis des minderjährigen Kondiktionsschuldners dann ausreichen lassen will, wenn dieser „bösglaubensfähig" ist; das wiederum soll der Fall sein, wenn der Minderjährige die Bedeutung seiner fehlenden Erwerbsberechtigung erkennen und daraus die für den Selbstschutz gebotenen Konsequenzen ziehen kann).

**1. Argument**
Es ist evident, dass nur derjenige bösgläubig sein kann, der die „zur Erkenntnis der Verantwortung erforderliche Einsicht hat". Eine derartige Einschränkung des § 819 BGB wird bereits durch die entsprechende Anwendung von § 828 III BGB gesichert.

**2. Argument**
Eines weitergehenden Schutzes bedarf der minderjährige Kondiktionsschuldner nicht. Insbesondere besteht kein Grund, den beschränkt Geschäftsfähigen einem gutgläubigen Empfänger gleichzustellen und ihn nach der Ausnahmeregelung des § 818 III BGB zu behandeln. Eine Haftung nach § 819 I BGB widerspricht auch nicht der gesetzlichen Regelung der §§ 104 ff. BGB. Weder ist sie die Folge eines rechtsgeschäftlichen Verhaltens – sie knüpft ja an die rein tatsächliche Vermögensverschiebung an –, noch führt sie Wirkungen herbei, die die §§ 106 ff. BGB mittelbar verhindern wollen.

**3. Argument**
Dem Erziehungsgesichtspunkt der §§ 106 ff. BGB wird durch die bereicherungsrechtlichen Folgen der Sorgfaltsverstöße des beschränkt Geschäftsfähigen ausreichend Rechnung getragen.

**4. Argument (gegen Theorie A, Arg. 3)**
Die Wertung des § 171 I ZPO ist nicht auf die Frage der Haftungsverschärfung bezogen und kann daher auch nicht ohne Weiteres auf § 819 I BGB übertragen werden (Canaris). Die Norm trifft eine rein prozessuale Regelung über den Zustellungsempfänger, die an die Prozessfähigkeit (§ 51 ZPO) und damit an die Geschäftsfähigkeit anknüpft; die Vorschrift enthält keineswegs eine Wertung für Fragen der Haftungsverschärfung nach materiellem Recht (Schilken).

**5. Argument (gegen Theorie A, Arg. 5)**
§ 682 BGB liefert kein Argument gegen die Irrelevanz der eigenen Kenntnis des Minderjährigen in den Eingriffsfällen. § 682 BGB will den minderjährigen Geschäftsführer lediglich vor den Schadensersatzansprüchen aus §§ 677, 280 ff. und § 678 BGB sowie der Herausgabepflicht aus §§ 681 S. 2, 667 BGB bewahren. Eine Bereicherungshaftung des minderjährigen Geschäftsführers lässt § 682 BGB dagegen ebenso wie die Deliktshaftung ausdrücklich zu. Die Verweisung auf das Bereicherungsrecht umschließt natürlich auch den hier entscheidenden § 819 I BGB (Dörner SchuldR II S. 31).

**6. Argument**
§ 819 I BGB verweist über §§ 819 IV, 292 BGB auf die §§ 987, 989 BGB, auf die auch § 990 I BGB Bezug nimmt. Der gute oder böse Glaube eines beschränkt Geschäftsfähigen beurteilt sich aber bei § 990 I BGB nach den §§ 827 ff. BGB, denn die §§ 989, 987 II BGB sind Sonderformen deliktischer Haftung. Dieser Umstand legt es nahe, auch in § 819 I BGB auf die Deliktsfähigkeit des Minderjährigen abzustellen.

**7. Argument**
Der rechtsgrundlose Erwerb kann mit einer unerlaubten Handlung des Minderjährigen zusammentreffen (etwa § 263 StGB iVm § 823 II BGB im Falle der Leistungskondiktion, § 265a StGB iVm § 823 III BGB bei der Eingriffskondiktion). Es wäre befremdlich, wenn der Minderjährige dann wegen seiner Einsichtsfähigkeit dem weitergehenden Schadensersatzanspruch, nicht aber dem Minus des Bereicherungsanspruchs ausgesetzt wäre (Beuthien/Weber). Wenn aber die subjektiven Zurechnungsvoraussetzungen des § 828 III BGB in dieser Konkurrenzsituation die Maßgeblichkeit seiner eigenen Kenntnis im Rahmen von § 819 I BGB rechtfertigen, dann müssen sie es auch dann noch tun, wenn es zufällig an einem Schaden des Kondiktionsgläubigers und damit an einem Schadensersatzanspruch gegen ihn fehlt (Beuthien/Weber).

**8. Argument**
Der in den §§ 106 ff. BGB beabsichtigte Minderjährigenschutz will den Minderjährigen vor rechtsgeschäftlichen Folgen schützen, die er nicht übersieht; vor gesetzlichen Folgen, die er übersieht – weil er die zur Kenntnis der Verantwortlichkeit erforderliche Einsicht hat –, soll und kann er ihn nicht schützen (Beuthien/Weber).

**9. Argument (gegen Theorie E)**
Es leuchtet nicht ein, warum der minderjährige Schwarzflieger (etwa in der Konstellation von BGHZ 55, 128 = NJW 1971, 609) nur die während des Fluges gegenständlich in Empfang genommenen und verzehrten Speisen und Getränke, nicht aber die Beförderungsleistung als solche vergüten muss (Batsch AcP 174 (1974), 562; Beuthien/Weber Ungerechtfertigte Bereicherung S. 62).

## C. (hier sog.) Theorie der Differenzierung nach Bereicherungstatbeständen

Die Frage der Relevanz der eigenen Kenntnis des Minderjährigen für die Haftungsverschärfung ist für Leistungskondiktion und Eingriffskondiktion unterschiedlich zu beantworten. Bei der Bereicherung durch Leistung tritt die verschärfte Haftung nach § 819 I BGB erst dann ein, wenn der gesetzliche Vertreter des beschränkt Geschäftsfähigen den Mangel des rechtlichen Grundes kennt (vgl. Theorie A). Bei der Bereicherung „in sonstiger Weise“ tritt eine verschärfte Haftung schon dann ein, wenn der Bereicherungsempfänger selbst die Rechtsgrundlosigkeit seines Erwerbs kennt und deliktsfähig iSv § 828 III BGB ist (vgl. Theorie B).

**Vertreten von:**
Canaris, Die Feststellung von Lücken im Gesetz, 1964, S. 104 f.; Diederichsen, Fälle und Lösungen nach höchstrichterlichen Entscheidungen, BGB-Allgemeiner Teil, 3. Aufl. 1973, S. 47 ff.; Eckert SchuldR BT Rn. 1536 ff.; Gursky NJW 1969, 2183 (2184); HK-BGB/Schulze § 819 Rn. 3; Knütel JR 1971, 293 f.; Larenz SchuldR BT II/1 § 70 IV; Medicus/Petersen BürgerlR Rn. 176; S. G. Müller JuS 1995, L 81 (83); (einschränkend) Ostendorf, Die Be- und Entreicherung beim ungerechtfertigten Verbrauch und Gebrauch von Gegenständen und Leistungen, 1972, S. 128 ff.; Pawlowski JuS 1967, 302 (305 ff.); Peifer Gesetzl. Schuldverhältnisse § 8 Rn. 23; Prütting/Wegen/Weinreich/Prütting BGB § 819 Rn. 6; RGRK/Heimann-Trosien BGB § 819 Rn. 7; Schlechtriem SchuldR BT Rn. 790, 802; Thiele SchuldR BT Fall 44; Wandt Gesetzl. Schuldverhältnisse § 12 Rn. 59; im Ansatz auch Büdenbender AcP 200 (2000), 627 (680); ähnlich auch Reuter/Martinek Ungerechtfertigte Bereicherung, 1983, § 18 III 2, 3; Koether-Ruchatz NJW 1973, 1444 (1446 f.) zur Parallelproblematik bei § 990 BGB; StudK/Beuthien BGB § 819 Anm. 2.

**1. Argument**
Bei den Kondiktionsarten, der Leistungskondiktion einerseits und der Eingriffskondiktion andererseits, handelt es sich um verschiedene Anspruchstypen mit jeweils unterschiedlicher Funktion; die Leistungskondiktion ist ein Störkorrektiv des Rechts der Güterbewegungen, die Eingriffskondiktion ein Rechtsfortwirkungsanspruch. Diese unterschiedlichen Aufgaben der beiden Kondiktionsarten machen Differenzierungen bei der Anwendung des § 819 I BGB möglich.

**2. Argument**
Soweit es um die Rückabwicklung von Leistungen geht, die in Ausführung eines nach §§ 106 ff. BGB unwirksamen Vertrages erbracht worden sind, geht das in diesen Vorschriften enthaltene Prinzip, dass der nicht voll Geschäftsfähige vor den Folgen seines eigenen rechtsgeschäftlichen Handelns geschützt werden muss, als ein Fundamentalprinzip unserer Rechtsordnung dem § 819 I BGB vor. Denn wenn man hier den die Rechtsgrundlosigkeit kennenden Minderjährigen der verschärften Haftung des § 819 I BGB unterwirft, sodass er auch zum Ersatz des Wertes der nicht mehr in seinem Vermögen vorhandenen Leistung seines Vertragspartners verpflichtet wird, so verleiht man damit seiner rechtsgeschäftlich unwirksamen Handlung mithilfe des Bereicherungsrechts Wirksamkeit. Er ist dann zwar noch gegen eine „wirtschaftliche Übervorteilung“ geschützt, da er nach § 818 II BGB nur den objektiven Wert der Leistung und keinen überhöhten Preis zu zahlen braucht. Er kann aber durch die Annahme der Leistung seinen gesetzlichen Vertreter immer vor „vollendete Tatsachen“ stellen.

**3. Argument (gegen Theorie B)**
Eine Anwendung der §§ 827 ff. BGB auf die Abwicklung von nichtigen Rechtsgeschäften gibt dem beschränkt Geschäftsfähigen keinen genügenden Schutz, denn nach der gesetzlichen Regelung hat er die Erkenntnis seiner Verantwortlichkeit für eine schädigende Handlung eher als die Fähigkeit, die Folgen seines eigenen rechtsgeschäftlichen Handelns sinnvoll abzuschätzen.

**4. Argument**
Die Bereicherungshaftung aus § 812 I 1 Fall 2 BGB ist keine Folge rechtsgeschäftlichen Verhaltens und führt auch keine Wirkungen herbei, die mittelbar von den §§ 106 ff. BGB verhindert werden sollen. Hier geht es vielmehr um die Risiken der Teilnahme am allgemeinen sozialen Leben (Canaris). Deshalb genügt hier der Maßstab des § 828 III BGB.

## D. (hier sog.) **Modifizierte Theorie der Differenzierung nach Bereicherungstatbeständen**

Beim Erwerb durch Leistung führt grundsätzlich allein die Kenntnis des gesetzlichen Vertreters die verschärfte Haftung herbei. Nur wenn der Minderjährige sich die Leistung durch eine unerlaubte Handlung (Betrug usw) verschafft hat, ist seine eigene Kenntnis für § 819 I BGB genügend, falls die Voraussetzungen des § 828 III BGB erfüllt sind. Bei der Eingriffskondiktion dagegen ist generell die Kenntnis des Minderjährigen selbst relevant, sofern er deliktsfähig ist.

**Vertreten von:**
Fezer/Obergfell Klausurenkurs SchuldR BT 31. Fall; MüKoBGB/Gitter, 3. Aufl. 1993, Vorbem. 47 ff. vor § 104 BGB; Teichmann JuS 1972, 247 (250); Soergel/Mühl, 11. Aufl. 1985, BGB § 819 Rn. 6; G. Müller JuS 1995, L81 (83 f.); im Grundsatz auch BGHZ 55, 128 (137) = NJW 1971, 609 (diese Entscheidung erklärt im Bereich der Abwicklung der vom Minderjährigen abgeschlossenen Geschäfte die Kenntnis des gesetzlichen Vertreters für allein maßgeblich, lässt aber die Kenntnis des Minderjährigen selbst genügen, wenn dieser sich das Erlangte durch vorsätzliche unerlaubte Handlung verschafft hat; damit fehlen hier Aussagen zum Erwerb durch schlichten „nichtdeliktischen" Eingriff und zum Interferenzgebiet der beiden genannten Fallgruppen, also für die Konstellation, dass der Erwerb durch Leistung erfolgt, die aber wiederum auf einer unerlaubten Handlung des Minderjährigen beruht). Dem BGH folgen (ohne deutliche Abgrenzung zu Theorie C) Dörner SchuldR II S. 30 f. und Hombrecher JURA 2004, 250 (253) sowie Eckert SchuldR BT Rn. 1568. Wieling (BereicherungsR § 5 II 1b bb) will die Kenntnis des Minderjährigen nur berücksichtigen, wenn dieser die Bereicherung durch zivilrechtliches Delikt herbeigeführt hat und dem Kondiktionsgläubiger dadurch insbesondere auch ein Schaden entstanden ist.

**1.–3. Argument: wie Theorie C**

**4. Argument**
Der Schutzgedanke der §§ 104 ff. BGB greift nicht ein, soweit gleichzeitig eine unerlaubte Handlung vorliegt, da in diesem Fall die Wertung der §§ 104 ff. BGB von der des § 828 III BGB überlagert wird (Gitter).

**5. Argument**
Auch ein Minderjähriger ist unter den Voraussetzungen des § 828 III BGB für von ihm begangene zivilrechtliche Delikte verantwortlich. Wird nun aber ein Minderjähriger ohnehin nicht uneingeschränkt vor Nachteilen aus seinem eigenen Verhalten bewahrt, sondern gegebenenfalls einer deliktischen Schadensersatzpflicht ausgesetzt, so besteht jedenfalls dann kein Anlass, ihm die Folgen der verschärften Haftung des § 819 BGB zu ersparen, wenn und soweit er sich das Erlangte durch eine vorsätzlich unerlaubte Handlung verschafft hat. In diesem Falle ist kein einleuchtender Grund zu erkennen, sein Verhalten bereicherungsrechtlich nach anderen als den auch für unerlaubte Handlungen maßgebenden Gesichtspunkten zu beurteilen (BGH).

**6. Argument (gegen Theorie A)**
Die Warnfunktion des möglichen Schadens, die in § 828 III BGB in generalisierter Form für die Zurechnungsfähigkeit des Jugendlichen durchaus eine Rolle spielt, hat ihre für den Analogieschluss ausreichende Entsprechung in der wohl regelmäßig anzunehmenden Vorstellung, man dürfe eine fremde Leistung nicht ohne Konsequenzen für sich ausnutzen (Teichmann).

## E. Nach der Art des Erlangten differenzierende Auffassung

War der Bereicherungsanspruch bei Eintritt der Haftungsverschärfung auf Herausgabe in Natur gerichtet (Sachkondiktion), so tritt die verschärfte Haftung aus § 819 I BGB schon bei eigener Bösgläubigkeit des Minderjährigen ein. Eine Wertersatzhaftung aus §§ 819 I, 818 IV, II Fall I BGB setzt dagegen die Kenntnis des gesetzlichen Vertreters voraus.

**Vertreten von:**
Koppensteiner/Kramer Ungerechtfertigte Bereicherung S. 144 ff.; Wilhelm, Rechtsverletzung und Vermögensentscheidung als Grundlagen und Grenzen des Anspruchs aus ungerechtfertigter Bereicherung, 1978, S. 189 f.; ähnlich Flume BGB AT II, 3. Aufl. 1979, § 13, 7b, S. 193.

**1. Argument**
Die Haftung des Unredlichen aus §§ 819 I, 818 IV, 292, 989 BGB ist eine echte (deliktsähnliche) Schadensersatzhaftung, die die Schädigung des Gläubigers an dem aus seinem Vermögen stammenden und ihm weiterhin obligatorisch zugewiesenen Kondiktionsobjekt ausgleichen soll. Damit passt hier § 828 III BGB.

**2. Argument**
Die Wertersatzhaftung aus §§ 819 I, 818 IV, II Fall 1 BGB ist dagegen mit der vertraglichen Entgelthaftung auf eine Ebene zu stellen; die positive Kenntnis von der Rechtsgrundlosigkeit ersetzt hier das Entgeltversprechen. Damit kommen hier die Zurechnungsmaßstäbe des rechtsgeschäftlichen Bereichs zur Anwendung.

**Beispiele:**

**1.** Im Ausgangsfall hat A durch die Benutzung des Mopeds des F nichts erspart: Ohne die Mopedleihe wäre er ja mit dem Fahrrad aufgebrochen; die theoretisch denkbare ersparte Abnutzung des Fahrrads dürfte wohl nicht messbar sein. Eine bereicherungsrechtliche Vergütungspflicht kommt damit nur in Betracht, wenn die Voraussetzungen der verschärften Bereicherungshaftung nach §§ 819 I, 818 IV, II Fall 1 BGB bejaht werden können. Hier wusste A, dass die Eltern des F mit dem Leihvertrag nicht einverstanden sein würden. Damit hatte er – jedenfalls im Sinne einer Parallelwertung in der Laiensphäre – Kenntnis davon, dass der Leihvertrag unwirksam war. Es stellt sich damit die Frage, ob diese Kenntnis des Minderjährigen selbst für § 819 I BGB ausreicht. Theorie B würde das bejahen, die übrigen Theorien dagegen verneinen.

**2.** Der Schüler S aus München bekommt kurz vor seinem 18. Geburtstag von seinem Großvater eine Flugreise nach Hamburg bezahlt. Er soll dort einige Tage bei einem Onkel verbringen. S beschließt jedoch, diese Gelegenheit zu einem Schwarzflug nach New York zu nutzen. Es gelingt ihm, in Hamburg zusammen mit den Transitpassagieren ein Flugzeug der Lufthansa nach New York zu besteigen. Bei der Ankunft in New York wird er entdeckt und auf Kosten der Eltern zurückbefördert. Die Lufthansa verlangt nun von dem mittlerweile volljährigen S die Nachzahlung des Flugpreises für die Strecke Hamburg – New York (in Anlehnung an BGHZ 55, 128 = NJW 1971, 609).

Hier wären zunächst ein Entgeltanspruch aus dem Gesichtspunkt eines „faktischen Vertragsverhältnisses“ sowie ein Schadensersatzanspruch aus § 823 II BGB iVm § 265a StGB zu prüfen. Was den Vergütungsanspruch aus Eingriffskondiktion anbelangt, so stellt sich zunächst die Frage, ob M möglicherweise auch ohne Anwendung von § 819 I BGB schlechthin auf den objektiven Wert der erlangten Beförderung haften muss (vgl. Problem 17 und dort insbesondere Beispiel 2). Wenn man dies verneint, kommt es auf die Frage an, ob der minderjährige S wegen seiner Bösgläubigkeit nach §§ 819 I, 818 IV, II Fall 1 BGB bereicherungsunabhängig auf den objektiven Wert der erlangten Beförderungsleistung haftet. Theorie A würde dies verneinen, weil die Kenntnis des Minderjährigen selbst danach generell irrelevant ist, Theorie B dagegen bejahen, weil sie die Kenntnis eines deliktsfähigen Minderjährigen als ausreichend ansieht; Theorie C würde ebenso entscheiden, weil hier ein Fall der Eingriffskondiktion gegeben ist und sie dort jedenfalls § 828 III BGB heranziehen will; Theorie D käme mit der gleichen Begründung wie Theorie C zur Bejahung der bereicherungsunabhängigen Wertersatzhaftung, könnte die Entscheidung aber zusätzlich noch darauf stützen, dass der Minderjährige sich die Beförderung durch eine unerlaubte Handlung (§ 823 II BGB iVm § 265a StGB) verschafft hat. Theorie E würde die bereicherungsrechtliche Vergütungspflicht für die eigentliche Beförderungsleistung verneinen, müsste dagegen hinsichtlich der während der Reise servierten Speisen und Getränke wohl eine Vergütungspflicht bejahen.